JN418579

항공물류운송업무론

백남진 저

머리말

항공산업은 20세기 과학기술의 총아라고 일컫는 인류가 만들어낸 최고의 성과 중의 하나로 평가받고 있다. 항공 산업의 발전과 더불어 항공운송산업도 급격히 발전하여 전 세계를 하나의 네트워크(network)로 형성시켜 놓았다. 전 세계가 점차 좁아져 지구촌 시대라 불리는 지금, 한 나라의 항공운송산업의 발전 정도는 그 나라 국력의 척도로 인식되고 있다. 이는 항공산업이 국가경제의 필수요소인 인적, 물적 자원의 이동을 신속, 원활하게 하는 원동력일 뿐만 아니라 항공운송산업 그 자체가 그 나라의 정치, 경제 기술의 수준을 나타내며, 또한 무역, 관광, 투자촉진, 고용창출 등을 유도하는 국가경제 전반에 걸쳐 파급효과가 큰 전략산업이기 때문이다.

특히, 네트워크 시대의 도래 등 최근의 급변하는 기업 환경 하에서 항공운송산업에 RFID(Radio Frequency IDentification)시스템의 도입과 활용은 물류 및 유통의 혁신을 가능하게 하는 중요한 성공 요소가 되고 있다. 특히, 항공화물산업에 적용되는 RFID는 물류정보의 효율적인 관리에 적용되는 부분이 크다고 하겠다. 현재 공항에서 RFID 등의 신기술로 항공물류분야의 새로운 이정표가 세워지고 있다.

본 서는 항공물류 산업의 전반적인 관점에서 항공물류의 흐름을 이해하고, 항공화물운송과 타 운송 방식과의 차별성, 그리고 통관 과정에서의 특수성 등에 대한 내용을 통하여 점차 성장하고 있는 항공물류 시장을 이해할 수 있도록 구성되어 있다. 또한, 항공사 및 항공화물 관련 서비스업체의 전문적 서비스 운영 및 항공화물 전반의 실례를 바탕으로 운영 관리능력을 함양시키고, 현장 실무에 적용 가능한 전문적인 이론과 응용능력 배양을 목표로 하고 있다.

본 서는 총 18장으로 구성되어 있다.

제1장은 항공운송산업의 대한 전반을 이해하기 위한 항공운송산업의 정의, 특성 및 항공산업의 발달 과정을 제시하고, 제2장은 항공물류의 개요로서 물류의 정의, 목적과 원칙, 분류와 항공물류의 정의 및 항공화물운송에 대한 특성, 장단점, 종류, 항공화

물의 판매, 운송서비스의 공급 및 현황과 시장의 동향분석에 대하여 알아보았고, 제3장은 항공화물운송산업의 운송 주체인 항공기의 개념, 기종별 특징, 국적항공기의 등록현황, 제4장에서 항공기 탑재용기(ULD, Unit Load Device)와 항공운송산업에서 빠져서는 안 될 공항시설 및 기능에 대하여 살펴보았다.

제5장은 항공물류사업자중에 항공운송사업자(항공사)의 업무에 대하여 세분화하여 항공사 수입화물, 수출화물, 통과화물에 대한 각각의 업무 프로세스, 처리절차를 다루었으며, 제6장은 항공화물터미널의 역할, 종류, 시설, 장비와 운영 및 화물의 흐름에 대하여 살펴보았다. 제7장은 항공화물운송장(Air Waybill)의 성립배경, 세계적 표준화, 기능, 구성, 발행 및 작성법을 알아보았고, 제8장은 화물운임표(Tariff)에 대하여 다루었으며, 세부적으로 항공화물 운송요금, 요율 및 IATA(국제항공운송협회) AREA, TACT, 운임의 종류, 제9장에서는 위험품 취급 규정(DGR)에 중요사항 및 처리절차 등을 확인하였으며, 제10장은 특수화물 처리절차, 제11장은 항공화물사고 및 클레임(CLAIM)의 프로세스를 다루었다.

제12장은 항공화물예약, 항공화물시스템에 대한 설명과 항공화물시스템에서의 RFID의 전망, 제13장은 RFID 시스템에 대하여 분석한다. 구체적으로 RFID의 정의와 구성 그리고 기술적 특성을 다룬다. 이를 바탕으로 RFID 표준화의 정의, 국제 RFID의 표준화 내용 및 RFID 운영상의 문제점을 고찰한다.

제14장은 항공화물시스템에 대한 RFID 실무 적용 현황을 살펴본다. 세부적으로 수입화물 처리절차 및 항공화물 통관체제의 업무처리 흐름도, 수입화물 처리절차 개선방안 및 수입화물 RFID 프로세서의 운영상의 기대효과 등에 대하여 살펴본다.

제15장은 항공물류사업자중에 항공화물의 관련업체에 대해 살펴보았고, 그 중 포워더의 기능, 역할, 잇점, 특징 및 포워더와 콘솔사의 항공화물 수출입업무 프로세스에 대하여 알아보았다. 제16장은 우편물(AIR MAIL)과 항공 특송화물의 통관, 탑재 프로세스 등을 다루었고, 제17장은 항공운송산업에서 항공보안 및 안전과 관련되어 현재 시행되고 있는 국제·국내 법규, 보안 및 안전 사고사례, 일부 개정된 항공보안법을 설명하였다. 마지막 제18장은 국제항공화물 운송기구와 국제항공운송협약에 대하여 다루었다.

지난 24년간의 항공사 실무 경험을 바탕으로 본 서를 출간하게 되었으며, 지면상의 한계로 내용이 미흡한 부분들은 지속적으로 수정, 보완해 나가야 할 것이다.

본 서의 출간까지 도움을 주신 모든 분들께 감사를 드리오며, 특히, 한국항공대학교 항공·경영대학원 윤문길 대학원장님, 김기웅 지도교수님, 허희영 교수님, 이윤철 교수님과 서울과학기술대학교 나노IT디자인융합대학원 이선희 학장님, 박구만 대학원장님, 차재상 지도교수님께 깊이 감사드립니다.

자료 수집에 많은 도움을 주신 인천공항공사 박 희태 팀장님, 한국공항공사, 국토교통부, 대한항공 및 아시아나항공 화물 담당자, 외항사 화물 담당자, 한국공항, 아시아나공항, 관세사, 보세운송업체, 포워딩업체, 특송업체 직원분들께 감사드리며, 그리고 도서출판 두남의 여러분께 고마운 마음을 전합니다.

2016년 5월

著者 백 남 진

차례

제1장

항공운송산업의 개요 및 항공 산업의 발달

제1장
항공운송산업의 개요 및 항공 산업의 발달

제1절 항공운송산업의 정의

항공운송이란 항공기를 이용하여 고객에게 운송수단을 제공하는 서비스로 여객과 화물을 즉, 인적·물적 대상을 출발지로부터 도착지인 다른 지역으로 이동시키는 시·공간의 제약을 받는 운송서비스를 말한다. 또한, 항공운송과 관련한 서비스를 생산하여 판매하는 공급자, 시간과 공간의 이동을 통한 신속한 이동성을 필요로 상품을 구매하는 소비자, 관련 기관 등에 의해 독립된 산업으로 형성되어 운영되는 것을 항공운송산업(Air Transport Industry)이라고 한다.

「항공법」 제2조 제26호에 의하면 항공운송사업이란 “타인의 수요에 응하여 항공기를 사용하여 유상으로 여객 또는 화물을 운송하는 사업”이라고 규정하고 있다.

항공운송산업(Air Transport Industry)의 범위에 대한 명확한 기준은 없으나, 미국의 민간항공에 대한 최초의 정의를 명시한 민간항공법(Civil Aeronautics Act : 1938년)에서는 일정요건을 갖춘 항공사(Certificated Air Carriers)뿐 아니라 일반 목적에 따라 이루어지는 모든 민간항공활동을 항공운송산업에 포함시키고 있다.

1. 항공운송의 유형

항공운송은 구체적으로 운송 활동을 분류하는 기준에 따라 다양하게 나누고 있다. 일반적으로 운송의 형태와 대상, 운송지역 등의 기준에 따라 다음과 같이 분류한다.

1) 운송 형태에 의한 분류

- 정기항공운송(Scheduled Airline)
- 부정기항공운송(Non-scheduled Airline)

- 전세항공(Charter)

2) 운송 대상에 의한 분류

- 여객 운송(Passenger)
- 화물 운송(Cargo)
- 우편물 운송

3) 운송지역에 의한 분류

- 국내항공(Domestic)
- 국제항공(International)
- 지역항공(Local)

2. 한국 항공운송사업의 유형

우리나라에서는 항공운송사업을 「항공법」 제2조 제26~제35항에서 정하는 바에 따라서 운송형태를 기준으로 다음과 같은 3가지 유형으로 구분하고 있다.

1) 항공운송사업

(1) 정기항공운송사업

정해진 지점과 노선에서 미리 정해진 일정에 따라 유상으로 여객과 화물을 정기적으로 운송하는 사업을 말한다. 공공성의 성격이 강하므로 수요에 관계없이 정해진 스케줄에 따라 운항하여야 하는 정시성이 특히 요구된다. 좁은 의미에서 항공운송업이란 정기항공만을 의미한다.

(2) 부정기항공운송사업

정해진 노선에서 운송수요에 따라 부정기적으로 여객과 화물을 유상으로 운송하는 사업을 말한다.

(3) 전세항공운송사업

운항스케줄이 미리 정해지지 않고 노선, 운임 등의 운항 조건을 공시하여 일정 수준 이상의 고객을 확보하여 운항하는 방식과 고객의 요구에 따라 지정된 구간에서 항공기를 임차하여 운항하는 전세운송(Charter)이 대표적인 사업들이다.

2) 항공기 사용사업

타인의 요구에 의하여 유상으로 항공기를 사용하여 여객이나 화물의 운송외의 업무를 수행하는 사업을 말한다. 예를 들어 항공기를 이용한 사진 촬영, 약재살포, 보도 및 취재, 지도 제작 등의 활동을 전문으로 하는 사업이 여기에 속한다.

3) 기타 항공기 이용사업

(1) 항공기 취급업

공항 또는 비행장에서 항공기의 정비, 급유, 상·하역 및 기타 지상조업 등을 전문으로 하는 사업을 말한다.

(2) 항공운송총대리점업

항공운송사업자를 대신하여 여객이나 화물의 운송을 위한 계약체결 등을 대행하는 사업을 말한다.

(3) 상업서류송달업

타인의 요구에 응하여 유상으로 항공편을 이용하여 수·출입 등에 관한 서류와 그에 부수되는 견본물품 등을 송달하는 사업을 말한다.

(4) 도심공항터미널업

공항구역 외에서 항공 여객이나 화물의 운송 및 처리에 관한 편의를 제공하기 위하여 필요한 시설을 설치·운영하는 사업을 말한다.

〈표 1-1〉 항공운송의 형태

구분	정의	사업체 수
국내항공운송사업	• 국내 정기편 운항: 국내공항 – 국내공항 사이 일정한 노선을 정하고 정기적인 운항계획에 따라 운항하는 항공기 운항 • 국내 부정기편 운항: 국내에서 이루어지는 국내 정기편 운항 외의 항공기 운항	8
국제항공운송사업	• 국제 정기편 운항: 국내공항과 외국공항 사이 또는 외국공항과 외국공항 사이에 일정한 노선을 정하고 정기적인 운항계획에 따라 운항하는 항공기 운항 • 국제 부정기편 운항: 국내공항과 외국공항 사이 또는 외국공항과 외국공항 사이에 이루어지는 국제 정기편 운항 외의 항공기 운항	
소형항공운송사업	• 국내 항공운송사업 및 국제 항공운송사업 외의 항공운송사업	8
항공기사용사업	• 항공운송사업 외의 사업으로서 타인의 수요에 맞추어 항공기를 사용하여 유상으로 농약살포, 건설 또는 사진촬영 등 국토교통부령으로 정하는 업무를 하는 사업	50
항공기취급업	• 항공기에 대한 급유, 항공화물 또는 수하물의 하역, 그밖에 정비 등을 제외한 지상조업을 하는 사업	31
항공기정비업	• 항공기 등 장비품 또는 부품의 정비 등을 하는 사업 • 항공기 등 장비품 또는 부품의 정비 등에 대한 기술관리 및 품질관리 등을 지원하는 사업	36
상업서류송달업	• 타인의 수요에 맞추어 유상으로 「우편법」 제1조의2제7호, 단서에 해당하는 수출·입 등에 관한 서류와 그에 딸린 견본품을 항공기를 이용하여 송달하는 사업	605
항공운송총대리점업	• 항공운송사업을 경영하는 자를 위하여 유상으로 항공기를 이용한 여객 또는 화물의 국제운송계약 체결을 대리하는 사업	178
도심공항터미널업	• 공항구역이 아닌 곳에서 항공여객 및 항공화물의 운송 및 처리에 관한 편의를 제공하기 위하여 이에 필요한 시설을 설치·운영하는 사업	2
항공기대여업	• 다른 사람의 수요에 맞추어 유상으로 항공기, 경량항공기 또는 초경량 비행 장치를 대여하는 사업	3
항공레저스포츠사업	• 디인의 수요에 맞추어 유상으로 비행선, 활공기, 경량항공기 또는 초경량 비행 장치를 사용하여 조종교육, 체험 및 경관조망, 항공레저스포츠를 위하여 대여, 경량항공기 또는 초경량 비행 장치에 대한 정비, 수리 또는 개조 등의 서비스를 제공하는 사업	61
초경량비행장치사용사업	• 다른 사람의 수요에 맞추어 국토교통부령으로 정하는 초경량 비행 장치를 사용하여 유상으로 농가살포, 사진촬영 등 국토교통부령으로 정하는 업무를 하는 사업	504

출처: 국토교통부, 서울지방항공청

3. 항공운송산업의 특성

항공사에 의해 수행되는 운송 활동은 공공성과 영리성의 양면적 특성을 지니고 있다. 예를 들어, 국내운송은 경제적 목적에 따라 이루어지지만 공공성을 지닌 운송기관으로서의 규제 대상이 된다. 국제운송에 있어서도 상업적 목적 외에 종종 국가를 대표하는 국적항공사로서 국익을 지향해야 하는 역할을 담당한다.

항공운송산업은 특히 정부의 규제와 국제항공협정과 항공정책 등에 대한 제약뿐 아니라 운송 활동이 이루어지는 시장에서 요구되는 각종 제약조건을 충족시키면서 경영 목적을 달성한다(허희영, 2003).

이와 같은 항공운송산업의 특성을 요약하면 다음과 같다.

- 운송력과 정기성의 유지
- 생산과 판매의 동시성
- 상대적으로 낮은 생산탄력성
- 타 운송수단과의 차별성
- 기반시설 투자의 용이성
- 국제운송을 위한 전제로서의 항공협정
- 정부의 규제

1) 항공운송서비스산업의 특성

(1) 고속성

항공기는 철도, 자동차, 선박 등의 타 교통기관과 비교하여 속도면에서 가장 빠르며 이것이 항공운송이 갖는 가장 큰 특성인 고속성이라 할 수 있다. 실제 이용자가 타 교통기관과 비교하여 높은 가격임에도 불구하고 항공기를 선택하는 이유는 고속성이라는 장점이 있기 때문이다.

항공기의 평균속도는 1950년대에 시속 273km, 1960년대의 제트시대에 502km, 1970년대 761km로 고속화되었으며, 초음속 여객기의 출현으로 항공기의 평균속도가 더욱 빨라지고 있다. 최근 보잉777의 경우 984km의 속도를 내고 있다.

(2) 안전성

항공운송은 안전성의 확보가 그 무엇보다 중요하다.

사고 발생시 타 교통수단과 비교할 수 없을 정도로 치명적인 결과를 초래하기 때문에 항공운송에서의 안전성이 더욱 중요시되고 강조되는 것이다. 안전성은 항공기, 운항노선, 공항진입로 등의 기술적인 원인이나 기상조건의 자연적인 원인에 의해 크게 좌우되기 때문에 항공운송 초기에는 안전성이 매우 낮았으나 항공기 제작, 운항, 정비기술, 통신, 전자, 운항 지원시설 등의 발달로 안전성이 높아지게 되었다.

(3) 정시성

항공운송에서의 정시성은 공표된 시간표에 준해 운항하는 것이다. 정시성의 유지는 고객에 대한 기본적인 서비스이며 의무이고, 항공사 이미지와 신뢰성을 좌우한다.

(4) 경제성

항공운임은 다른 교통수단 운임과 비교하면 매우 높다고 할 수 있다.

그러나 항공기의 대형화, 시설, 장비의 현대화, 자동화, 경영합리화 등을 통한 원가절감 및 소득 증가로 대중화의 시대가 도래하였다. 현재 항공운송수단은 다른 운송수단보다 경제성이 높다고 할 수 있다.

(5) 쾌적성

항공기 쾌적성의 요소는 객실내의 시설(방음장치, 온도, 습도조절, 진동방지 등), 기내서비스(객실승무원의 친절성, 기내식의 질, 기내 위락시설, 잡지, 신문 등) 그리고 비행 상태 등을 들 수 있다.

(6) 공공성

항공운송은 하나의 교통수단이므로 국민 다수의 사회적 생활을 위한 공공성을 가진다고 할 수 있다. 그러므로 철도, 지하철, 버스 등의 다른 교통수단과 마찬가지로 항공운송산업도 항공운송조건을 공시하고 이용자 차별금지와 영업계속의 의무가 부여된다.

4. 하늘의 자유

국제민간항공조약(Convention on International Civil Aviation : 1944) 을 흔히 시카고 조약이라고 부른다.

시카고 회의에서 하늘의 자유를 확립하고 그 범위를 설정하였으며, 2개의 협정(국제항공서비스통과협정, 국제항공운송협정)이 체결 되었는데, 각 각 하늘의 자유를 처음으로 명시함으로써 오늘날 국제항공의 문제를 다루는 기틀이 마련되었다.

항공기 운항은 한 국가 내에서만 이루어지지 않고 여러 나라에 영향을 미친다. 직접 오가는 국가 항공사뿐만 아니라 항공기가 비행하는 동안 여러 나라를 거쳐 날아가며, 또한 승객 및 화물의 운송에 대한 각국의 이해관계가 상충하기 때문에 하늘의 자유(Freedoms of the Air)라는 기본 원칙이 확립되었다.

국제항공운송협정에서는 하늘의 자유를 다음과 같이 정의하고 있다.

(1) 제1의 자유(Fly-over Right)

영공통과의 자유, 즉 상대국에 착륙하지 않고 영공만을 통과하는 자유를 말한다.

(2) 제2의 자유(Technical Landing Right)

기술착륙의 자유, 즉 운송 이외의 목적(급유, 승무원 교체, 위급환자 발생, 기타 비상상황 등)으로 상대국에 착륙한 후, 제3국으로 계속 운항할 수 있는 자유를 말한다.

(3) 제3의 자유(Set-down Right)

자국의 영역에서 상대국으로 승객, 화물, 우편물을 운송할 수 있는 자유를 말한다.

(4) 제4의 자유(Bring Back Right)

상대국의 영역에서 자국까지 승객, 화물, 우편물을 운송할 수 있는 자유를 말한다.

(5) 제5의 자유(Beyond Right)

이원권의 개념이며 상대국에서 제3국간에 승객, 화물, 우편물을 운송할 수 있는 자유를 말한다.

(6) 제6의 자유(Sixth Freedom Right : 제5의 자유의 Return 개념)

제3국에서 상대국으로 승객, 화물, 우편물을 운송하는 자유를 말한다.

(7) 제7의 자유(Seventh Freedom Right)

항공협정을 체결한 상대국에서 제3국으로 운항할 수 있는 자유이며, 제5자유와는 달리 항공기가 자국에서 출발할 필요가 없이 상대국에서 제3국으로 운항하는 것이다(제7의 자유 매우 드물게 체결되는 경우).

(8) 제8의 자유(Eighth Freedom Right, Concecutive Cabotage)

자국에서 출발한 항공기가 상대국 국가의 국내 구간을 운항하는 자유이다.

(9) 제9의 자유(Ninth Freedom Right, Stand Alone Cabotage)

상대국의 국내선을 완전히 자유롭게 운항하는 권리를 말한다(자국의 출발 없이). 즉, 국내선 항공운송시장의 완전한 개방을 의미한다.

- 제5자유와 제6자유, 제8자유와 제9자유는 자국의 시장보호를 위해 보통 극히 제한적으로 체결한다.

제2절 항공운송산업의 발달1)

1. 세계 항공 산업의 발달

1) 최초의 동력항공기 출현과 항공기의 발달

하늘을 새와 같이 자유롭게 날아 보고자 하는 꿈을 이루기 위하여 인류는 끝없이 많은 노력을 하여 왔다. 그 중에서 항공발달에 획기적인 전기를 마련한 주요 역사를 개관하여 살펴보면 다음과 같다.

15세기 이탈리아 출신의 예술가이며 과학자인 레오나르도 다빈치(Leonardo da Vinci, 1452~1519)는 새를 과학적으로 관찰하여 공중으로 뜨는 힘과 공기 저항을 연구하였다.

그는 나사의 원리를 이용한 헬리콥터 모형을 고안하였으며, 새와 같이 날개를 퍼덕여서 날 수 있는 오니토퍼(Ornithoper : 날개치기)를 설계하고, 모형을 만들어 실험하였다.

그러나 인력의 힘만으로 작동하는 오니토퍼는 1658년 이탈리아의 생리학자이며 수학자인 보렐리(Giovanni Borelli)에 의하여 새의 날개치는 힘과 체중의 관계를 사람과 비교 분석한 결과, 인간의 힘만으로는 비행이 불가능하다는 결론을 내렸다.

1783년 11월 21일 프랑스 파리에서 열기구에 의한 최초의 유인비행이 이루어졌으며, 이때 몽골피에(Montgolfier)형제, 물리학자 드 로제(Pilatre de Rozier), 아를란드(the

---

1) 이 내용은 http://airportal.go.kr의 일부를 재정리한 것임.

Marquis d'Arlandes) 등 4명이 약 500m 높이로 8km(5mile)를 25분간 비행하였다. 이륙 동력으로는 양털과 짚을 태운 열기를 이용하였다.

〈그림 1-1〉 레오나르도 다빈치(1452~1519)

출처: airportal.go.kr

〈그림 1-2〉 Ornithopter(1488) etc.

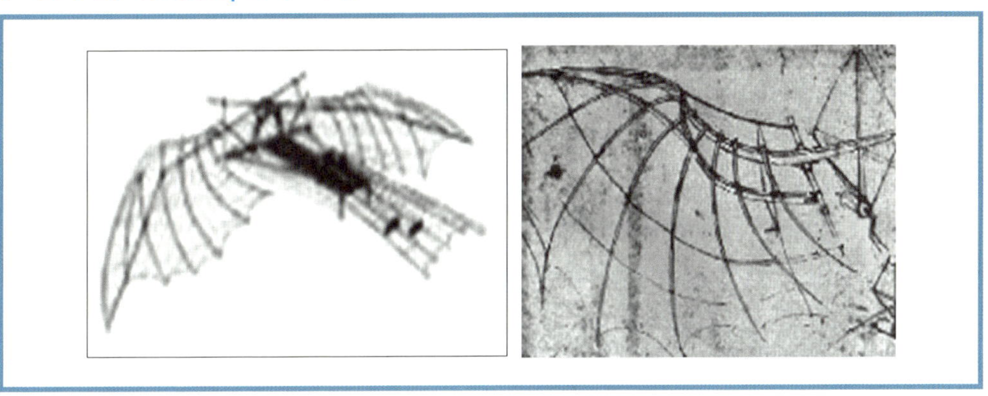

출처: airportal.go.kr

그후 영국의 조지 케일리경(Baronet, Sir George Cayley, 1773~1857)은 1799년에 최초의 모형 글라이더 구조를 디자인하였고, 1804년에 최초로 모형 글라이더를 날렸으며, 1809~1810년에 작성된 공중 비행에 대한 논문에서 날개치기 방식이 아닌 기계적 방식에 의한 비행 가능성을 발표하였으며, 이 논문은 오늘날의 양력발생 이론과 거의 동일한 내용으로 양력과 항력의 원리를 설명하였다. 그는 1849년에 3겹 날개 글라이더를 만들었으며 그의 모형 글라이더는 오늘날의 비행기의 형태로 근대적 비행 이론의 영향을 주었으며 그를 비행의 아버지(The father of aerial navigation)로 일컬어지게 되었다.

〈그림 1-3〉 인류 최초의 비행(1783): 열기구(hot air balloon)

케일리(Baronet, Sir George Cayley)의 양력이론과 릴리엔탈(Lilienthal)의 비행실험 등을 통하여 동력의 필요성을 절감하게 되었다. 이런 시기에 프랑스의 에티네 레노일(Etienne Lenoir)이 1860년에 내연기관(가스엔진)을 최초로 발명하였고 이어서 독일의 오토(N. A. Otto)가 1876년에 가솔린엔진을 발명한 후 1885년에 독일의 다임러(Gottlieb Daimler)가 실용화 함으로써 동력 비행의 가능성을 한층 높아졌다.

미국의 옥타체너트(Octave Chanute)는 독일의 릴리엔탈의 영향으로 비행관련 서적 "비행기계발전(Progress in Flying Machines)"을 발표하여 오빌과 윌버 라이트(Orville & Wilbur Wright) 형제에게 실용적 동력비행에 대한 영향을 주었다.

1903년 12월 17일 노스케롤라이나주(North Carolina)의 키티호크(Kitty Hawk) 근처의 킬 데빌 언덕(Kill Devil Hills)에서 복엽기를 제작하여 형제가 교대로 날았는데, 동생 오빌(Orville)이 먼저 이륙하여 12초 동안 36m를 날았고, 4번째는 형 윌버(Wilbur)가 59초 동안 260m를 나는 데 성공하였다.

라이트 형제가 제작한 복엽기는 '플라이어(Flyer)'란 이름으로 날개폭이 12.29m, 무게는 274kg, 4기통 12마력의 수냉식 가솔린기관으로 무게는 90kg이며, 2개의 프로펠러가 서로 반대 방향으로 회전하여 기체의 자세를 바르게 유지시키도록 장착되었다.

기체무게를 가볍게 하기 위해 바퀴를 달지 않았으며 이륙할 때에는 바퀴가 달린 수레 위에 비행기를 올려놓고 레일위에서 미끄러지도록 설계하고, 착륙할 때에는 썰매 모양의 착륙 장치를 이용하였다.

〈그림 1-4〉 라이트형제의 플레이어

출처: airportal.go.kr

1909년 7월 25일에는 프랑스의 루이 블레리오(Louis Bleriot)가 블레리오 X1(Bleriot X1) 단엽기로 32분동안 40km의 영불해협을 횡단함으로써, 장거리 비행을 성공하였다.

미국의 찰스 린드버그(Charles Lindbergh)는 1927년 5월 20일에 뉴욕의 롱아일랜드(Long Island)에서 '세인트루이스 정신(Spirit of St. Louis)'이라고 명명한 단발엔진 리얀 단엽기(Ryan monoplane)로 33시간 39분의 장시간동안 5,810km(3,610miles)를 비행하여 프랑스 파리까지 대서양을 횡단하여 최장의 논스톱(non-stop)비행을 성공하였다.

미국의 보잉사(Boeing Company)에서 1933년 2월 8일 최초로 완전 금속제 저익단엽(Low wing monoplane) 쌍발민간여객기로써 10인승 Boeing 247을 개발하였다. 인입식 착륙장치(Retractable landing gear)로 이륙시 공기저항을 감소시키고, 두개의 550마력 엔진은 만재상태(full load)에서도 한 개의 엔진만으로 상승할 수 있는 최초의 항공기로서 순항속도는 250km/h였다. 이 항공기의 출현이후 항공기의 제작산업은 급발전을 이루게 되었다.

1954년 7월에 미국 보잉사의 B-707 장거리용 제트여객기가 첫 시험비행을 하였고 1958년 10월에 팬암항공사(Pan American)가 뉴욕-파리간 대서양 횡단노선에 취항하였다.

1970년 1월 22일 팬암항공사(Pan American)가 뉴욕-런던 노선에서 B-747 점보제트기의 취항 이후 맥도널드 더글러스사(Mcdonald Douglas)의 DC-10, 록히드사(Lockheed)의 L-1011, 유럽지역의 A-300, 구 소련의 IL-86 등 넓은 동체를 가진 대형(Wide body) 제트여객기들이 등장하였다.

한편 초음속 여객기는 1962년에 영국과 프랑스는 콩고드기(Concorde) 개발에 착수하여 1969년 3월 2일에 시험비행을 성공하고 영국항공(British Airways)과 프랑스항공(Air France)의 콩고드기가 1976년 1월 21일부터 대서양(런던-뉴욕, 파리-뉴욕)노선에 취항하기 시작하였다.

현재에는 기존의 항공기 보다 더 많은 여객과 화물을 수송할 수 있는 초대형기(VLA : Very Large Aircraft) 개발에 주력하고 있다.

2) 항공운송과 항공사의 발전

1903년 12월 17일에 라이트 형제가 동력비행에 성공한 이래 1914년에 제1차 대전이 발발하기 이전까지 항공기는 성능면에서 아주 유치한 단계를 벗어나지 못하였으며 수송기로서의 역할은 거의 기대할 수 없었다.

항공기를 사용한 최초의 수송은 1913년에 설립된 STA사에 의해 이루어졌다. 동사는 1914년 1월부터 미국 플로리다주의 탬파(Tampa)-세인트 피터스버그(St. Petersburgh) 간 30Km의 노선거리를 20분의 소요시간으로 매일 2회씩 정기항공수송을 실시했다. 그러나 이 때 사용한 비행기는 승무원 1명, 승객 1명을 탑승시킬 수 있는 베노이스트(Benoist) 비행정이었다.

1918년 3월 20일부터는 오스트리아의 수도 빈과 러시아 혁명으로 탄생한 우크라이나 공화국의 수도 키에프간에 세계 최초의 국제우편비행이 개시되었다. 이때 사용된 항공기는 오스트리아 공군이 사용하던 한자-브란덴부르크(Hansa-Brandenburg) C형 정찰기였다. 동년 5월 15일에는 미국 최초의 항공우편이 우정성에 의해 워싱톤-필라델피아-뉴욕간에 개시되었으며 사용한 항공기는 커티스(Curtiss) JN-4복엽기였다.

제1차 대전이 끝나면서 유럽의 각국은 전쟁에 사용하다 남은 많은 군용기를 유효적절하게 사용하지 않을 수 없었으며, 이것이 항공운송산업이 본격화된 직접적인 동기가 되었다. 제1차 대전 후 최초로 여객운송사업을 개시한 것은 독일의 DLR사(Deutsche Luft Reederei)였다. 전쟁이 끝난 3개월 후인 1919년 2월 5일 베를린-바이마르(Weimar)간을 연결하는 정기항로를 개설하여 우편, 신문, 여객 등을 수송하는 정기항공운송사업을 개시했으며, 프랑스의 Farman사는 이보다 3일 늦게 파리-런던간에 정기항공운송을 개시했다. 여기에 사용된 항공기는 11명까지 탑승할 수 있는 거대한 폭격기인 파르망 골리아드(Farman Goliath)를 개조하여 만든 여객수송기로써, 이것이 세계 최초로 개설된 국제선이었다. 영국에서는 조지 홀트 토마스(George Holt Thomas)가 1916년 10월 5일에 AT&T사(Aircraft Transport & Travel)를 설립하고, 1919년 8월 25일에 DH-14 복엽 폭격기를 4인용수송기로 개조하여 런던-파리 노선에 취항하였다.

이렇게 발달하기 시작한 민간항공수송은 점차로 항공수요가 증가함에 따라 군용기를 개조한 비행기로서는 도저히 이를 충족할 수 없게 되자 1919년에 처음으로 본격적인 민간수송기를 개발하여 정기항공노선에 취항시켰다. 이것이 독일의 융커스(Junkers)사가 개발한 전금속제의 저익단엽기인 F-13으로써, 세계 최초의 밀폐식 객실과 난방시설을 갖춘 것이었으며 3개의 넓은 창문과 4석의 객석을 갖춘 민간수송용 전용여객기였다.

각국은 민간상업항공의 발달을 목적으로 수송기의 제조와 항공운송산업의 육성 정책을 경쟁적으로 채택하였다. 그 결과 구미 선진국에서는 장거리 교통기관으로서 항공기를 사용한 항공운송산업이 점차 발달하기 시작했다. 그러나 이러한 항공운송사업은 채산성이 거의 없었으며, 많은 항공회사들은 파산하거나 흡수합병이 반복되는 가운데 민간항공회사에 대한 정부의 보호정책이 채택되는 등 항공정책이 각국에서 수립되면서, 네덜란드의 KLM항공사(1919년), 일본의 ANA항공(1920), 호주의 Qantas항공(1921년) 등 현재의 항공사들이 설립되었다.

1920년대에 선진국에서는 주요 도시간의 정기항공운송노선을 점차로 개설하였으며 국제항공도 창시되어 항공운송산업이 전 세계적으로 확산되면서 성장하였다.

이 당시 설립한 주요 항공사로서는 러시아 아에로플로트(Aeroflot : 1923년), 미국 팬암항공(Pan American World Airways1926), 브라질항공(Varig : 1926), 트랜스월드항공(TWA : 1930), 스위스항공(Swiss Air : 1931), 프랑스항공(Air France : 1933),아메리칸항공(American Airlines : 1934), 유나이티드항공 (United Airlines : 1934), 영국항공(British Airways : 1935) 등이 설립되었다.

1930년대 후반부터 근대적 조건을 갖춘 상업용 항공기로서 미국 더글러스사는 안전성과 쾌적성이 크게 향상된 DC-3(1935년)을 개발하였고 1940년대에는 경제성과 생산성이 우수한 DC-4(1942년)를 개발하였다. 또한 공항, 항공로, 항행안전시설, 항공무선연락, 기상관측 등 항공기의 운항에 필요한 각종 기술조건이 갖추어지면서 근거리 국제선만이 아니고 구미 제국간, 구주 본국과 식민지 제국간에 그리고 중동, 아시아, 호주간에 장거리 국제항로가 개설되었다.

제2차 세계대전 중에 항공기술의 획기적인 진보와 함께 개발된 항공기의 대형화는 탑재력의 증대와 항속성능의 향상이 장거리 비행을 가능케 했으며, 이것이 운항의 경제성을 높이게 했고 안전성쾌적성정시성을 향상시킴으로써 항공수요의 저변을 확대하였다. 이 시기에 활약한 항공기로서는 DC-3, DC-4, B-307, B-314 등 시속 350Km의 성능을 갖춘 항공기가 주류를 이루었다.

제2차 대전 중에 진보된 수송기, 공항, 항공로, 항행안전시설, 항공통신, 기상관측 등 각종 항공기술은 전쟁이 끝나면서 군용으로부터 민간항공용으로 이용되었다. 구미 선진국은 민간 상업용 항공기의 개발에 박차를 가하게 되었고 점차로 확대되는 수요에 충분히 대응할 수 있는 대형기로서 DC-6B, DC-7, Constellation 등을 개발하여 장거리 정기노선에 취항시켰다.

DC-6B와 DC-7은 근래까지도 피스톤기로서는 최우수 항공기로 간주되고 있으며 당시에는 대서양이나 태평양 횡단을 위한 장거리 국제선용의 주력기로서 활약하였다.

1957년부터 도입된 제트기의 출현으로 새로운 고속 항공수송 시대가 개막되었으며, 터보프롭기로써 Vickers Viscount를 비롯하여 Bristol Britannia, F-27 등 많은 기종이 개발되었다. 터보제트기로써 보잉사의 B-707, 더글러스사의 DC-8, 록히드사의 CV-880, 프랑스의 Caravell, 영국의 Comet 등의 많은 제트기가 민간수송용으로 개발되었다. 제트기의 취항으로 그 때까지 주력기로 사용되었던 DC-7 등 프로펠러기는 지선용으로 전용되었으며 1958년말부터 세계항공운송은 제트기 시대로 들어가게 되었다.

제트기의 출현으로 항공기의 속도는 시속 200마일로부터 600마일로 상승하였다. 또한 프로펠러기에서 제트기로 전환되어 수송력이 증가됨으로써 단위 운항원가의 저하와 이에 따른 실질적인 항공운임의 저하로 항공의 대중화가 급속히 확산되었다.

1970년 1월 22일 뉴욕-런던 노선에서 팬암항공사(Pan American)의 Boeing 747 점보제트(Jumbo-Jet)기의 취항이후 맥도널드 더글러스사(McDonald Douglas)의 DC-10, 록히드사의 L-1011, 유럽의 A-300 등 넓은 동체를 가진 대형(Wide body)제트기들이 등장하여 대량수송 체계로 발전하면서 항공운송산업에 새로운 전기를 마련하였다.

1990년대 중반 이후 세계 항공시장은 인적, 물적 교류의 확대 및 항공자유화 정책의 확산으로 무한경쟁시대가 도래하였다. 이에 따라 주요대형 항공사들은 지배력 확대와 경쟁력 제고를 위해 항공사 간 전략적 제휴를 체결하였다. 스카이팀(sky team), 스타얼라이언스(star alliance) 그리고 원월드(one world) 등의 항공사 동맹체가 현재까지 유지되고 있다.

〈표 1-2〉 세계항공 발달사

연 도	항 공 발 전 과 정
1505년	레오나르도 다 빈치(1452-151 9), 새의 비행원리 과학적으로 분석, 날개치기 비행 기계와 나사원리 이용한 헬리곱터 모형개발(이탈리아)
1783년 6월	조셉 몽골피에와 작크 몽골피에 형제가 최초 열공기기구 실험비행 성공(프랑스)
1783년 11월	몽골피에 열공기기구(hot air balloon)로 950m까지 상승 약 25분 동안 8km 비행. 인류 최초의 유인 비행
1903년	라이트 형제에 의해 동력 비행기 플라이어(Flyer) 개발, 노스캐롤라이나주 키티호크에서 인류 최초 동력 비행 성공
1909년	프랑스의 블레리오가 XI형 복엽기로 영불해협을 횡단비행 성공
1919년	최초 북대서양 무착륙횡단 비행(영국), 최초의 금속제 여객기 F-13 첫 비행에 성공(독일)
1920년	뉴폴 드라쥬 복엽기로 세계기록수립. 최초로 시속 300km 돌파.
1927년	찰스 린드버그가 뉴욕-파리까지 최초 논스톱 대서양 횡단 비행에 성공. 33시간 50분 소요.
1928년	팬암이 미국에서 국제 여객서비스를 최초로 개시
1933년	윌리 포스트가 첫 번째 단독 세계일주비행에 성공
1935년	더글러스DC-3기 수송기 첫 비행
1939년	독일에서 최초의 터보 제트기 생산, 첫 비행 성공
1942년	최초의 제트기 미국에서 생산
1945년	국제민간항공운송협회(IATA)설립
1947년	국제민간항공기구(ICAO)설립
1950년대	기종 대형화, 항속거리 연장(DC-4, DC-6, DC-7)
1959년	판아메리칸 항공 대서양 정기 횡단 운행 개시(B707)
1960년대	고속 대형제트기시대의 개막(시속 900km, 항속거리 1만km, 150석, DC8등장)
1961년	소련의 유인우주선 보스토크호 인류최초 우주여행
1969년	초음속여객기 콩코드 비행기 시험비행 성공
1970년대	첫 점보제트여객기 뉴욕-런던 첫 취항(B747)
1974년	105톤 화물을 실을 수 있는 화물전용기 B-747F 첫 취항(독일)
1975년	초음속여객기 콩코드 개발, 소련 T-144 여객기 등장
1976년	초음속여객기 콩코드 여객서비스 개시(대서양 취항)
1980년대	대량 초고속 수송 활발
1986년	Voyager 항공기 주유없이 논스탑 세계일주
1990년대 초	걸프전쟁의 영향과 세계경기침체로 성장률 감소
2000년대	저비용항공사(LCC) 증가
2000년	프랑스에서 에어버스 A380 개발
2001년	미국 뉴욕의 9·11테러로 인한 보안강화
2003년	기술적 결함 및 경제성으로 인해 콩코드기 여객서비스 중단
2004년	에어프랑스와 KLM네덜란드항공 합병(에어프랑스-KLM)

2005년	A380 프랑스 툴루즈에서 첫 비행
2007년	싱가포르항공사 A380 첫 취항
2008년	EU와 항공자유화지역협정 체결
2010년	델타항공, 노스웨스트항공과의 합병으로 세계 최대 항공사 등극
2011년	드림라이너(dreamliner)라는 별명을 지닌 B787 첫 상업비행

2. 우리나라 항공 산업의 발달

1) 정부수립 이전의 항공의 태동

동력비행기가 우리나라에 첫 선을 보인 것은 1913년 일본해군 기술장교가 서울 용산의 조선군 연병장에서 "나라하라 4호" 비행기로 공개 비행 행사를 가진 것이 그 효시이다. 이는 미국 라이트 형제의 최초 동력비행 성공(1903년 12월 17일)보다 10년 후였다. 또 1914년 일본인 다까소오가 최초 민간 항공인으로 용산에서 비행하였고, 1916년 10월초 일본인 오자끼가 한국을 방문, 최초 유료비행을 하여 한국인들은 근대 과학 부산물인 비행기를 처음으로 인식하였고, 1917년에는 미국인 아트 스미스(Art Smith)가 커티스호(Curtiss)로 한국방문 비행을 하였으며, 1920년 5월 이태리 공군 페라린마세르가 세계 일주길에 한국을 방문 비행하였다.

이 이후 각국 비행사들이 속속 한국 비행을 하였으며 이런 시대 변화는 한국 청년들에게 새로운 분야의 희망과 모험의 자극을 불어넣기에 충분한 것이었다. 따라서 많은 한국 젊은이들은 항공공학에 대한 도전과 실현을 모색하였고, 우리나라 최초 비행사인 안창남이 바로 그 대표적인 인물이었다.

안창남(1900년 1월 29일생)은 21세에 일본 오구리 비행학교에 입학, 6개월 과정 교육을 마치고, 다음 해 1921년 5월 비행면허시험 수석합격으로, 한국인의 우수능력과 기개를 과시하였다. 또 일본 우편비행대회(1922년 11월 6일)에 참가하여 최우수상을 수상하였다. 마침내 안창남은 1922년 12월 10일 12시 22분, 뉴포트 15형 단발쌍엽 1인승 비행기 "금강호"로 여의도에서 5만여 명 관중이 보는 가운데 역사적인 모국방문 비행회를 가졌다.

안창남 모국방문 비행회는 항공에 관심이 많은 한국 젊은이들이 일본에 가 비행술을 익히는 커다란 동기가 되었으나 비행교육에 많은 비용이 소요됨에 따라 재력 없는 청년들은 꿈을 이루기 어려웠다.

이 후 일본 비행사 자격증을 획득한 한국청년은 이인기, 이상태, 장덕창 등 20여명이었다. 이들은 차례로 모국방문 비행회를 가졌고, 특히 1927년 12월 24일 신용욱 비행사는 당시 가장 최신예기인 아보로식 제504호형 자가용 항공기 "타이거호"로 모국방문 비행회를 가졌다.

한편 1925년 권기옥이 남존여비 유교사상이 팽배하던 당시 중국 운남 여군학교 제1기생으로 졸업하면서 최초 여류비행사가 되었고 다음해 1926년에는 이정선 여류비행사가 탄생하였다.

특히 안창남이 비행사 자격 취득 1년 전, 상해 임시정부는 독립군 공군 양성 목적으로 1920년 미국 캘리포니아에 비행학교를 설립하여, 이용근, 이초, 이용선, 오림하, 장병훈, 한장호 등 비행사를 배출하였다. 당시 비행학교는 1920년 1월 캘리포니아주에서 대규모 쌀 농장을 경영하는 재미동포 김종림씨가 3만달러를 희사, 비행기 2대 미국인 기술자 1명을 고용, 한국청년 15명이 훈련을 받았다.

참고로 미국 비행학교 설립과 관련하여 당시 미국 언론(Willows Daily Journal)에서 보도한 내용 요지는 다음과 같다.

(1920년 2월 19일) "한국인들이 비행장을 소유하게 되다"라는 제하에 비행학교 설립 목적은 "우리는 우리민족 젊은이들이 훌륭한 미국인이 되도록 훈련시키고자 함"에 있다고 하였으며(한국인들이 비행장을 소유, 비행훈련을 시키는 군사 행동에 대해 미국인들이 자신들의 이익과 평화를 위협한다고 간주 할 것을 우려, 일본과의 독립전쟁을 위한 것이라 말할 수밖에 없었던 시대적 상황을 고려한 발언으로 판단됨) 김종림씨의 주도적 역할로 추진하였고 Quint 지역에 숙소를 임대하여 미국인 비행사 1명을 교관으로 고용하였으며 비행기 1대와 40에이커의 비행장을 구입하였다. - 향후 비행학교는 최신 모델 비행기 3대구입, 비행기 격납고 신축과 정비사 2명을 고용하게 된다.

(1920년 2월 20일) 미국인 Van Bernard씨가 "한국인 비행학교를 위협적인 존재로 여기다"라는 제하에 비행학교 설립 진행상황을 소개하였는데 "설립 목적은 한국청년의 조종 정비 훈련교육으로, 위치는 캘리포니아주 Glenn County(Willows City의 교외지역)에 있으며 부지 40에이커를 구입하였고, 다수 비행기들이 한국인들이 조종하고 있다."

(1920년 3월 1일) 임정 군무총장 노백린과 인터뷰 내용을 게재하였는데 "설립목적은 일본과의 독립전쟁에서 활약할 조종사 양성이며 교관 근무 요원은 Redwood City에서 조종훈련중이며 3월 이수예정이고 학교설립 운영을 위한 필수적인 교관과 정비사를 확보하고 학생은 캘리포니아 거주 한국청년으로 구

성하며 후원금은 California 거주 한국인 기부금으로 하고 비행장은 중국에도 건설 계획 중이며 향후 비행학교 발전계획은 Glenn County 쌀 생산지대에 3,000에이커 규모로 발전하려 한다."

(1920년 6월 22일) 비행학교 설립 현황을 소개하였는데 "비행장 부지구입 지역은 Glenn County City 교외 Quint 지역이며 교육 내용은 전술학, 영어, 조종으로 학생 30명과 많은 경험과 대담한 곡예비행으로 명성 높은 유능한 교관 간부인 Happy Bryant를 고용하였고, 1920년 6월 22일 최신비행기(Hall-Scott Motor 부착비행기)를 구입하였다.

2) 항공인력 양성 및 비행장 건설

우리나라 비행학교는 신용욱이 한국인으로 1930년 5월 15일 여의도에 조선비행학교를 설립한 것이 처음이다. 신용욱의 최초 비행학교 설립의사를 밝힌 것은 1927년 12월 15일 두 번째 모국방문 비행회를 마치고 그를 위한 환영 연회석상이였다. 그러나 26세 식민지 청년이 전력자원(戰力資源)이 될 수 있는 비행사 양성기관 설립은 일본정부를 의식하지 않을 수 없었다. 이에 신용욱은 조선 철종 부마인 박영효를 설립 추진위원장, 위원은 동아일보 사장 송진우변호사 김병로 등 신망이 두터운 인사로 구성하여 재정적인 지원도 기대하였다.

추진위 구성 후, 1928년 6월 4일 추진위원총독부 체신국장 등 관계관이 참석한 가운데 조선비행학교 창립 간담회를 갖고 4개월 뒤 10월에 사재 5,000원(圓)을 들여 여의도 교사가 준공되자 총독부에서 학교인가를 받고 미국에 비행기 1대를 주문하여 1930년 4월 비행기가 도착하자 바로 5월 15일 정식 개교 하였다.

또한 신용욱은 조선비행학교를 운영하면서, 일본 나까지마 비행기 제작소의 지도리식 4인승 쌍엽기(雙葉機)를 도입하여 1930년 9월부터 서울 상공 일주, 인천 왕복 유료비행을 실시하였다. 탑승요금은 서울상공 일주(10분) 5원, 인천왕복(20분) 10원으로 당시 쌀 1가마(13원)에 비해 아주 고가이었으나 대성황을 이루었음에도 당시 보험제도가 없어 승객들에게 "불행한 사태가 일어나 사망해도 이의 없다"는 각서를 받아 그 때마다 시비가 일어 비행이 중단되기도 하였다. 이 유료비행은 신용욱이 조선항공사업사를 설립하기 직전인 1935년까지 계속하였다. 1930년대 후반부터 일본정부가 항공기 생산기술 향상과 조종사, 기관사의 수요 증가에 대비, 항공국 직할 승원양성소를 설립하고, 전액 관비로 양성하는 방향으로 발전시키자, 조선총독부도 1943년 4월 항공과에 국민항공계를 신설, 전문학교이상 학생 약 20여명을 선발, 조종훈련을 실시하였고, 1944년 각 활공단체를 통합한 조선국방항공단을 결성하고 4-5명의 지도원을 촉탁으로 채용, 중학생의 글라이더 훈련까지 담당하게 하였다.

또한 1944년 1월부터 초등학교 졸업자 중에서 40여명을 선발, 약 3개월간 초보적 정비훈련 과정을 수료시키고 비행부대 비행기 제작소에 취업시켰으며, 중학교 3년정도 수료자 20여명을 선발하여 6개월간 정비교육을 실시하였다.

3) 민간항공 초기시대

우리나라 「항공법」은 조선총독부가 1927년 6월 1일부터 시행 준용하였던 구 항공법(일본항공법)으로 16년간(1945년~1961년) 우리 정부에서 계속 준용하였다. 이에 우리 정부는 한국 특수성을 갖춘 항공정책 행정이 필요하여 새로운 항공법 제정요구가 1952년부터 대두되었으나 실제 입법작업 착수는 1958년 미국 FAA(연방항공국) 항공법 전문가를 초청, 작성한 초안에서 부터 시작하게 되었다.

교통부 초안이 사전심의를 거쳐 1960년 11월 국무회의 의결 후 국회 제출됨 후 1961년 1월 11일 제38차 민의원 통과, 2월 22일 참의원 통과, 1961년 3월 7일 정부가 법률 제591호로 공포, 우리나라 항공행정과 운송사업의 바탕이 된 독자적인 새로운 항공법은 1961년 3월 7일부터 시행하였다.

개정된 신 항공법 주요 골자는 항공행정 방향제시, 항공기 안전운항을 위한 방법, 항공시설 기준, 항공운송사업 질서, 항공발전을 위한 지원, 외국 항공사의 한국 취항에 관한 규정, 국내 각 지역간 운항 규제, 항공기 여객에 대한 위해 행위 금지 등을 목적으로 전문 10장 143조로 구성되었다.

우리나라 항공행정이 처음 기능을 갖춘 것은 1945년 미 군정 하에서 운수부 항공과가 국내 항공행정기관으로 항공업무를 수행하였으나, 군정 3년간은 독자적인 업무수행이 불가능하였다. 그 후 1948년 4월 1일 과도정부 기구중 교통부 운수국내 항공과를 신설, 항정계와 기술계를 설치, 항공행정을 전담하게 하고, 1961년 10월 관광공로국 항공과로 개편 후 1963년 9월 항공국으로 승격하였다. 항공행정을 통한 국제활동 성과는 1952년 12월 11일 ICAO(국제민간항공국) 회원국으로 국제항공법에 따른 항공행정에 참여하고, 1949년 6월 29일 한미 잠정 항공협정 체결 이후 외국과의 활발한 국제항공이었다.

(1) 대한국민항공사(KNA)의 설립

우리나라 정기 항공노선 최초 개설은 1929년 4월 1일 일본이 동경-대련간 정기항로를 개설하면서, 중간 기착지로 후꾸오까-대구-서울-평양-신의주를 운항한 것이며, 1929년 6월 21일 서울-울산 단독노선이 개설되었으나 우리나라 사람이 최초 개설한

항로는 서울-이리간 정기항공노선 운항으로 1936년 10월 신용욱이 설립한 조선항공사업사(Korean Aviation Company)에 의한 취항이 처음이다.

1930년 5월 15일 조선비행학교를 설립하고 우리나라 민항공 발전에 기여한 신용욱은 조선 항공사업사를 모체로 1946년 3월 1일 대한국제항공사를 설립한 후 1948년 10월 대한국민항공사(Korea National Airlines, 약칭 KNA)를 창설함으로써 본격 민간항공시대를 맞이하였다.

대한국민항공사는 1948년 10월 10일 교통부에서 서울-강릉, 서울-광주- 제주, 서울-옹진, 서울-부산간 국내선 면허를 받고 미국 스틴슨 항공기 3대(5인승)를 도입, 우선 서울-부산간 여객수송을 1948년 10월 30일 시작하였다. 1949년 2월 1일 서울-강릉, 서울-광주-제주, 서울-옹진간 3개 노선에도 취항시켜 서울과 지방도시를 잇는 하늘의 여행길을 마련하였다.

그러나 이때 이미 미국 노스웨스트가 미군수송을 목적으로 우리나라에 취항하고 1946년 하반기에는 한국인까지도 확대 수송하게 되었으며 정부 수립 후 1949년 6월 29일 한미 잠정 항공협정 체결에 따라 1949년 9월 1일 서울-동경-시애틀간 국제선에 주2회 외국항공사들이 우리나라에 첫 정기취항 하였다. 대한국민항공사는 1953년 7월 주식회사로 개편하고 1953년 10월 국제선용 72인승 DC-4 항공기 1대를 도입하여 일일 왕복 1회 서울-부산 노선에 취항하였다.

신용욱은 1953년 12월 25일~1954년 1월 3일까지 서울-홍콩간을 임시 운항하여 국제선 운항에 성공을 거두고 1954년 7월 2일 한·영 잠정 항공협정 체결로 1954년 8월 29일 DC-4 항공기로 서울-대만-홍콩간을 주1회 운항하면서 우리나라 민항 사상 처음으로 동남아 국제노선의 최초 취항이 이루어졌다. 그러나 서울-대만-홍콩노선은 승객증가로 1955년 3월 22일 주3회 운항으로 증편하고 9월부터는 서울-홍콩 직항노선으로 변경하였으나 1961년까지 적자운영을 계속 면치 못하면서 1962년 11월 13일 대한국민항공사는 해산되었다.

(2) 최초의 국제선 주력기 DC-4기의 활약

1953년 10월 미국에서 도입한 대한국민항공사(KNA) DC-4(HL108) 4발기는 제2차 세계대전 유물이었으나, 당시 한국의 최신 항공기로 국제선에 투입할 유일한 기종이었다. 최대 좌석수 72석 DC-4는 기종 선정과정에서 신기재 평가능력이 아주 낮았던 당시로는 확실한 선정기준이 없어 우수한 기종이라는 정보만이 유일한 근거였다.

DC-4 원적은 2차 대전 때 미군 수송기 C-54인데 DC-4 이름으로 민항기로 쓰이기까지는 복잡한 사연이 숨어 있다. DC-4 역사는 1930년대 말로 거슬러 올라간다. 팬암,

TWA 등에서 대륙횡단 대형 수송기 제작요구를 받은 더글러스사가 개발을 시작, 1940년에 생산을 개시했는데, 1호기 완성 직전에 발발한 제2차 세계대전이 이 신예 수송기의 운명을 크게 바꾸어 버렸다.

즉 미군은 개전과 동시에 민항 각사의 발주기를 징발, C-54라는 군용명을 붙여 더글러스사에 전력(全力) 생산을 명령, 1호기가 처녀 비행한 것은 1942년 2월 14일이었다. C-54는 2차대전 기간중 미 육해군(해군용 명칭은 R5D)에 의하여 활발히 쓰여졌으며, 특히 장거리 공수작전에서 성능이 유감없이 발휘됐다.

1946년까지 생산이 계속된 C-54는 총 1,162대로서 그중 수 백대는 종전과 함께 민간에 불하되어 전후 공수계(空輸界)에 한 시대를 만들었는데, 이들 항공기가 당초 계획했던 DC-4 이름으로 호칭됐고, 대한국민항공사가 도입하여 한국에 첫 선을 보인 것이었다. 생산도 재개되어 그 1호기가 1946년 3월 7일 아메리칸항공 노선에 취항했다.

KNA가 DC-4를 도입한 1953년에는 세계 주력기는 이미 이보다 고성능인 DC-6으로 바뀌고 DC-4는 간선 주력기 자리에서 밀려나고 있었으나 세계적인 기재부족 영향으로 구 군용 C-54마저 입수난이 심각했다. 더구나 중고기가 최초 구입가 2배 이상 값으로 거래되는 상황에서 민수형, 군수형을 가릴 것 없이 DC-4형으로 입수만 되면 그것으로 만족하였다.

1953년 당시 민간형 DC-4 생산은 이미 끝나(총 79대) 거래되는 것은 중고기 뿐이었는데 그나마 상태가 좋은 것을 엄선하는 작업은 정확한 자료도 기준도 없는 상태라 곤란한 작업이었다. KNA가 도입한 DC-4기는 민수형으로 개조된 것이었다.

한국에서는 '하늘을 나는 궁전' 대접을 받아가며 1954년 8월 서울-대북-홍콩 동남아노선 개척기로 1956년 12월 멜버른 올림픽에 한국선수단 50명을 싣고 2차 왕복비행, 1957년 10월 한국전 고아 80명을 싣고 알래스카와 시애틀을 거쳐 미동부 포틀랜드까지 왕복했고, 1959년 12월 중국선원 45명을 대북에서 서울을 거쳐 캐나다 밴쿠버까지 수송하는 등 전후의 국제민간항공 재건기에 혁혁한 공적을 남겼다.

이 DC-4는 대한국민항공사의 불운과 함께 1962년 4월 사세당국에 압류되는 곤욕을 겪은 후 엔진 분해정비를 거쳐 대한항공공사의 주력기로서 1963년 4월 서울-대구-부산 노선에 재투입되어 1964년 초 F-27 2대가 취항함과 동시에 명예롭게 퇴진했다.

(3) 1950년대 후반기 항공운송수송 실적

1950년대 후반 민간항공 운송량이 꾸준히 증가하는 양상을 보였다. 1957년 국제선 여객은 입국 10,446명, 출국 11,396명이었고 1958년에는 입국 여객이 12,178명, 출국 여객이 12,125명이었다. 그리고 1959년에는 입국 여객 12,302명, 출국 여객 12,763명을 수송하였고, 국내선 여객 경우에는 1957년부터 1959년까지 각각 55,963명, 45,090명, 67,562명을 수송하였다.

〈표 1-3〉 1957년~1959년 항공수송실적

년도	국제선						국내선		
	입국			출국					
	여객(명)	화물(톤)	우편(톤)	여객(명)	화물(톤)	우편(톤)	여객(명)	화물(톤)	우편(톤)
1957	10,446	547	321.0	11,396	228	275.2	55,963	135	0.9
1958	12,178	656	333.7	12,125	279	251.8	45,090	171	0.3
1959	12,302	817	454.6	12,763	287	334.4	67,562	362	1.1

주: 부정기 수송실적 제외

1950년대에는 항공운송 여건이 채 성숙되지도 않았고, 정부의 항공산업에 대한 인식도 미미한 수준이었다. 하지만 6·25전쟁 이후의 폐허 속에서도 우리나라 항공운송사업은 점차 그 기반을 닦아 나가기 시작했다. 그리하여 1950년대 시련기는 민영화가 이루어지는 1960년대 항공산업의 개화기를 맞는 주춧돌 역할을 해냈다.

4) 국영 항공시대

우리나라 민항 개척자였던 신용욱·대한국민항공사가 막을 내리고 1962년 3월 14일 국가재건최고회의에서 의결되고 3월 23일 제정 공포된 대한항공공사법(법률 제1040호)과 4월 26일 제정 공포된 동법 시행령에 의하여 1962년 6월 15일·6월 18일에 창립총회가 개최되고, 6월 19일에 등기를 마침으로써 대한항공공사(KOREA AIRLINES CO. LTD 약칭 KAL)가 설립되었다.

정부가 국영항공사인 대한항공공사를 설립한 것은 경영난을 극복하지 못하고 도산 직전 상태에서 허덕이는 대한국민항공사를 흡수하고 우리나라 민항 사업의 급속하고도 영구적인 발전을 위해서였다. 당초 계획은 항공사업 성격상 루프트한자, 일본항공, 스칸디나비아항공, 에어프랑스, 펜암항공 등 세계 주요항공사의 장점을 살려서 정부 50%, 민간 50%의 투자비율로 관, 민, 공영을 계획하였으나 민간항공사 자본의 취약성으로 100% 정부출자의 국영항공사를 설립하였던 것이다.

이러한 대한항공공사는 발족 초기의 의욕적인 구상과는 달리 국제선 취항의 부재 상태로 1962년 10월 26일 주식 전부를 한국증권거래소에 상장하였으나 인기를 얻지 못하였다. 대한항공공사에서는 1952년·1953년에 대한국민항공사에서 도입한 DC-3 항공기 2대·DC-4 항공기 1대를 정부로부터 불하받아 일본에서 대대적인 정비수리를 하고 1963년 10월 3일 국내선에 취항하였다.

아울러 1962년 12월 2일 한국인 기장 8명으로 6개 국내 정기항공노선 조종간을 잡게 함으로써 외국인 기장이 자취를 감추게 되어 자주적인 운항을 개시하였으나 중형기 1대 값에 불과한 자본금으로 발족하였던 대한항공공사는 항공기 절대량 부족, 노후기종의 대체불능, 정비기술과 시설미비 등으로 경영상의 결함이 드러났다.

이때 이미 노스웨스트, 국태항공(Cathay Pacific Airways), 중국민항공공사 등은 DC-8, 콘베어 880 등 제트여객기를 운항하고 있어 경쟁의 여지가 없었다. 그러므로 대한국민항공사가 적자를 무릅쓰고 8년간 지켜왔던 동남아노선(서울-홍콩-대만) 재취항까지는 실로 5년 반이 지난 1967년 6월 1일이었다.

대한항공공사는 한일국교 정상화 기본조약 조인 1년 7개월 전 1963년 12월 28일 일본항공과 상무협정을 맺고 다음해 1964년 2월 28일 정부승인과 함께 한일 정기항공노선을 개설하였으며, 3월 17일 오전 10시 20분 F-27 항공기로 여의도 비행장에서 서울-오사카 한일 노선을 취항하는 성과를 올렸으며, 그 후 1965년 9월 1일 부산-후쿠오카, 1968년 7월 25일 서울-동경노선을 취항하였다.

한편 대한항공공사는 네덜란드 포커사의 F-27 항공기 2대를 1964년 1·2월에 도입하였고 4·5월에는 미국 유니버설항공으로부터 FC-27 항공기 2대를 추가로 도입하였다. 또한 1967년 7월 6일 정부는 미국 수출입은행 차관으로 맥도널드 더글러스사 DC-9 항공기 도입을 승인하고 1967년 7월 23일 김포국제공항에 첫 착륙하여 우리나라 민항공 사상 최초의 제트여객기 시대를 개막하여 8월 14일 서울-대만-홍콩노선에 8월 19일 서울-오사카노선에 취항하였다.

그러나 DC-9 제트기는 국제선에 취항한지 한 달이 안 된 9월 1일 오사카 공항 이륙 직후 엔진고장으로 비상 착륙하는 사고로 서울-동경 노선 개설이 무기 연기되는 등 동남아 노선도 휴항에 들어가 1968년 3월 DC-9이 재등장하기까지 6개월 동안 모든 국제선은 외국항공사에 의하여 독점 운항되어 대한항공공사의 경영은 날로 악화되기 시작하였다.

이에 정부는 우리나라 국가경제 발전과 더불어 민간자본도 크게 성장하여 항공산업의 자본금 부족에서 오는 경영난을 해소하기 위하여 1967년 민영화를 계획하였고 1968년 대한항공공사를 민간에게 불하하기로 결정하고 1969년 2월 28일 대한항공공사를 한진상사에 15억원 10년 분할상환 조건으로 민영화하여 국영항공사 시대를 마감하였다.

5) 항공 민영화 시대

1970년대의 항공운송은 대한항공공사가 민영화 된 이후 가장 두드러진 특징으로 나타난 것이 국내 노선망 확장이었다. 민영화전인 1969년 2월 현재 대한항공공사는 서울을 중심으로 부산, 대구, 제주, 전주, 광주, 목포, 강릉, 속초, 삼척을 연결하는 9개 도시 8개 노선망을 갖추고 있었다.

이러한 노선망에도 불구하고 당시 대한항공공사는 국내 노선의 운영에 있어서 상당한 적자를 나타내고 있었으며 이에 대한 정부의 정책적인 배려도 기대할 수 없는 상황이었다. 그러나 대한항공공사가 민간기업인 (주)대한항공에 이양되자 1969년 7월 20일 서울-포항 노선의 신설을 시발로 국내선이 급격히 확장되기 시작했다.

〈표 1-4〉 1970년대의 항공수송실적

년도	국제선				국내선			
	여객		화물		여객		화물	
	실적(천명)	(L/F)	실적(천명)	(L/F)	실적(천명)	(L/F)	실적(천명)	(L/F)
1969	607	68.0	1,045	74.1	89	50.1	1,589	52.1
1970	967	67.3	1,497	64.0	241	54.9	3,563	58.4
1971	1,150	64.5	1,370	61.9	313	51.4	7,676	52.9
1972	1,130	70.3	979	64.1	510	64.2	13,839	46.2
1973	1,278	80.0	1,196	66.3	936	63.5	25,739	44.5
1974	991	64.9	2,155	54.1	933	58.9	39,025	48.1
1975	928	82.4	2,714	65.5	1,145	61.1	50,952	50.4
1976	786	74.8	2,579	55.5	1,291	62.7	55,921	50.6
1977	1,092	74.2	3,352	61.2	1,385	64.4	60,184	52.2
1978	1,448	81.5	4,277	60.2	1,662	66.3	75,116	57.4
연평균 증가율	10.14%		16.80%		38.44%		53.49%	

급속하게 확장된 국내 노선망은 운영과정에서의 문제가 발생하여 몇 차례 조정되기는 했지만 1971년 말에 이르러 15개 도시, 17개 노선에 취항하는 순환 노선망을 형성할 수 있게 되었다. 하지만 1973년부터 불어 닥친 제1차 석유파동은 항공사업 의욕에 찬물을 끼얹었다. 이로 인해 국내선 운임은 1974년 2월 3일 60%나 인상되었고 국제선 요금도 네 차례에 걸쳐 24%나 인상되었다. 자연히 국내 노선망에도 감축운항을 단행하지 않으면 안 되었다.

1973년 8월 14일 강릉-대구-부산 노선의 휴항을 시작으로 1974년 3월 20일까지의 강릉-대구-부산, 부산-속초, 서울-포항, 대구-광주, 서울-군산, 부산-광주, 서울-전주, 서울-마산, 서울-삼척 등 9개 노선이 휴항하거나 폐쇄되는 결과를 초래했다.

이 기간 동안 국내선 수송실적도 크게 줄어들었다. 국내선 이용객은 1969년 607천명에서 1973년 1,278천명으로 두 배 이상 증가했으나 석유파동의 여파가 휩쓴 1974년에는 991천명, 1975년에는 928천명, 1976년에는 786천명으로 급격히 줄어드는 양상을 보였다. 국내선 여객의 감소추세는 1977년 1,092천명을 고비로 회복되기 시작하여 이후 안정적인 증가를 보였다.

국내선 화물 수송량은 1969년 1,045톤에서 1971년 1,370톤으로 증가하였으나 1972년에 979톤으로 급격히 줄어들었다.

그러나 1973년 1,196톤, 1974년 2,155톤 등으로 차츰 회복세를 보이기 시작하여 1978년에는 4,277톤으로 증가하여 연평균 16.8%의 증가율을 보였다.

국제선 여객은 석유파동에도 불구하고 지속적인 증가를 보였지만 이는 여객의 증가보다는 노선의 확장에 따른 공급력의 증대에 기인한 것이었다. 국제선 여객은 1969년에는 8만9천명에 불과 하였으나 1971년 31만3천명, 1973년 93만6천명, 1975년 114만5천명, 1977년 138만5천명, 1978년 166만2천명 등으로 연평균 38.44%의 매우 높은 증가율을 나타내었다.

국제선 화물은 1970년대 초반에 급속한 증가율을 보였지만 후반기에 접어들수록 증가율이 둔화되는 양상을 나타냈다. 1969년 1,589톤으로 1971년에는 7,676톤으로 전년대비 85.9%의 높은 성장률을 기록했으나 1976년에는 55,921톤으로 전년대비 9.8%, 1978년에는 75,116톤으로 전년대비 24.8% 성장하는데 그쳤으나 연평균 증가율은 53.49%로 놀라운 신장세를 보였다.

외래객의 입국 현황도 1974년을 제외하면 꾸준히 증가했다. 1971년 232,795명이었던 외래객 입국자수는 1973년에 679,221명으로 늘어났으나 1974년에는 517,590명으로 전년대비 23.8%나 감소했다. 그러나 이후 10% 이상의 증가를 나타냈고 국내 정치상황이 혼란했던 1979년에는 전년대비 4.3%의 증가에 그쳤다.

특히 1970년부터 1978년 사이에 개최된 네 차례 한미항공협정 개정회담과 기타 각국 정부와의 항공회담에서 정부는 우리나라 항공운항 노선권을 극대화하기 위한 최선의 노력을 기울였다. 1978년 워싱턴회담에서는 종전에 균형을 잃고 있었던 대미 노선구조를 획기적으로 개선하여 오랜 숙원이었던 서울-뉴욕노선을 개설하는데 성공함으로써 국위를 선양하였으며 항공노선의 국제적 확충에 뜻 깊은 전기를 마련하였다.

6) 항공의 자유화시대(아시아나항공 출범)

〈그림 1-5〉 1988년 2월 12일 아시아나항공 민항허가 취득

자료: airpotal.go.kr

(1) 설립배경

1969년 국영항공사였던 대한항공공사가 민영화된 이후 1988년에 이르기까지 우리나라 항공운송사업은 대한항공을 중심으로 이루어져 왔다. 대한항공은 어려운 여건 속에서도 사업을 성공적으로 이끌어 우리나라 민항공 발전에 커다란 기여를 했다.

특히 대한항공은 짧은 기간 동안 장족의 발전을 거듭하여 1988년 당시 ICAO 145개 회원국중 국제선 유상톤km 10위, 국제선 여객 15위, 국제선 화물 7위, 1979년에는 국제선 수송실적을 기준으로 볼때 세계 10위권에 도달하는 성과를 이룩하기도 하였다. 물론 이 기간 동안 대한항공 이외의 항공운송업체가 없었던 것은 아니었으나 이들은 부정기 항공운송사업을 제한된 범위 안에서 수행하는 소규모 업체에 지나지 않았다.

1980년대 초의 세계적인 경기 침체가 회복기에 접어든 1980년대 중반에 들어서자 우리나라에서도 복수 민항을 허용해야 한다는 여론이 조금씩 고개를 들기 시작했다. 특히 우리나라 항공운송사업의 경우 3저 현상에 따른 경기회복과 경제성장이 두드러지게 나타나고 정부의 해외여행 자유화 방침에 따라 항공수요는 급격히 증가 할 것으로 전망되었다.

이러한 상황 변화에 따라 정부는 1987년 제2민항의 설립을 조심스럽게 검토하기에 이르렀으며, 이러한 방침의 내면에는 항공수요 급증에 따른 수송력의 확대, 외국의 복수 항공사 취항에 대한 적극적인 대응의 필요성, 대국민 서비스 제고 등 복합적인 경쟁전략이 모색되고 있었다.

정부의 제2민항 허가 방침이 발표되자 (주)서울항공으로 1988년 2월 17일 설립등기를 마쳤으며 2월 20일에는 사업을 위한 면허취득을 위하여 교통부에 정기 및 부정기

항공운송면허와 노선면허 신청서를 제출했다.

이에 교통부는 2월 24일 (主)서울항공에 국내. 국제 정기 및 부정기 항공운송사업 면허와 서울-부산, 서울-제주 등 국내 5대 노선에 대한 노선면허를 발급하였다. 서울항공은 정부의 정책적 지원에 힘입어 1988년 8월 8일 사명을 (主)아시아나항공으로 바꾸고 면허 조건시의 기한 만료일인 1988년 12월 23일 서울-부산, 서울-광주 노선에 취항함으로써 국내선 운항을 개시했다.

(2) 경쟁체제로의 돌입

자본금 50억원으로 설립된 아시아나항공은 취항 당시 B737-400 기종 항공기 1대로 국내노선에만 영업을 개시했으며 조종사 58명, 정비사 105명, 객실승무원 104명을 확보하고 있었다.

아시아나항공은 1988년 12월 취항 다음해인 1989년에는 1,914,512명을 수송하였으나 국제선에 처음 취항한 1990년에는 국내선 여객 3,369,883명과 국제선 여객 243,500명을 수송했고, 1991년에는 국내선 여객 3,385,560명과 국제선 여객 610,278명을 수송하여 급격한 증가세를 보였다.

취항 1년만인 1990년 1월 10일에는 서울-동경간 국제선 정기여객 노선을 개설하고 나고야, 후쿠오카, 오키나와 등 일본전역으로 노선을 확대해 나갔다. 그리고 1990년 12월 17일 서울-홍콩 동남아 노선에 첫 취항하고, 1991년 11월 15일에는 태평양 횡단 노선인 서울-로스엔젤레스 취항을 개시하는 등 의욕적인 출발을 보였으며 1994년 6월 23일에는 서울-하바로프스크 취항으로 러시아노선을 첫 취항하였고 1995년 11월 1일에는 서울-비엔나 유럽노선을 첫 취항하였다.

(3) 항공운송체제의 확보

항공운송사업은 그 성격상 예약·발권·운송을 중심으로 한 항공사의 기본적인 서비스와 그것을 지원하는 항공기의 급유, 지상조업, 기내식제조업, 정비 등 관련업무의 체계적 연결이 필수 불가결한 사업이다.

따라서 아시아나항공의 출범에 맞추어 이러한 종합적인 항공운송 체계가 갖추어질 수 있도록 관련 업무를 담당할 회사를 설립, 자체 수요 및 외국항공사의 용역업무를 수행토록 했으며 안전운항을 위한 시설로서 격납고 및 운항, 객실 훈련원을 건립하였다.

항공기 지상조업 등을 담당할 아시아나공항은 1988년 2월 16일 아시아나항공 창립총회와 동시에 설립이 의결되었으며, 항공권 예약, 발권 시스템의 구축을 위해 1991년 7월 3일 애바카스사와 합작, 아시아나 애바카스 정보주식회사를 설립하고, 컴퓨터 예약제도(CRS)를 도입하였다.

1990년 10월 22일에는 SAS항공의 SAS Service Partner와 합작투자 계약을 체결하여 아시아나 케이터링을 설립, 승객들에게 아시아나항공 고유의 기내식을 공급할 수 있게 되었다.

또한 1989년 5월 20일 격납고를 완공함으로써 정비 수준을 높이는 기틀을 마련하였으며 1991년 5월 31일 운항훈련원을, 1992년 1월 29일 객실훈련원을 각각 준공하여 조종사 및 객실승무원의 교육을 수행, 질 높은 서비스를 제공할 수 있도록 하였다.

(4) 정비지원체제의 추진

아시아나항공은 항공기 도입기종 선정작업이 완료된 1988년 하반기부터 항공기 정비체제를 갖추기 위한 작업에 착수하였다. 그러나 아시아나항공의 1호기인 B737은 국내에 처음 도입되는 기종이었으므로 정비체계를 갖추는 데 많은 어려움을 겪어야 했다.

이에 아시아나항공은 우선 민항기 정비경력을 가진 정비요원을 1988년부터 B737 항공기 정비 일반에 대한 APG 위탁교육과 전자교육을 보잉사로부터 4차례에 걸쳐 받았다. 또한 실습교육을 위해 B737기종의 정비운영 성과가 뛰어난 미국의 American West Airlines에 7명이 관련교육을 받고 돌아와 교관요원으로서 보잉기종 정비를 위한 기종전환 OJT 교육에 힘쓰게 되었으며 이러한 과정을 통하여 자체 정비인력을 계속 양성시켜 나갔다.

그리하여 아시아나항공은 첫 취항 전까지 105명의 정비인력 및 735개 품목 4,276개의 정비장비와 공구를 확보하였으며 보잉사로부터 6,341개 품목의 부속 정비장비와 공구도 구매하였다. 아시아나항공은 1989년 5월 20일 교통부로부터 항공기 격납고 건립을 위한 사업승인을 획득하고 이어 서울지방항공청의 도시계획사업 승인을 획득하였고 8월 15일 격납고 건립을 위한 설계가 완공되어 10월 25일에는 착공에 들어갔다.

아시아나항공은 격납고 공사가 진행되는 동안에도 안전운항에 만전을 기하기 위해 국내선 주차장 전면의 트랙콘 건물에 320평 규모의 정비작업 지원시설을 마련하여 정비작업에 차질이 없도록 하였다. 마침내 1991년 1월 15일 착공 1년 5개월만에 각종 첨단시설을 구비한 아시아나항공의 격납고가 완공되었다.

격납고는 화물청사와 국제선 1청사 사이 3,600여 평의 부지에 위치한 지하 1층, 지상 3층, 연건평 5,300여 평 규모의 건물로서 중형 기종인 B767 또는 B737기 2대가 입고 가능한 규모였다.

한편 아시아나항공은 항공기 격납고 준공과 더불어 정비인력의 조직개편 및 해외 파견 등을 통해 정비지원체제를 강화해 나갔다. 우선 1991년 4월 1일 항공기 도입대수의 급격한 증가에 따른 정비작업 증가를 소화하기 위해 정비조직을 개편하여 기능별 정비지원체제를 구축하였다.

이러한 아시아나항공은 1994년 7월 25일 정비분야 세계 최초로 BVQI사의 품질경영 심사에서 ISO 9002 인증을 획득하여 이로써 세계 최초로 정비작업능력과 품질경영시스템을 동시에 정비한 항공사가 되었고 1994년 10월 아시아나항공은 운송서비스 분야에서도 세계 최초의 ISO 9002 인증을 획득하였다.

(5) 교육 훈련

아시아나항공은 조종사들을 초창기에 아시아나항공 보유 항공기의 훈련시설을 갖춘 외국항공사에 위탁교육을 시켜 면장을 취득토록 하였다. 조종사들을 대개 4개월 정도의 신규 조종사 훈련을 거친 후 기종별로 초기 훈련과 실제훈련을 하였으며 그 후 교통부 주관 한정 면허시험을 통과하고 나면 자체 적정 교육기간을 거쳐 자격증을 받았다.

그러나 항공기 도입대수의 증가에 비례하여 조종사들의 수도 계속 늘어나자 경비절감 및 훈련의 효율성 측면에서 조종사 훈련을 계속 해외에서 위탁교육에만 의존할 수는 없어 자체 조종사 훈련시설 확보 차원에서 운항훈련원 건립을 추진하여 1991년 5월에 초현대식 운항훈련원을 준공하여 운항훈련원에 시뮬레이터 및 계기훈련장치로 조종사 교육 및 훈련을 시작하였다.

한편 아시아나항공은 조종사의 전문기술 향상과 안전운항을 위하여 완벽하고 철저한 자체 운항훈련을 실시하는 한편 훈련기록을 전산화하여 훈련 전과정에 대한 개인별 평가를 실시하였고 이 평가자료를 바탕으로 정확한 교육 훈련계획을 수립하였다.

7) 2000년대의 항공운송산업

1990년대에는 본격적인 복수민항 체제의 구축으로 공급능력을 확대함에 따라 급증하는 항공수요에 부응하는 연평균 14% 대의 고속 성장을 기록하였다.

또한 정부에서는 활발한 국제항공회담을 진행하여 1990년대는 30개국과 항공협정을 체결하여 2002년 현재 총 항공협정 체결국 수는 78개국에 달하고 있으며, 중국, 러시아 등과는 협정을 개정하여 운항회수와 취항도시를 대폭 확장하였다.

특히, 1998년에는 한·미 항공자유화 협정을 개정하여 미국내 모든 지점의 취항과 제3국으로의 이원권을 확보하고 항공과 육·해상 운송을 연계한 복합운송업무를 수행할 수 있게 하는 등 획기적인 성과를 거두었다.

한편 외국항공사와의 국제경쟁력확보를 위해 취항국가의 제한을 철폐와 복수취항

요건의 강화를 골자로 하는 국적항공사 경쟁력 강화지침을 1994년 8월에 개정하여 국적항공사의 국제항공노선은 복수민항시대 이전 62개노선에서 2002년 현재는 4배 증가한 246개 노선에 취항하고 있으며, 항공수송실적도 세계 6위를 차지하여 세계 주요 항공국 대열에 진입하고 있다.

최근에는 세계항공시장의 자유화의 확산과 정부의 규제개혁과 기업의 무한경쟁체제 도입의 영향으로 항공운송부문 규제를 대폭 완화하고, 항공안전부문은 강화하는 체제로 항공법을 개정하고 국적항공사의 국제경쟁력 강화지침을 폐지하여 국제항공운송시장에서 자율 경쟁체제로 진입하였다.

항공수요의 급증에 대비하고 공항의 시설확충과 신공항의 건설에도 획기적으로 추진하여 1990년 6월에 영종도일대를 신공항 입지로 선정하여 2001년 초를 개항목표로 건설 중에 있으며 1999년 2월에는 인천국제공항공사법을 제정하여 주식회사형 공기업으로 운영과 건설을 전담하도록 하였으며, 원주와 청주공항을 1997년에 개항하고, 울진공항을 지방공항으로 현재 건설 중에 있으며, 영동권과 호남권을 국제선 취항이 가능한 지방거점공항으로 양양과 무안지역에 건설 중에 있다.

인천국제공항의 개항을 앞두고 한국공항공단도 인천과 김포의 역할분담에 따르는 유사기능 부서의 통폐합 등으로 1998년이후 2001년까지 인력 3110명에서 2000명으로 1110명을 감축하고, 본부장제의 도입과 업무의 전문화로 민간위탁 등 조직 개편을 통한 전문화와 효율성을 제고하고 있으며, 또한 1999년도에 정부재산을 현물 출자하여 공기업 형태로 전환할 예정으로 공사화 추진위원회를 구성, 한국공항공사법을 2002년 1월 14일에 제정 공포하여 2002년 3월 2일에 주식회사형 한국공항공사(약칭 KAC, KOREA AIRPORT COPERTION)로 출범하였다.

제2장

항공물류의 개요 및 항공화물운송에 대한 이해

제1절 항공물류의 개요
제2절 항공화물의 개념 및 발전요인
제3절 항공화물운송의 특성 및 장단점
제4절 항공화물운송의 종류
제5절 항공화물의 판매 및 운송서비스의 공급
제6절 항공화물 운송산업의 현황

제2장

항공물류의 개요 및 항공화물운송에 대한 이해

제1절 항공물류의 개요

1. 물류의 정의

1) 미국의 물류정의

물류란 미국의 마케팅협회(AMA : American Marketing Association, 1948) 정의에 의하면 생산단계에서부터 소비 또는 이용에 이르기까지 상품의 이동 및 취급을 관리하는 활동이며, 특히 물적 유통의 활동 중에 생산물류(Production Logistics)활동을 강조하고 있다.

또한, 미국물류관리협의회(NCPDM : National Council of Physical Distribution Management, 1960)에서는 "완성품을 생산 라인의 종점으로부터 소비자에 이르기까지 유효하게 이동시키는 것과 관련된 광범위한 활동이며, 원재료의 공급원에서 생산라인의 시점까지 이동시키는 것을 포함시키는 경우도 있다"고 정의하면서, 구체적으로 고객서비스와 수요예측, 유통정보, 재고관리, 주문처리, 플랜트 및 창고부지 선정, 포장, 조달, 반품, 화물운송, 창고내의 상·하역 업무 등을 포함한다고 물류활동의 요소를 강조하고 있다.

물류관리협의회(CLM ; Council of Logistics Management)의 정의에 따르면 '소비자의 요구를 만족시키기 위해'생산지(Point of Origin)에서부터 소비지점(Point of Consumption)까지의 원재료 및 완제품과 이와 관련된 효율적인 정보의 이동 등에 관한 활동에 소요되는 비용을 최소화하기 위하여 계획(Plan), 실행(Do), 통제(Control)하는 프로세스다.'

미국 로지스틱스 관리협의회(1985 : NCLM ; National Council of Logistics Management)에서는 '원자재 조달에서 생산과정을 거처 완제품이 최종 소비지점에 이르기까지의 활동'이라고 정의하고 있다.

2) 일본의 물류정의

1965년 일본의 통계심의회는 물적유통의 개념과 범위에 대해서 최초로 체계적인 정의를 내렸다. 물류란 물리적 및 사회적인 "물의 흐름"에 관한 경제활동이며, 물자유통과 정보유통이 포함된다고 정의하였다.

산업구조심의회에서는 물류활동을 유형, 무형의 물리적인재화를 공급자로부터 소비자에게로 이동시키는 실물적인 흐름으로 규정하고 있다. 구체적으로 운송, 보관, 하역, 포장 및 통신 등의 제반활동을 포함하는 개념이다.

일본의 정의는 미국과는 달리 물류자체를 국민복지 향상이라는 거시적인 국민경제적 관점에서 접근하였으며, 국민경제의 전체측면에서 총비용의 감소를 통한 물류생산성을 향상시키기 위한 수단으로 사용하며 비용 절감에 목적을 두고 있다.

3) 우리나라 물류정의

우리나라의 물류정책기본법(2008년 2월 29일 화물유통촉진법에서 법제명 변경 및 전면개정) 제2조에서는 물류를 "재화가 공급자로부터 조달·생산되어 수요자에게 전달되거나 소비자로부터 회수되어 폐기될 때까지 이루어지는 운송·보관·하역 등과 이에 부가되어 가치를 창출하는 가공·조립·분류·수리·포장·상표부착·판매·정보통신 등 제 활동을 말한다"고 정의한다.

물류란 물자를 생산자로부터 소비자에게 이동시키는 모든 활동을 말하며, 즉 생산과 소비의 물자 연결활동이다. 또한 고객의 요구에 효율적으로 대응하기 위해 원자재의 조달에서부터 최종 소비까지 조달, 생산, 보관, 판매, 반품 및 폐기에 이르는 전 과정을 효율적으로 기획하고 관리하는 경영기법이다.

물류는 1960년대 'Physical Distribution'란 용어로 '물적 유통' 즉 '물류'로 번역 물류란 '제품을 물리적으로 생산자로부터 최종소비자에게 이전하는 데 필요한 포장, 보관, 하역, 운송, 보관, 정보 등에 관한 행위'라고 정의하고, 이때의 물류는 판매영역중심의 물류활동을 하였다.

물류란 물적유통의 약자로 물(物)의 흐름(流)'을 의미한다. 오늘날 물류는 로지스틱스(Logistics)로 통용되고 있다.

로지스틱스는 불어의 '병참술'이란 뜻의 군사용어로 사용되던 것을 'Business Logistics'로 사용되다가 물류를 '로지스틱스(Logistics)'로 사용하고 있으며, 로지스틱스(Logistics)는 'Physical Distribution'이 확장 발전되어 원부자재의 조달에서 제품의 생산, 판매, 반품, 회수 및 폐기에 이르기까지 구매, 생산, 판매의 통합된 개념의 물류라고 볼 수 있다.

SCM 전문가협회(2005 : CSCMP ; Council of SCM Professional)에서는 SCM은 원자재공급 및 조달, 제품화, 물류관리와 이러한 단위 활동에 관련된 모든 계획과 관리를 포함, 즉 SCM은 기업 내·외부에 걸쳐 수요 및 공관관리를 통합하는 것이라고 정의하였다. 최근에는 물류가 SCM(Supply Chain Management)의 개념으로 확장, 그 이유로는 경영의 범위가 글로벌화하고 IT(정보기술)가 급속히 발달되다 보니 원부자재의 공급자부터, 생산자, 물류업자, 유통업자까지 관련기업 간 네트워크를 구축하여 상호협력을 통한 비용절감, 시간단축, 경쟁 우위 확보의 전략개념으로 발달되었다.

〈표 2-1〉 물류의 발전단계

구 분	물 류 (Physical Distribution)	로지스틱스 (Logistics)	공급체인관리 (SCM)
시 기	1970 – 1985	1986 – 1995	1996 –
소 비 생 산	• 생산 중심 • 소품종 다량 생산	• 판매 중심 • 다품종 소량 생산	• 고객 중심, 시장중심 • 고객요구 읽고, 즉시대응 • 새로운 수요, 창출
대 상 범 위	• 판매물류 중심 • 수송, 보관, 하역, 포장 • 기능별 부문별 효율화	• 구매, 생산, 판매의 동기화 • 기업 내 통합화 동기화 • 전사 사내물류중심	• 공급체인 전체의 통합화, 최적화 • 공급업자 ↔ 생산업자 ↔ 유통업자 ↔ 물류업자 ↔ 고객 • 사내·외, 해외 전체
수 단	• 물류부문 내 시스템 기계화, 자동화	• 기업 내 정보시스템 • POS, VAN, EDI	• 기업간 정보시스템 • 파트너 십, ERP, SCM
주 제	• 효율화 • 분업화	• 물류원가, 서비스 대행 • 다품종소량, JIT, MRP	• QR, ECR, ERP, 3PL, 기업간 정보시스템 • RFID, Ubiquitous
화 두	• 무인으로의 도전 • 자동화	• Total 물류 • 동기화(Synchronize)	• Outsourcing, 전문화 • 핵심역량

2. 물류의 목적과 원칙

1) 물류의 목적

비용절감 및 서비스 향상으로 차별화된 서비스 능력을 통하여 고객의 요구를 만족시키면서 보다 낮은 물류비용으로 자사의 매출증대 및 이익향상에 기여하고 나아가 지속적인 시장경쟁우위 확보에 기여하는 것을 말한다. 즉, 물류비를 낮춰 이익을 극대화하고 서비스를 높여 경쟁에서 많은 고객을 확보하는 것이라 할 수 있다.

인간의 삶을 풍요롭게 하기 위하여 필요로 하는 제품의 시간적·공간적 편재를 극복하는 수단을 말한다.

2) 물류의 원칙

(1) 고객서비스 3S 1L의 원칙

① 신속성(Speedy)
② 정확성(Surely)
③ 안전성(Safety)
④ 경제성(Low)

(2) 고객서비스 7R 원칙

① 적절한 상품(Right Commodity)을
② 적절한 품질(Right Quality)로
③ 적절한 양(Right Quantity)만큼
④ 적절한 시기(Right Time)에
⑤ 적절한 장소(Right Place)에
⑥ 좋은 인상(Right Impression)을
⑦ 적절한 가격(Right Price)으로 전달하는 것을 의미한다.

3. 물류의 분류

1) 물류의 기능별 분류

(1) 운송물류

생산과 소비의 공간적인 거리를 극복하고 장소적 효용을 창출하기 위해 인간과 물자를 장거리 이동, 거점과 거점(공장, 센터 등) 이동, 간선(幹線)이동, 단거리 이동, 거점에서 고객(시장, 거래처 등) 이동, 지선(支線)이동 등을 한 장소까지 다른 장소까지 공간적으로 이동시키는 물리적 행위를 말한다.

(2) 포장물류

생산과 소비를 연결하기 위한 물류활동이다. 화물의 가치를 유지, 보존하기 위해 적절한 재료를 이용해서 효율적으로 관리하는 활동이며, 포장은 생산의 종착점이자, 물류의 출발점이 되는 물류활동이다. 또한, 표준화, 모듈화, ULS(Unit Load System)화가 관점이다.

(3) 보관물류

물자를 보관함으로써 생산과 소비의 시간적 차이 조정을 통한 물자의 보존관리(保存管理) 개념으로 보관, 재고, 창고, 물류센터, 물류거점 관련 물류활동이다.

(4) 하역물류

운송수단에 화물을 싣고 내리는 작업, 입고·출고작업, 피킹, 분류, 운반, 유통가공, 상품구색 갖추기 등 운송과 보관 사이에 물자의 취급과 관련된 물류활동이다. 또한, 기계화, 자동화가 포인트이다.

(5) 정보물류

수주 정보, 재고정보, 입출고정보, 운송정보, 물류관리 정보 등의 제반 업무를 수행하는 과정에서 TMS(Transportation Management System), WMS(Warehouse Management System), SCM이 구축된 정보시스템을 활용하여 물류정보를 효율적으로 관리하는 활동이다.

(6) 유통가공물류

생산과 소비의 연결 즉 유통과정 중 가공하는 기능으로 물품의 부가가치를 향상시키기 위한 제반 활동. 즉 가공, 재포장, 조립 및 기타 유통가공기능은 최근 경쟁이 치열하고 고객요구가 다양화 되다 보니 급격히 증가되고 있으며, 유통가공물류는 별도로 구분하지 않고 주로 하역의 일부로 분류되고 있다.

2) 물류의 영역별 분류

(1) 조달물류

공급요청을 받은 외주 공장에서 원자재 및 부품을 물류의 시발점으로 원부자재의 조달부터 매입자의 물품 보관창고에 입고, 관리되어 생산 공정에 투입되기 직전까지의 물류활동을 말한다.

(2) 생산물류

자재(원부자재, 원료)를 생산 공정에 투입되는 시점부터 제품이 생산 및 포장되어 나올 때까지의 물류 활동을 말한다.

(3) 판매물류

생산된 완제품 또는 매입한 상품을 판매 창고에 보관하는 활동부터 그 이후의 공장 또는 물류센터에서 출고되어 판매관련(고객에게 인도될 때가지) 물류활동을 말한다. 출고지시에 따라 보관된 제품이나 상품의 피킹, 출고, 상차, 운송, 하차 등이 포함된다.

(4) 사내물류

사내물류는 크게 사외물류에 대응하여 물류관리 주체가 사내에 있음을 뜻하는 영역구분이다. 관리 대상과 주체에 따라 영역이 달라지며, 생산공장의 사내물류는 공장 내에서 이루어지는 조달, 생산, 제품물류 전체를 말하기도 하고, 제품물류만을 말하기도 하며, 공장과 전국의 물류창고간 전체를 사내물류로 하여 소유권이 고객 즉 사외로 넘어가기 직전까지를 말하기도 한다. 좁게는 제조공장의 완제품 출하부터 물류센터 및 배송센터에 도착까지의 물류활동과 물류센터(창고) 내에서의 입출고, 보관 활동을 말하며 사내물류를 크게 생산물류에 포함하여 정의하기도 한다.

(5) 리버스(Reverse)물류 / 역 물류

리버스물류란 '리버스 즉 거꾸로, 역(逆) 물류'라는 뜻으로 정(正)물류에 대응하는 물류를 말한다. 리버스물류의 3대 영역은 ① 반품물류, ② 폐기물류, ③ 회수물류가 있다.

출하된 상품 또는 원부자재를 반품, 폐기, 회수하는 물류로 경쟁이 치열해지고 환경관리의 중요성이 증가되면서 리버스물류의 중요성도 크게 증가하고 있다.

(6) 반품물류

고객에게 공급된 제품이 어떤 문제로 인하여 다시 되돌려 보내는 물류활동이다. 제품이나 상품자체의 문제점(상품 자체의 파손이나 이상 등)의 발생이나 물류과정에서 발생하는 파손, 이상, 하자 등이 발생하는 것뿐만 아니라 고객요구의 불일치로 인하여 발생하는 것까지 포함된 포괄적인 개념이다.

(7) 폐기물류

파손 또는 진부화된 제품, 포장, 기타 물류기기 등의 기능이 소멸되었을 때 이를 폐기 처리하는 물류활동이다. 진부화나 소모 등에 의해 제품이나 상품 또는 포장용기 등의 물류기기가 제기능을 수행할 수 없는 상황이거나 또는 제 기능을 수행한 후 소멸되어야 할 상황 등을 의미한다.

(8) 회수물류

출하된 제품이나 상품의 판매물류에 부수적으로 발생하는 파렛트, 컨테이너 등과 같은 빈 물류용기와 판매와 관련하여 발생되는 빈 판매용기의 회수 및 재사용(청량음료나 주류 등과 같은 업종의 경우 중요) 목적으로 소비지에서 최종 목적지로 물품을 이동하는 물류활동이다.

4. 항공물류의 정의

항공물류란 항공기를 이용하여 공항을 경유하는 재화나 완성품에 대하여 정확한 판매수요예측을 확인하여, 항공물류 이해관계자들을 통한 수출·입하는 화물에 대하여 공급자로부터 소비자에 도달하기까지의 절차로 운영되는 경영활동으로 항공화물에 물류서비스의 개념을 더한 것이다. 즉, 항공화물운송을 이용한 물류서비스라고 할 수 있다.

저자가 제1장에서 다루었던 항공운송 개념과 제2장 1절 앞에서 설명한 물류의 두 개념이 합성되어 표현되는 용어라고 할 수 있다.

항공물류란 항공화물운송장(AWB: Air Waybill)의 발행과 더불어 항공기에 의해 수송되는 모든 물품을 신속·정확·안전·편리하게 수·배송 하는 것을 의미한다(송계희, 1998).

물류현상을 일으키는 가장 대표적인 요소를 "운송(Transportation)"으로 볼 때 오늘날 물류의 목적인 3S1L을 실현할 수 있는 가장 효과적인 운송수단은 항공운송서비스이며, 3S1L은 항공운송서비스의 가장 특징적 매력이기 때문이다. 이러한 관점에서"항공물류는(Air Logistics)"는 3S1L을 목표로 하는 물류서비스와 3S1L의 매력을 지닌 항공운송서비스가 합쳐져 만들어낸 현상이라고 할 수 있으며 항공물류란 "수출화물을 운송하며 보관하고 하역하며 포장하는 과정에서 화주, 항공물류산업, 정부, 대학, 공항운영업자, 지상조업회사와 물류장비, 제조회사 그리고 국제기구간의 상호작용으로부터 발생하는 모든 현상"이다. 일반적으로 항공물류를 항공화물운송과 동일한 뜻으로 혼용하는 경우가 많으며 사실상 혼용하여도 운송이라는 커다란 개념의 틀에서 보면 무리는 없다(정재락, 2003).

제2절 항공화물의 개념 및 발전요인2)

1. 항공화물의 개념

항공화물은 우편물 및 승객의 수하물 그리고 항공기 내에서 사용되는 기용품과 오처리 수하물을 제외한 항공기로 운송되는 일체의 재산을 의미한다(ICAO 보안지침서 8973, 2002). 또한 항공화물(Air Cargo)이란, 항공기에 의해 수송되는 승객의 수하물(Baggage)과 우편물(Mail)을 제외한 항공화물운송장(Air Waybill)에 의해 수송되는 화물로 정의되기도 하며, 항공화물 운송사업이란 이러한 순수한 의미의 항공화물을 수송하는 산업을 의미한다. 항공운송산업의 주 고객은 개인보다는 기업이기 때문에 기업의 수요변화가 항공화물 운송시장에 미치는 영향은 대단히 크다. 항공화물 운송산업의 급격한 성장은 항공기 기술발전과 더불어 국제적인 무역 패턴의 변화에 크게 기인하고 있다.

역사적으로 보면, 항공운송산업을 태동시킨 것은 우편물 운송 사업이었다. 그리고 오늘날에 이르기까지 빠른 속도로 성장해 오면서 시장도 세분화 되었다. 항공화물은 항공산업의 태동과 함께 출발하였다. 1910년대 초 미국 정부의 우편물 운송의 목적으로 항공기가 이용되기 시작하면서 화물운송은 독립적인 운송산업의 영역으로 자리잡게 되었다(허희영, 2003).

국제적인 화물운송이 시작된 것은 팬암(Pan American)항공사가 1927년 미국 플로리다의 키웨스트와 쿠바의 하바나간의 90마일 구간을 개설하면서부터였다. 당시 항공기의 취항은 정해진 스케줄이 아니라 수요에 따라 운송이 이루어 졌으며, 화물도 각각 무게가 5파운드 미만으로 제한되었다. 같은 해 미국에서는 철도산업의 연장으로 항공익스프레스 사업(Air Express Service)이 시작되었다(A. T. Wells, 1999).

과거의 화물운송은 주로 육상 또는 해상에 의한 운송이었으며 일부 특수한 종류의 화물만이 항공운송의 대상이었다. 그러나 오늘날에는 Wide Body 항공기의 도입과 항공화물 컨테이너화, 지상조업의 자동화 등으로 운송원가의 절감이 가능해진데다 제조업 분야의 소형화, 자동화에 따른 고가의 고부가가치 화물의 운송수요 증가 및 기업들의 적정 재고정책 등으로 항공에 의한 정시배달이 선호됨에 따라 국제무역에 있어서 중요한 운송수단의 하나로 각광을 받고 있다.

---

2) 백남진, 「航空貨物 IT 具現을 위한 RFID 適用 方案에 관한 研究」(2010) 학위논문의 일부를 재정리한 것임.

2. 항공화물운송사업의 발전 요인[3)]

- 기업이 적정 재고정책(Just-in-Time inventory policy)을 도입함으로써 필요한 물품의 정시배달 필요성이 대두됨.
- 소형화, 자동차의 발달이 고가, 고기술 부품의 수요증대를 촉진시키고 있음.
- 생활수준의 향상으로 제조인력의 부족현상으로 인한 인건비 상승이 국제적 분업화를 촉진시켜 국내 제조공장의 해외 이전이 많아지고 있어 필요한 물품의 항공화물운송서비스가 증대되고 있다.
- 국제사회의 정보화 추세에 따라 세계경제의 연결이 긴밀해지고 유통의 시간성이 상품의 매상고에 직접 영향을 주고 있다.
- Wide Body 항공기의 도입으로 인한 항공화물운송의 표준화, 컨테이너화 및 지상화물조업의 자동화로 운항원가의 저하효과와 항공화물 운임의 인하 효과를 가져 옴.
- 제품과 서비스를 생산, 판매하는 기업으로서 경쟁우위를 확보를 위하여 항공운송이 해상운송보다 유리하다는 생각을 가지게 있는 기업의 숫자가 늘고 있다는 점.

항공화물산업에 있어서 운송비용이란 총운송비용(TDC : Total Distribution Cost)개념에 기초를 두고 있다. 총운송비용은 재고비용과 수송비용을 포함하여 배분체계에 관련된 모든 비용을 말하는 것으로서, 재고비용은 창고에서의 재고보유비용과 수송중에 있는 화물의 보유비용 모두를 포함한다. 재고품들은 실제의 상품가치는 물론 저장비용, 창고관리비용, 수송 중 자본비용의 동결 등으로 인하여 신속한 현금회전을 방해한다. 따라서 항공에 의한 화물운송은 신속한 정시(Just-in-Time) 상품배달로 재고비용, 수송비용 등 총운송비용을 절감할 수 있는 것이다.

항공수단을 이용함으로써 절감할 수 있는 직·간접적 비용과 눈에 보이지 않는 이점은 아래 총운송비용의 내역 가운데 잘 나타나고 있다.

3) 이 내용은 아시아나항공 화물영업기초(2002)의 일부를 재정리한 것임.

〈표 2-2〉 총운송비용의 내역

직접적 선적비용	간접적 선적비용	보이지 않는 요인
• 포장비와 이에 따른 인건비용 • 집하요금 및 배달요금 • 서류작성비 • 보험료 • 관세 및 통관료 • 운임 • 창고료 • 운송중의 상품에 대한 투하자본	• 재고품의 창고시설의 투자자본 • 재고용 창고의 공간 임차료 • 재고품에 대한 투자 자본 • 재고품의 관리비 • 재고품 부패·변질에 따른 손실비	• Door-to-Door 서비스 실시(배달 시간) • 발착의 정시성 • 신뢰성 • 상대 기업에 대한 경쟁상의 이점 • 대 고객 서비스 만족도 • 수요변화에 따른 적응성 • 도난방지의 가능성

자료: 아시아나항공 화물영업기초(2002)

〈표 2-3〉 항공화물의 대상품목

항공화물의 대상	주요 품목 및 내용
긴급수요품목	• 납기임박화물 • 계절유행상품 • 투기상품
장기운송 시 가치상실품목	• 생선식료품, 생화, 동물, 방사선물질 • 신문, 잡지, 필름, 원고, 긴급서류 등
부가가치가 높은 품목	• 전자기기, 정밀광학기기, 컴퓨터기기, 통신기기 등
여객에 수반하는 품목	• 상품 샘플, 이삿짐, 애완동물, 자가용차 등
고가품목	• 모피, 미술품, 귀금속 등
다른 운송수단의 약세	• 벽지운송 • 항만 또는 해운파업 • 해상 또는 육상운송의 정지
물류관리나 마케팅전략	• 과잉재고에 의한 가격하락 방지 • 경합상품보다 신속한 서비스체제 확립 • 자사 상품의 시장경쟁력 강화 • 재고투자절감을 위한 물류시스템의 합리화 등

〈표 2-4〉 항공운송수단과 타 운송수단의 비교

구분	항공운송	해상운송	육상운송	
운송수단	항공기	선박	철도	도로
수송량	중·소량, 고부가 가치화물의 장거리 수송에 적합함	대량, 중량화물의 장거리 수송에 적합함	대량, 중량화물의 중·장거리 수송에 적합함	중·소량화물의 중·장거리 수송에 적합함
운임	운임은 해상운임의 20배이며 비탄력적이다.	장거리 운송 중에는 가장 저렴하며, 운임은 비교적 탄력적임	중거리 수송일 때는 적합하나 운임은 비탄력적임	단거리 수송에 적합하며 운임은 가장 탄력적임

안전성	안전도가 비교적 높음	안전도가 비교적 높지 않음	사고에 대한 안전도가 비교적 높음	사고에 대한 안전도가 가장 낮음
기후	기후가 나쁠 때는 거의 운항중지	기후의 영향을 많이 받음	전천후 수송수단	기후의 영향을 조금 받음
복합일관수송	복합일관수송을 위해서는 해·륙 운송과의 연계 필요	육상수송의 연계로 국제복합일관수송의 중심 운송 수단임	일관수송체제는 트럭의 연계 없이는 불가	복합일관수송을 위해서는 해·공과의 연계 필요
중량	중량제한을 완전히 받음	중량제한을 완전히 받지 않음	중량 제한을 거의 받지 않음	중량 제한을 받음
신속성	수송 시간이 가장 짧음	수송 시간이 가장 김	수송 시간이 다소 김	수송 시간이 보통임
화물유통관리비	포장비는 싸며 하역비는 비교적 비싼 편임	하역, 포장, 보관비가 가장 비쌈	하역, 포장, 보관비가 비교적 쌈	포장, 보관비가 비교적 싸며 하역비는 거의 없음
배차 및 배선	적기에 항공편이 마련되어 있지 않을 때가 있음	적기의 배선이 그렇게 용이하지는 않음	적기에 배차가 다소 불편	적기에 배차가 아주 편리함
화물의 수취	대단히 불편	대단히 불편	철도역에서의 화물수취가 불편	화물수취가 편리

자료: 아시아나항공 화물영업기초(2002)

제3절 항공화물운송의 특성 및 장단점[4]

1. 항공화물운송의 특성

항공산업은 20세기 과학기술의 총아라고 일컫는 인류가 만들어 낸 최고의 성과 중의 하나로 평가받고 있다. 항공산업의 발전과 더불어 항공운송산업도 급격히 발전하여 전 세계를 하나의 네트워크(network)로 형성시켜 놓았다. 전 세계가 점차 좁아져 지구촌 시대라 불리는 지금, 한 나라의 항공운송산업의 발전 정도는 그 나라 국력의 척도로 인식되고 있다. 이는 항공산업이 국가 경제의 필수요소인 인적, 물적 자원의 이동을 신속, 원활하게 하는 원동력일 뿐만 아니라 항공운송산업 그 자체가 그 나라의 정치, 경제 기술의 수준을 나타내며, 또한 무역, 관광, 투자촉진, 고용창출 등을 유도하는 국가 경제 전반에 걸쳐 파급효과가 큰 전략산업이기 때문이다. 이와 같이 특

4) 백남진, 「航空貨物 IT 具現을 위한 RFID 適用 方案에 관한 硏究」(2010) 학위논문의 일부를 재정리한 것임.

정한 동기나 목적으로 인간이나 재화를 운송하여 장소를 이동시키는 수단으로서 항공기를 사용하는 것이 항공운송(Air Transportation)이다. 따라서 항공운송은 생산설비인 항공기를 운항하여 무형재(Aerial Goods)인 항공운송 서비스를 고객에게 제공하고 그 대가인 운임으로 수익을 추구하는 일종의 영업 행위이다. 또한 항공운송업은 타인의 수요에 부응하고 항공기를 사용하여 유상으로 여객, 화물, 우편물을 운송하는 사업을 말한다고 항공업에서 정의하고 있다.

항공운송산업은 역사가 짧고 늦게 출현한 교통수단으로 초기 철도, 선박, 자동차 등 기존 운송 수단의 보완적인 역할에서 2차 세계 대전을 계기로 항공기에 의해 3차 교통혁명이 시작되었고, 전 세계적인 항공 노선 망의 형성과 항공기의 현저한 기술적 진보, 항공운송의 격증 등에 따른 발전으로 전체 교통체계 중에서 독자적인 지위를 확보하게 되었다.

항공기로 화물을 운송하는 방법은 여객기의 화물칸에 화물을 적재하여 여객과 함께 운송하는 경우가 있고, 화물기로 순수하게 화물만을 운송하는 방법이 있다. 통상 항공화물은 선박 또는 육상으로 운송되는 화물에 비해 부피가 작고 고가의 물건이거나, 생·동물 등 부패하기 쉽거나 긴급한 운송을 요하는 물품이 주 운송 대상이다. 여객기에 탑승하는 승객이 동질적인 것에 비해 항공화물은 매우 이질적인 내용으로 구성되어 내용물 특성에 따라서 취급방법, 운송용기 등에서 개별적인 취급을 요하는 화물이 있고, 운송대상에 따라 특송화물, 일반화물, 우편물 등으로 분류할 수 있다(신동춘, 2001).

항공화물은 보관이나 재고에 따르는 시간과 비용, 화물의 진부화 문제를 해결해 줄 뿐만 아니라, 소비자의 반응을 확인하기 위한 테스트 마케팅 활동과 시장변화에 신속히 대응하는 데에도 효과적인 운송수단이다. 그리고 이동시간이 짧기 때문에 도난, 파손 및 상품가치의 저하 등의 위험도 크게 줄여준다. 또한 운송시간이 상대적으로 짧기 때문에 다른 운송수단에 비해 운송보험료가 저렴하며, 화물에 대한 포장도 비교적 작업이 용이하고 그 비용도 저렴하다. 운송과정에서 발생하는 화물의 재고유지 비용뿐 아니라 인건비 부담과 여러 단계에 걸친 운송절차 등의 측면에서 효과적이다. 일반적으로 항공운송의 대상이 되는 화물의 공통적인 특성을 화물, 운송수요 및 화물의 취급 등의 측면으로 나누어 보면 다음과 같이 요약된다.[5)]

(1) 상품적 특성

부패성화물, 상품의 진부화 속도가 빠른 화물, 상대적으로 세심한 주의를 필요로 하는 화물, 중량이나 부피에 비해 고가인 화물, 취급과 보관비용이 높은 화물

5) A. T. Wells, *ibid.*, p.376.

(2) 운송수요의 특성

수요예측이 높은 불확실성, 빈번하지 않고 불규칙적인 수요의 발생, 도착지와 출발지간의 수요의 불균형, 높은 계절적 효과

(3) 화물취급의 특성

도난, 파손 및 상품가치의 저하 가능성, 장기간 이동시 높은 보험료, 육상 운송시 높은 포장비용의 부담, 화물취급에 있어 특별한 주의가 가능, 초과화물에 대한 보관 문제를 해결

이와 함께 항공화물운송의 특성은 다음과 같이 정리될 수 있다(허희영, 2003).

(1) 일방운송(One Way Traffic)

여행 후 출발지로 되돌아오는 여객과 달리 일단 목적지까지 운송된 화물은 다시 돌아오지 않는 일방운송이다.

(2) 대규모 구매자 및 반복 거래

항공운송은 대규모의 고정 구매자가 있으며, 대부분 1회로 거래가 끝나지 않고 반복적인 거래가 유지된다.

(3) 지상조업(Ground Handling)의 필요

여객과 달리 화물운송에 있어서는 Loading, Unloading, Build-up, Break-down등의 지상조업이 필요하다.

(4) 신속·정시성

항공운송의 가장 큰 특성은 신속·정시성이다. 항공운송은 해상운송에 비해 정시운항(on time operation)을 최우선으로 하고 있다.

(5) 안정성

모든 운송수단이 안정을 중요시하지만 항공운송은 특히 안정성 확보를 최우선으로 하기 때문에 타 운송수단에 비해 안정성이 높다.

(6) 경제성

운임면에서 해상운송에 비해 항공운송이 훨씬 높지만, 간접비, 시간 절약 등 종합 비용(Total Cost)을 고려하면 항공운송이 경제성이 높다고 할 수 있다.

〈표 2-5〉 항공화물운송의 특성

구분	항공화물	해상화물	비고
신속성	단기 소요 (미주, 구주지역: 2일)	장기 소요 (미주: 12~15일, 구주: 4~5주 소요)	
안정성	높음	낮음 • 충격에 의한 손상 • 장기운송에 따른 • 파손, 도난, 원형 변질 • 해수에 의한 부식	
경제성	운임이 높음 포장이 저렴 보험요율의 낮음 운임외 부대비용 낮음	운임이 낮음 포장비 높음 보험요율 높음 부피화물 요금 높음 장기운송에 따른 기타 변동비의 추가 발생	1CBM(1m×1m×1m) 부피화물인 경우 • 항공: 167KG • 해상: 1TON

자료: 아시아나항공 화물직무교육
※ 야행성, 비계절성, 편도성

2. 항공화물운송의 장단점

한편, 항공화물운송은 물류, 비용, 서비스 측면에서 다음과 같은 장점을 가지고 있다.

(1) 물류상의 장점

- 긴급화물, 소형화물의 운송에 적합
- 수요기간이 짧은 물품의 운송에 적합
- 운송시간의 단축으로 비용 절감 및 화물의 손해 발생기회의 감소
- 포장비의 절감
- 통관의 간소화

(2) 비용상의 장점

- 포장의 경량화에 따른 운임 절감
- 육상운송에 비해 저렴한 보험료
- 운송중인 상품에 대한 투자자본의 비용 절감

- 신속성으로 인한 보관비 절감
- 하역처리 빈도가 적어 도난, 파손 위험의 발생율 저하
- 보관장소 및 기간이 짧아 재고품 창고시설의 투자자본, 임차료, 관리비용의 절감
- 비상시 손해의 최소화

(3) 서비스상의 장점

- 고객서비스 향상에 의한 매출 증대
- 갑작스런 수용에 대처기능 및 변질성 상품의 시장 확대기능
- 판매기간이 짧은 상품도 시장 경쟁력보유가능
- 재고품의 진부화, 변질화 등에 의한 손실률감소
- 운송중인 상품의 위치 파악용이

〈표 2-6〉 항공화물운송의 장단점

장　　점	단　　점
• 고개수송, 고가·소형 상품에 적합 • 품질유지, 손상, 분실, 도난 사고의 감소 • 안정성, 확실성, • 포장비의 절감 • 중장거리 수송에 유리 • 재고 수준의 저하 • 시장경쟁력의 유지와 시장의 확대	• 소량수송 • 중량, 규격제한 • 저가 상품에 제한 • 높은 에너지 소비량 • 소음 공해 규제

제4절 항공화물운송의 종류

항공화물운송의 종류는 특송서비스를 비롯하여 긴급화물의 운송과 부패성화물의 운송 그리고 일반화물의 운송 등 항공운송만이 가질 수 있는 특수한 운송형태라 할 수 있다.

1. 긴급화물의 운송(Emergency Traffic)

긴급화물은 신에 대하여 상당히 민감하여 화물이 정시에 도착지 않을 경우 화주가

막대한 기회비용의 손실을 입는 화물로 주로 항공으로 수송된다. 긴급화물운송의 중요한 특징은 계획에 없었던 일이나, 화주의 입장에서 가능한 한 빠른 시일 내에 물건을 받지 못했을 때의 기회비용과 관련하여 기회비용이 수송비용보다 클 때 이용하는 것이다.

이에 항공사들은 긴급화물 수송자로서의 이미지를 발달시켜 왔는데 비상사태는 언제, 어디서나 발생할 수 있기 때문에 긴급화물 운송사업에 흥미가 있는 항공화물운송사업자는 다양한 도시, 잦은 운항회수, 최후의 고객요구까지 수용할 수 있는 충분한 공급 스페이스(Space)를 제공할 수 있어야 한다.

그러나, 일반적으로 항공화물시장에 있어서 긴급운송시장에 대한 미래의 잠재적 성장성은 한계가 있을 것으로 생각하는데 이는 벌써 모든 긴급화물이 항공기로 수송되고 있기 때문이다.

2. 부패성화물의 운송(Perishable Traffic)

부패성화물은 운송 또한 시간에 민감하지만 긴급화물처럼 계획에 없었던 것이 발생하는 것은 아니다. 부패성 화물이란 일반적으로 꽃, 과일, 생선, 생동물 또는 한시성 있는 화물을 말하는 것으로서, 화주에게 있어서 수송비용은 많이 들지만, 화주가 항공운송비용을 부담하더라도 최종소비자에게 그 비용을 전가시켜 물품을 판매할 수 있기 때문에 수송비용이 화주에게 항공운송을 할 것인지 아닌지 결정하는데 있어서 큰 영향을 주지 못한다. 이러한 부패성 화물의 운송은 항공운송수단을 제외하고는 거의 달리 이용할 운송수단이 없기 때문에 항공운송수단이 거의 유일한 운송수단이다.

3. 항공운송형태로 전환될 수 있는 화물운송

항공운송형태로 수송형태를 전환할 수 있는 화물은 주로 트럭과 선박에 의해서 운송되던 화물로서, 긴급화물이나 부패성 화물과는 달리 시간보다는 운송비용에 상당히 민감하다.

이 경우에 항공운송형태로 전환될 수 있는 화물은 총비용(Total Cost)의 개념으로 생각하여야 하며, 오히려 화주에게는 어떤 의미에서는 더 커다란 이익을 가져다 줄 수도 있다. 실례를 들면, 중량에 비해서 가격이 많이 나가는 고가물품들이 주로 해당되는데, 이는 항공운송의 짧은 수송시간으로 고가품이 위험에 노출되는 시간이 짧아 안전성을 향상시키기 때문이다(금, 보석, 다이아몬드, 귀중품, 모피제품, 예술품).

수송형태를 전환하려는 화주는 재고이전비용(Inventory Carrying Cost) 및 수송비용(Transportation Cost)을 포함한 총운송비용(Total Distribution Cost)을 감안하여야 한다. 또

수입측면에서는 시장점유율을 제고시킬 수 있는 능력과 프리미엄(Premium)을 포함한 가격에 물건을 팔 수 있는 요인들을 고려하여야 한다. 이러한 요인들을 복합적으로 고려할 때 항공운송이 해상운송이나 육상운송보다 훨씬 더 매력적인 특성을 가지고 있음을 알 수 있다. 따라서, 항공화물운송사업은 막대한 성장잠재력이 있음을 짐작할 수 있다.

소규모 상품, 우편물, 견본품(Sample) 등의 신속 운송 서비스인 항공화물의 특송서비스(Express Cargo Service)사업은 1970년대 중반이후 빠르게 성장하고 있다. 특송사업이란 신속, 정확, 문전배달(door-to-door)서비스를 요구하는 고부가 가치(Premium Priced)사업으로서, 향후 Electronic Mail이나 EDI(Electronic Data Interchange)의 발달에 따라 우편물 등의 특송사업의 성장은 상당히 둔화 될 것으로 생각되지만, 오히려 소규모 상품 및 견본품등의 특송사업은 더욱 발달할 것으로 내다보인다. 항공사에 있어서 특송사업은 다른 일반항공화물보다 더 많은 이익을 가져다주기 때문에 이 사업의 잠재적 시장확대의 여지는 상당히 클 것이며, 전통적인 화물과 여객시장보다 항공사에 있어서 더 강력한 수입과 이윤의 원천이 될 것이다.

제5절 항공화물의 판매 및 운송서비스의 공급

1. 항공화물의 판매경로

화주가 항공기에 화물을 기적하기 위해서는 항공사에 직접 의뢰하는 방법과 화물의 집하, 배달, 통관업무 등을 대행해주는 화물운송주선업자 또는 혼재업자(Forwarder 또는 Consolidator)에게 의뢰하는 방법 등 세 가지가 있다.

2. 운송서비스의 공급[6)]

1) 화물운송용 항공기

현재 사용되어지고 있는 화물기는 대부분이 여객용 항공기를 개조한 것이며, B-707F, DC-8F, DC-10F 등과 같이 화물 전용기로 제조된 것도 기본 설계는 여객기를 기초로 한 것이다. 이에 비해, 제작시부터 화물운송을 전담하기 위해 설계된 항공기도

6) 이 내용은 아시아나항공 화물영업기초(2002)의 일부를 재정리한 것임.

있는데 이러한 항공기를 순화물형(Uncompromised)항공기 또는 전용형(Dedicated) 화물기라고 한다.

(1) 순화물형 항공기

전용형 화물기는 출입구를 넓게 바닥을 낮게 하여 지면에 가깝도록 제조하였으며, 주요시장이나 노선에서 수송되고 있는 화물의 용적과 중량을 충분히 고려하여 설계되었다.

최초 여객기로 설계되었다 개조한 항공기를 화물전용기로 사용할 경우에는 대부분이 최대 허용탑재중량(Maximum Permissible Payload Weight)에 도달하기 전에 공간이 부족하여 그 이상 탑재할 수 없는 결점을 갖게 된다. 즉, 항공기가 중량한계에 도달하기(Weight Out) 전에 용적한계에 달하여(Cube out) 실제 탑재량에 상당한 제한을 받게 된다.

군용기인 록히드의 C-5A, 항공기 꼬리에 있는 대형 출입구를 트럭의 하대 높이와 같은 수준으로 낮춘 중형의 중거리형 터보 프롭기인 록히드의 머큐리와 B747F가 화물전용기에 해당된다. B-747의 원래 구상은 화물전용기로 개발한 것이며 이것을 여객전용기로 변경하여 현재 사용하고 있는 것이다.

(2) 화객겸용기(Convertible Aircraft)

이 항공기는 사용목적에 따라 여객용과 화물용으로 수시로 변경하여 사용할 수 있도록 설계, 제조한 화객겸용의 항공기이다. 이러한 항공기는 제조회사들이 B-707C, DC-8C 등과 같이 일반적으로 "C"라는 약자를 사용하고 있다. 화객겸용기는 전세편(Charter Service)에 있어서 아주 유용한 항공기로 활용되고 있으며, B-727의 경우에는 Quick Change 화주겸용형식으로 제조하여 운영하고 있으며 "QC"라는 약어로 표시되어진다.

(3) 화객혼용 항공기(Combination Aircraft)

화객혼용기는 객실의 일부까지 화물 탑재용으로 사용하도록 개발된 항공기로서 콤비(Combi)라고 불리어지며, 유럽항공사들을 중심으로 유럽-극동간과 같이 화물수송량과 비교적 많은 노선에 널리 활용되고 있다. 수요의 계절적 특성에 따라 Main Deck의 화물공간과 여객용 공간을 조절함으로서 수입극대화를 꾀할 수 있다.

(4) 장래 이용 가능한 화물기

장래에 기대되는 화물기의 특징은 대형 컨테이너(컨테이너선에 탑재하는 40피트 대형 컨테이너)와 해상 화물수송에서 이용되고 있는 로로(Ro-Ro) 방식과 같이 화물을 적재한 밴트럭을 그대로 화물기에 탑재하여 수송할 수 있는 초대형 화물전용기의 개발이라 할 수 있다. 예를 들면, 1,000톤 이상의 석유나 석탄을 수송할 수 있는 RC-1

(Resource Carrier)의 개발에 대한 보잉사의 제안, 3,000톤 이상의 탑재 능력과 250피트 이상의 날개폭을 갖고 있는 Spanloder 개발에 대한 보잉사, 록히드사의 제안 등을 들 수 있다.

제6절 항공화물 운송산업의 현황

1. 우리나라 항공화물산업의 현황[7)]

2015년 12월 31일 기준 우리나라의 항공운송시장은 노선 및 운항증가와 함께 성장세를 확대하며 여객 및 화물운송 모두 전년 대비 증가세를 기록했다.

2015년 국내여객 및 국제여객이 전년대비 각각 13.5%, 8.2% 증가했고 항공화물은 전년대비 3.1% 증가했다고 밝혔다.

- 항공여객(만 명) : 6,363('11년) → 6,930('12년) → 7,334('13년) → 8,143('14년) → 8,941('15년)
- 항공화물(만 톤) : 352('11년) → 347('12년) → 350('13년) → 369('14년) → 381('15년)

〈표 2-7〉 항공운송실적 요약

구분		2013년	2014년	2015년	'15 / '14(%)
운항(회)	국내	161,750	170,101	182,583	7.3
	국제	338,989	366,485	388,014	5.9
	계	500,739	536,586	570,597	6.3
여객(명)	국내	22,353,370	24,647,538	27,980,135	13.5
	국제	50,986,891	56,778,759	61,434,404	8.2
	계	73,340,261	81,426,297	89,414,539	9.8
화물(톤)	국내	252,686	283,119	287,781	1.6
	국제	3,246,253	3,410,743	3,518,772	3.2
	계	3,498,939	3,693,862	3,806,552	3.1

자료: 국토부 항공산업과, 항공정책과
* 유임, 국내선 출발, 국제선 출발+도착, 화물 우편 및 수하물 포함, 단, 국제선 국내공항 경유지는 출발 기준
** %는 전년대비 증감률

7) 이 내용은 국토교통부 보도자료(2016.1.28)의 일부를 재정리한 것임.

■ '15년 항공화물은 유가하락으로 인한 비용 감소, 휴대전화와 반도체 관련 수출입 화물 수송 증가, 여객증가에 따른 수하물 증가 등으로 메르스 영향에 따른 일부 조정에도 전년대비 3.1% 증가하면서 381만 톤으로 최대실적 기록[8])을 나타냈다.

• 항공화물(만톤) : 352('11년) → 347('12년) → 350('13년) → 369('14년) → 381('15년)

〈그림 2-1〉 화물추이

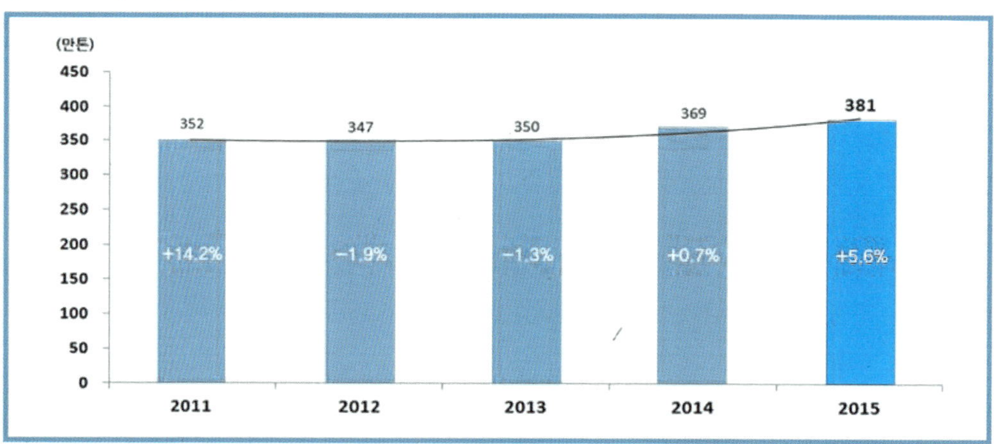

자료: 국토부 항공산업과, 항공정책과

〈그림 2-2〉 최근 3년간 화물 실적 추이

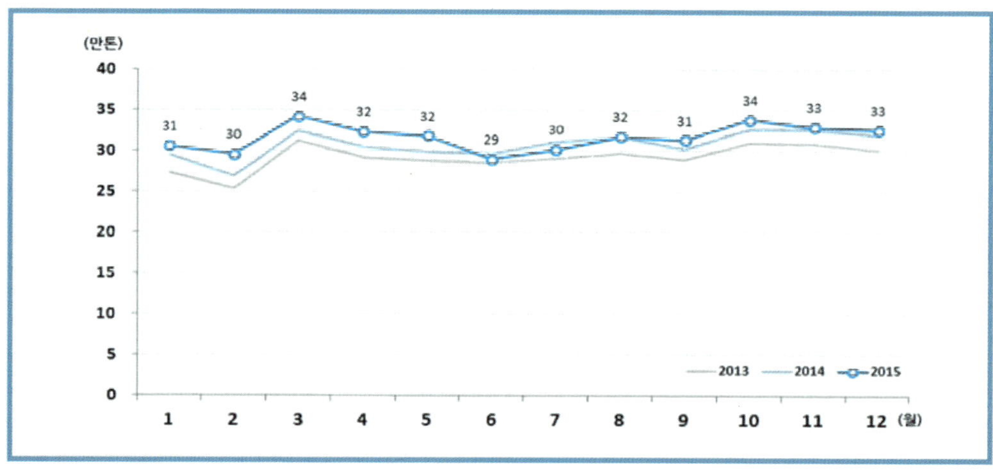

자료: 국토부 항공산업과, 항공정책과

8) 수하물 포함.

■ 국제 항공화물의 경우 항공사의 화물기 운항편을 확대하여 대양주(8.2%), 일본(4.8%), 중국(4.6%) 노선을 중심으로 항공화물이 증가하고, 유가하락, 연초 미서부 항만 태업으로 인한 대체효과, 휴대전화 관련품목 수출입 증가, 해외 직접구매 확산 등에 힘입어 전년대비 3.2% 증가한 352만 톤 기록했다.

- 국제화물(만톤) : 324('11년) → 321('12년) → 325('13년) → 341('14년) → 352('15년)
- (지역별) 유럽(-0.3%)을 제외한 전 지역에서 소폭 성장

〈표 2-8〉 최근 3년간 항공화물 물동량

(단위: 톤)

구 분	중국	일본	동아시아	미주	유럽	대양주
2013년	611,088	420,070	924,215	653,208	519,661	51,923
2014년	676,723	408,826	953,895	696,674	536,573	55,018
2015년	707,769	428,509	984,634	714,990	535,031	59,543
'15 / '14(%)	4.6	4.8	3.2	2.6	−0.3	8.2

자료: 국토부 항공산업과, 항공정책과

■ 국내화물은 29만 톤으로 전년대비 1.6% 증가

2. 항공화물시장의 동향분석

1) 2015년 항공운송동향

■ 2015년 항공시장이 메르스 여파로 인한 방한객 감소와 세계경기 변동, 그리스 국가부도, 중국경제 성장 둔화, IS 파리 테러 등의 영향에도 불구하고 국제선 여객 6천만 명 돌파, 전체 항공여객 9천만 명 근접, 항공화물 3%대 성장 등 역대 최고실적을 달성했다.

■ 항공사 항공기 도입 확대, LCC 중심 신규노선 개설 및 운항증가, 유가하락에 따른 유류할증료 인하, 환율 영향에 의한 내국인 출국자 증가, 환승관광 무비자 입국제도 효과, 내외국인 제주노선 관광수요 확대 등의 영향으로 연간 9천만 명에 근접한 실적을 기록했다.

■ 항공화물은 무선통신기기 및 관련 부품 교역이 증가하였고, 유가하락에 힘입은 항공화물 수요 증가 등 전반적으로 항공화물이 성장세를 나타내면서 역대 최고실적 달성하였다.

2) 2016년 항공화물운송시장 전망

■ '16년에도 성장세가 이어지면서 항공운송시장은 향후 1~2년 내에 연간 항공여객 1억명 시대를 개막하고 항공화물도 증가하는 등 성장세를 지속할 것으로 전망했다.

■ 항공화물은 저유가로 신규유망 품목의 항공이용 수출입 물량증가, 중국, 베트남, 뉴질랜드와의 신규 발효 자유무역협정(FTA) 등의 긍정적 요인으로 소폭의 성장세가 지속될 것으로 전망했다.

■ 그러나 세계경기 변동과 환율변화, 주변국과의 정치적 관계 및 정책변동, 안전사고 및 테러 위험, 공항시설 및 시간당 운항횟수(Slot) 제약 등 국내외 경제요인과 제약조건으로 인한 불확실성이 상존하므로 안전과 성장의 목표를 달성하기 위한 협력을 강조하였다.

〈표 2-9〉 항공여객 및 항공화물 실적

(단위: 명, 톤)

구분	국제선여객	증감률	국내선여객	증감률	항공화물	증감률
'10년	40,060,948	19.5%	20,216,355	11.9%	3,588,743	14.2%
'11년	42,648,549	6.5%	20,980,803	3.8%	3,519,238	−1.9%
'12년	47,702,644	11.9%	21,601,518	3.0%	3,474,058	−1.3%
'13년	50,986,891	6.9%	22,353,370	3.5%	3,498,939	0.7%
'14년	56,778,759	11.4%	24,647,538	10.3%	3,693,862	5.6%
'15년	61,434,404	8.2%	27,980,135	13.5%	3,806,552	3.1%
'15년 1월	5,382,230	15.8	2,042,213	15.3	306,521	4.0
'15년 2월	5,057,031	17.4	1,992,490	14.8	296,078	9.8
'15년 3월	5,111,999	18.9	2,103,266	14.1	342,878	5.8
'15년 4월	5,279,315	19.8	2,509,060	12.9	323,773	6.1
'15년 5월	5,436,097	21.3	2,593,061	29.6	318,659	6.7
'15년 6월	4,035,256	−12.1	1,960,205	−5.5	289,870	−2.4
'15년 7월	4,355,615	−15.1	2,279,378	5.3	301,780	−3.2
'15년 8월	5,511,020	−3.7	2,697,390	16.0	317,607	0.0
'15년 9월	4,925,586	4.3	2,419,136	14.0	313,762	3.6
'15년 10월	5,605,199	11.0	2,736,508	13.7	338,627	3.6
'15년 11월	5,215,976	13.7	2,436,687	15.0	329,972	1.0
'15년 12월	5,519,080	14.0	2,211,141	18.7	327,025	2.5

자료: 국토부 항공산업과, 항공정책과

* 여객: 유상여객기준, 국제여객: 출발+도착여객, 국내여객: 출발여객
  항공화물: (순)화물+수하물+우편물=총화물 기준, 국내+국제

** 증감(%)는 전년동기간대비 증감률

제3장

항공기의 이해

제3장

항공기의 이해

제1절 항공기의 개념

1. 항공기의 정의

항공기(aircraft)란 공기의 반작용에 의해 공중으로 부양하는 기기를 말한다. 즉 사람이나 물건을 싣고 공중을 날 수 있는 날개가 달린 탈것을 통틀어 이르는 말이다.

우리나라 항공법 제2조1항에서는 항공기란 민간항공에서 사용하는 비행기, 비행선, 활공기, 회전익 항공기, 그 밖에 대통령령으로 정하는 것으로서 항공에 사용할 수 있는 기기를 항공기'라고 정의하고 있다.

반면에, 항공기(aircraft)와 유사한 개념으로 널리 불리고 있는 비행기(aeroplane) 차이는 비행기는 항공기의 범주에 포함되는 동력항공기만을 의미한다. 비행기의 날개를 공기 속에서 달리게 하여 그 상대적인 운동에 의해 발생하는 양력을 이용하여 하늘을 날 수 있는 항공기이다. 미국연방항공법에서는 비행기의 범위를 날개에 공기의 역학적인 반작용으로 대기중에 부양되는 공기보다 무거운 고정익의 동력항공기라 정의하고 있다.

국제민간항공기구(ICAO : International Civil Aviation Organization)에서는 항공기를 지표에 대한 공기 반동보다는 대기 중에서의 공기의 반작용으로 안전하게 하늘을 날 수 있는 기기라 정의하였으며, 비행기, 비행선, 활공기, 회전날개 항공기 등으로 정의하고 있다.

그러나 민간항공에서의 항공기는 일반적으로 운송의 대상물을 중심으로 인간에 의해 만들어진 비행체로서 여객이나 화물을 싣고 이동할 수 있는 모든 장치라고 정의하고 있다(Nona Starr, Viewpoint, Prentice Hall, 2000).

〈표 3-1〉 항공기의 탄생과 발전과정

순서	구분	내용
1	인류 최초비행	인력에 의한 날개치기 비행기 최초 설계(레오나르도 다빈치)
2	기구 이용비행	18세기말 프랑스인이 기구를 발명하여 파리상공 비행
3	최초 동력비행	1903년 라이트형제가 가솔린엔진을 장착한 복엽 글라이더로 12초 동안 400m 비행
4	근대항공기 개발	1908년 근대항공기의 원형인 단엽식 비행기를 개발하여 영·불 해협 횡단
5	민간여객기 개발	1933년 B247 쌍발기를 완성하여 본격적인 여객수송 개시
6	제트여객기 개발	1952 여객기 Comet가 등장하여 시속 780km, 비행거리 2,400km 비행, 여객정원 36명
7	B707 등장	1954년 미국 최초의 제트여객기 B707 등장
8	초음속기 등장	1969년 영국과 프랑스 합작으로 최초의 마하 2.2(시속 2,000km) 초음속 Concord 등장

자료: 정상천, 왕희천(2004), 기내구조및비행안전

〈그림 3-1〉 날개 단면과 양력(비행원리)

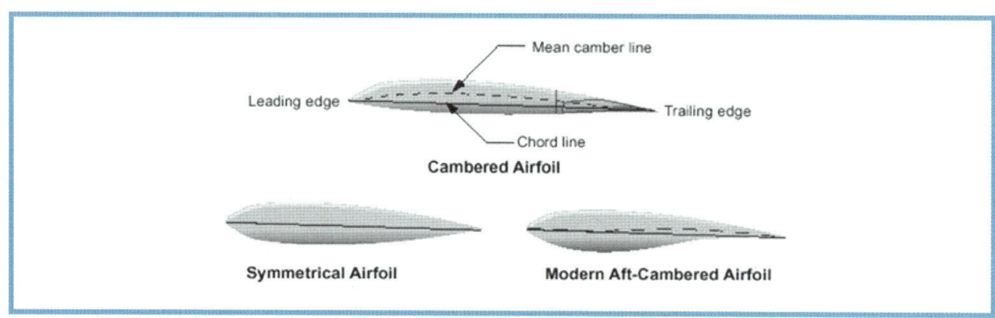

2. 항공기의 분류

항공기는 분류하는 기준을 어디에 두느냐에 따라서 항공기의 유형은 다음과 같이 구분된다.

〈표 3-2〉 항공기의 분류

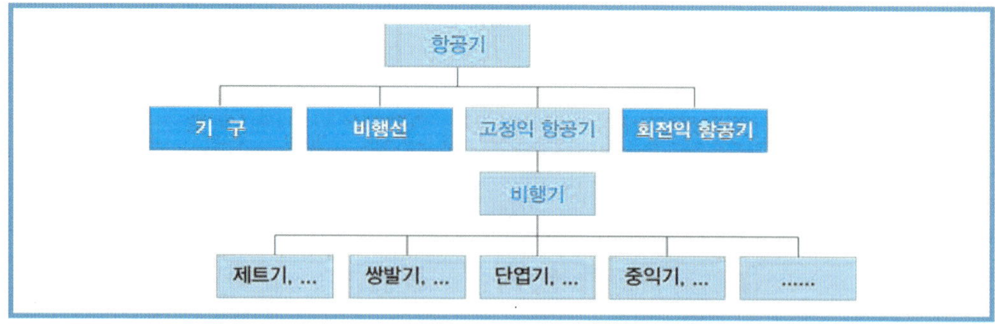

1) 경항공기와 중형항공기

항공기는 공기의 작용을 이용하는 방법에 따라 크게 두 가지로 구분하여 설명할 수 있는데, 정적인 상태에서 자루 속에 공기보다도 더 가벼운 가스(수소, 헬륨 등)를 주입하여 부력을 이용하는 경항공기와 동적인 상태에서 양력을 이용하는 중항공기로 구분된다.

경항공기에는 기구(balloon)나 비행선(airship) 등이 포함된다. 기구는 자체 추진 장치를 없으므로 바람의 흐름에 따라 날 수밖에 없으나, 비행선은 엔진과 프로펠러를 조립한 추진 장치를 가지고 있어 자유로이 날 수가 있다.

중항공기는 동력을 이용하여 나는 비행기 등의 고정익 항공기와 회전익항공기(헬리콥터), 무동력의 글라이더(Glider, 활공기), 연 등이 포함된다.

2) 항공기 용도에 따른 분류

항공기는 용도를 기준으로 분류하면 민간용 항공기와 군용 항공기로 크게 나눌 수 있다.

군용 항공기는 폭격기(bomber), 전투기(fighter), 초계기(patrol), 수송기(cargo), 정찰기(reconnaissance) 등으로 구분되는데, 이는 각 기능에 맞도록 설계·제작된 항공기이다.

〈그림 3-2〉 군용항공기

민간용 항공기는 항공운송을 위해 이용되는 운송용 항공기와 일반 민간용으로 사용되는 다양한 형태의 항공기로 구분된다.

운송용 항공기는 운송목적에 따라서 여객기, 화물전용기, 여객·화물 겸용의 콤비 항공기로 나누어지며, 오늘날에는 제트기종과 터보플을 장착한 항공기로 이용된다. 일반 민간용으로 사용되는 항공기는 주로 10인승 이내의 소형항공기이며, 용도에 따라서 다양한 형태가 있다.

3) 엔진의 유형

엔진유형에 따라서 제트엔진항공기와 프로펠러 항공기로 나눌 수 있다.

(1) 제트엔진 항공기

터보엔진의 제트항공기는 시속 900km 이상으로 운항할 수 있으며, 객실은 기압을 정상적으로 유지한다.

(2) 프로펠러 항공기

제트 항공기보다 느리고, 보다 낮은 상공에서 비행한다. 이러한 프로펠러 비행기들은 두 개의 범주로 나눌 수 있다.

① 한개 또는 두개 이상의 프로펠러 외에 피스톤 추진 엔진을 가진 비행기(소형비행기)

② 터보프롭엔진 비행기로 알려져 있는 터빈엔진과 프로펠러를 가진 비행기(중형비행기)이다.

최초의 동력 비행기는 1903년 12월 27일 미국의 라이트 형제가 발명하였다.

〈그림 3-3〉 라이트 형제

오빌 라이트(Orville Wright 1871~1948), 윌버 라이트(Wilbur Wright1867~1912)

3. 항공 목적에 의한 분류

1) 단거리용 비행기

200km 이하의 단거리 비행에 사용되는 단발 및 쌍발엔진 비행기이다.
좌석 수는 12~70석 정도이다.

2) 중거리용 비행기

DC-9과 보잉 737 같은 쌍발제트기는 중거리(1,000 마일 이하) 운항, 좌석 수는 100~160석 정도이다.

3) 장거리용 비행기

보잉 747, 767 그리고 에어버스 300, 380과 같은 대형 제트기는 180~550석 정도이며, 3,000마일에서 7,000마일 범위 내에서 비행한다.

4) 특수목적용 비행기

헬리콥터, 수상비행기, 그리고 수륙 양용기가 포함된다.

〈표 3-3〉 주요 항공기 제조회사

회사	국적	설립년도	대표기종	특이사항
Boeing	미국	1916년	B747-400 B787	보잉은 크게 두 개의 회사로 나눌 수 있다. 보잉 종합 방위 시스템(boeing IDS ; boeing integrated defense systems)은 군사와 우주, 보잉 상업 항공(BCA; boeing commercial airplanes)민간 항공기를 제작하고 있다.
Air Bus	프랑스	1970년	A320(소형기) A330(중형기) A380(대형기)	프랑스, 영국, 독일 등이 합작한 세계 최대의 상업용 항공기 제작회사로 2001년 현재의 회사 이름으로 변경되었다.
McDonnell Douglas	미국	1967년	MD-82	1967년 맥도널사와 더글러스사의 합병으로 설립된 미국의 항공기 제조회사이며 1997년 보잉에 합병되었다.

자료: 조인환(2013), 항공서비스론

제2절 항공기 기종별 특징

1. 항공기

세계적인 항공기 제작사로는 에어버스(Air bus)사와 보잉(Boeing)사 등이 있다.

〈표 3-4〉 기종별 특징

항공기	시리즈	특 징	연료량	좌석수
A380	-800	동체의 길이와 폭이 각각 72.72미터 및 79.75미터로 주날개 면적이 실내 농구 코트 면적의 두 배인 845평방미터, 꼬리 날개의 높이가 24.1미터로 아파트 10층 높이	820드럼	555
A330	-300	장거리용 쌍발 항공기이며, 에어버스의 기본형인 A300과 A310의 효율적이고 생산적인 동체를 그대로 사용하는 혁신적인 기법을 동원하여 설계	763드럼	296
B787	-9	동체가 넓고 연료 효율이 기존 여객기에 비해 20% 가량 높음. 역사상 가장 짧은 기간동안 가장 많이 판매된 항공기	632드럼	290
B777	-200	첨단 전자장비의 쌍발 최장거리 항공기	904드럼	376
	-300	-200시리즈에 비해 전장이 33ft 연장됨	960드럼	376
B747	-200	전장 70.66m/항속거리 10,712km	1,031드럼	380
	-300	200시리즈와 같은 크기, Upper Deck 만 커짐	1,080드럼	455
	-400	전장 70.66m/항속거리 15,479km 최신 전자장비 탑재	1,146드럼	440

자료: 조인환(2013), 항공서비스론 / 주: 1드럼 = 약200리터

〈표 3-5〉 국적 항공사의 항공기 제원

기 종	좌석수	최대이륙중량(톤)	전장(m)	순항속도(km/h)	항속거리(km)
A380	557~855	560	73	912	15,400
A330	296	217.0	63.7	883	12,612
A321	195	78.0	44.5	832	5,556
A320	143	73.5	37.6	841	5,500
A300-600	277	170.5	54.1	832	6,317
B787	290	247	62.8	912	15,750
B777	376	287.0	63.7	905	18,508
B747	384	378.1	70.7	907	11,338
B747-400	456	394.6	70.7	918	16,066
B767	260	184.6	54.9	854	12,594
B737	150	64.6	36.4	790	4,787
B737-700	200	77.6	33.6	848	10,297
B737-800	189	78.2	39.5	848	5,449
B737-900	193	78.4	42.1	848	5,084

자료: 조인환(2013), 항공서비스론

1) 항공기의 등록

모든 항공기는 국제민간항공조약 제17조에 의해 등록(Registration)이라는 법적 절차에 따라 등록이 이루어진 국가의 국적을 보유하도록 국제적으로 규정하고 있다.

또한, 모든 ICAO의 회원국에 있어 항공기의 등록, 등록의 변경은 해당 국가의 법률과 규칙에 의하여 시행하도록 규정하고 있어 항공기 등록을 사실상 의무화하고 있다. 동시에 두 개의 국가 이상에서 유효한 등록을 못하도록 하고 있어 항공기의 이중 등록을 금지하고 있다(국제민간항공조약 제19조).

■ 항공기 등록부호(예: HL 7268)

① HL:국적기호(무선국 기호)이며 이는 대한민국을 뜻한다.

② 7268:등록기호이며, 그 뜻은 다음과 같다.

- "7"은 제트엔진을 장착한 여객기를 뜻한다.
- "2"는 2개의 엔진이 장착되어 있다는 뜻이다.
- "68"은 동일 기종끼리의 일련번호이다.

2) 항공기 명칭

제조회사의 머릿글자를 따서 붙이는 것이 일반적인 관례다. 현재 국내 운항 중인 B747, MD11, A380, F100의 머릿글자는 각각 B는 미국의 보잉사, MD는 맥도널 더글러스사, A는 에어버스사, F는 포커사를 나타내며 머릿글자 다음에 오는 숫자는 항공기의 종류를 나타낸다.

3) 항공기 블랙박스(black box)

항공기 사고 발생 시 원인규명을 위해서 각종 비행정보를 저장하는 비행정보 기록장치(FDR: flight data recorder)와 최종 30분 또는 120분간의 조종사들의 교신내용과 대화내용을 녹음하는 음성기록장치(CVR : cockpit voice recorder)를 통칭하는 이름으로 고열과 큰 충격에도 견딜 수 있게 제작되어 있다.

〈그림 3-4〉 블랙박스(Flight Data Recorder)

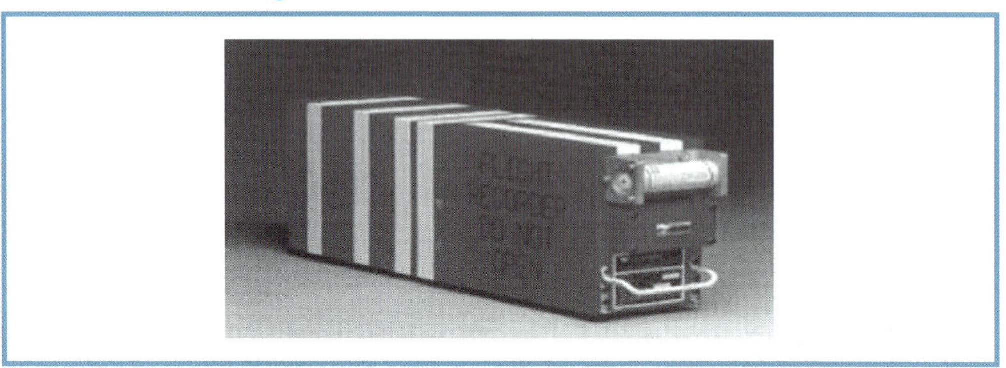

〈표 3-6〉 보잉사의 항공기 크기 비교

Airplane	Length(ft)	Wing Span(ft)	Weight(lbs)	Passenger
737	120	95	150,000	108–146
757	155	125	255,000	155–201
767	180	156	408,000	181–269
777	209	200	535,000	305–400
747	225	211	870,000	420–524

2. 에어버스(AIRBUS)[9]

1) A380-800

Korean Air　　Airbus

■ **제작사** : Airbus Industries

9) www.airbus.com

- **유 형 :** 대형 수송기
- **엔 진 :** GE/P&W GP7270, Rolls-Royce Trent 970
- **최대탑승인원 :** 557~855명 (조종사 2명, 승객 555~853명)
- **버 전**

- A380-700
- A380-800
- A380-800F
- A380-900
- A380 MRTB

A380-700	잠재적인 짧은 동체 버전, Boeing 747 급으로, 대체 기종으로 유력. 아직 출시되지 않음.
A380-800	기준이 되는 버전. 3개의 등급으로 나누어진 좌석에 555명의 승객이 탑승 가능하며, 8,000 n miles (14,816km; 9,206 miles) 이상의 항속 거리를 가짐. 첫 번째 파생기는 Trent 970 엔진을 탑재한 A380-841; GP7270 엔진을 탑재한 A380-861이 있음.
A380-800F	화물전용기. 150,000kg (330,700 lb)의 유상하중과 5,600 n miles (10,371km; 6,444 miles) 이상의 항속 거리를 가짐. 파생기로 Trent 977 엔진을 탑재한 A,380-843F, GP7277엔진을 탑재한 A380-863F가 있으며, 일부 부품의 재질이 알루미늄-리튬으로 교체.
A380-900	잠재적인 확장 버전으로 초기에 A3XX-200으로 알려짐; 12 프레임이 더 길어지고, 3개의 등급으로 나누어 656 좌석 또는 조밀하게 990석까지 배치가능. 향상된 MTOM(최대이륙중량)과 연료 저장량을 가지고 있으나 아직 시판되지 않음.
A380 MRTB	군사 목적으로 개발된 버전(다목적 수송기/폭탄투하기)

- **특 징**

- 현존하는 민간항공기 중 완전한 2층 객실구조와 4개의 통로를 갖추고도 단위 좌석 당 연료비 및 운영비를 절감시킨 기종임. 555석 규모(단일 좌석으로 운영 시 최대 800석까지)의 A380은 급유 없이 8,000마일을 비행할 수 있음.
- 2000년 12월에 첫 제작발표 후, 2005년 4월에 첫 시험비행을 수행함. 정식 판매는 2006년도부터 시작. 장착엔진으로는 Pratt & Whittney 사의 GP7200엔진과 롤스로이스사의 Trent 900 4대를 장착하게 될 것임.
- 에어버스 컨소시엄(EADS 및 BAE System)에서 제작 중이며, 마하 0.89의 속도로 최대여객 탑승시 8,000마일(15,000㎞)을 비행할 수 있음.

■ 주요 사양

구 분	내 용		비 고
○기 종	A380-800		www.airbus.com
○제작국 및 제작사	EU / 에어버스		
○분 류	장거리용	Heavy Heavy	착륙속도별/ICAO/FAA
○형식증명일자			
○크기(Dimension)	(피트	/ 미터)	
-전폭(SPAN)	261.6	79.74	
-전장(LENGTH)	238.0	72.54	
-전고(HEIGHT)	79.3	24.17	
-휠트랙(WHEEL TRACK)	40.8	12.44	
-휠베이스(WHEEL BASE)	104.6	31.88	
○엔진(Engine)	PW : GP7200 RR : Trent 900		PW : 플랫 & 휘트니 RR : 롤스로이스
○중량(Weight)	(파운드	/ 킬로그램)	
-최대램프중량(MRW)	1,238,998	562,008	승객 555명 기준
-최대이륙중량(MTOW)	1,234,588	560,008	
-최대착륙중량(MLW)	850,984	386,006	
-최대영연료중량(MZFW)	795,869	361,005	
-운항자중(OEW)	595,281	270,019	
-최대페이로드(MAX PLD)	200,587	90,986	
○순항속도(Crusing speed)	0.89	(단위 : 마하수)	
○최대항속거리(Max Range)	8,000	(단위 : 마일)	

■ 항공기 평면도

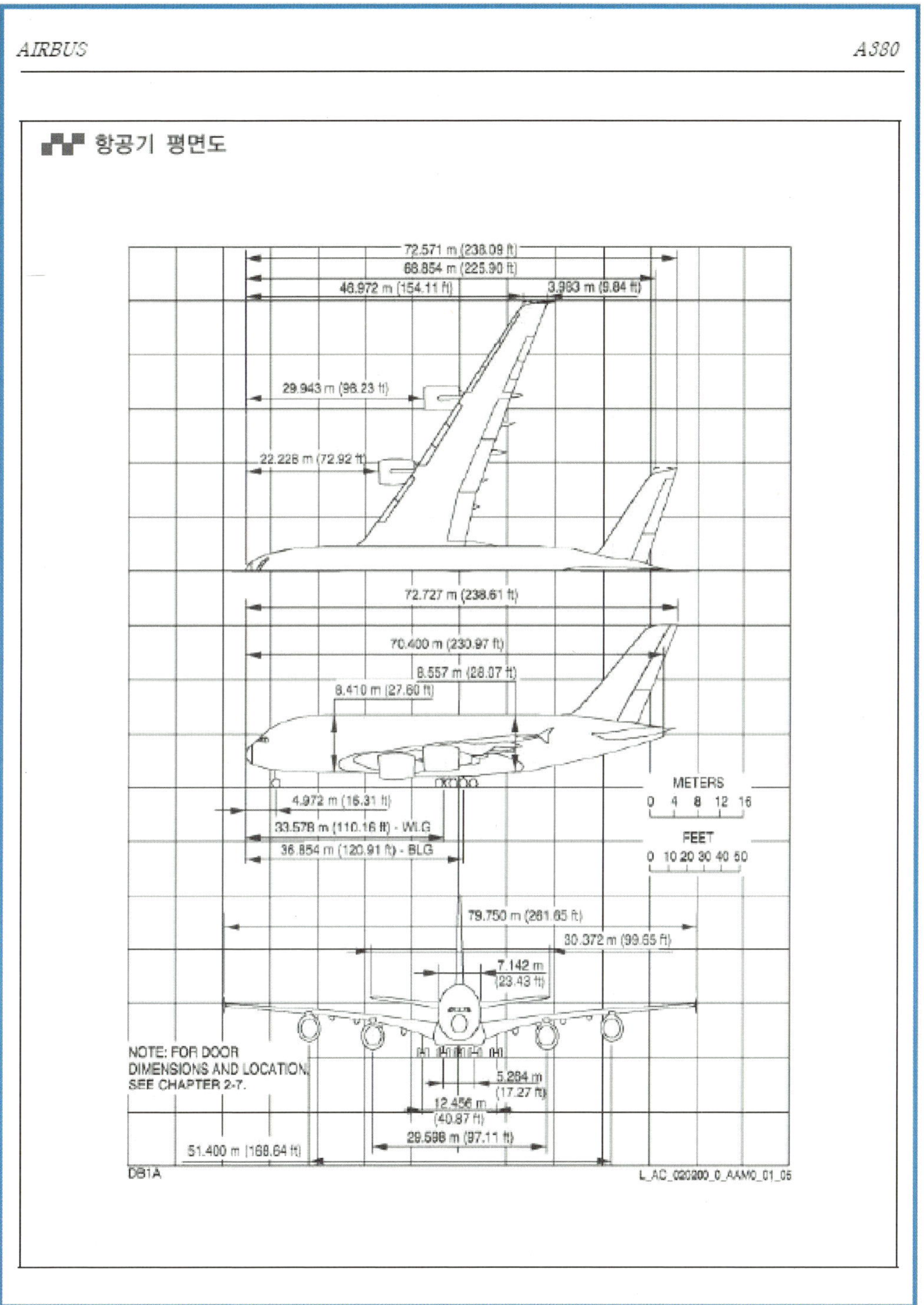

AIRBUS
A380
항공기 평면도
72.571 m (238.09 ft)
68.854 m (225.90 ft)
46.972 m (154.11 ft)
3.983 m (9.84 ft)
29.943 m (98.23 ft)
22.228 m (72.92 ft)
72.727 m (238.61 ft)
70.400 m (230.97 ft)
8.557 m (28.07 ft)
8.410 m (27.60 ft)
4.972 m (16.31 ft)
33.578 m (110.16 ft) - WLG
36.854 m (120.91 ft) - BLG
METERS
0 4 8 12 16
FEET
0 10 20 30 40 50
79.750 m (261.65 ft)
30.372 m (99.65 ft)
7.142 m
(23.43 ft)
NOTE: FOR DOOR
DIMENSIONS AND LOCATION,
SEE CHAPTER 2-7.
5.284 m
(17.27 ft)
12.456 m
(40.87 ft)
29.598 m (97.11 ft)
51.400 m (168.64 ft)
DB1A
L_AC_020200_0_AAM0_01_05

■ 좌석 배치도(SEAT MAP)

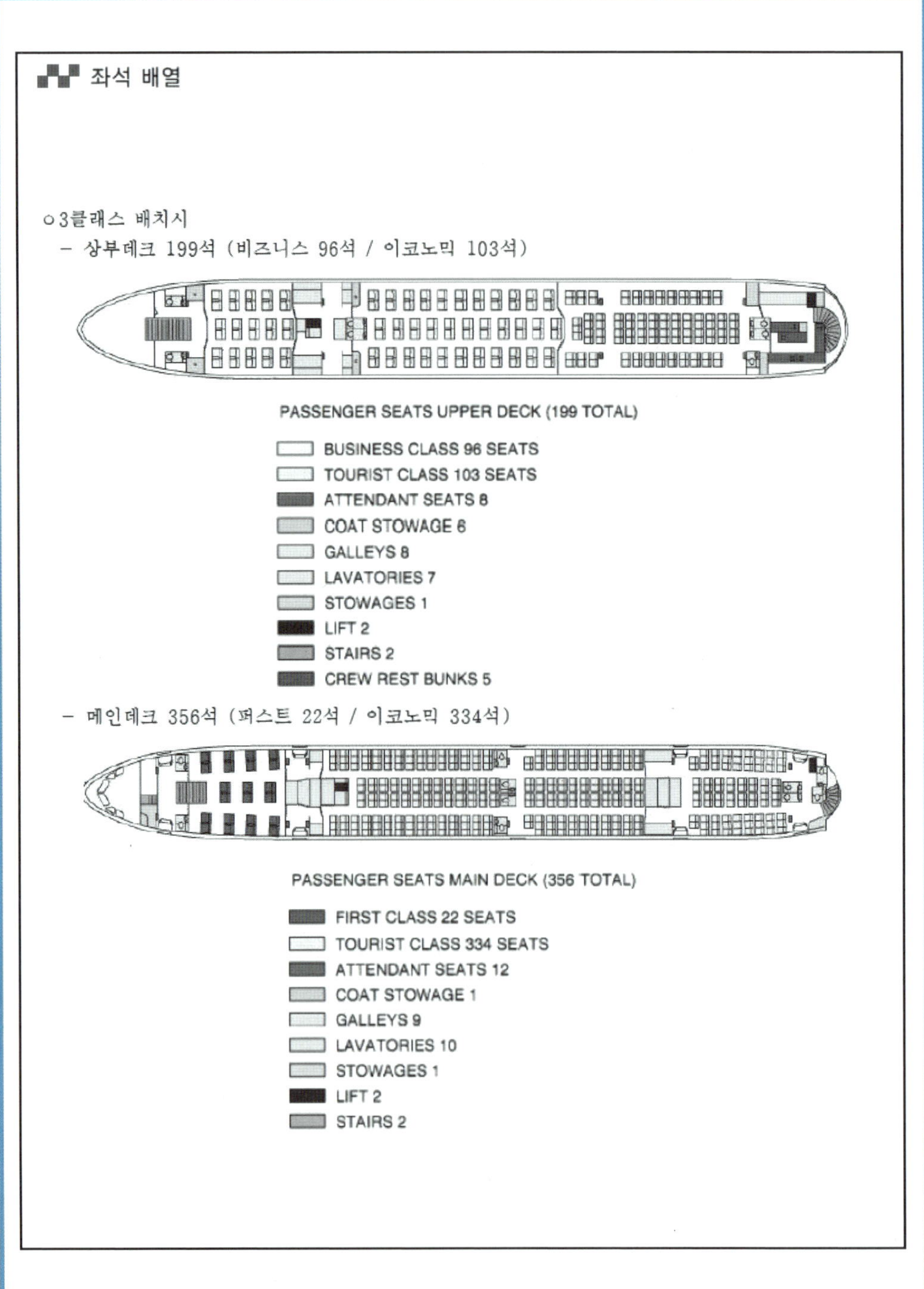

2) A330-300

Asiana Airlines

Airbus

- **제작사 :** Airbus Industries
- **유 형 :** 광폭동체 항공기
- **엔 진 :** General Electric CF6, Pratt & Whitney PW4000, Rolls-Royce Trent700
- **최대탑승인원 :** 297~337명 (조종사 2명, 승객 295~335명)
- **버 전**

  - A330-300
  - A330-200
  - A330-100
  - A330-200F
  - A330-500

A330-300	기본 버전; 3개 클래스(퍼스트 클래스 12석, 비즈니스 42석, 이코노미 241석)에 295개의 좌석. 1993년 10월 7,000kg(15,432 lb) 증가된 유상하중이 A330-300의 표준이 됨. 1995년 11월부터 최대이륙중량이 217,000kg(478,400 lb)로 증가하여 335인의 승객을 싣고 4,850 n miles(8,982km; 5,581 miles) 운항 가능. 1997년에는 그보다 더 발전하여 최대이륙중량이 230,000kg으로 증가되고 5,600 n miles(10,370km, 6,444 miles)의 항속거리를 가지게 되었다. 이 기준으로 주문된 첫 비행기는 에어캐나다에서 1997년 주문하였지만 첫 취항은 1999년 5월 대한항공에서 하였다. 2001년 초부터 최대이륙중량이 233,000kg(513,675 lb)까지 가능하게 되었고, 초기 230,000kg(507,050 lb) 버전들의 업그레이드가 가능하다.
A330-200	항속거리 증가버전; 1995년 11월 24일 출사; 10프레임 생략으로 동체길이가 59,00m(193 ft $6\frac{3}{4}$in)로 축소됨. 최대이륙중량 230,000kg(507,050 lb); A330-300처럼 2001년 초부터 더 증가된 최대이륙중량이 가능해졌다. 세 개의 클래스(12 일등석, 36 비즈니스, 205 이코노미)에 253명의 승객 또는 두 개의 클래스에 293명의 승객 탑승의 배치가 가능하며, 253 승객을 태우고 6,650 n miles(12,315km; 7,652 miles)의 비행이 가능하다. A330-300과 같은 종류의 엔진을 선택할 수 있으며, 1996년 3월 ILFC에서 13기를 최초 주문하였다. 1997년 8월 13일 첫 비행(c/n 181, F-WWKA, 과CF6-80E1 엔진) 후 곧 1997년 11월

	Dubai Air Show에서 공식 데뷔를 하였다. 첫 운항사는 Canada 3000으로(ILFC로부터 임대) 1998년 1월 20일 첫 비행 후 1998년 3월 31일 FAA/JAA/Transport Canada 인증 후에 1998년 5월 29일 인도가 이루어졌다. 첫 자가 구매 항공사는 대한항공으로 두 번째 항공기가 1997년 12월 4일 첫 비행, 1998년 5월 인증 후에 1998년 6월 인도되었다. Rolls-Royce Trents(시제기엔진 개량형) 버전은 1998년 6월 24일 비행 후 1999년 1월 JAR, Transport Canada 인증을 받고 1999년 2월 Air Transat에게 인도되었다. 개량형 CF6-80A1A3 엔진을 장착한 첫 비행기는 2001년 12월 17일 Air France로 인도되었다.
A330-100	A330-200에서 9프레임 생략. 제작되지 않음.
A330-200F	화물기버전으로 DC-10/MD-11를 대신할 수 있는 기종이다. 2001년 1월 Paris Air Show에서 발표될 예정이었으나 연기되었다. 2006년 중반에 공식발표가 되었고, 2009년 4분기까지 운항예정이다. 미확인된 고객으로부터 30기의 구매의사를 받은 상태이다. 최대유상하중 64,300kg(141,755 lb)로 4,000 n miles(7,408km; 4,603 miles) 이상의 비행이 가능함. 23개의 팔렛(2.24×3.17m(88×125in) 컨테이너 또는, 22개의 팔렛(2.44×3.17m(96×125in))을 주 화물칸에 그리고 8개의 팔렛과 두 개의 LD3 컨테이너를 아래쪽 화물칸에 적재할 수 있다. 최대연료수용량은 139,090 litres 최대이륙중량은 233,000kg(513,675 lb); 이며 주 화물칸도어는 A300-600F와 같은 사이즈이다. A320/A340/A380 시리즈와 조종법이 비슷하며, 10년 간 예상수요는 200기이다.
A330-500	2A330-200에서 8프레임이 생략된 버전으로 2000년 7월 발표되어 초기에는 A330-M18이라고 명명되었다. A380 계획에 밀려 개발이 중단되었다.
A350	최초의 A330에서 파생된 기체

■ 특 징

- A330기는 장거리용 쌍발엔진을 장착한 광동체 항공기로서, A340기와 동일한 시기에 개발되었음.
- A330기의 동체와 날개는 실제적으로 A340기와 동일하면서도, 엔진은 서로 다른 타입을 장착하고 있음. 이와 함께 동체구조는 에어버스사의 A300 기체를 기초로 하고 있으며, 플라이바이와이어 시스템 채택과 A320 기체의 조종실을 적용하였음.
- -200 모델은 기존 A300-600R을 대체하기 위해 개발되었으며, 경쟁사의 B767-300ER과 성능적 측면에서는 동등한 면을 가짐. -300 모델과 비교시 동체는 수축된 형태를 가지고 있으며, 수직핀(Vertical Fin)은 다소 큰 형태를 띠고 있음. 추가 연료탑재로 최대이륙중량은 275톤에 이르며, 일반적으로 253석 3클래스 기준으로 6,750마일(12,500㎞)의 항속거리를 가지고 있음.
- -300 모델은 -200 모델의 전장을 연장시킨 모델로서, 동체연장형의 A300-600을 기초로 제작을 하였으나, 새로운 날개구조, 안정판 및 뉴 타입의 플라이와이어 소프트웨어를 장착하였음. 동 기종은 295석 3클래스 기준으로 5,650마일(10,500㎞)의 항속거리를 가지며, 또한 가장 큰 화물적재능력을 가진 B747기와 대등한

성능을 가지고 있음. 장착엔진으로는 GE사 CF6-80E, Pratt & Whittney 사 PW4000 및 롤스로이스사 Trent 700을 장착할 수 있으며, 모든 엔진은 ETOPS 180분의 성능을 가짐. 본격적인 서비스는 1993년부터 시작되었으며, 경쟁사의 B777-200과 대등한 성능을 보유하고 있음.

■ 주요 사양

중량 및 적재하중 * A321-200과 동일			
운용기본중량 (Operating weight empty)	기본버전, 3클래스 좌석배치	C	120,500 kg (265,655 lb)
		P	121,100 kg (266,980 lb)
		T	120,600 kg (265,875 lb)
	A330-300	C	124,500 kg (274,475 lb)
		P	125,100 kg (275,800 lb)
		T	124,600 kg (274,695 lb)
화물수용량	A330-200	전방화물칸	18,869 kg (41,599 lb)
		후방화물칸	15,241 kg (33,601 lb)
		벌크화물칸	3,468 kg (7,646 lb)
	A330-300	전방화물칸	22,861 kg (50,400 lb)
		후방화물칸	18,507 kg (40,800 lb)
		벌크화물칸	3,468 kg (7,646 lb)

길이 (외부) * 아래 사항만 제외하고 A340-200/300과 동일			
전장 (Length overall)	A330-200		59.00 m (193 ft 7 in)
	A330-300		63.58 m (208 ft 7 in)
전고 (Height overall)	A330-200		17.88 m (58 ft 8 in)
	A330-300		16.84 m (55 ft 3 in)
길이 (내부) * 아래 사항만 제외하고 A340-200/300과 동일			
화물칸 체적 (Volume)	전방화물칸	A330-200 기본	55.0 m^3 (1,944 cu ft)
		A330-200 옵션	62.6 m^3 (2,212 cu ft)
		A330-300 기본	69.1 m^3 (2,442 cu ft)
		A330-300 옵션	80.5 m^3 (2,844 cu ft)
	후방화물칸	A330-200 기본	46.1 m^3 (1,628 cu ft)
		A330-200 옵션	53.7 m^3 (1,896 cu ft)
		A330-300 기본	55.6 m^3 (1,965 cu ft)
		A330-300 옵션	62.6 m^3 (2,212 cu ft)
	벌크화물칸		19.7 m^3 (695 cu ft)

구 분	내 용				비 고
ㅇ기 종	A330-300				A330 / 333
ㅇ제작국 및 제작사	EU / 에어버스				www.airbus.com
ㅇ분 류	장거리용	CAT C	Heavy	Heavy	착륙속도별/ICAO/FAA
ㅇ형식증명일자	1993.10.15				
ㅇ크기(Dimension)	(피트 / 미터)				
-전폭(SPAN)	197.1		60.08		
-전장(LENGTH)	208.1		63.43		
-전고(HEIGHT)	56.3		17.16		
-휠트랙(WHEEL TRACK)	35.0		10.67		
-휠베이스(WHEEL BASE)	83.3		25.39		
ㅇ엔진(Engine)	GE : CF6-80E1A2 PW : PW 4164 / 4168 / 4168A RR : TRENT 768-60 / 772-60 / 772B-60				GE : 제너럴 일렉트로닉 PW : 플랫 & 휘트니 RR : 롤스로이스
ㅇ중량(Weight)	(파운드 / 킬로그램)				
-최대램프중량(MRW)	509,039		230,900		승객 335명 기준
-최대이륙중량(MTOW)	507,055		230,000		
-최대착륙중량(MLW)	396,825		179,999		
-최대영연료중량(MZFW)	381,395		173,000		
-운항자중(OEW)	263,961		119,732		
-최대페이로드(MAX PLD)	117,438		53,270		
ㅇ순항속도(Crusing speed)	0.86 (단위 : 마하수)				
ㅇ최대항속거리(Max Range)	5,650 (단위 : 마일)				

■ 항공기 평면도

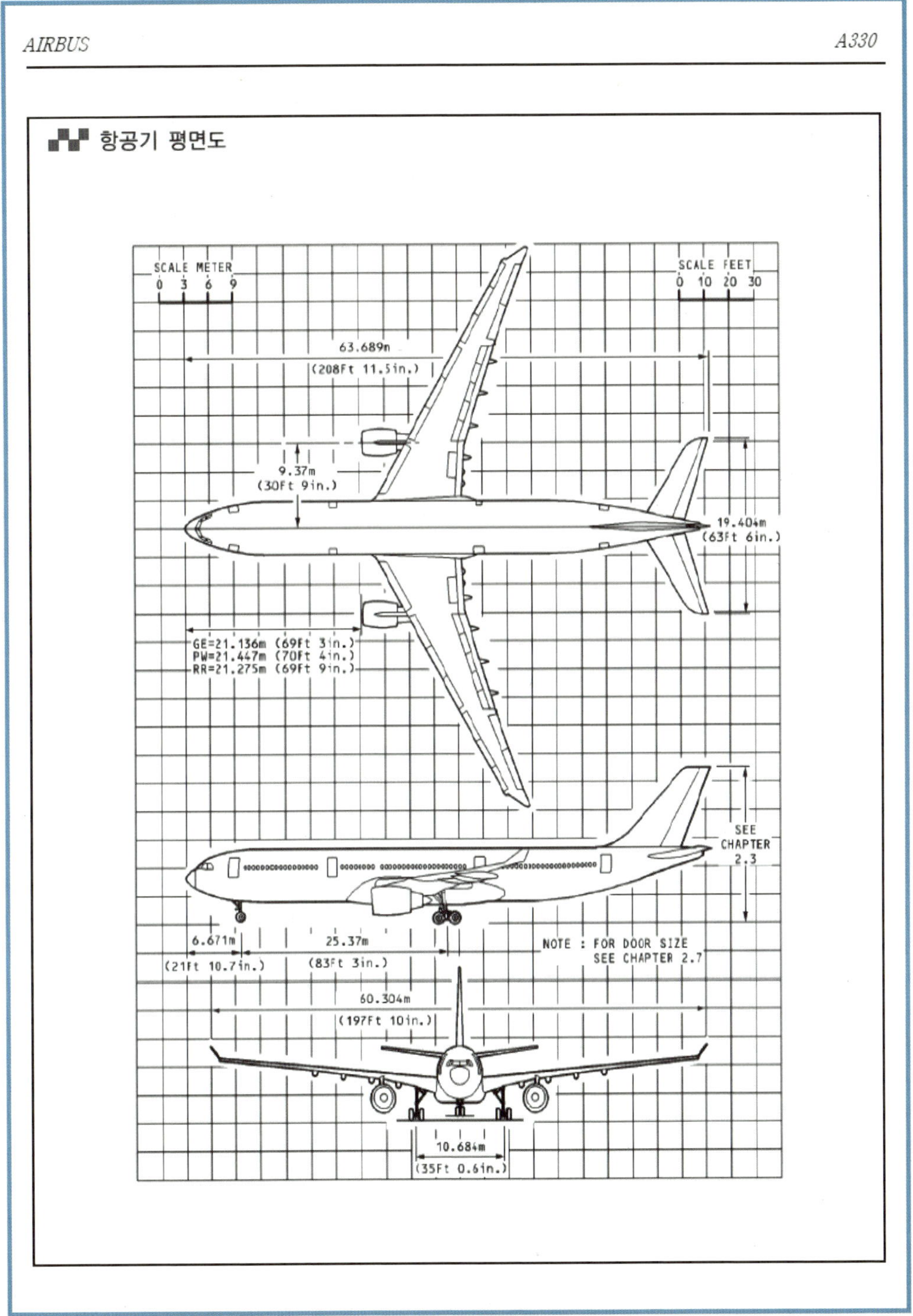

AIRBUS
A330
항공기 평면도
SCALE METER
0 3 6 9
SCALE FEET
0 10 20 30
63.689m
(208Ft 11.5in.)
9.37m
(30Ft 9in.)
19.404m
(63Ft 6in.)
GE=21.136m (69Ft 3in.)
PW=21.447m (70Ft 4in.)
RR=21.275m (69Ft 9in.)
SEE CHAPTER 2.3
6.671m
(21Ft 10.7in.)
25.37m
(83Ft 3in.)
NOTE : FOR DOOR SIZE
SEE CHAPTER 2.7
60.304m
(197Ft 10in.)
10.684m
(35Ft 0.6in.)

■ 좌석 배치도(SEAT MAP)

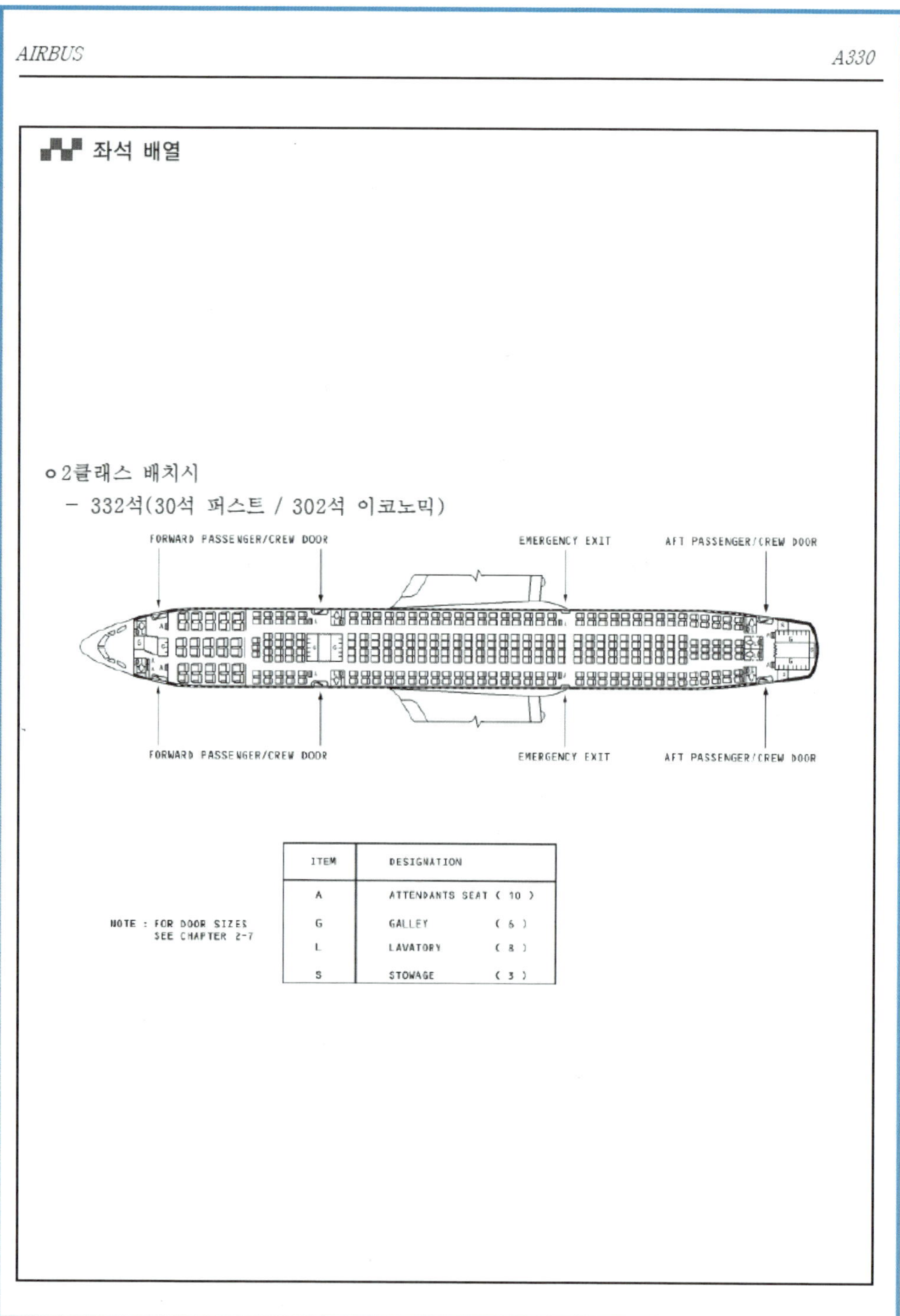

3) A321-200

Airbus　　Asiana airlines

- **제작사** : Airbus Industries
- **유 형** : 쌍발제트 항공기
- **엔 진** : 2x CF56, IAE V2530-A5
- **최대탑승인원** : 187명 (조종사 2명, 승객 185명)
- **버 전**
  - A321-100
  - A321-200
  - A321CJ
  - A321 Freighter

A321-100	최초 버전.
A321-200	항속거리 증가버전. 1995년 4월 12일 출시; 특징으로는 강화된 구조, 현재 엔진보다 큰 추력의 엔진 그리고 옵션으로 추가된 센터탱크(ACT)는 수용량 2,900 litres(766 US gallons; 638 Imp gallons)로 최대이륙중량을 89,000kg(196,210 lb)로 증가시키고 항속거리를 350 n miles(648km; 402 miles) 더 늘렸다. A321-200은 북미 국내선의 증가와 북유럽, 동유럽의 전세기 항로 및 유럽과 중동사이의 정기운항노선의 증가를 노리고 개발되었다. 1996년 12월 12일 Hamburg에서 첫 항공기의 비행이 있었고, 1997년 4월 24일에 Monarch Airlines에 인도되었다. 1999년 1월 두 번째 센터탱크를 장착하고 최대이륙중량이 더 증가된 버전의 출시가 발표되었고, 2000년 9월에 첫 고객인 Spanair에 인도되었다.
A321CJ	Airbus Industries는 추가 연료 탱크를 가진 사무용 버전을 고려하고 있다고 보고되었다. 공식 개발계획 발표는 2006년 3분기에 이루어졌다.
A321 Freighter	EADS EFW에서 14개의 표준 팔레트를 수용할 수 있는 A321 화물기의 연구에 착수했다.

- **특 징**
  - A321기는 중단거리용의 쌍발엔진을 가진 기종으로, 지역항공시장을 겨냥한 본

기체는 A320의 전장을 연장시킨 모델임.

- 또 다른 차이점으로는 날개면적을 약간 크게 하였으며, 착륙장치 강화와 CF56과 V2500 엔진을 장착하여 고출력의 성능향상을 추구하였음.
- 일반적으로 -100 모델의 경우 186석을 탑재한 채 2,300마일(4,300㎞), -200 모델의 경우 비슷한 적재능력으로 3,000마일(5,500㎞)을 운항할 수 있음.
- 양 모델 모두 CF56과 V2500 엔진을 장착하고 있으며, -200 모델이 -100 모델보다 엔진 출력이 높음. (-100: 31,000파운드, -200 33,000파운드)

■ 주요 사양

구 분	내 용				비 고
ㅇ기 종	A321-200				A321 / 321
ㅇ제작국 및 제작사	EU / 에어버스				www.airbus.com
ㅇ분 류	중단거리용	CAT C	Medium	Large	착륙속도별/ICAO/FAA
ㅇ형식증명일자	1997.03.20				
ㅇ크기(Dimension)	(피트 / 미터)				
-전폭(SPAN)	112.0			34.14	
-전장(LENGTH)	146.0			44.50	
-전고(HEIGHT)	39.7			12.10	
-휠트랙(WHEEL TRACK)	24.1			7.35	
-휠베이스(WHEEL BASE)	55.4			16.89	
ㅇ엔진(Engine)	GE : CFM56-5B3/P / -5B3/2P IAE : V2530-A5				GE : 제너럴 일렉트로닉 IAE : International Aero Engines
ㅇ중량(Weight)	(파운드 / 킬로그램)				
-최대램프중량(MRW)	197,091			89,400	승객 200명 기준
-최대이륙중량(MTOW)	196,209			89,000	
-최대착륙중량(MLW)	166,447			75,000	
-최대영연료중량(MZFW)	157,628			71,500	
-운항자중(OEW)	103,616			47,000	
-최대페이로드(MAX PLD)	54,012			24,500	
ㅇ순항속도(Crusing speed)	0.82 (단위 : 마하수)				
ㅇ최대항속거리(Max Range)	2,300 (단위 : 마일)				

■ 항공기 평면도

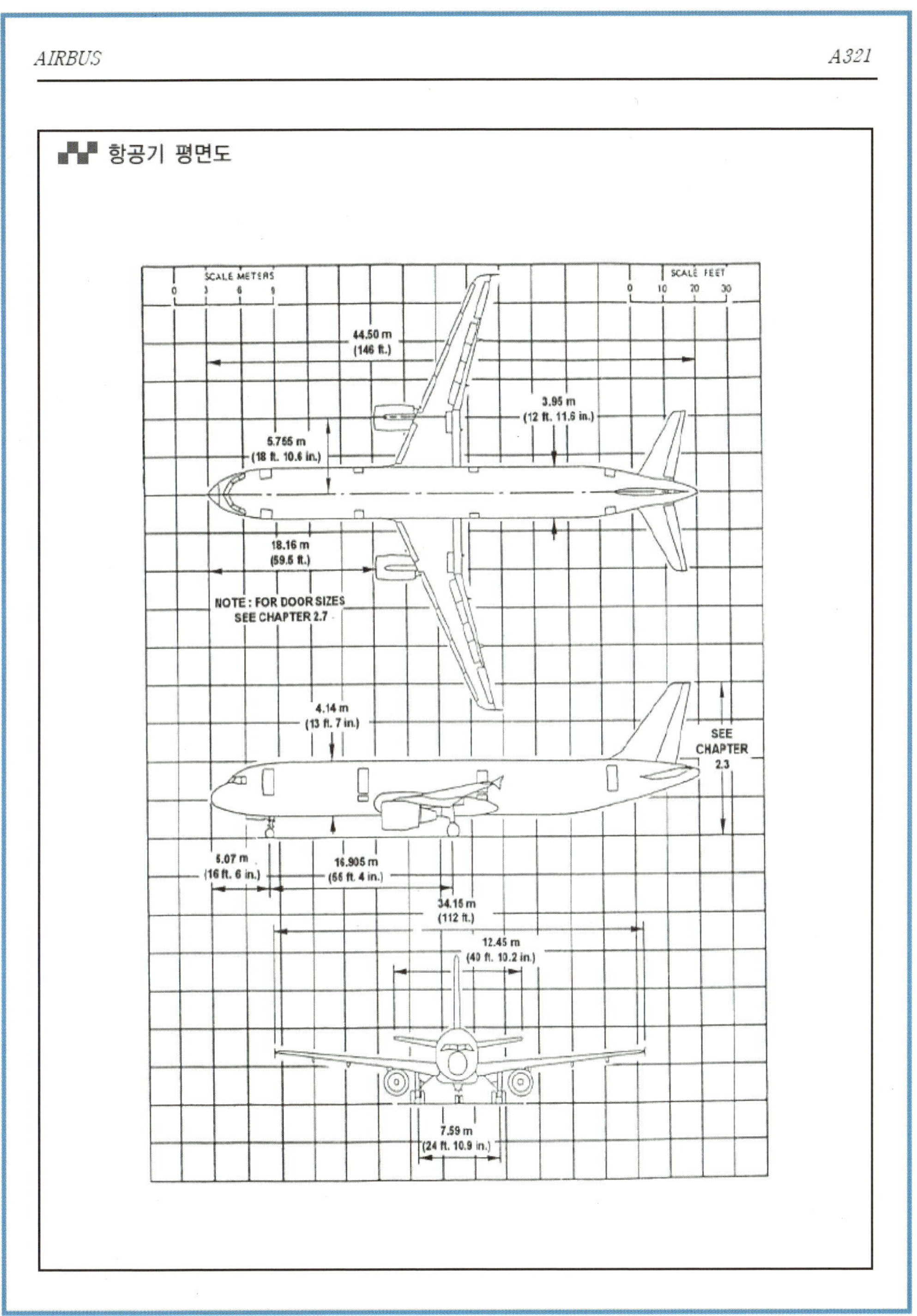
AIRBUS
A321
항공기 평면도
SCALE METERS
0 3 6 9
SCALE FEET
0 10 20 30
44.50 m
(146 ft.)
3.95 m
(12 ft. 11.6 in.)
5.755 m
(18 ft. 10.6 in.)
18.16 m
(59.6 ft.)
NOTE : FOR DOOR SIZES
SEE CHAPTER 2.7
4.14 m
(13 ft. 7 in.)
SEE
CHAPTER
2.3
5.07 m
(16 ft. 6 in.)
16.905 m
(55 ft. 4 in.)
34.15 m
(112 ft.)
12.45 m
(40 ft. 10.2 in.)
7.59 m
(24 ft. 10.9 in.)

3. 보잉(BOEING)[10]

1) B787(Boeing 787 Dreamliner)

Boeing

All Nippon Airways

- **제작사** : The Boeing Company
- **유 형** : 광폭동체 항공기
- **엔 진** : 2xRolls-Royce Trent 1000/GE Gen X
- **최대탑승인원** : 212~292명(조종사 2명, 승객 210~290명)
- **버 전**
  - 787-8
  - 787-9
  - 787-10
- **특 징**
  - 보잉 787 드림라이너(영어: Boeing 787 Dreamliner)는 미국 보잉 사의 중형 쌍발 광동체 여객기이며 보잉의 항공기 중 처음으로 기체 대부분에 탄소복합 재료를 사용한 비행기이다.
  - 개발코드는 본래 7E7이었으나, 2005년 1월 28일 787로 변경하였다. 역사상 가장 단기간 내에 많이 판매된 광폭 항공기이기도 하다.
  - 최근 리튬 이온 전지로 인한 기체 결함으로 사고가 잇따르자, 미국 연방 항공국에서는 보잉 787에 대해 운항 중지 명령을 내렸다(2013년 1월 16일).

10) 이 내용은 www.boeing.com의 일부를 재정리한 것임.

2) B777-200ER

Asiana Airlines

Air New Zealand

- **제작사** : The Boeing Company
- **유 형** : 중장거리용 쌍발 항공기
- **엔 진** : 2xGE90-768/PW4077/RR Trent 877
- **최대탑승인원** : 303~307명(조종사 2명, 승객 301~305명)
  367~370명: B777-300ER
- **버 전**
  - B777-200
  - B777-200ER
  - B777-200LR
  - B777-300
  - B777-300ER
- **특 징**
  - 보잉777은 보잉 767 스트레치 모델을 컨셉으로 제작되었으나, 이후 새로운 디자인으로 설계된 모델임.
  - 보잉777-200ER은 보잉사에서 제작한 쌍발 장거리용 제트 여객기이다. 쌍발기중 가장 크며 트리플 세븐(triple seven)이라는 별칭도 가지고 있으며, 항공기로 9만 5천 파운드의 추진력을 가진 2대의 엔진을 장착, 14시간 논스톱 운항이 가능해 서울과 호놀룰루, 시애틀, 대양주, 유럽 간을 무기착 운항할 수 있습니다.
  - B777-200ER의 최대이륙 무게는 286.9톤이며 최대 300명의 승객을 태울 수 있습니다.

3) B747-400

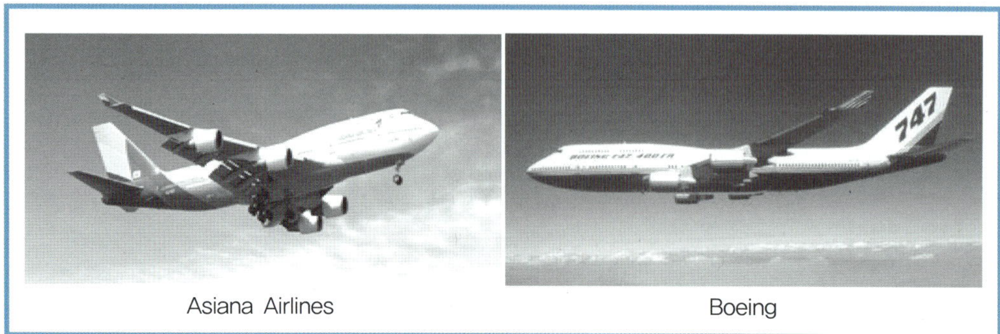
Asiana Airlines　　Boeing

- **제작사** : The Boeing Company
- **유 형** : Wide bodied airliner
- **엔 진** : 4xGE CF6-80C2, P&W PW4056, Rolls Royce RB211-524
- **버 전**
  - B747-400
  - B747-400M Combi
  - B747-400F
  - B747-400 Domestic
  - B747-400(PIP)
  - B747-400ER
  - B747-400ERF
  - B747-400X QLR
  - B747-400XF QLR
  - B747X and B747 Stretch
  - B747-800X
  - B747-8

747-400	기본 승객 버전; 표준 그리고 세 개의 옵션 그로스 무게, 자세한 기술 적용 -400, 지시된 곳 제외.
747-400M Combi	승객/화물 버전; 1986년 4월 9일 최초 주문; 1989년 3월 23일 출시; 1989년 6월 30일 첫 비행; 1989년 5월 30일 인증; 1989년 9월 1일 KLM으로 첫 인도. 최대 266 세 개의 클래스 승객과 화물 또는 화물 없이 413 수용가능; 좌측 뒤쪽 화물 출입구; 메인 데크에는 일곱 개의 팔렛 27,215kg(60,000 lb) 수용; 아래쪽 공간과 연료수용량은 승객운송용 747과 같음; 1996년 12월 31일 49기 인도, 최대이륙중량 285,763kg(630,000 lb), 최대공연료중량 256,280kg(565,000 lb). 세 종류의 엔진 중 선택가능.
747-400F	화물기 버전
747-400 Domestic	특히 높은 밀도의 두 개의 클래스 568인용 버전; 1988년 12월 18일 첫 주문; 1991년 2월 18일 출시; 1991년 10월 10일 인증, 그리고 같은 날 Japan Air Lines(6기 중 첫째)로 인도 그리고 후에 All Nippon(6기), Japan Air System(1기)에 인도. 최대이륙중량 무게 272,155kg(600,000 lb) 그러나 394,625kg(870,000 lb)까지 가능. 구조 강화; winglets 없음; 감소된 엔진 추력; 2층에 다섯 개 창문 추가; 항공전자공학 소프트웨어 수정 그리고 객실 압력 스케줄; 브레이크 냉각팬;

	다섯 개의 팔렛과 14개의 LD-1 컨테이너와 기타 화물들을 아래쪽 화물칸에 적재 가능. GE 또는 P&W 엔진 선택.
747-400 Performance Improvement Package (PIP)	1993년 4월 알려졌고, 1993년 7월 첫 단계 시행. 2,268kg(5,000 lb)의 중량 증가. 두 번째 단계, 1993년 시행, CFRP재질의 길어진 도살 핀, 그리고 형상저항을 줄이기 위해 더욱 단단히 장착된 스포일러. 이런 개선점들은 생산 항공기에 즉시 적용되었고 개량이 가능; 1993년 5월 United Airlines의 임대 747-400에서 PIP 비행 테스트.
747-400ER	6기를 주문한 Qantas 요청에 의해 1997년 12월부터 제안(747-400IGW), 첫 번째 인도 후 2002년 10월에 계획. 화물칸에 1~2개의 여분의 연료탱크 장착. 추가연료탱크 하나로 항속거리 7,500 n miles(13,890km; 8,630 miles); 추가연료탱크 두 개로 7,700 n miles(14,260km; 8,861 miles). 중앙동체, 날개/동체연결부, 플랩 및 랜딩기어 보강.
747-400X QLR	연구가 중단되었지만, 저소음 장거리 버전으로 747-400X라 명명. 747-400 기체에 개량한 조종실(B777스타일), 동체 후미의 위쪽에 승무원/승객 침실, 확장된 기내탑재용 수화물공간을 갖추고 B767-400ER 스타일의 윙팁을 가지고 더 두꺼워진 외측 날개는 더747-400F's 두께 표준 치수 바깥 날개와 winglets 대신에 wingtips B767-400ER-style 경사(스팬 68.66m; 225 ft 3 in), MD-11 형식의 뒷전(1998년 10월 비행 테스트 시작), 강화된 동체 및 랜딩 기어, 추가연료탱크를 위한 화물시스템과 적인 날개 탱크 중심의 동체 탱크 앞쪽에 설치 가능한 변경한 화물 및 연료 시스템. Max ramp 중량 418,665kg(923,000 lb); 최대이륙중량 417,760kg (921,000 lb); 기본운항중량 186,425kg(411,000 lb), 최대유료하중 65,315kg(144,000 lb); 연료하중 248,714 litres(65,705 US gallons; 54,710 Imp gallons), 최대 항속거리 제공과 세 개의 등급에 416 승객을 태우고 7,980 n miles(14,779km; 9,183 miles) 순항 가능; QC2 소음 규정의 준수를 위해 396,900kg(875,000 lb)의 최대이륙중량으로 7,500 n miles(13,890km; 8,630 miles) 순항가능. 524개의 좌석(42개의 일등석 포함). Cruising Mach No는 2002년 말 0.86, QLR는 작은 항공사들의 관심을 끌었고 보잉은 더 긴 항속거리와 더 많은 유료하중을 지닌 신기종을 제안하고 747-800X라고 명명. 첫 엔진은 282kN(63,300 lb st) GE CF6-80C2B9F으로 계획, 신형의 'chevron' 엔진나셀과 중심부와 팬노즐의 톱니모양은 acoustic engine liner와 어울려 바이패스와 코어에서 배풀되는 공기의 혼합, 바이패스와 외부공기의 혼합을 도움. 이 기술로 QLR는 6 dB 더 조용하고(이륙시 20%, 착륙시 40%), QC2 소음기준에 적합하게 됨. 2002년 2월 26일, Singapore, Asian Aerospace에서 발표(이때 'chevron' 설계 발표). 747 Advanced에 의해서 연구 대체.

■ 특 징

- B747기는 흔히 점보제트기라는 애칭으로 불렸으며, 최근 개발된 A380 다음으로 많은 여객을 탑승시킬 수 있는 기종임. 2개의 상층 및 메인 층으로 구성되어 있으며, 보통 3클래스 구성의 400석 (1클래스로 구성시 최대 600석)을 탑승한 채, 8,430마일(13,570㎞)을 운항할 수 있음.
- 1989년 콴타스항공이 런던과 시드니 간 11,185마일(18,000㎞)을 운항하였으며, 이때의 운항시간은 20시간 9분이 소요됨.

- 2004년 5월 기준 전 세계적으로 1,381대가 생산되었으며, 명실상부 보잉의 대표 기종으로 손색이 없는 위용을 자랑함.
- -400 모델은 B747 기종의 마지막 모델로서, 윙 렛 및 새로운 타입의 조종실 글래스를 채용하였으며, 이전까지 탑승하던 항법사(Flight Engin eer)가 필요 없게 된 모델임. 또한 테일 연료탱크, 역 추진장치, 새로운 객실 및 조종실은 -300 모델을 기본으로 구성되었음.

■ 주요 사양

구 분	내 용				비 고
ㅇ기 종	B747-400				B744 / 744
ㅇ제작국 및 제작사	미국 / 보잉				www.boeing.com
ㅇ분 류	장거리용	CAT D	Heavy	Heavy	착륙속도별/ICAO/FAA
ㅇ형식증명일자	1989.01.10				
ㅇ크기(Dimension)	(피트	/	미터)		
-전폭(SPAN)	211.5		64.47		
-전장(LENGTH)	229.2		69.86		
-전고(HEIGHT)	61.7		18.81		
-휠트랙(WHEEL TRACK)	36.1		11.00		
-휠베이스(WHEEL BASE)	84.0		25.60		
ㅇ엔진(Engine)	GE : CF6-80C2B1 PW : PW4056 RR : RB211-524G2				GE : 제너럴 일렉트로닉 PW : 플랫 & 휘트니 RR : 롤스로이스
ㅇ중량(Weight)	(파운드	/	킬로그램)		
-최대램프중량(MRW)	877,000		397,806		승객 400명 기준
-최대이륙중량(MTOW)	875,000		396,899		GE 엔진 장착시
-최대착륙중량(MLW)	630,000		285,767		BASELINE AIRPLANE
-최대영연료중량(MZFW)	542,500		246,078		최대 수치 적용
-운항자중(OEW)	394,088		178,758		
-최대페이로드(MAX PLD)	148,412		67,320		
ㅇ순항속도(Crusing speed)	0.85 (단위 : 마하수)				
ㅇ최대항속거리(Max Range)	7,260 (단위 : 마일)				

■ 항공기 평면도

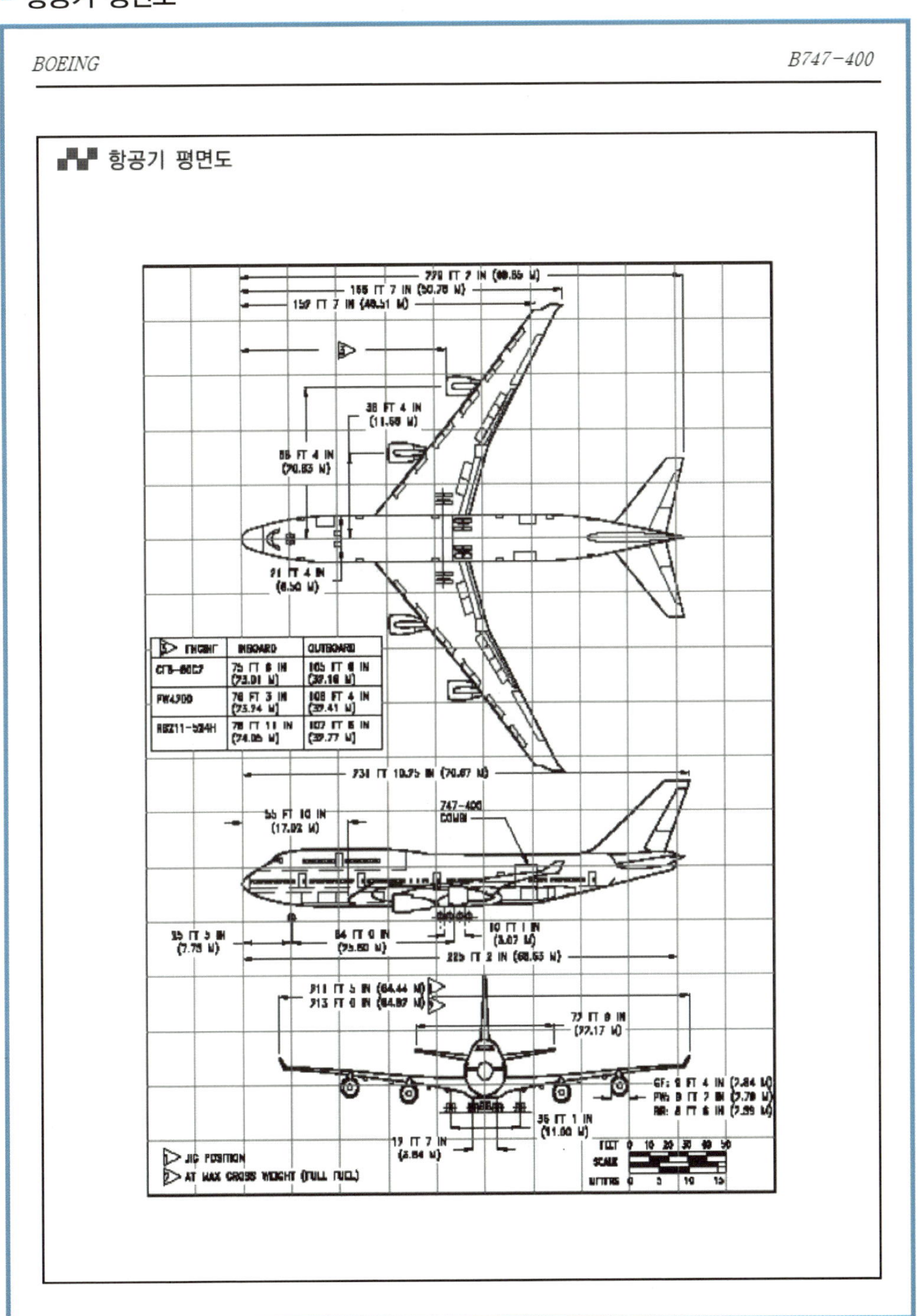
BOEING
B747-400
항공기 평면도
ENGINE
INBOARD
OUTBOARD
747-400
COMBI
JIG POSITION
AT MAX GROSS WEIGHT (FULL FUEL)
SCALE

■ 좌석 배치도

BOEING *B747-400*

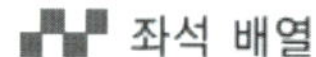
좌석 배열

ㅇ3클래스 배치시

- 378석(퍼스트 21석 / 비지니스 36석 / 이코노믹 322석)

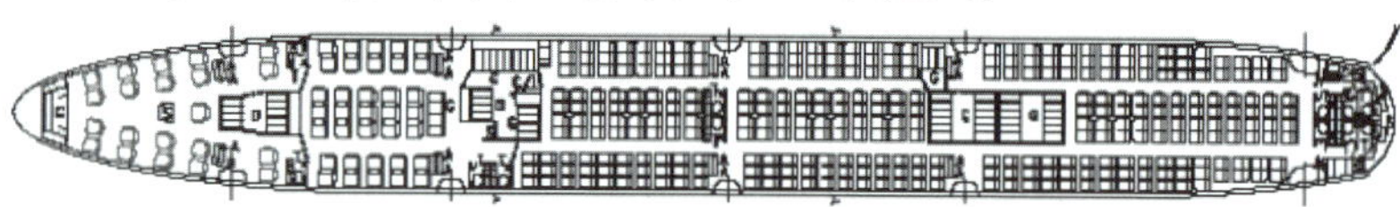

MAIN DECK
* 21 FIRST CLASS SEATS AT 61-IN (1.55-M) PITCH
* 35 BUSINESS CLASS SEATS AT 39-IN (1.00-M) PITCH
* 322 ECONOMY SEATS AT 32-IN (0.81-M) PITCH

- 375석(퍼스트 32석 / 비지니스 34석 / 이코노믹 309석)

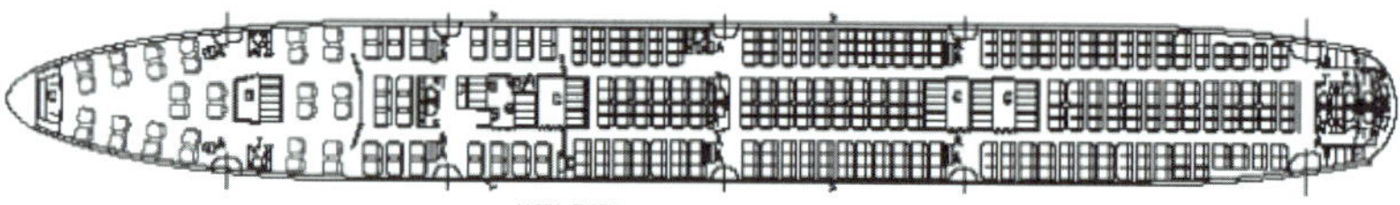

MAIN DECK
* 32 FIRST CLASS SEATS AT 61-IN (1.55-M) PITCH
* 34 BUSINESS CLASS SEATS AT 39-IN (1.00-M) PITCH
* 309 ECONOMY CLASS SEATS AT 32-IN (0.81-M) PITCH

ㅇ상위덱크 구성

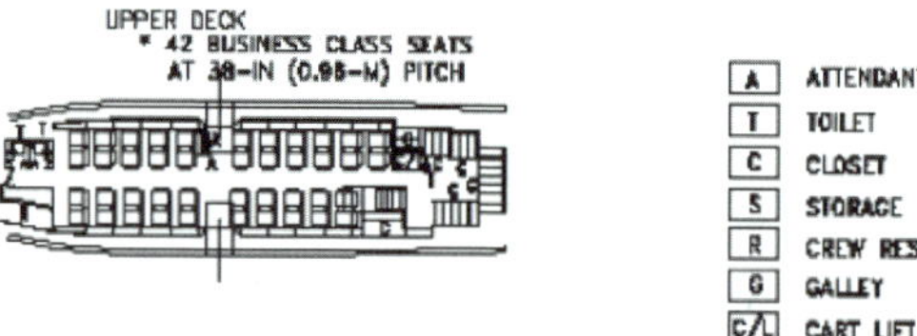

■ B747 COMBI/ B747F

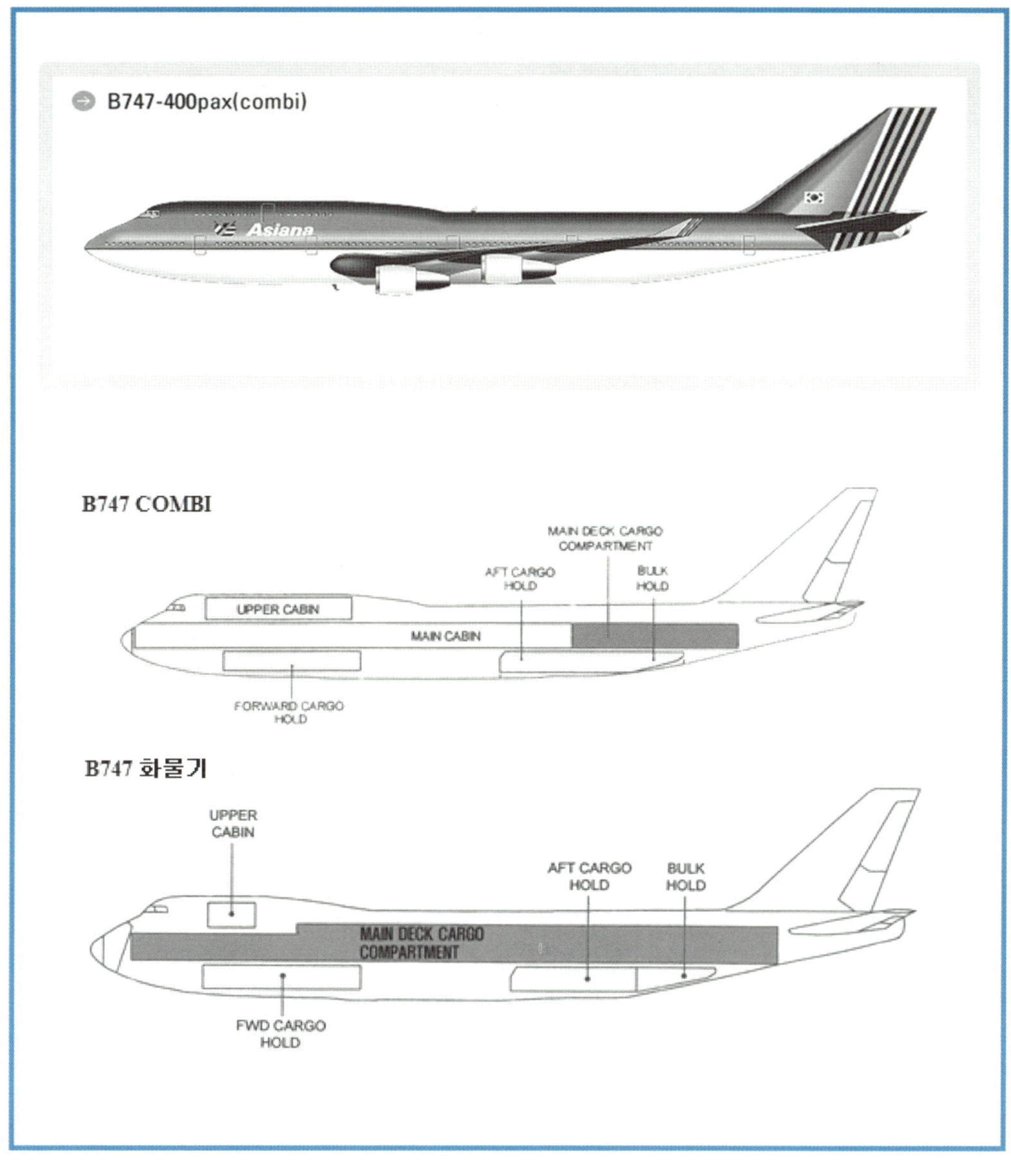

자료: 아시아나항공 화물 직무교육

4) B767-300

Asiana Airlines

All Nippon Airways

- **제작사** : The Boeing Company
- **유 형** : 광폭동체 항공기
- **엔 진** : GE CF6-80C2B2F, PW4052, RR RB211-524G4-T
- **최대탑승인원** : 183~220명(조종사 2명, 승객 181~218명)
- **버 전**
  - 767-200
  - 767-200ER
  - 767-300
  - 767-300ER
  - 767-300ERX
  - 767-300X

767-200	기본적인 모델; 단종; 1994년 2월 24일 마지막 인도. 중거리용(최대이륙중량 136,080kg; 300,000 lb), 낮은 연료소비율; 무거운 버전은 142,880kg(315,000 lb) 1983년 6월 인증.
767-200ER	확장된 항속거리 버전; 1983년 1월 알려짐; 1984년 3월 6일 첫 비행; -200ER을 기본으로 중심부 탱크 사용 및 중량 증가; 1984년 3월 26일 El Al로 첫 인도.
767-300	앞으로 3.07m(10 ft 1 in), 뒤쪽으로 3.35m(11 ft) 길어지고 767-200과 같은 중량인 269인용 버전; 강화된 랜딩 기어와 날개밑과 동체의 일부에 두꺼운 금속판 사용; 767s와 동일한 조종실; 767-200ER와 같은 엔진 장착가능; 1983년 9월 29일 첫 주문(Japan Airlines). 1986년 1월 30일 JT9D-7R4D엔진으로 첫 비행; 1986년 9월 22일 JT9D-7R4D엔진과 CF6-80A2 22엔진 인증. 1986년 9월 25일 첫 인도(Japan Airlines). 1987년 8월 British Airways 11대 주문, 후에 Rolls-Royce RB211-524H 엔진과 총 25개로 증가; 1990년 2월 8일 인도. 단종.
767-300ER	항속거리 연장 및 총중량 증가버전; 1985년 1월 개발 시작; 총 중량 172,365kg (380,000 lb) 선택가능. 1992년부터는 186,880kg(412,000 lb) 가능; 중앙탱크 용량 확장. 엔진은 CF6-80C2, PW4000, RB211-524H 중 선택; 구조적 보강; 1987년 말 인증; 출시 고객 American Airlines(15기), 1988년 2월 19일부터 인도. 2000년 말 새로운 인테리어 소개; Boeing 777에 기초를 둠; 첫 수령 Lauda Air.
767 SF	767-200 여객기를 특별히 화물기로 개조. 2000년부터 출시; 유상하중 39,010kg (86,000 lb); 767-300F과 동일한 화물칸도어; 강화된 바닥, 매인 랜딩 기어 그리고 앞쪽 동체.

767-300ERX	1998년부터 2002년 연구 아래 항속거리 연장. 그러나 생산되지 않음; 수평미익 연료 탱크 7,517 litres(2,000 US gallons; 1,665 Imp gallons)추가로 항속거리 695 n miles(12,400km; 7,705 miles) 연장됨.
767-300X	2002년 초 제안. 항공사에서 노선 길이에 따라서 윙팁을 빠르게 고체 가능하도록 만든 모델.
767-300 General Market Freighter	분리하여 서술
767-400ER	동체가 연장된 버전. 특징으로는 늘어난 최대이륙중량을 위해 강화된 날개와 두꺼운 리브과 날개보 및 표편; Boeing 777을 기본으로 한 진보된 조종실; 앞쪽으로 (3.36m; 11 ft 0$\frac{3}{4}$ in)연장되어 총 동체 길이 6.43m(21 ft 1 in)연장됨. 타원형의 777 형태의 창문; 날개 길이 4.42m(14 ft 6 in)증가 복합재 구조로 큰 후퇴각(9° 50′)을 가진 윙팁. 이륙거리 감소, 상승 비 증가, 향상된 연료 효율; 재설계된 내부; 304명의 승객까지 가능한 배치; 46cm(18 in)길어진 새로운 랜딩 기어. Boeing 777의 브레이크 그리고 127cm(50 in) 사이즈의 타이어. 유압 작동 테일 스키드. CF6-80C2B7F1엔진 또는 CF6-80C2B8엔진 선택가능. PW4000 시리즈 옵션; 767-300ER과 같은 양의 연료 수용으로 300ER이 취항하는 모든 항로 운항가능. 1997년 1월부터 제안되어 1997년 3월 21일 출시 고객 Delta Air Lines에서 21기 주문의사 밝히고 1997년 4월 28일 확정; 1997년 10월 10일 Continental에서 26기 주문. 1999년 2월 9일 첫 항공기의 조립이 Everett에서 시작; 1999년 8월 26일 출시; 1999년 10월 9일 첫 비행(N76400 No.1), 4기의 항공기가 시험 프로그램에 참가하여 비행 1,150시간, 지상테스트 1,200시간 기록; 시제기는 주로 기본 조작의 테스트 및 인증에 초점을 맞추고 N76401는 항공역학 및 항공전자계기의 증명에 중점을 둠. 내장재를 모두 갖춘 N87402는 시스템 개발 및 인증에 사용; N47403(2000년 6월 첫 비행)는 승객편의 및 관련항목의 승인을 목적. 2000년 7-8월에 세계 투어(N76400 No.2) 2000년 8월 11일 출시고객 Delta Air Lines에 재생산된 (N76401/N66051)을 포함한 첫 인도(N828MH); 또한 2000년 8월 30일, Delta에게 Rockwell Collins Large Format Display System과 여섯 개의 203×203mm(8×8 in) LCD가 장착하고 767-400ER 첫 인도.

■ 특 징

- 보잉 767-300기는 보잉사가 1982년 1월 보잉 767-200기의 동체연장형 개발로 탄생한 모델이다.
- 화물전용기인 보잉 767-300F는 1995년 10월 형식 증명을 취득 후, 1995년 10월부터 유나이트 파셀 서비스(UPS: United Parcel Service)가 운영함.

5) B737-900

Boeing

Royal Dutch Airlines (KLM)

- **제작사** : The Boeing Company
- **유 형** : Twin jet airliner
- **엔 진** : 2×General Electric CFM56-7B/-7B27
- **최대탑승인원** : 179~217명(조종사 2명, 승객 177~215명)
- **버 전**
  - B737-900
  - B737-900ER

737-900	과거 737-900X로써 Alaska Airlines에서 10대 주문, 10대 옵션과 함께 1997년 11월 10일 출시되었다. 현재까지 737 파생기종 중 가장 큰 기체이며 -800과 비교해 전방으로 평균 1.57m (5 ft 2 in), 후방으로 1.07m (3 ft 6 in) 길어지고, 동체가 강화되었다. 2개 클래스로 총 117명의 승객을 위한 좌석이 배치된다. 2001년 초부터 인도되었으며, 1대의 인증용 시제기(N737X)가 2000년 7월 23일 출시되고, 2000년 8월 3일 첫 비행을 실시하였다. 지상 테스트 156시간, 그리고 296회 649시간의 비행테스트 프로그램 후에야 2001년 4월 17일 FAA 인증을 취득했다. 2001년 5월 16일에 Alaska Airlines에 첫 인도를 하였고 5월 27일 취항을 시작했다.
737-900ER	더 많은 승객을 수용하고 더 많은 거리를 갈 수 있는 항공기에 관한 연구에서 2001년 737-900X가 지정되고 2002년 유럽시장에서 Airbus A321의 경쟁모델로 삼았다. 인도네시아의 Lion Air에 2007년에 인도를 조건으로 30대의 구매계약을 하고, 2005년 7월 18일 출시되었다. 첫 모델이 2006년 5월에 최종조립에 들어갔고 2006년 8월 8일 공식 출시하였다. 첫 비행(N900ER, 차후에 PK-LAG로 개명)은 2006년 9월 1일에 이루어졌다. 강화된 랜딩기어와 2개의 스키드(tailskid), 두꺼운 주익표피, 평편한 후면 여압벌크헤드와 Type Ⅱ의 비상탈출구를 추가하여 최대 215명(2개의 좌석등급 배치시 180명)까지 수용할 수 있도록 승인을 받았다. 최대이륙중량 85,185kg(187,800 lb)로 증가; 기본중량 67,812kg(149,500 lb); 최대착륙중량 71,395kg(157,400 lb); 180명의 승객과 2개의 보조연료탱크 28,665 리터(7,837 미국 갤런; 6,526 영국 갤런)를 포함하여 항속거리 3,200 n miles(5,926km; 3,682 miles)가 가능하다. 121kN(27,300 lb st) CFM56-7B27/B1F 엔진이 장착되고 옵션으로 윙릿 장착이 가능하다.

구분	737-900	737-900ER
탑승가능 승객 (명)	177	180~215
날개길이 (ft)	117.5	117.5
날개면적 (ft^2)	1,341	1,341
최대 길이 (ft)	138.2	138.2
최대 높이 (ft)	41.2	41.2
공운영중량 (lb)	94,740	94,740
총 중량 (lb)	174,200	187,700
최대착륙중량 (lb)	146,300	146,300
화물수용량 (lb)	10,160	10,160
최대속도	M 0.82	M 0.82
최적순항속도	M 0.79	M 0.78

■ 특 징

- 중단거리용의 쌍발엔진을 장착한 B737기는 1967년부터 현재까지 모델을 선보이며, 꾸준한 인기를 끌고 있는 기종임. (최대 판매된 시리즈로서, 2005년 4월 기준으로 4,830대가 생산되었으며, 차세대 항공기의 지속적인 생산 및 판매로 인한 본 기록은 계속 갱신될 것임)
- 해 기종은 보잉의 높은 항공기 제작기술과 경제성을 접목시켜 성공한 대표적인 사례로서, 전문가들 사이에서는 향후 10년간 B737 항공기 시장은 유지될 것으로 예상하고 있음.
- 2001년 -900 모델이 소개되면서 B737 시리즈의 명성은 계속 이어지고 있으며, 이전 모델보다 더 길어진 항속거리와 탑승용량에서는 B707기를 능가함.
- 이러한 이유로 당시의 B757-200와 비슷한 시장을 중복투자를 피하기 위하여 보잉은 2004년에 B757 라인을 중단시켰음.
- 2005년 4월 기준으로 총 주문량 55대 중 46대가 판매되었으며, 9대가 제작 중에 있음.

■ 주요 사양

구 분	내 용		비 고
ㅇ기 종	B737-900		B739 / 739
ㅇ제작국 및 제작사	미국 / 보잉		www.boeing.com
ㅇ분 류	중단거리용 CAT C Medium Large		착륙속도별/ICAO/FAA
ㅇ형식증명일자	2001.04.17		
ㅇ크기(Dimension)	(피트	/ 미터)	
-전폭(SPAN)	112.7	34.35	
-전장(LENGTH)	138.2	42.12	
-전고(HEIGHT)	41.2	12.56	
-휠트랙(WHEEL TRACK)	18.9	5.76	
-휠베이스(WHEEL BASE)	56.4	17.19	
ㅇ엔진(Engine)	GE : CFM56-7B24 / -7B26 / -7B27 -7B-27B1		GE : 제너럴 일렉트로닉
ㅇ중량(Weight)	(파운드	/ 킬로그램)	
-최대램프중량(MRW)	174,700	79,244	승객 177석 기준
-최대이륙중량(MTOW)	174,200	79,017	
-최대착륙중량(MLW)	146,300	66,362	
-최대영연료중량(MZFW)	140,300	63,640	
-운항자중(OEW)	94,580	42,901	
-최대페이로드(MAX PLD)	45,720	20,739	
ㅇ순항속도(Crusing speed)	0.78 (단위 : 마하수)		
ㅇ최대항속거리(Max Range)	2,726 (단위 : 마일)		

제3절 우리나라 항공기 등록현황[11)]

1. 항공기 등록현황

1) 사업용도별 항공기 등록 현황

사업용도별로 보면 운송용 항공기(28대), 교육·훈련용 항공기(27대)가 크게 증가하였으며, 전체 신규등록은 87대, 말소등록 18대로 나타났습니다.

〈표 3-7〉 사업별 항공기 등록현황

(2015.12.31일 기준)

사업구분	'14년 말(비율)	'15년 말(비율)	증감대수
국내 · 국제항공운송	299대(45.6%)	327대(45.2%)	+28
소형항공운송	23대 (3.5%)	30대 (4.1%)	+7
항공기사용사업	158대(24.2%)	165대(22.8%)	+7
비사업용(학교, 국가기관)	175대(26.7%)	202대(27.9%)	+27
소 계	655대(100%)	724대(100%)	+69

2) 국적 항공기 등록 현황

국토교통부는 우리나라에 등록된 항공기가 724대로 사상 처음으로 "700대"를 돌파하여 최근 5년간 가장 높은 증가율(10.5%)을 기록하였으며, 2019년에는 1,000대에 이를 것으로 전망된다고 밝혔습니다.

- (운송용 항공기 증가현황) '05년(174대) → '10년(224대) → '15년(327대)

11) 이 내용은 국토교통부 항공기술과 보도자료(2016.1.26)의 일부를 재정리한 것임.

〈표 3-8〉 항공기 전체등록 현황

('15.12.31.현재)

항공기 구분		소유자	비행기	회전익	비행선	활공기	계
운송용	국내·국제	대한항공	159				159
		아시아나항공	84				84
		제주항공	22				22
		진에어	19				19
		에어부산	16				16
		이스타항공	13				13
		티웨이항공	12				12
		에어인천	2				2
		소계	327				327
	소형	코리아익스프레스	1	1			2
		대한항공	2	6			8
		써니항공	2				2
		한화테크윈		6			6
		유스카이항공	1				1
		헬리코리아		5			5
		블루에어		1			1
		스타항공우주	2	2			4
		온유에어	1				1
		소계	9	21			30
	운송용 소계		336	21			357
사용사업		홍익항공 등 54개사	91	74			165
비사업용		교육기관(8)	91	3		2	96
		보도기관(2)		2			2
		정부기관(국토교통부)	2				2
		국가기관(소방/산림)		73			73
		기타(포스코 등 19개사)	18	10		1	29
		소계	111	88		3	202
총계			538	183		3	724

자료: 국토부 항공기술과

■ 국적항공사 운송용 항공기 등록 현황

〈표 3-9〉 국적항공사 항공기 등록대수 및 기령 현황

('15.5.13.현재)

항공사	용도	기종	10년 미만	20년 이하	20년 초과	대수	평균기령
대한항공	여객기	B737-800	14	3	0	17	5.84
		B737-900	1	15	0	16	12.04
		B737-900ER	6	0	0	6	2.99
		B777-200	7	10	0	17	11.66
		B777-300	0	4	0	4	16.41
		B777-300ER	13	0	0	13	3.95
		B747-400	0	10	4	14	18.67
		A330-200	5	3	0	8	8.79
		A330-300	4	15	0	19	12.18
		A380-800	10	0	0	10	3.18
		소 계	60	60	4	124	9.89
	화물기	B747-400F	3	14	0	17	12.67
		B747-8F	5	0	0	5	2.17
		B777F	5	0	0	5	2.03
		소 계	13	14	0	27	8.76
	합 계		73	74	4	151	9.68
아시아나항공	여객기	B777-200	7	5	0	12	8.91
		B747-400	0	3	1	4	18.67
		B767-300	0	6	1	7	18.73
		A321-100	0	2	0	2	14.28
		A321-200	16	7	0	23	5.84
		A320-200	7	1	0	8	7.75
		A330-300	13	2	0	15	5.76
		A380-800	3	0	0	3	0.43
		소 계	46	26	2	74	8.47
	화물기	B747-400F	0	4	6	10	19.40
		B767-300F	0	1	0	1	18.79
		소 계	0	5	6	11	19.35
	합 계		46	31	8	85	9.88
제주항공	여객기	B737-800	6	13	0	19	11.33
진에어	여객기	B737-800	0	12	0	12	14.68
		B777-200	1	0	0	1	8.78
	합 계		1	12	0	13	14.22
에어부산	여객기	B737-400	0	4	0	4	18.45
		B737-500	0	1	0	1	19.95
		A320-200	3	0	0	3	8.80
		A321-200	0	6	0	6	13.06
	합 계		3	11	0	14	14.18
이스타항공	여객기	B737-700	0	3	0	3	12.28
		B737-800	0	7	0	7	14.71
	합 계		0	10	0	10	13.98

티웨이 항공	여객기	B737-800	5	5	0	10	9.67
에어인천	화물기	B737-400F	0	0	2	2	23.52
여객기		합 계	121	137	6	264	10.18
화물기		합 계	13	19	8	40	12.41
총 계			134	156	14	304	10.47

자료: 국토부 항공기술과

3) 최근 10년간 항공기 등록 현황

〈표 3-10〉 최근 10년간 등록 추이

('15.12.31.현재)

연 도	'06	'07	'08	'09	'10	'11	'12	'13	'14	'15
대수	325	419	449	477	511	550	590	623	655	724
증감	30	94	30	28	34	39	40	33	32	69
증가율(%)	10.16	28.92	6.68	6.26	7.13	7.63	7.27	5.6	5.1	10.5

자료: 국토부 항공기술과

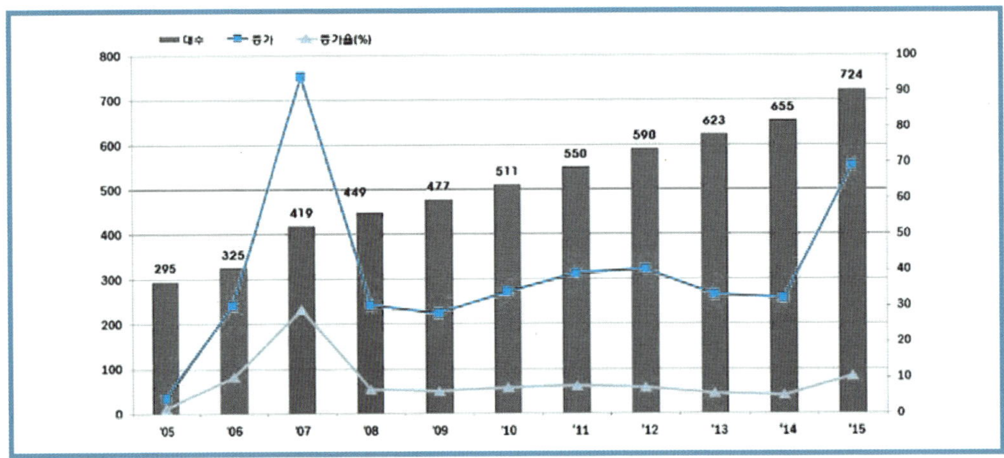

자료: 국토부 항공기술과

4) 운송용 항공기 등록 추이

〈표 3-11〉 운송용 항공기 등록 추이

('15.12.31.현재)

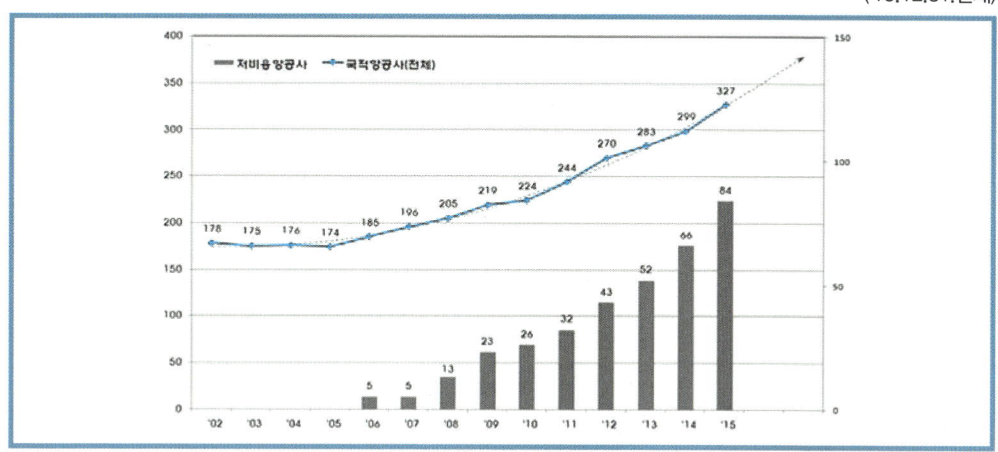

자료: 국토부 항공기술과

5) 최초 등록이후 연도별 등록 추이

〈표 3-12〉 최초 등록이후 연도별 등록 추이

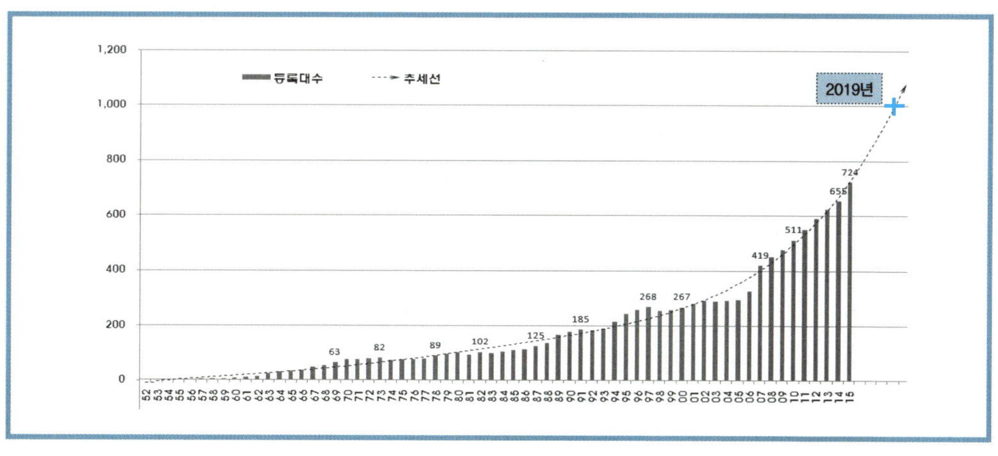

자료: 국토부 항공기술과

* 항공기 등록대수 증가추이는 예상수치이며, 국내·외 여건에 따라 달라질 수 있음.

2. 항공사별 기령 현황

지난해 말 국내 운송용 항공기의 기령은 10.36년, 저비용항공사의 평균기령은 12.36년으로 나타났습니다.

〈표 3-13〉 항공사별 기령현황

(2015.12.31일 기준)

항공사	대한항공	아시아나	제주항공	진에어	에어부산	이스타	티웨이	에어인천 (화물)	합계
보유(대)	159	84	22	19	16	13	12	2	327
기령(년)	9.43	10.11	11.04	11.35	14.49	13.93	9.91	24.16	10.36

자료: 국토부 항공기술과

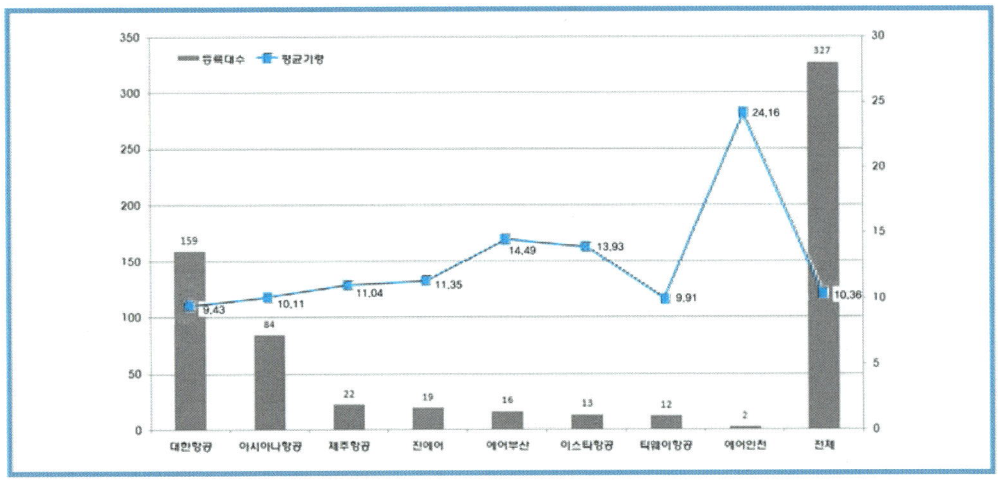

* (에어인천) 화물기만 운용

■ 운송용 항공기 기령변동 현황

〈표 3-14〉 운송용 항공기 기령변동 현황(2006-2015년)

(2015.3월말 기준)

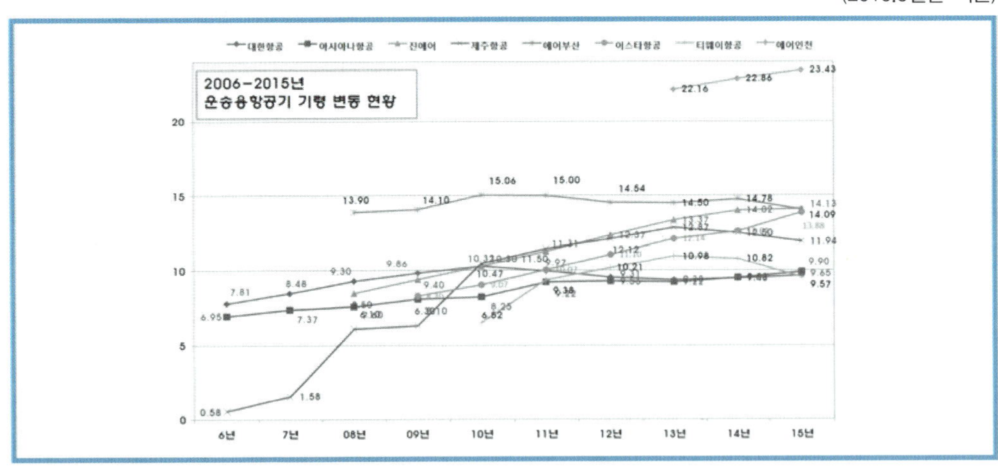

자료: 국토부 항공기술과

■ '14년 여객운송량 5대 항공사 기령

델타항공(Delta) 17.1년, 사우스웨스트항공(Southwest Airlines) 12.2년, 중국남방항공(China Southern Airlines) 6.8년, 유나이티드항공(United Airlines) 13.6년, 아메리카항공(American Airlines) 11.2년

3. 국적항공사 노후 항공기 현황

■ 협약 체결 전후('14~'15)를 비교하면 저비용항공사의 평균기령은 0.89년 감소('14년末 13.25년, '15년末 12.36년) 하였습니다.

■ 국토부는 기령을 낮추기 위해 항공사(8개)와 자발적 이행협약을 체결('15.5)하여 노후 항공기의 조기 송출* 및 신규 항공기 도입 유도 등을 추진할 계획이라고 밝혔습니다.

* (기령 20년 초과) A300-600·B747-400 등

■ 항공사별 노후항공기 운영현황(17대)

〈표 3-15〉 여객기 현황(8대)

(2015.12.31일 기준)

항공사	등록기호	형식	제작번호	제작일자	등록일자	기령	비고
대한항공	HL7495	B747-400	28096	95.12.17	95.12.28	20.05	
대한항공	HL7494	B747-400	27662	95.07.15	95.08.10	20.48	
대한항공	HL7492	B747-400	26397	95.02.02	95.02.23	20.92	
대한항공	HL7490	B747-400	27177	94.01.23	94.02.17	21.95	
아시아나	HL7418	B747-400	25780	94.06.23	94.09.22	21.54	
아시아나	HL7248	B767-300	25758	95.06.07	95.07.12	20.58	
아시아나	HL7247	B767-300	25757	93.11.02	94.01.31	22.18	
에어부산	HL7250	B737-500	25769	95.06.07	95.07.13	20.58	

자료: 국토부 항공기술과

〈표 3-16〉 화물기 현황(9대)

(2015.12.31일 기준)

항공사	등록기호	형식	제작번호	제작일자	등록일자	기령	비고
아시아나	HL7420	B747-400F	25783	95.06.14	95.06.27	20.56	
아시아나	HL7419	B747-400F	25781	94.10.13	94.11.04	21.23	
아시아나	HL7417	B747-400F	25779	93.11.18	93.12.03	22.13	
아시아나	HL7415	B747-400F	25777	92.10.30	92.12.03	23.18	
아시아나	HL7618	B747-400F	26343	92.05.01	12.08.20	23.68	
아시아나	HL7414	B747-400F	25452	91.12.05	92.01.07	24.09	
아시아나	HL7413	B747-400F	25405	91.09.27	91.11.01	24.28	
에어인천	HL8291	B737-400F	25190	92.04.07	13.11.18	23.75	
에어인천	HL8271	B737-400F	24912	91.06.14	13.02.08	24.56	

자료: 국토부 항공기술과

■ 국토교통부는 항공기 등록 대수가 지속적으로 증가함에 따라 항공기에 대한 안전관리를 더욱 강화하고, 아울러 평균 기령을 낮추기 위한 노력도 병행해 나갈 것이라고 밝혔습니다.

제4장

탑재용기와 공항의 이해

제4장
탑재용기(ULD)와 공항의 이해

제1절 ULD(UNIT LOAD DEVICES) 소개

1. ULD(Unit Load Device)

1) ULD의 정의

ULD(Unit Load Device)란 항공화물(우편물 포함) 및 수하물의 단위운송을 위하여 항공기에 장착 및 탈, 부착 가능하도록 제작된 탑재용기와 당해 부속물을 말한다.

- WIDE BODIED AIRCRAFT: A300, A310, A330, A380, B747, B767, B777, MD-11, DC-10

2) ULD의 의미

- 항공화물, 수하물 및 MAIL등의 단위운송을 위한 탑재용기를 말한다.
- 소모품이 아닌 회사의 자산으로 판매활동의 지원수단
- 항공기의 부품
- 항공사의 얼굴

〈그림 4-1〉 ULD Identification

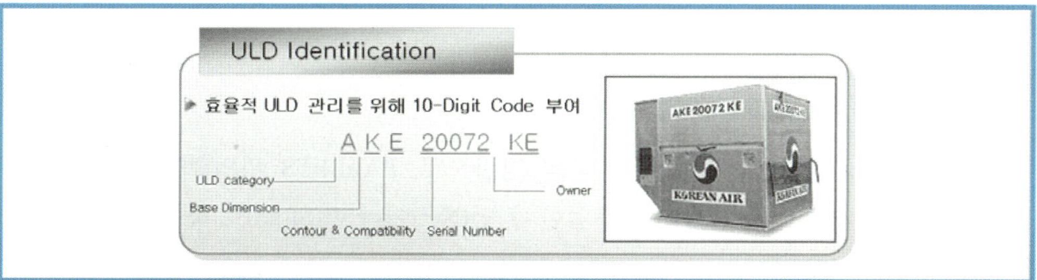

자료: 대한항공 화물 직무교육

3) ULD 사용에 대한 장·단점

(1) 장점

① 화물의 보호(날씨, 도난 및 파손)
② 신속한 화물 작업 및 취급
③ 조업인원 및 시간 등 제반 조업경비 절감
④ 조업시간 단축에 따른 가동률 제고
⑤ 냉동컨테이너 등 특수 컨테이너를 사용하여 냉동화물, 냉장화물, 생동물, 공급의류 등 특수화물 운송가능

(2) 단점

① 고가의 투자비용
② 사용 후의 회수 문제
③ 항공기에 미치는 자체 중량
④ 다양한 모델(TYPE과 표준화 결여)
⑤ 이동에 따른 보관의 광역성

〈표 4-1〉 Container and Pallet 사용시 장점 비교

CONTAINER	PALLET
• 날씨로부터 화물 보호 • 파손 및 도난 방지 • 의류 및 보냉, 부패성 특수 화물 수송 • 손쉬운 조업에 따른 소수 인원 소요	• 자체 중량이 낮아 항공기에 미치는 부담이 적음 • 투자 및 수리비용이 저렴 • 보관, 관리가 용이 • 대형 및 중량화물 수송 가능

4) ULD 적재량 제한

ULD는 제품 구조상 적재량의 제한이 있으며, 어떠한 경우에도 지정된 적재량을 초과하여 화물 및 수하물을 적재하지 못한다.

2. ULD의 구분

1) PALLETS

알루미늄 합금의 두께 1.1인치 이하의 평판으로, PALLETS 위의 화물을 특정 항공기의 내부모양과 일치하도록 적재 작업한 후 망(Net)이나 띠(Strap)로 묶을 수 있도록 고안된 장비이다.

〈그림 4-2〉 PALLETS 구분

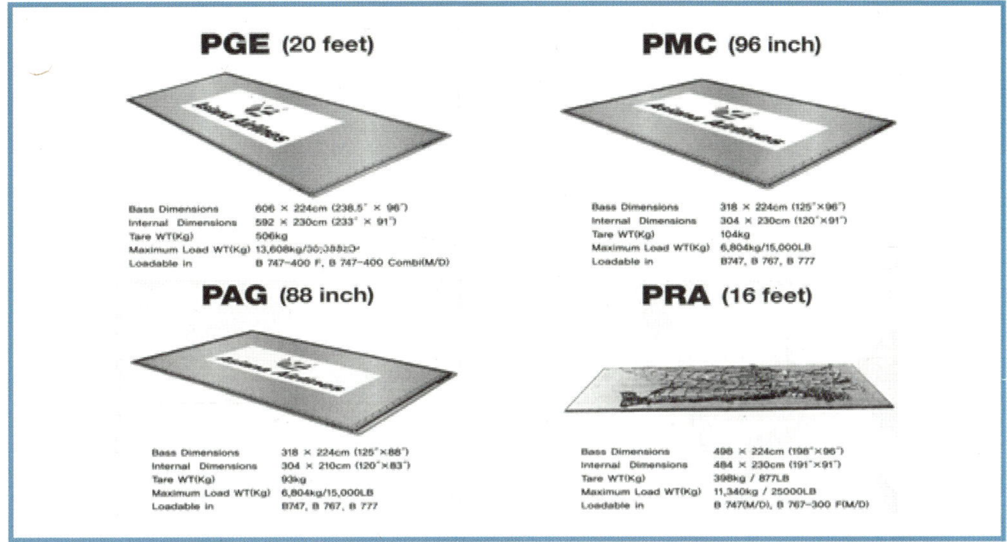

자료: Asiana airlines 직무 교육

2) CONTAINERS

항공기내의 화물실에 적재 및 고정이 가능하도록 제작된 용기로서, 재질은 탑재된 화물의 하중을 견딜 수 있는 강도로 제작되어야 하며, 항공기 기체에 손상을 주지 않아야 한다.

〈그림 4-3〉 CONTAINERS 구분

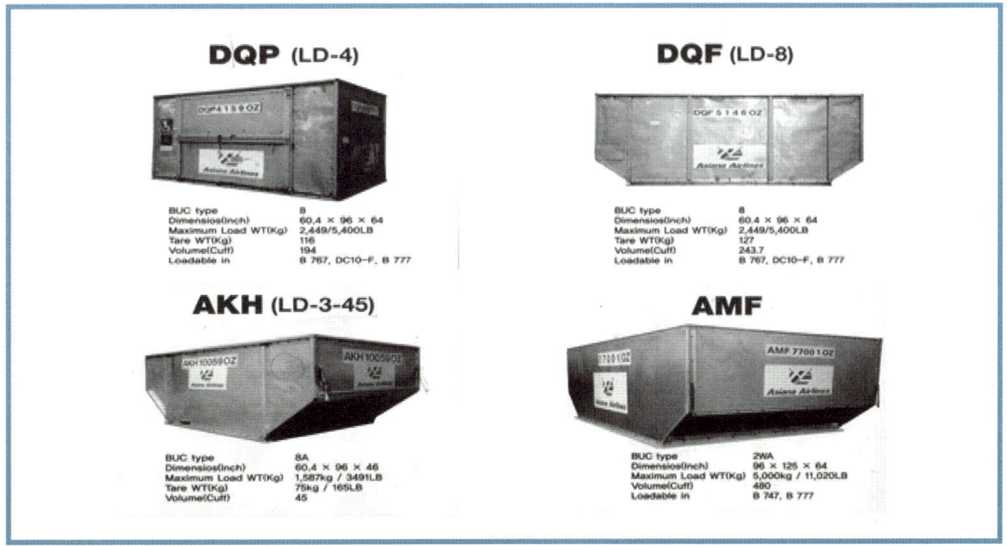

ULD Type (IATA Code)	Max Capacity (Tare Weight)	Dimention (Inch)	Utility
LD3 Garment Container (AKE)	1,588 kg (105 kg)	60.4 x 61.5 x 64	General Cargo Garment
LD3 Refrigerated Container (RKE)	1,588 kg (270 kg)	60.4 x 61.5 x 64	Perishable CGO Freeze Cargo
LD3 Refrigerated Container (RKN)	1,588 kg (260 kg)	60.4 x 61.5 x 64	Perishable CGO Freeze Cargo- Equipped with Automated Temperature System
GM1 Container (AMA)	6,804 kg (465 kg)	96 x 125 x 96	General CGO Garment
MD11F M1 Container (AMJ)	6,804 kg (475 kg)	96 x 125 x 96	General CGO Garment
Horse Stall (HMA)	6,804 kg (875 kg)	96 x 125 x 94.5	Horses
LD6 Container (ALF)	3,175 kg (175 kg)	60.4 x 125 x 64	General Cargo
LD9 Container (AAP)	6,033 kg (270 kg)	88 x 125 x 64	General Cargo
LD9 Refrigerated Container (RAP)	6,033 kg (527 kg)	88 x 125 x 64	Perishable CGO Freeze Cargo

자료: Korean air, Asiana airlines 직무 교육

3) IGLOOS(OAL)

비행기의 동체 모양에 따라 만들어진, 항공화물을 넣는 특수한 덮개로서 팔레트와 함께 사용되어 공간을 최대한 활용하도록 고안되었다.

이글루를 이용하여 작업을 하면, 화물의 출입구를 제외하고 미리 네트를 쳐 놓았기 때문에 적재후의 완성된 윤곽에 대하여 신경쓸 필요가 없고 작업도 대폭 개선된다.

밑바닥이 없는 형태로 알루미늄과 Fiberglass 재질의 특수한 덮개로써 팔레트와 함께 사용하며 팔레트와 동일하게 88*108, 88*125인치 등 2가지 종류가 있다.

4) 특수 ULD(RKN, RAP, HMJ)

5) T/D Equipment - Net, Strap, Ring

〈그림 4-4〉 IGLOO, NET와 RING

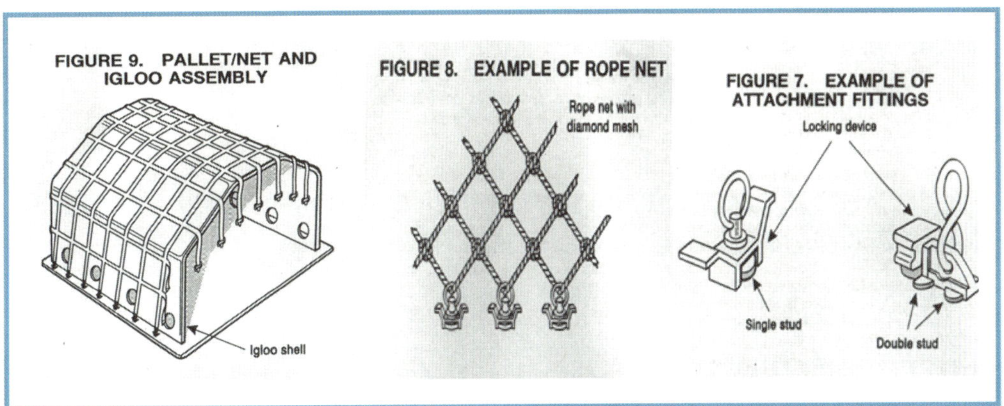

자료: 아시아나항공 화물 직무교육

〈그림 4-5〉 KOOLTAINER

KOOLTAINER

■ 서비스 대상 화물

- ❖ 고부가가치의 신약품 및 의료 관련 물품
- ❖ 인체 혈액이나 신체 장기 수송
- ❖ 온도 변화에 민감한 식료품
- ❖ 정밀한 온도 조절이 필요한 제조 장비

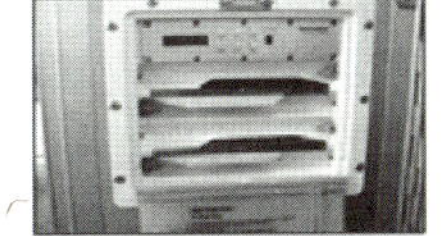

〈참조: 온도조절장치〉
- DRY ICE 장착
- 1.5V battery 16개 장착

■ 컨테이너 성능

- ❖ 영하 20°에서 부터 영상 20° 범위 내에서 원하는 온도조절가능
- ❖ 일회 SETTING시 최장 48시간까지 유지되며, BATTERY 및 DRY ICE를 보충하면 장시간 똑같은 온도로 목적지까지 수송가능

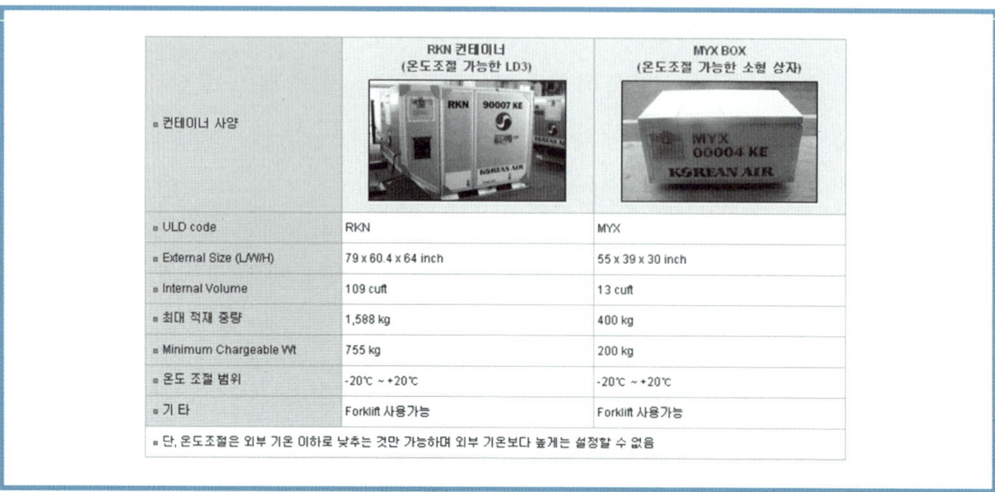

▫ 컨테이너 사양	RKN 컨테이너 (온도조절 가능한 LD3)	MYX BOX (온도조절 가능한 소형 상자)
▫ ULD code	RKN	MYX
▫ External Size (L/W/H)	79 x 60.4 x 64 inch	55 x 39 x 30 inch
▫ Internal Volume	109 cuft	13 cuft
▫ 최대 적재 중량	1,588 kg	400 kg
▫ Minimum Chargeable Wt	755 kg	200 kg
▫ 온도 조절 범위	-20℃ ~ +20℃	-20℃ ~ +20℃
▫ 기 타	Forklift 사용가능	Forklift 사용가능
▫ 단, 온도조절은 외부 기온 이하로 낮추는 것만 가능하며 외부 기온보다 높게는 설정할 수 없음		

자료: 한국공항

3. ULD의 DMG

1) PLT(Pallet)

Panel부위의 패임(gouge), 눌림(depressions), 표면 들뜸(delaminated), 움푹 들어감(dented) 및 균열(cracked)이 발생된 Edge rails (모서리나 rivet 유실포함) 점검.

(1) Edge Rails

균영, 모서리 유실(missing corners), Net 부착부위 유실/ 파손시 사용 불가.

(2) Curve Extent

① Empty Pallet: 평평한 지면 위에 있는 empty pallet는 edge rail bottom corner의 높이가 마주보는 corner 두 지점의 높이 평균이 51mm(2 inch) 범위를 초과할 수 없음.

② Build up Pallet: Edge Rail의 굽어진 표면높이와 Pallet표면과의 차이가 32mm (1.25 inch) 이내.

③ 이외 Restraint나 Handling Provision에 유실, 파손, 노후 된 부분이 없을 것.

2) CNTR(Container)

(1) Base

Pallet의 경우와 동일조건 적용한다.

(2) Body

① Wall Panel은 직경 25mm(1 inch) 이상의 펑크가 없을 것
② 다른 파손 부위로부터 305mm(12 inch) 이내 펑크가 없을 것
③ 1.5m(5ft) 연장선상 안에 2곳 이상의 Damage가 없을 것
④ Roof Panel은 펑크나 찌그러짐(distortion)이 없을 것
⑤ Structural Framework는 균열이나 영구적인 찌그러짐이 없고, 느슨함이나 유실된 Rivet, Screw, 기타 부속장비가 없을 것.

(3) Doors

① Door Panel의 찌그러짐이 Door의 닫힘과 Latching에 영향을 주지 않고 Latching이 정상적인 형태일 것.
② 기타 조건은 Container Body Condition과 동일하게 적용.

3) NET

- NET의 올풀림이 보이는 경우 사용불가.
- 파손, 잘린 부분이나 혹은 부분적으로 해체된 Strap이나 Rope가 없을 때.
- 파손, 변형 혹은 압착되어 제 기능을 못하는 경우나 Strap/Rope, Adjusting Hardware, Buckle, Fitting 등이 유실된 경우가 없을 것.
- Net의 Diamond 그물망이 제 형태를 유지할 것.

〈표 4-2〉 ULD DIMENSION

(단위: cm / kg)

Pallets	CMS	내부면	IN	내부면	자체중량	MAX W/T
PMC	318×244	304×230	125×96	120×91	104	6804
PAG	318×224	304×210	125×88	120×83	93	6804
PRA	498×244	484×230	196×96	191×91	398	11340
PZA	498×244		196×96			11340
PGA	606×244	512×230	238,5×96	233×91	506	25000
PGF	606×244		238,5×96			25000
PYB	139×244		55×96			
PLA	318×154		125×60			
	CONTAINERS					
AAP	318×244×162		125×88×64		208	6033
AMP	318×244×162		125×96×64		238	6033
AKE	157×154×162		61×60×64		91	1587
AMD	318×244×300		125×96×118			
AMA	318×244×244		125×96×96		494	6804

DQF	153×244×162		60.4×96×64		127	2449
DQP	153×244×162		60.4×96×64		116	2449
AKH	153×244×117		60.4×96×46		75	1587
ALF	153×386×162		60.4×152×64		175	3175
AKC	153×234×162		60.4×92×64		109	1588
RKN	153×156×162		60.4×61.5×64		250	1587
RAP	224×318×162		88×125×64		431	6033
TRIPLE HORSE STALLS						
HMA	318×244×242		125×96×95			
HMC	318×244×239		125×96×94			

제2절 공항의 이해

1. 공항의 발달[12)]

항공기의 출현은 우리들 생활에 지대한 영향을 미치면서 환경의 변화와 시간적, 공간적 개념을 보다 확실하게 현실화시켰다. 대륙과 대륙의 연결은 오직 범선에 의해서만 생각했던 고정관념을 지리적 장애물을 극복하는 공간적 개념과 효율성을 고려하는 시간적 개념으로 변화시킨 것이다.

이러한 항공기 발달과 함께 공항이 발전하기 시작하였다.

과거 비행선으로 여객을 운송하거나 목재 비행기로 우편물을 나르던 시대에 있어서 공항의 중요성은 그리 크지 않았다. 당시에는 단지 넓은 공간과 이착륙을 위한 평평한 바닥이 필요할 뿐이었고 상업화시대 이전까지 항공기 이착륙에 필요한 최소한의 안전시설을 갖춘 비행장만이 존재할 뿐이었다. 하지만 상업비행이 시작되면서 항공운송에 수반되는 시설을 갖춘 공공의 비행장으로써의 공항이 발달하기 시작하였다.

1차 대전이 끝날 무렵 유럽에서는 중소 규모의 항공사들이 20여개나 설립되었고, 미주지역 역시 내셔널항공 등 10여개의 항공사가 설립되어 있었지만 이들이 본격적인 상업화에 뛰어든 것은 아니었다.

미국의 경우에는 제1차 세계대전이 끝나고 난 1918년 뉴욕-워싱턴간 부정기 우편물운송 비행으로 시작되었는데 1920년에 이르러 점차 정기적인 우편운송으로 변모하게 되었다. 그리고 1925년에 LA와 샌디에고를 연결하는 여객노선이 개설되면서 본격

12) 이 내용은 http://airportal.go.kr 의 일부를 재정리한 것임.

적인 상업비행이 시작되었다.

이 시기에 공항은 이륙과 착륙에 필요한 활주로와 격납고, 그리고 사무실이 전부일 정도로 기본적인 시설만을 갖추고 있을 뿐이었다.

당시에는 여객수요가 많지 않았기 때문에 더더욱 그 형태는 기본적일 수밖에 없었다.

예를 들어 1911년에 개항한 샌프란시스코 공항은 전원식 활주로와 주차장, 목조로 된 사무실과 식당만을 갖추고 있었고 비행장의 경계는 목재로 된 말뚝이 경계선을 나타내고 있었다. 여객청사 역시 점심 식사용 식당과 비행장 사무실이 함께 사용되는 목조로 된 건물이었으며, 비행장 스탭진은 15명 뿐이었다.

오늘날 세계에서 가장 친절하고 시설이 잘되어 있다고 하여 매년 Good Airport로 선정되는 암스텔담 스키폴공항도 1920년대에는 전원식 목가적 공항이었고 제1차 세계대전 종전 후 KLM 항공사가 스키폴과 함부르크 구간을 운항하였을 때에도 목조로 된 식당과 호텔 등의 건물과 격납고가 있었을 뿐이었다. 영국의 게트위크 공항 역시 여객청사로 사용하기 위한 2층 목조건물과 기초적인 부대시설이 전부였고 1936년에 이르러서야 오늘날 탑승교와 같은 형태의 로딩브릿지를 최초로 사용하게 되었다.

이와 같이 초기의 공항은 시대적인 여건과 항공여행에 대한 관심저조 등으로 착륙과 이륙에 필요한 필수적인 공항시설만이 필요할 뿐이었다.

그러나 항공기의 발달로 항공운송능력이 증가하면서 공항의 시설이 근대화되기 시작하였다.

우리나라의 경우는 1916년 3월 일본육군이 여의도 비행기 착륙장을 건설하면서 국내 최초 비행장이 개설되고, 1929년 4월 1일 일본이 동경-대련 항로를 개설하면서 여의도 비행장을 중간기착지로 대구, 평양, 신의주, 청진, 함흥, 울산 등도 같이 정식 비행장으로 개장되고, 정식비행장 승격으로 여의도에 사무실, 대합실 70평 신축, 나침반 수정대, 풍향풍속표지계량기, 전화 등 기초 시설이 갖추어졌다. 그 후 체신국이 처음 비행장 건설 장소는 1930년 약 60,000평 부지를 매입, 울산비행장을 건설 운용함으로서 시작하였고, 여의도 비행장은 육군으로부터 비행장면(飛行場面)만을 재산이전보관 방식으로 체신국이 관리하였으며 1937년부터는 군 요청과 민간 항공 개척 추이에 따라 비행장 신설이 계속 되었다.

1939년 9월 9일 항공위원회 발족으로 비행장건설기준을 제정, 갑종, 을종, 특수 등 3단계로 면적, 주변 환경, 활주로 크기 개수, 통신시설, 야간조명, 기상관측시설 등 충족조건을 제시하였다. 현재 김포비행장은 여의도비행장을 대신할 김포 구릉지대를 확정하여 1939년 70여 만평 규모로 동양에서 제일 큰 비행장을 건설하는 취지로 지하 1층 지상2층 연건평 2,000평(재정상 준공은 500평) 대규모 공사에 착공하여 1944년 5월 완공하였으며, 김포비행장(경성 제1비행장) 건설계획 기본원칙은 다음과 같았다.

- 한강 평균수위보다 10m이상 고지(최고 홍수 수위 1m이상)
- 항풍(恒風)이 북서풍으로 활주로를 장래 북서방향 연장 시공 가능 지형.
- 활주로는 4본 (1본은 1,500m)으로 할 것 (당시 하네다 공항의 2배)
- 도심에서 20Km이내 위치 및 도로망 연결 용이
- 전력, 전화, 지하수 공급 편리
- 활주로는 전비중량 30톤급 감당
- 비행장 주변에 장애물 없고, 민가 밀집지대 없을 것
- 각 관청, 항공사 사무실은 종합청사에 통합
- Over Run 길이는 최소 100m 이상

〈표 4-3〉 1930년대 비행장 현황

비행장명	소재지	황공기활주 지대(m)	실기 시험
울산비행장	경남 울산군 삼산리	600×6001	육군용지포함
대구비행장	경북 달성군 입석동	500×600	
경성비행장	경성부 여의도정	750×600	
청진비행장	함북 경성군 용성면	650×1,000	
광주비행장	전남 광산군 극낙면 세평리	600×600	
신의주비행장	평북 신의주군 광성면 풍서동	650×500	
함흥비행장	함남 함주군 운남면 관정리	600×600	
이리불시착장	전북 익산군 상산면 남산리	375×315	
오산불시착장	경기도 수원군 성고면 오산리	450×–	
해주불시착장	황해도 해주군 영산면 공해리	1,000×800	육군용지포함
강릉불시착장	강원도 강릉군 감덕면	900×800	

1935년 미국에서 개발된 더글러스 DC-3 29인승 여객기의 탄생은 비행기의 전성시대가 전투용에서 민간운송용 시대로 옮겨가는데 결정적인 역할을 하게 되었다. 또한 영국에서 생산되고 1952년에 취항한 코메트 1호기는 세계최초로 제트엔진을 탑재함으로써 항공수송 시간을 크게 단축시키기에 이르렀다. 코메트 1호기는 1962년대부터 등징하게 된 미국의 B-707과 소련의 TU-104등의 항공기 개발에도 커다란 영향을 미쳤다. B-707은 시속 600마일의 속도를 가지고 있으며 기체도 타항공기보다 2배이상 컸으며 논스톱으로 대서양을 횡단하는 장거리 수송을 가능케 하였다.

이렇게 새로운 기종이 등장하면서 항공운송 능력은 기하급수적으로 배가되었고 장거리 수송, 대량 수송, 신속한 수송체계가 확립되자 많은 이용객들이 생겨났으며, 이에 따라 공항의 시설도 근대화되지 않으면 안 되었다.

항공기의 대형화가 이루어지면서 활주로의 길이는 3,500m 이상이 필요하게 되었고, 대형 항공기가 주기할 수 있는 계류장이 필요하게 되면서 공항시설의 확장이 불

가피해졌다. 따라서 공항의 시설은 지속적으로 확장되었으며, 실질적인 여객청사를 갖추어 여행자들의 편의시설도 마련하게 되었다. 한편으로는 항공기가 새로운 교통수단으로서 여행자를 수송하여 국제적으로나 국내적으로 국가 산업발전에 기여하는 역할이 증대되자 각국의 정부에서는 항공사의 확보, 공항시설의 현대화, 공항의 관리 등 항공사업을 국영이든 민영이든 적극적으로 지원하여 더욱 육성 발전할 수 있게 되었다.

항공기는 거리이동에 있어서 공간개념에서 시간개념으로 바꾸는 20세기 새로운 교통수단으로 각광받게 되고 철도나 해상운송에서 담당하지 못하는 부분을 항공기가 대신하게 되면서 자연히 항공운송사업은 대형화되지 않을 수 없었다.

안정성과 쾌적성을 기반으로 하는 항공기의 발달은 일반 교통수단으로서 확연한 지위를 굳히게 되었으며 이러한 시대적 배경과 요구에 의해 결국 항공운송의 비약적인 기술혁신이 이루어지게 되었다. 제트항공기의 출현으로 고속화, 대형화가 가능해져 수송 분담율을 혁신하였고, 단위당 원가절감에 크게 기여하였으며, 여행객의 선호도를 크게 향상시키게 되었다.

특히 B-747이 1969년 12월 2일 시애틀-뉴욕간 장거리 시험비행에 성공하여 전세계 민간항공계는 "점보시대"를 맞이하게 되었다. 1회에 400여명을 수송할 수 있는 B-747은 공항의 시설개선을 더욱 요구하였고 결과적으로 항공기의 발달과 공항의 시설확대는 상호공존하며 발전해 나아가는 시대에 접어들게 되었던 것이다.

1970년대에 들어서면서 전 세계의 항공사가 운영하는 모든 항공기의 기종은 제트추진에 의한 항공기로 완전히 교체되어 본격적인 제트여객기 시대를 맞이하였다. 특히 B-747 점보기의 보급율은 세계 어느 국가를 막론하고 최고를 나타내는 등 항공기가 점차 대형화되고 고속화됨으로써 대량수송과 장거리 수송에 일대 혁신을 가져왔다. 뿐만아니라 해외여행의 자유화 조치에 따른 항공여행의 대중화시대, 그리고 세계의 지구촌화 시대를 개막시키기에 이르렀다.

1987년도 ICAO 연차보고서에 의하면 전 세계에는 육상 및 해상비행장, 헬리포트 등 약 35,000여개의 비행장이 있는 것으로 집계되어 있다.

이와 같은 현상은 항공여행의 대중화에 의해 비롯된 결과였다.

미래 항공여객 수요증가의 기대와 함께 현재 전 세계 공항들은 공항 이용객을 유치하기 위하여 여객편의시설의 고급화, 항공기 안전운항의 확보에 노력하고 있다.

현대공항의 기능이자 역할 중 하나인 여객 서비스향상을 위한 시설이 점차 고급화되고 있다는 것은 매우 중요한 사실이다.

공항을 이용하는 여객들에게 보다 편하고 안전하고, 쾌적하게 그리고 정시성으로 수준 높은 서비스 제공하고자 하는 것이 현재의 각국 공항의 추세이다.

공항에 대한 이익집단은 더욱 높은 수준의 서비스를 요구함에 따라 현대적 공항의 기능과 역할은 더욱 다양하게 되었다. 그래서 공항을 전문적으로 관리 운영하는 전문조직이 속속 발주되었고, 공항운영은 과학화 되었으며, 그 발전 속도는 더욱 가속화되었다. 이와 같이 발전을 거듭해온 오늘날의 공항은 사회 전체적으로도 다양한 기능과 역할을 수행하고 있다.

그러므로 공항은 세계문화의 관문이며, 첨단시설의 집합장이라 할 수 있다. 앞으로의 공항은 단순히 여객수송의 편의시설로서만이 아니라 공항의 집단화, 도시기능화 등 그 기능과 역할을 더욱 확대시켜 나갈 것이다. 항공기의 안전운항을 위한 첨단시스템을 갖추고 극초음속여객기 등 소음문제를 해결하기 위한 접근에 따라 새로운 모델의 공항이 필요하게 될 것이다. 한편 전문성, 공공성, 경제성 시대속에 살고 있는 오늘날의 현실에 비추어볼 때 공항이 미래에 추구하는 가장 큰 목표는 대 여객 서비스의 창출로 예상된다. 따라서 미래의 요구에 부응할 수 있는 공항은 AEROPOLIS(항공도시화)개념을 도입한 제반 기능을 고루 갖춘 거대한 독립된 도시로 변화하게 될 것이다.

2. 공항의 정의

1) 공항의 정의

공항(Airport)은 항공기의 이·착륙 및 여객의 탑승 및 하기, 화물의 탑재·하역 등이 이루어지는 공간이며, 항공운송에 필요한 시설과 기능을 갖춘 곳을 말한다.

국제민간항공기구(ICAO)는 "공항이란, 항공기의 출·도착 및 지상이동을 위해 요구되는 건물, 시설, 장비 등이 갖추어진 육지나 수상의 일정한 구역"으로 정의하였다. 또한 공항을 Aerodrome로 표기하였다.

미국연방항공청(FAA)은 공항을 Airport로 표기하고 "공항은 정기적으로 여객이나 화물을 싣고 내기는데 이용되는 착륙지역"으로 정의하였다.

우리나라 항공법에서는 제2조5항에 "공항이라 함은 공항시설을 갖춘 공공용 비행장으로서 국토부장관이 그 명칭과 위치 및 구역을 지정하고 고시한 것을 말한다"라고 규정한다. 이는 공항이 단순히 항공기의 이·착륙에 필요한 장소만을 의미하는 것이 아닌, 항공사가 여객과 화물을 운송하는데 요구되는 각종 시설과 장비를 갖추고 비행을 위한 공역이 확보되어 있는 상태의 비행장을 의미한다. 또한, 항공법 제2조4항에는 "비행장(aerodrome)이란, 항공기의 이륙과 착륙을 위하여 사용되는 육지 또는 수면으로서 공항을 포함하는 포괄적인 개념"으로 정의한다. 따라서 공항은 항공기의 이·착륙 및 여객·화물의 운송을 위한 시설과 그 부대시설 및 지원시설을 갖춘 공공용 비행장을 말한다.

즉, 비행장은 항공기가 이·착륙하는데 사용되는 구역이며, 위치 장소에 따라서 육상비행장과 수상비행장 나뉘어지고, 이용 목적 및 기능에 의하여 군용비행장, 민간비행장과 정규비행장, 대체비행장, 훈련비행장 등으로 구분되어진다.

공항은 현재 사용 중인 민간항공기가 최소한의 계기비행으로 이착륙이 가능해야 하며 국제공항은 이 기능 외에도 출입국관리업무[C.I.Q(세관, 법무, 검역)]를 위한 시설과 기능이 추가되어야 한다. 여기에 여객의 탑승과 통과, 화물의 탑재, 도착, 통과 등을 취급하는 시설과 대합실, 표지판, 항공사의 카운터, 화물 적재시설, 경비보안시설 등이 필요하고 부수적으로 직원과 승객, 환송객들을 위한 식당, 은행, 매점 및 교통수단을 위한 주차시설 등이 필요하다.

2) 공항의 주요기능 및 역할

세계의 주요 공항은 다음과 같은 몇 가지 사항을 중심으로 공항을 구분하기도 하는데, 공항은 자체 공항의 기능과 역할, 지역적인 위치와 시설의 규모에 따라 구분되어진다.

(1) 공항의 기능

① 공항은 항공기가 안전하게·이·착륙하고 운항하기 위해 필요한 지상시설(항공기 본시설 및 항공보안시설) 뿐만 아니라 여객, 화물, 우편물 등을 취급하는 시설(공항터미널)을 갖추고 항공수송을 원활하게 하는 기능을 한다.
② 공항은 여객, 화물, 우편물 등이 지상교통수단과 항공수송기관에 원활하게 연결하는 기능을 한다.
③ 공항은 다른 교통수단과의 교환지점으로서의 기능을 수행한다. 이 기능을 충분히 발휘하기 위해서는 항공로, 항공관제 능력, 공항주변의 토지이용 규제조치 및 공항지역 확정, 공항접근 등의 균형 있는 발전이 필요하다.

(2) 공항의 기능과 규모 및 지역적 위치(영국)

① 관문공항(gateway airport)
② 지역공항(regional airport)
③ 지방공항(local airport)

④ 일반항공공항(general aviation airport)

(3) 공항의 사용 용도(미국)

① 상업용공항(commercial service airport)
② 일반항공용공항(general aviation airport)

(4) 공항의 기능과 규모(일본)

① 관문공항(제1종 공항)
② 지역거점공항(제2종 공항)
③ 지방공항(제3종 공항)

〈표 4-4〉 공항의 기능, 규모에 따른 구분

국가	기능과 역할	지역적인 위치	시설규모
영국	관문공항 일반항공용 공항	지역공항 지방공항	
미국	상업용 공항 일반항공용 공항		
일본	제1종 공항(관문역할)	제2종 공항 (지역의 항공수송거점 역할)	제3종 공항 (소규모 지방공항)

3) 공항의 사용 목적에 따른 구분

공항은 사용 목적 및 기능에 의하여 군용비행장, 민간비행장과 정규비행장, 대체비행장, 훈련비행장 등으로 구분되어진다.

〈표 4-5〉 공항의 사용 목적에 따른 구분

구분	공항
민간 전용공항	인천, 김포, 제주, 울산, 여수, 양양, 무안
민·군 공동사용공항	김해, 대구, 광주, 청주, 사천, 원주, 포항, 군산
국제공항	인천, 김포, 제주, 김해, 청주, 대구, 양양, 무안
비행훈련원	울진

〈그림 4-6〉 국제공항

제공: 한국공항공사

김포국제공항

제공: 인천국제공항공사

인천국제공항

제공: 한국공항공사

제주국제공항

제공: 한국공항공사

부산국제공항

〈그림 4-7〉 민간전용공항

제공: 한국공항공사

울산공항

제공: 한국공항공사

여수공항

4) 공항청사의 기능과 역할

공항청사는 공항의 핵심시설이며 승객·화물과 항공기를 중심으로 여러 가지 기능이 복합적으로 작용하는 지역이다.

5) 허브공항의 개념

허브(hub, 중심공항)의 개념은 네트워크의 스포크(지선공항)라는 여러 공항으로부터 항공편들이 비슷한 시간대에 허브공항에 도착하도록 하는 것이다. 항공사가 노선망을 구성함에 있어서 취항도시를 선형으로 연결하지 않고 특정 공항을 중심으로 방사형으로 연결하는 것을 Hub & Spoke 시스템이라 한다.

■ 허브공항의 조건

- 서로 다른 대륙의 대형공항에서 직항(논스톱, non-stop)노선으로 운항이 가능한 지리적 위치에 있어야 한다.
- 공항 자체의 교통량 및 환승 교통량이 많아야 한다.
- 국적 항공사가 그 공항을 허브공항으로 사용해야 하며, 외국 국적의 주요 항공사도 이용하여야 한다.
- 항공운송자유화정책이 적용되어서 공항이 모든 나라에 개방되고 공항시설의 이용과 접근이 쉬워야 하며, 입·출국 관련 수속절차도 간소화 되어야 한다.

3. 공항의 기본시설

1) 기본 시설

항공기의 이·착륙과 관련하여 공항의 기능을 유지하기 위해 필요한 여러 가지 시설을 공항의 기본시설이라고 한다. 공항의 기본시설은 착륙대, 유도로, 주기장, 격납고와 항공보안시설 등으로 구분되어진다.

(1) 착륙대(landing area)

항공기가 이착륙하기 위해서 공항에 설치된 직사각형 형태의 평면을 착륙대(landing area)라 하며, 활주로(runway), 괴주대(overrun area), 보조 활주로 등이 포함된다. 이·착륙대가 작은 비행장에서는 B747이나 A300, A380 등의 대형항공기의 이·착륙이 불가능하다. 공항은 착륙대 크기로 등급이 정해지며, 항공법은 착륙대 규모를 9등급으로 구분하여 비행장의 규격을 정하고 있다.

(2) 유도로(taxiway)

항공기가 활주로와 주기장 그리고 정비격납고 등의 지역을 왕복하는데 필요한 통로가 유도로(taxiway)이다.

〈그림 4-8〉 활주로

제공: 인천국제공항공사

제공: 앵커리지공항

〈그림 4-9〉 평행 유도로와 설치유도로

(3) 주기장(apron)

주기장은 공항에서 여객의 탑승 및 하기, 화물의 탑재 및 하역, 연료보급 및 정비 등을 하기 위하여 항공기가 주기하는 장소를 말하며, 터미널 빌딩과 정비지역에 접해서 위치하게 된다. 주기장의 수를 나타내는 단위는 스팟(Spot)이 사용된다.

〈그림 4-10〉 주기장(계류장)

(4) 격납고(hangar)

비행기의 격납 및 정비하는 창고이다. 격납고는 충돌을 피하기 위해서 활주로에서 충분히 멀리 떨어져 있어야 한다.

〈그림 4-11〉 격납고(HANGAR)

자료: 대한항공

2) 항공보안시설

관제시설(air control tower)은 항공기가 안전하고 질서 있게 운항하도록 지휘하고 지원하는 시설을 말하며 항공기 간의 충돌방지, 항공기와 지상 장애물과의 충돌방지, 항공교통의 질서유지 등을 확보하기 위한 것이다.

〈그림 4-12〉 관제시설(Air Control Tower)

이외에 공항에는 승객을 위한 식당, 은행, 우체국, 서점, 약국, 어린이 놀이방, 면세점 등이 있다.

3) 공항터미널시설

공항터미널에는 여객과 화물의 취급 및 제반 운송업무 지원을 위한 시설이 설치되어 있다. 공항에는 항공사, 정부기관, 항공운송 관련업체 등이 복합적으로 구성되어 운영되고 있다.

(1) 항공사 시설

탑승수속 카운터, 발권 카운터, VIP와 상용승객을 위한 라운지 등을 운영하고 있다.

(2) 정부기관 시설

CIQ(customs immigration quarantine)라 불리우는 세관, 출입국관리소, 동식물 검역소 등이 있으며, 이곳에서 항공여객을 관리 및 감독한다. 이외에 건설교통부, 지방항공국, 공항경찰대, 병무신고소, 기상측후소, 정보보안 수사기관, 한국무역진흥공사 등이 있다.

(3) 승객편의 시설

공항에는 승객을 위한 식당, 은행, 우체국, 서점, 약국, 어린이 놀이방, 면세점 등이 있다.

(4) 부대시설

지상조업사의 항공화물, 수하물의 탑재 및 하기시설, 화물보관시설 등이 있다. 기내식 사업소에서는 기내식 제조시설이 있으며, 항공기를 점검하고 정비하는 격납고와 항공기 부품 보관창고 등이 있다.

(5) 화물터미널시설

공항의 화물터미널은 공항과 가까운 위치에 인접하고 있으며, 항공화물과 우편물 등이 집산되는 항공물류의 중심지로 의미된다. 국제 항공운송이 이루어지는 화물터미널에는 정부 관련기관의 세관시설 및 동·식물의 검역시설, 항공사의 수출·입 화물, 통과 화물(Transit Cargo)의 취급을 위한 세관시설, 항공화물회사 및 화물운송대리점의 화물 취급시설 등이 갖추어져 있다.

(6) 지상조업 시설

공항터미널은 여객 및 화물을 위한 기본시설 이외에 항공운송을 지원하는 부대시설이 반듯이 요구된다. 항공법 "제2조 30항 및 항공법 시행규칙 제16조"에 따르면, 지상조업은 항공기 취급업의 일종으로서 공항 또는 비행장에서 항공기의 정비, 급유, 하역 및 기타 지상조업을 하는 사업으로 정의된다. 지상조업시설은 크게 항공기의 운항을 가능하게 하는 공항의 지원업무와 부대업무 및 항공기의 이·착륙에 필요한 지상에서의 지원서비스로 구성된다.

① 램프서비스(Ramp Service) 시설

항공기의 유도 및 견인, 수하물 및 화물의 탑재와 하역, 항공기 객실 및 외부청소, 시동점화 및 전원공급, 제설 및 방빙(Anti-icing), 식수공급, 조업장비 정비, 화장실 청소, 기타 항공화물의 취급 등을 위한 시설들이 있다.

② 여객서비스 시설

항공여행객의 안전과 편리한 공항 이용 및 수하물을 신속하고 정확하게 분류하여 운송하기 위한 공항업무를 위한 시설이다.

- 승객의 탑승
- 승객의 하기 및 이동서비스
- 장애인 특별지원
- 수하물 서비스 등을 위한

③ 기내식 사업(Catering)

기내식 사업이란, 항공기 출발편에서는 승객에게 기내식, 음료, 잡지 등 서비스 품목을 최상의 상태로 제공할 수 있도록 전용 컨테이너에 적재하여 항공기의 출발편에 맞추어 기내의 지정된 위치에 탑재하며, 도착편에서는 각종 기내식 물품을 하역하여 이를 다시 기내식 센터로 반입하는 업무를 수행한다. 기내식 사업을 위한 시설은 크게 조리, 기내식 물품의 탑재 및 하기, 기내식 세팅, 기내식 물품의 수리

④ 항공기 급유

항공기 운항을 위한 연료를 저장하여 급유장비 등을 이용하여 항공기를 급유하는 작업이 이루어진다.

⑤ GSE 정비 및 격납고(Hanger)

GSE(Ground Service Equipment)란, 항공기에 지상조업 지원을 위해 사용되어지는 장비를 뜻하며, 점검과 예방정비를 통해 최적의 상태로 유지하기 위한 정비 업무이다. 격납고(Hanger)는 항공기의 점검과 부품관리 및 정비관리 점검 등의 업무가 수행된다.

■ **항공기 지상조업 차량들로 항공기의 도착뿐만 아니라 출발이나 활주로 및 유도로로 이동하는 것을 돕는 장비들**

- 램프버스
- 스텝카(Step car)
- 컨베이어카
- 케이터링카
- 급유차
- 래버토리 트럭(lavatory car)
- 워터 트럭(water truck)
- GPU(Ground Power Unit)
- ACU(Air Conditioning Unit)
- 토잉 트랙터(towing tractor)
- ASU(Air Start Unit)

4. 교체공항

목적지 공항이 기상 악화나 다른 천재·지변으로 인해 비정상으로 운영되면 운항 중이거나 운항 예정인 항공기들은 만일의 사태에 대비해 목적지 공항 주변의 착륙 가능 공항을 사전에 선정하여 비행 및 승객의 안전을 도모한다. 이때 선정되는 공항을 교체공항(alternate airport)이라 한다.

항공사들은 계기비행을 할 때 최소한 1개 이상의 교체공항을 반드시 지정하여 만일의 사태에 대비한다.

5. 우리나라 공항 이용현황

국토부 보도자료(2016.1)에 의하면 2015년도 공항별 이용 현황은 다음과 같다.

1) 국제선 공항 이용현황

- 부산(김해)공항은 신규노선 확대 및 운항증가와 함께 연간 100만 명 이상 증가하였다.
- 제주공항은 6~9월 메르스 영향으로 인한 수요감소와 운항감편이 매우 크게 나타나 연간실적 11.8% 감소하였다.

- 대구공항은 중국노선 중심의 부정기 운항 증가로 국제여객 48.7% 증가하였다.
- 국제선 여객 비율이 가장 높은 인천과 김해 공항이 각각 8.5%, 22.3% 증가하였고, 대구(48.7%), 무안(24.9%), 청주(8.7%) 공항이 운항 증가와 함께 전년(2014년도)대비 여객 실적 증가하였다.

〈표 4-6〉 국제선 공항 이용율

(2015년 12월 기준 / 단위: 명)

구 분	인천	김해	김포	제주	청주	대구	무안	양양
2013년	40,535,963	4,441,531	3,943,437	1,558,514	214,881	139,654	114,256	38,023
2014년	44,622,366	4,830,749	4,063,913	2,249,776	465,963	222,086	146,104	176,635
2015년	48,404,295	5,909,610	4,009,683	1,983,983	506,527	330,161	182,460	106,526
'15 / '14(%)	8.5	22.3	−1.3	−11.8	8.7	48.7	24.9	−39.7

자료: 국토부 항공정책과

2) 국내선 공항 이용현황

공항별로는 김해(16.7%)·제주(15.5%)·김포(9.4%) 등 주요공항의 실적이 증가하고, 운항증가와 함께 청주(30.7%)·대구(28.6%)·울산(23.8%) 공항도 전년(2014년)대비 실적이 크게 증가했다.

6. 세계의 유명공항

1) 동북아시아지역의 공항

인천국제공항은 1992년 건설을 착수하여 2001년 3월에 개항을 하였으며, 24시간 운영되는 전천후 공항으로서 동북아시아의 중심공항(hub airport) 역할을 목표로 하고 있다. 하지만 인천국제공항은 주변국가의 대형공항과 경쟁관계에 있다. 주변국의 경쟁공항들과 비교할 때 공항시스템, 공항편의 시설 등에서 매우 경쟁력이 있는 것으로 판단되고 있다.

(1) 인천국제공항(incheon international airport)

인천국제공항은 세계최고 수준의 서비스로 공항 이용객들이 가장 선호하는 공항중 하나이다. 영국의 항공서비스 전문 리서치 기관인 스카이트랙스(skytrax)로부터 세계 최고 공항상을 수상한 바 있으며, 또한 공항서비스 평가의 양대 산맥이라 일컫는 국제공항협의회(ACI) 주관 공항서비스평가(ASQ)에서 10연패를 비롯해 미국 여행전문지 글로벌트래블러 선정 6년 연속 세계 최고 공항 수상 등으로 최고 공항으로서의 입지를 확고히 하는 한편, 국가 위상을 크게 높이고 있다.

인천국제공항은 동북아시아지역 허브공항으로서의 역할을 수행함으로써 21세기 국가생존전략의 한 축을 형성하는 매우 중요한 역할을 담당하고 있다.

(2) 홍콩 첵랍콕공항(hong kong international airport)

1998년 7월 6일 개항한 홍콩의 국제공항인 첵랍콕공항은 홍콩섬과 구룡반도 서쪽의 란타우섬 북쪽에 위치하고 있다. 공항 내 모든 시설은 24시간 이용 가능하고 67개 항공사가 취항하고 있다.

(3) 싱가포르 창이국제공항(singapore changi international airport)

(4) 일본(도쿄) 나리타국제공항(Narita Int'l Airport)

2) 미주 및 유럽지역의 공항

(1) 미국 뉴욕 존에프케네디 국제공항(J.F. Kennedy Int'l Airport)

(2) 영국 런던 히드로공항(London Heathrow International Airport)

(3) 프랑스 파리 샤를드골공항(Charles de Gaulle Airport)

제5장

항공물류사업자-항공운송사업자

제5장

항공물류사업자 - 항공운송사업자(항공사)

항공운송사업(Air Transportation)에 대해서는 앞에 제1장에서 설명한 내용과 같이 항공법 제2조 제26호에 의하여 항공운송사업이란 "타인의 수요에 응하여 항공기를 사용하여 유상으로 여객 또는 화물을 운송하는 사업"이라 정의하였고, 이를 일정한 요건을 갖춘 항공사(Airlines)에 의해 수행되는 운송활동은 공공성과 영리성의 양면적 특성을 지니고 있다.

국내운송은 경제적 목적에 따라서 이루어지나 공공성을 지닌 운송기관으로서의 규제 대상이 되며, 국제운송의 경우도 상업적 목적 이외에 대한민국을 대표하는 국적항공사로서 국익을 지향해야 하는 역할을 담당하기도 한다.

우리나라 국적항공사는 대형항공사인 대한항공(KE), 아시아나항공(OZ)이 있으며, 저비용항공사(LCC: Low Cost Carrier)는 제주항공(7C), 진에어(LJ), 에어부산(BX), 이스타항공(ZE), 티웨이항공(TW)와 화물기(B737-400F)만 운항하는 에어인천(KJ)이 있다. 항공사별 항공기 등록 기종에 대하여는 제3장 <표3-9>를 참조하기 바란다.

제5장에서는 항공운송사업자인 항공사의 여러 부문의 업무 중에 항공화물과 관련된 주요 업무(지상직 업무)를 중점으로 수입화물, 수출화물, 통과화물의 업무를 정확하게 관리 및 수행하는 방법에 대해서 알아본다.

제1절 수입화물[13)]

1. 수입화물 프로세스

1) 수입화물 관리절차

(1) 수입화물의 정의

"수입"이라 함은 외국물품을 우리나라에 반입(보세구역을 경유하는 것은 보세구역으로 부터 반입하는 것을 말한다) 하거나 우리나라에서 소비 또는 사용하는 것(관세법 법령에 의한 정의)

"수입화물"이란 외국에서 선적되어 입항한 화물이 수입국가의 적법한 절차(통관, 면허)를 거쳐 국내 화물(내국화물)로 인정된 화물.

수입면허를 득한 순간부터 내국물품으로 물품 인수가 가능함.

(2) 화물관리의 단계

화물관리의 단계는 아래의 같이 크게 5가지의 절차로 이루어진다.

① 수입화물을 적재한 항공기가 입항하는 단계.
② 항공기로부터 화물(물품)을 하기하는 단계.
③ 하기 완료된 화물(물품)을 입항지 보세구역에 반입하는 단계.
④ 내륙지 보세구역으로 보세운송하는 단계.
⑤ 내륙지 보세구역에 반입되는 단계.

---

13) 이 내용은 아시아나항공 교육 자료의 일부를 재정리한 것임.

2) 수입화물의 처리절차

〈그림 5-1〉 수입화물 처리절차

화물흐름	관련기관	내용
항공기 도착 및 하기	항공사, 조업사	[OPRN] DOCS P/Up 및 입항신고 [탑재] CPM에 의거 화물 Unloading
	항공사 ↔ 세관	[분류] 해외지점 전송 EDI Data 확인 및 배정
	항공사 ↔ 수입자	[카운터] 화물(AWB) 도착안내 및 인도, 항공운임정산
화물하역	조업사	[B/Down] 해외지점의 ULD FFM 혹은 Pre-Load MSG 확인
화물분류	항공사 ↔ 조업사	[분류, 검수, IRR, OPRN] 배정 Manifest 근거하에 화물 분류 및 사고화물보고, Work Order 전달
보세운송	보세운송업자	
검역대상	검역소	
수입장치장 (반입)	항공사 ↔ 세관	[전산] 장치위치 입력된 배정 Manifest 근거로 반입
수입신고	수입자 ↔ 세관	수입신고서, 송품장, 포장명세서, AWB, 원산지증명서
검사	세관	과세가격, 세액결정
	세관 ↔ 수입자	수입연장교부
수입면허		
	수입자 ↔ 창고업자	[카운터] 창고료 지불
화물반출	조업사, 수입자	
수입자		

〈그림 5-2〉 수입화물 흐름도

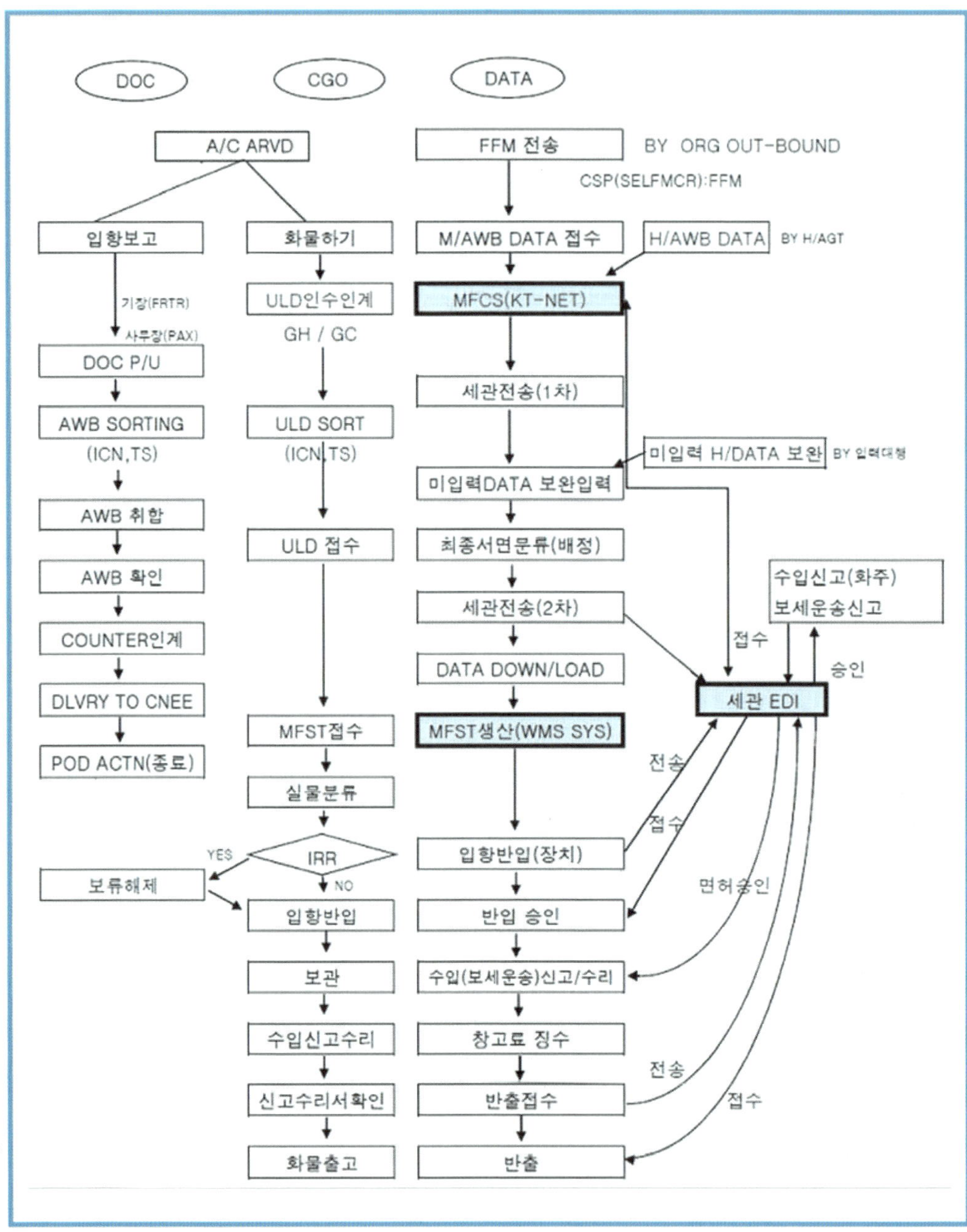

〈표 5-1〉 수입화물의 유형

구분	현도화물		통관화물
	보세운송	하기운송	
정의	수입화물을 입항지에서 통관하지 아니하고 세관 승인을 얻어 외국물품 상태 그대로 다른 보세구역으로 운송하는 것	인천공항 세관 관할 지역내에 한하여 적하목록 제출로 세관 신고를 대체(보세운송 신고절차 면제)하여 타 보세창고로 운송하는 것	항공사 창고 배정화물로 인천공항세관에 수입신고 후 내국물품이 되는 화물
이동장소	장소 제한 없음	인천공항, 김포공항 항역 내 단, GMP->ICN 하기운송 불가	항공사 창고
반입신고	HAWB 단위 반입 신고	반입신고 생략 (해당 하기창고에서 실시)	HAWB 단위 반입 신고
비고	보세운송 반출	시스템 상으로만 반출처리	수입통관 반출

3) 적하목록

(1) 적하목록의 정의

① 적하목록은 운송수단(항공기, 선박)에 적재된 화물의 총괄목록을 말한다.

② 하기(하선) → 운송 → 보관 → 통관의 각 단계별로 화물의 총량관리를 위하여 최초로 생성된 화물 정보이다.

③ 생성에서 소멸에 이르기까지의 화물 관리에 없어서는 안 될 중요한 문서이다.
예) 사람으로 말하면 예전의 호적등본(가족관계증명서)과 같은 것임.

(2) 적하목록 서식의 특징

① 적하목록 관리번호(MRN ; Manifest Reference NO.) : 입항된 항공기(선박)별로 항공사 또는 선사에서 부여한 적하목록 제출 일련번호를 말한다.
- 항공 ; 연도(2) + 항공사 부호(2) + 입항일련번호(5) + 오류검증 번호(1)
EX) 02 + OZ + 05LQI + 1 ("I" 도착지/출발지(국내선))

② Master B/L 일련번호(MSN ; Master B/L Seq NO.) : 항공사(선사) 가 작성한 적하목록별로 부여한 Master B/L 단위의 일련번호를 말한다.

③ House B/L 일련번호(HSN ; House B/L Seq NO.) : 포워더가 작성한 혼재화물 적하목록의 Master B/L 별로 부여한 House B/L 단위의 일련번호를 말한다.

④ B/L TYPE(선하 증권의 유형)
- Master B/L이 항공사와 화주의 직접 계약에 의하여 발행된 경우 'S'(Simple)
- 항공사와 포워더의 계약에 의하여 발행된 경우 'c'(혼재화물; Consolidated CARGO)
- 공 컨테이너에 대하여 발행된 경우 'E'(Empty Container) 구분

(3) 화물관리번호(식별번호) 체계

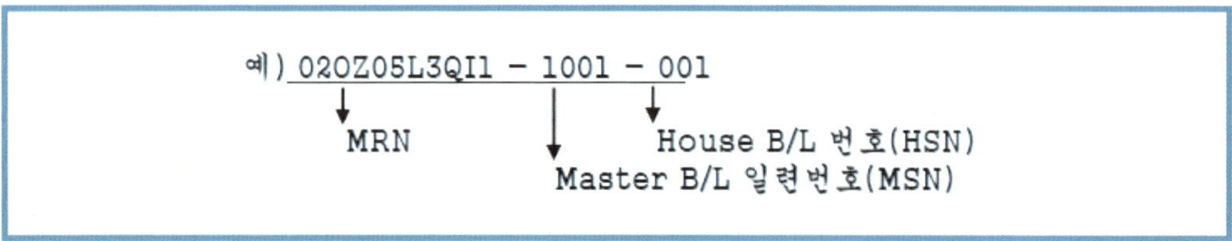

(4) 혼재 화물의 적하목록 제출

① B/L TYPE이 'C'인 경우는 포워더가 집하한 화물로서 포워더는 혼재화물 적하목록을 작성하여 계약한 항공사(선사)에 제출.

② 항공사는 혼재화물 적하목록을 취합하여 세관에(MRN + MSN) EDI에 의한 적하목록 제출.

4) 입항

(1) 입항보고서 및 관련서류 전송

① 항공사는 항공기 입항 전에 입항보고서 및 관련서류를 세관에 제출

예) 여객기 : 승무원 명부, 승객명부, 기용품 신고서 등.

화물기 : 승무원 명부, 입항 MFST, 검역 및 안보위해 물품 신고 등.

② 안보위해 물품 신고

- 안보위해 물품이란 안보위해 물품은 통상적으로 사회안전에 커다란 위해를 줄 수 있음은 물론 나아가서는 국가안보에 까지도 영향을 미칠 수 있는 것을 말함.

③ 안보위해 물품 신고는 항공기 입항전후에 세관, 국정원, 경찰청, 특파 공무원에 반드시 신고를 하여야 함.

④ 안보위해 신고시 필요 서류

- 운송장 사본 1부
- 해당 invoice 및 packing list 각 1부.
- 분류 mfst 사본 1부.

⑤ 안보위해 물품 종류

- 총포류 : 권총, 소총, 기관총, 엽총, 공기총, 가스총, 사격총, 어획용, 마취총 등
- 실탄류 : 실탄, 공포탄, 납탄(산탄)
- 도검류 : 월도, 장도, 단도, 검, 창, 치도, 비수, 재크나이프(칼날의 길이가 6㎝ 이상), 비출나이프(칼날의 길이가 5.5㎝, 45도 이상 자동 펴지는 장치가 있는 것)

※ 칼날의 길이가 15㎝이상 되는 칼, 검, 창, 치도, 비수 등으로 흉기로 쓰여지는 것과 칼날의 길이가 15㎝ 미만일지라도 흉기로 사용 가능한 것.

- 화학류 : 화약, 폭약, 화공품(화약 및 폭약을 써서 만든 물품)
- 화공품 : 뇌관, 신관, 도폭선, 신호용 화공품, 장난감용 꽃불 등
- 분사기 : 총포형 분사기, 막대형 분사기, 만년필형 분사기, 기타 휴대용 분사기 (살균, 살충용, 산업용 분사기 제외)
- 전자 충격기 : 총포형, 막대형 전자충격기, 기타 휴대형 전자 충격기
- 석궁 : 일반형 석궁, 권총형 석궁, 도르레형 석궁

⑥ 반출·입전에 알아야 할 사항

제조업자 또는 수입업자는 위험품을 수입하거나 수출할 경우에는 경찰청장이나 주된 사업장의 소재지를 관할하는 지방 경찰청장의 수출·입 허가를 받아야 하며 다만, 국가 기관 또는 지방자치 단체에서 사용하고자 하는 것은 경찰청장의 승인을 얻은 경우에는 그러하지 아니하며, 모의 총포는 수출용으로 제조 판매하는 경우에는 관할 경찰서장에게 신고하면 반출이 가능함.

⑦ 안보위해 생략 물품

- 국방부에서 군수용으로 수입하는 물품
- 방위산업체에서 수출입하는 물품 중 당해 물품의 수출입허가가 국방부 등에서 사전에 비밀 또는 대외비로 분류되는 물품.
- SOFA 대상자가 미군 통관장교의 확인을 받아 수출입하는 물품.
- 선박용 또는 외항선원이 소지한 위해물품 중 입항 수속시 선박내에 시봉조치하고 출항시 반출하는 물품.
- 항공기 보안승무원이 소지한 총포 중 입항 후 기내에 시봉조치하거나 사전 보안기관의 확인을 받아 반출입하는 물품.
- 신원이 확실한 내국인이 반입하는 도검류 중 주방용으로 쓰일 것이 명확한 식칼류.

※ 안보위해 물품은 출발지에서 사전에 전문상으로 연락이 오지만 전문 상에도 없이 입항하는 경우도 있어 분류실 및 직원들은 분류된 MFST를 다시 한 번 검토하는 것이 중요함.

(2) 적하목록 서류 제출

■ 최초 전송

① 항공기 출발직후에 적하목록정보(Master AWB)를 SITA망을 통하여 적하목록 취

합 시스템에 전송한다.

② 혼재적하목록 등록

- 자체 시스템이 있는 포워더는 혼재적하목록을 직접 적하목록 취합 시스템에 전송한다.
- 자체 시스템이 없는 포워더는 상시입력 대행업소를 통해 적하목록 취합 시스템에 전송한다.

③ 항공사는 수시로 적하목록취합 시스템을 통하여 적하목록 취합 여부 확인한다.

④ 항공사는 취합된 적하목록을 항공기 입항전까지 EDI 방식으로 세관에 1차 전송한다.

⑤ 수입화물 시스템은 수신한 적하목록의 오류여부를 확인하여 오류가 있는 경우에는 오류통보, 오류가 없는 경우에는 접수 통보한다.

■ 보완전송 및 적하목록 심사

⑥ 적하목록 보완등록

- 항공사는 적하목록과 포워더로부터 의뢰받은 혼재적하목록에 대해서 보완 등록한다.
- 항공사는 항공기 도착후 적하목록미취합 정보를 보완 입력대행소에 전달한다.

⑦ 포워더는 보완기간중에 보완할 혼재적하목록을 항공사 또는 보완입력대행소에 보완입력 의뢰.

⑧ 혼재적하목록 보완등록

- 보완입력대행소는 항공사로부터 전달받은 적하목록 미취합분에 대하여 보완 등록.
- 포워더로부터 의뢰받은 혼재적하목록에 대하여 보완입력

⑨ 항공사는 보완입력된 적하목록을 EDI방식으로 세관에 전송

⑩ 수입화물 시스템은 수신한 적하목록의 오류여부를 체크하여 오류가 있는 경우에는 오류 통보, 오류가 없는 경우에는 접수 통보.

⑪ 세관직원은 관리대상화물을 선별

⑫ 관리대상화물 반입지시서를 EDI방식으로 적하목록취합시스템에 통보한다.

⑬ 항공사/포워더는 적하목록취합시스템을 조회하여 관리대상 화물 반입 지시내역을 확인한다.

⑭ 검사실시후 검사결과 등록

※ 적하목록 제출시 유의사항 : 통상적으로 적하목록 제출시 분류실 직원이나 입력 대행소 직원은 미취합된 M/AWB 중 미취합 대리점 H/AWB 확인후 입력하나, M/AWB로 들어오는 건은 분류실 직원이 입력하고 있음. 그 중에 M/AWB 상에 ATTACH 되어 들어오는 화물도 있으며 이런 화물은 보통 DOC 종류로 출발지에서 사전에 연락이 없거나 전문이 부정확하여 현장에서 검수원이 발견하지 못하는 경우도 발생되기도 함.

5) 하기

(1) 분류작업지시서 출력

① 항공사는 하기작업 개시전 세관에 구두로 하기신고

② 하역업자는 적하목록취합시스템으로부터 장치장소 코드가 기재된 분류 작업지시서를 출력하여 하기작업 개시.

(2) 실물분류 및 하기결과이상보고서 제공

① 하역업자는 실물검수후 작성한 하기결과이상보고서를 항공사에 제공

② 하역업자는 실물과 함께 하기결과이상보고서를 장치장에 인계.

(3) 항공사는 하역업자로부터 받은 하기결과이상보고서를 세관에 EDI방식으로 전송

- 하기이상보고는 익일 12시 까지 보고를 원칙으로 한다.

(4) 세관은 접수받은 하기결과이상보고서에 대하여 접수 및 오류 통보

- 항공사에서 KT-NET 통한 하기 보고시에 필히 접수 및 오류 통보를 확인하며 오류 통보시에 오류 내역 확인한 후 재전송한다. 만약 재전송시에도 오류가 확인되면 특파실에서 세관 시스템으로 확인하여 추가 입력 요청하여 하기 전송한다.

(5) 항공사/포워더는 적하목록취합시스템을 통해 하기 결과 이상내역 조회

(6) 항공사/포워더는 적하목록 정정/별도관리 물품해제 신청

- 항공사에서 단순하게 OVCD/STLD 시 보류해제는 정형양식(별도관리해제 신청서)에 기재 후 특파공무원 확인한 후 현장 보류 담당자에 인계하여 보류해제 처리한다.

(7) 하기결과 이상보고 처리

6) 적하목록(정정)

① 항공사 및 포워더는 정정신청서 2부를 작성하여 관련서류를 첨부하여 세관에 제출한다.
② 세관직원은 적하목록정정신청서를 접수.
③ 세관직원은 적하목록 정정 사유 등을 심사.
④ 세관직원은 심사후 이상이 없으면 정정을 승인.
⑤ 정정승인서를 신청인에게 교부
- 수입화물시스템을 이용하여 정정실적 관리함.

※ 적하목록 정정 신청시 유의 사항 : 통상적으로 적하목록 정정 신청은 'S''C' 나누어 지며 'S'는 항공사에서 적하목록 정정신청서 작성후에 세관에서 적하목록 정정한다, 단 'S' 건이라도 항공사에서 단순 전산상(출발지에서의 실수)의 오류는 정정이 가능하지만 고의성이 인정되면 세관에서 과태료 부과 처분.
항공사에서는 가능한 'S' 품목 정정시에는 화주에 입항지에서 통관토록 요청하여 처리하면 품목 정정을 하지 않아도 됨.

〈그림 5-3〉 적하목록 전송 흐름도

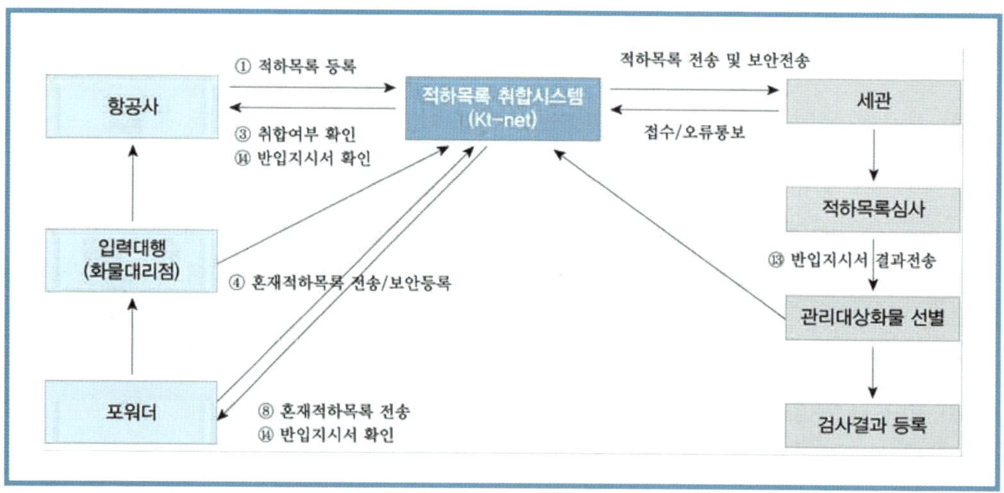

7) 자율관리 보세구역

① 자율관리보세구역은 지정보세구역 또는 특허보세구역중에서 물품의 관리와 세관의 감시에 지장이 없다고 인정된 보세구역에 대하여 화물관리를 설영인(운영

인) 또는 관리인에게 위임하여 자율적으로 운영하도록 함으로서 세관의 직접적인 규제를 가급적 완화하고 관세행정의 능률적인 수행과 질서유지를 위하여 세관장이 지정함.

② 자율관리보세구역으로 지정받기를 원하는 운영인이나 관리인은 당해 보세구역에 장치된 물품을 관리할 수 있는 사람 즉 보세사를 반드시 채용하여야 하며, 보세사의 자격, 직무 기타 필요한 사항은 대통령으로 정한 규정을 따른다.

※ 지정이 취소되는 경우

- 특허보세구역의 물품 반입정지 등의 사유로 자율적인 관리가 부적당하다고 인정되는 경우
- 보세사의 직무를 보세사가 아닌 자가 수행한 경우
- 보세사 채용 명령을 받고도 기한 내에 보세사를 채용하지 아니한 경우.
- 운영인이 1년에 3회이상 경고처분을 받는 경우
- 기타 자율적으로 관리할 응력이 없다고 세관장이 인정하는 경우

③ 보세사 - 보세사는 지정보세구역의 관리인이나 특허보세구역의 운영인이 자기 보세구역이 자율관리 보세구역으로 지정 받기 위하여 반드시 채용하여야 하는 전문 화물관리인을 말하며, 자격은 일반직공무원으로서 5년 이상 관세행정에 종사한 경력이 있는 자 또는 3년 이상 보세화물관리에 종사한 자중 관세청장이 정하는 교육을 이수하고 전형에 합격한 사람을 말한다.

④ 보세사의 직무

- 보세화물 및 내국물품의 반출입시 입회, 확인
- 보세구역에 장치된 물품의 관리 및 취급시 입회, 확인
- 보수작업 및 정시간외 작업의 입회, 확인
- 보세구역 출입자 관리
- 견품의 반출 및 회수
- 보세공장외 작업 품목 반출시 입회, 확인
- 보세판매장물품을 인도자가 구매자에게 인도시 입회, 확인
- 장치기간 경과물품의 반출통고서 작성 및 통고
- 기타 보세구역에 장치된 물품의 관리를 위해 필요한 제반 사항

⑤ 보세사의 의무

- 보세화물관리업무 이외의 타업무를 겸임할 수 없으며, 다만 세관장의 승인을

받은 경우는 예외로 인정한다.

- 세관근무일과 당해 보세구역의 작업이 있는 시간에 근무하여야 하며, 근무지를 1일 이상 이탈시에는 세관장에게 신고한다.
- 직무와 관련하여 부당한 금품을 수수하거나 알선 중계하여서는 안 된다.
- 보세사는 자기명의를 타인에 대여하여 사용하게 할 수 없다.

8) 보세 화물

① 관세가 유보된 물품으로서 국가는 관세채권 확보, 효율적인 통관업무 수행 및 밀수 등을 방지하기 위해 보세구역을 설정하여 보세화물을 집중 관리한다.

② 보세화물을 국가가 관리하거나 특허한 보세구역에 집중관리하고 관세를 납부하지 않은 경우 물품반출을 불허하고, 보세화물을 집중 관리함으로써 세관직원의 효율적인 업무수행과 보세화물을 이용한 밀수 등의 감시를 용이하게 하도록 하고 있는 것임.

9) 보세운송

(1) 보세운송의 정의

보세운송이란 외국으로부터 수입하는 화물을 입항지에서 통관하지 아니하고 세관장에게 신고하거나 승인을 얻어 외국물품상태 그대로 다른 보세구역으로 운송하는 것을 말하며, 이러한 보세운송은 수입화물에 대한 관세가 유보된 상태에서 운송되는 것이므로 운송에 제약이 따름.

(2) 보세 운송시 제한사항

보세운송은 통관지세관의 변경등을 위해 보세구역간, 개항간, 세관 관서간에 외국물품인 상태에서 허용되고 있으며 보세운송신고서를 제출하여 세관장의 승인(신고수리)을 받아야 한다. 그러나 수출입금지품, 검역미필물품, 위험물품, 비금속설, 귀속, 반귀석, 귀금속, 시계, 한약제, 의약품, 향료 등과 같이 부피가 적고 고가인 물품으로서 감시 단속이 곤란하거나 화주 미확정 물품, 무환물품 등은 보세운송이 제한된다.

(3) 보세 운송 기간

① 신고수리일로부터 해상 화물 15일

② 신고수리일로부터 항공 화물 7일

③ 해상이나 항공화물 보세운송기간 연장시에는 5일 단위로 연장 가능

〈그림 5-4〉 보세운송 흐름도

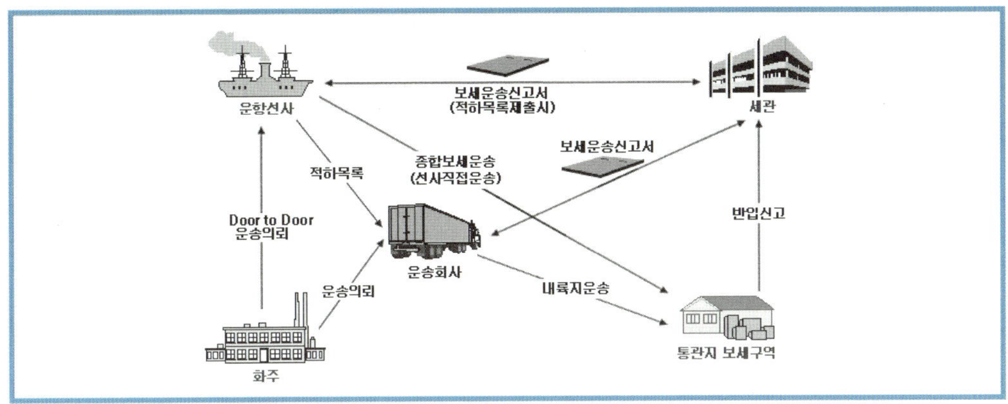

10) 타소장치

① 보세화물은 원칙적으로 보세구역에 장치하여야 하는 것이나, 화물의 성질상 보세구역에 반입 할 수 없거나 또는 보세구역에 반입할 실익이 없는 경우에는 보세구역이 아닌 장소에 장치 할 수 있음.

예) 거대 중량화물, 항공기, 원목, 농산물, 발전용 터빈, 검역물품 등

② 신청 서류

- 신청서(품명, 수량, 가격, 편명, 입항연월일, 선하증권 번호 등 기재)
- 장치 장소의 도면 및 약도
- 기타(세관장이 필요하다고 인정하는 서류 첨부)
- 담보 제공(관세 상당액)

11) 통관 및 통관 절차

(1) 통관(Customs Clearance)의 정의

관세법에서 규정한 절차를 이행하여 물품을 수출·수입·반송하는 것을 말함(관세법 제2조 제12호).

(2) 통관의 종류

① 수입 통관 : 물품이 외국에서 국내로 이동하는 경우의 통관.

② 수출 통관 : 물품이 국내에서 외국으로 이동하는 경우의 통관.

③ 반송 통관 : 외국물품이 국내에 이동했다가 외국물품 상태대로 다시 외국으로 이동하는 경우의 통관.

※ 반송화물 출고시 유의사항 : 통상적으로 반송화물은 화주에 의한 반송도 있지만 국내에 반입하여서는 안 되는 품목도 있어 세관에 적발을 피하기 위하여 반송하는 경우도 있으며, 또한 원산지 및 위조상표를 사용한 경우도 있어 출고시에는 특파공무원에 확인 후 출고.

(3) 대금 결재 방식에 따라

① 유환 통관 ; 일반적으로 무역계약에 의하여 수출입되는 경우로서 환거래가 수반되는 물품을 통관하는 것.

② 무환 통관 ; 환거래가 수반되지 않는 물품을 통관하는 것을 말한다.
예) 해외 친지가 보내준 선물, 해외 수출자가 샘플로 송부한 것

(4) 통관 절차의 편의도에 따라

① 일반(정식) 통관

② 간이 통관 : 무역업자가 아닌 일반인이 개인용품으로 사용하기 위하여 구입하여 휴대품등으로 반입하거나 외국의 친지 등으로 부터 송부 받은 물품은 정식수입신고 절차와 달리 간이통관 절차와 간이세율을 적용하여 통관하는 것임.

12) 수입신고의 시기 및 요건

수입신고는 우리나라에 물품이 도착되기 전 뿐만 아니라 항공기(선박)이 도착한 후 보세구역에 도착하기 전, 보세구역에 장치한 후 어떠한 시점에서도 가능하며 물품을 어디에 두고 신고하느냐에 따라 출항전신고, 입항전신고, 보세구역 도착전신고, 보세구역 장치후 신고로 구분하면, 출항전 신고 및 입항전 신고는 당해물품을 적재한 항공기(선박)등이 우리나라 입항하기 1일전(선박은 의한 경우에는 5일전)부터 신고 가능하다.

(1) 수입신고 생략 물품

- 외교행낭으로 반입되는 면세대상 물품
- 우리나라에 내방하는 외국의 원수와 그 가족 및 수행원에 속하는 면세 대상 물품
- 유해 및 유골
- 신문, 뉴스를 취재한 필름, 녹음테이프로서 언론기관의 보도용품
- 재외공관 등에서 외무부로 발송하는 자료
- 기록문서와 서류

(2) 유해 및 유골 처리 절차

- 입항 → AWB, 인적사항, 검역서류(영사확인서, 방부증명서, 사망확인서) → 검역소(복지부) → 검역확인서발급 → 특파실 반출후 유족에 인도(AWB, 검역확인서, 인수증)
- 유골은 검역 확인 필요하지 않으며 적하목록 제출후에 특파실 경우하여 반출

〈그림 5-5〉 수입통관 흐름도

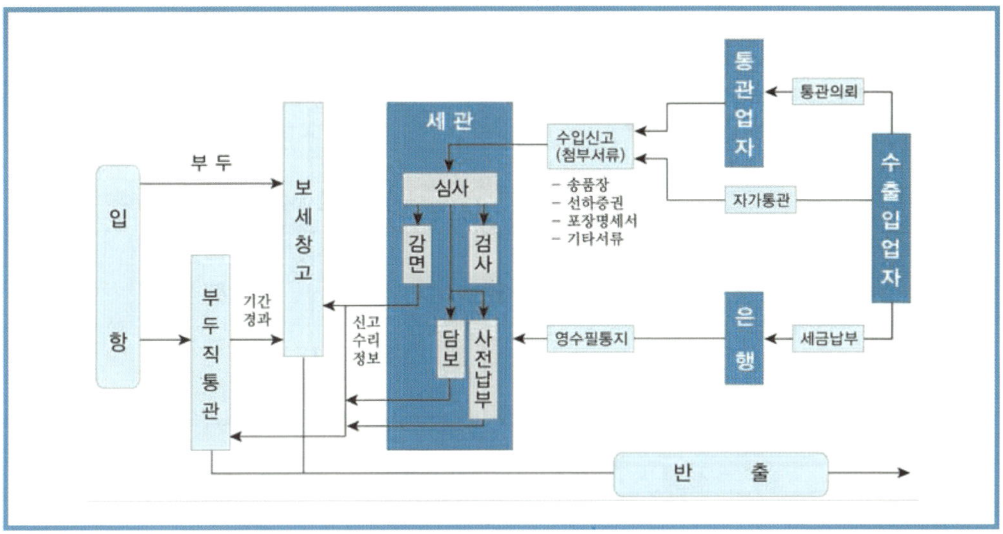

13) 해외 이사화물 통관

이사물품은 물품이 도착한 공항세관 또는 항구세관에서 통관하는 것을 원칙으로 하나, 이사자가 원거리에 있는 도착항 인근세관에 가서 통관하는 어려움을 해소하기 위하여 화주가 요청한 경우 서울, 인천, 용당(부산)세관으로 보세운송하여 통관할 수 있음.

(1) 이사화물 통관시 주의할 사항

이사화물 통관시 가능하면 packing list 상에 품목 및 구입년도가 정확히 기재하여 세관에 제출하여야 하며, 부득이 packing list와 현품이 상이할 시에는 가능하면 전자제품 및 고가(골프club , tv, vtr, 냉장고)의 재품쪽으로 검사하도록 유도하여 통관조치하며, 그리고 외국 시민권자의 이사화물 통관은 국내체류기간이 1년 이상이어야 이사화물 통관이 가능하며, 단기 체류시에는 일반화물 통관하여야 함.

〈그림 5-6〉 이사물품의 통관절차 흐름도

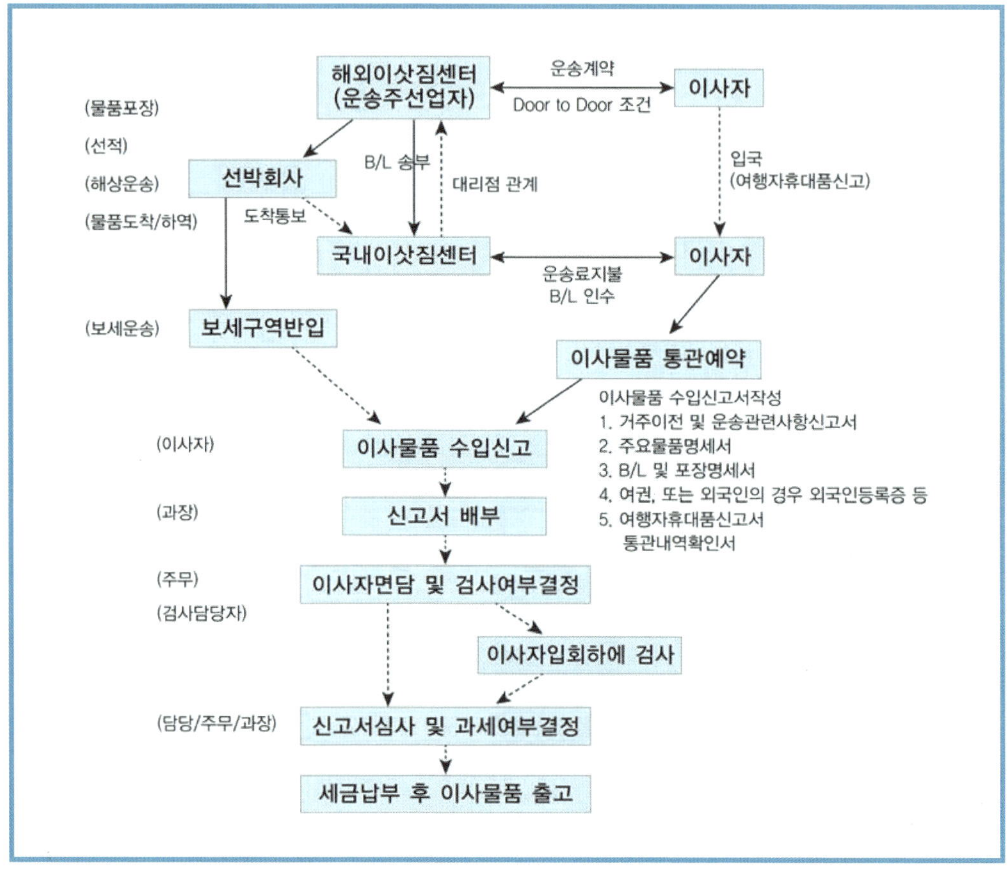

(2) 자동차 통관시 유의 사항

① 02년 1월1일부터 이사자등이 귀국시 반입하는 자동차에 대하여는 전거주국에서 등록하여 귀국 전까지 3개월 이상 사용하거나 소요한 경우에 한하여 이사물품으로 인정.

② 제출 서류

- 자동차 등록증(해당국 정부 발행)
- 소유증 및 보험증서 등
- 이사물품으로 통관된 차량은 반드시 수입신고서에 기재, 확인된 이사자 또는 동반가족의 명의로 등록할 수 있음.

2. 수입화물 주요 업무(담당자별)

구 분	주 요 업 무 내 용
OPRN	A/C 도착전 특수화물 파악 및 특기사항 정리 각종 MSG 정리 및 STN FILE 특수화물 W/ORDER 타전 및 입고 확인 중량점검 (출발지 요청건 포함) 후 출발지에 CCA 요청 전문 타전 생동물, 귀중품등 특수화물의 신속 처리 화물기 G/D 전송 및 보고 확인 화물반입 시간 / 반출대기시간 서비스 점검 수입화물 품질평가활동 및 대화주 서비스 관리
IRR	보류화물 발생접수 및 세관에 사고화물 이상보고 IRR MSG 접수 및 발생된 IRR CGO MSG 타전 보류화물의 화주 또는 대리점에 유선통보 보류해제 처리 B/D 또는 출고시에 DMG CGO F/UP 및 해외STN MSG 조치 사고화물관련 대고객 문의전화 응대 서비스
AWB CNTR	수입화물 운송장 확인 및 인도 수입화물 운송장 SKD CHK 및 대고객 INFO 서비스 CCT 운임 계산 / 대장 정리 / AGNAIS DATA 입력 보고 일일 운송장 인도 B/L COPY RE-CHK
CLAIM	일반화물 대상 CLAIM 의 서류접수 / 작성 및 처리경과 보고 항공화물 화주보험(SII) 부보화물의CLAIM 처리 CLAIM 대상화물의 운송과정(단계별)중 처리경과 확인 및 IRR 원인 규명 및 보고 CLAIM REPORT 작성 및 MSG 타전 CARGO CLAIM의 화물서비스팀 이관 (지점장 전결 권한 금액 초과시) 조업 품질 관리감독(C.I.N) 및 구상권 청구
보세사	수입화물 출고시 수리필증과 실물 확인 장치기간 경과 물품 관리대장 기록 및 유지 / 반출통고서 작성 및 발송 수입화물의 멸각, 폐기 및 국고귀속 화물 처리 수입화물청사 화물 관리 및 시설 보완관리 반입화물 점검 실시 명세서 작성 세관 제출 보세화물 관리서류와 보고서 작성 및 제출 세관 EDI 확인 (미반입, 반출 등) 화물보완검색 (X-RAY)관리
D/T	D/T 화물 작업지시 및 입-출항적하목록 확인 제출 TRUCKING 요청 및 실적관리 / TRUCKING 비용 심사 D/T 화물 작업 현장 관리 감독 TRUCKING, TRM DATA 입력 FLT MFST취합 및 수입관리팀에 송부

창고료	창고료 수납업무 수출/입 창고료 수입관리 / 00창고보관료 수입보고 심사 후불업체 계약 및 관리 / 창고 DO (BANK) 포괄처리 관리 창고료 관련 통계 처리
서면분류	수입화물 적하목록 세관 제출 수입화물 창고배정 업무 수입화물 전산 IRR처리 및 보완
전산실	반출·입 전산처리 업무 수입화물 전산 INVENTORY 관련업무 세관 EDI 반출입CHK 및 미반출 정리 전일 및 당일 반출입 오류확인, 미접수현황CHK

제2절 수출화물

1. 수출화물 프로세스

1) 수출화물

(1) 수출화물의 정의

수출 장치 화물이란 내국 물품을 외국으로 반출하기 위하여 통관하고자 하는 물품을 보세장치장내에 장치되어 있는 화물을 말한다.

관세법상의 수출의 정의는 내국물품을 외국으로 반출하는 것이라고 규정하고 있다. 즉, 관세법에서 규정하는 내국물품이란 우리나라에 있는 물품으로서 수출신고수리를 받지 않은 물품이라 규정하고 있다.

대외무역법상의 수출의 성의는 국내에서 외국으로 물품이 이동하는 것을 의미한다. 수출이라 함은 "매매·교환·임대차·사용대차·증여 등을 원인으로 국내에서 외국으로 물품을 이동하는 것"이라고 정의하고 있다.

수출화물이란 국내에서 화물(내국물품)을 항공기에 탑재하여 외국으로 반출하고자 적법한 절차(수출신고수리)를 거쳐 외국으로 이동하는 화물을 말한다.

관세법상 수출이 성립되는 시점은 외국으로 내국물품을 반출하는 시점이 된다. 정상적인 수출의 경우 수출신고가 수리되어 물품이 항공기(선박)에 적재된 때를 반출시점으로 본다.

2) 수출화물의 처리절차

〈그림 5-7〉 수출화물 처리절차

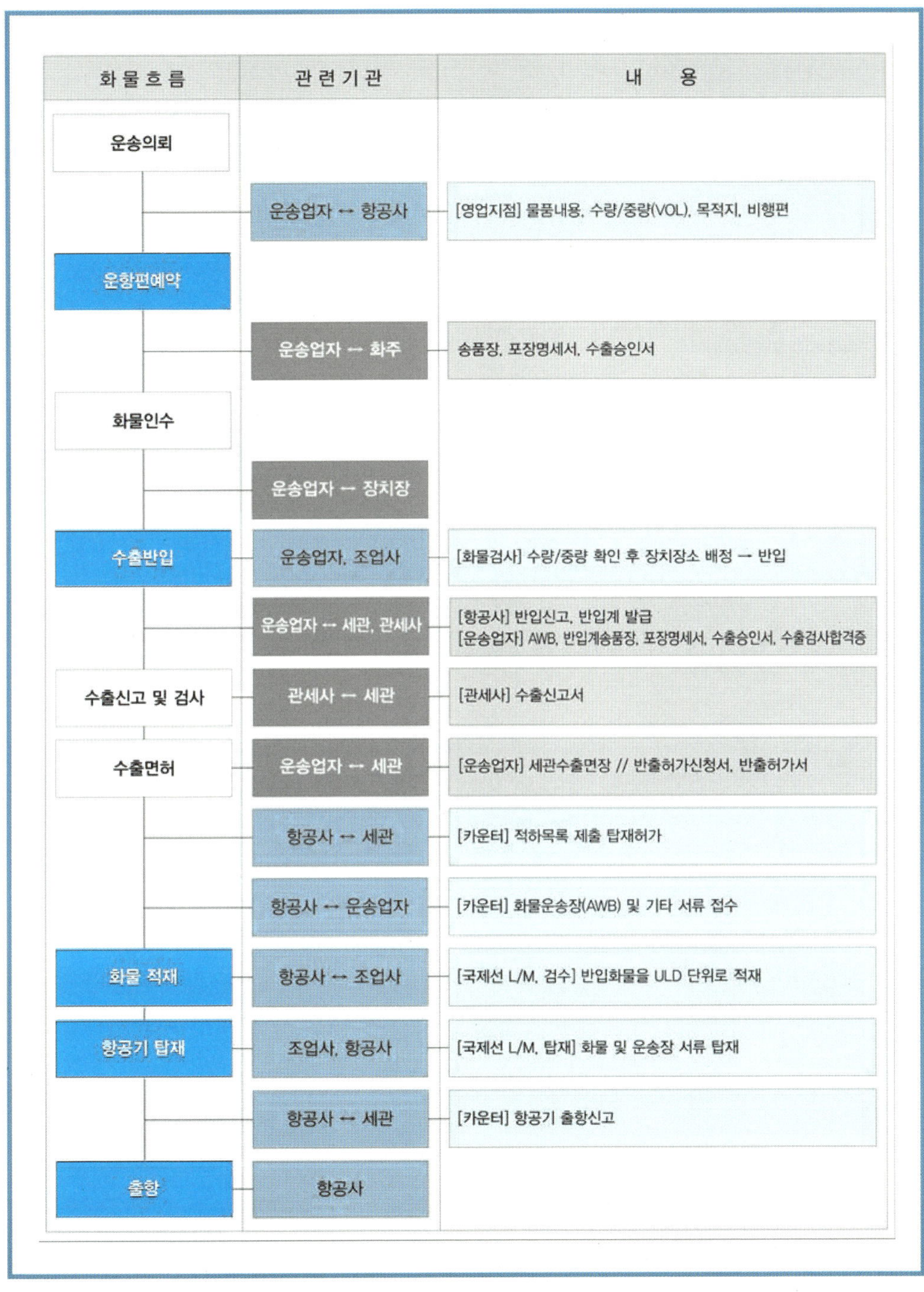

〈그림 5-8〉 수출화물 프로세스 및 흐름도

프로세스 구분 및 흐름도	업무활동내용	입력 사항	출력 사항
화물 수익 극대화 특수화물 IRR 최소화 ←	G-01-a로 연결 * CF의 년간 TARGET접수 * (특수)화물 IRR TARGET설정 * 정시율 목표 설정	* 전년도 달성율 분석	* 증점관리 목표 설정
↓ CF에서 개별 FLT 별 BOOKING LIST	* FLT 별 BOOKING LIST 확인	* ADD INFO MSG 접수	* CBA
↓ LOAD PLAN을 조업사에 지시	* 지점 ALLOT에 의거 ULD B/UP 작업 ORDER	* 지점별 B/UP PLAN	* CBA * T/S BACK LOG
↓ 서류 접수 및 DATA입력	* 예약확인(개수/중량) * 화물접수 여부 확인 * 수출 승인 여부 확인	* DOCUMENT 확인 CSP DATA 입력	* CSP DATA
↓ 화물 ULD에 작업	* 담당 FLT에 MAX U/UP	* BOOKING LIST	* PALLET TAG * WEIGHT SLIP
화물기 / 여객기 W/B →	H-02-e로 연결		
	* 시스템에 ULD NO, WEIGHT입력 * W/B CHECK	* DATA 입력	* W/B SHEET
↓ 항공기 탑재	* 작업 ULD를 항공기에 탑재	* LOAD PLAN SHEET	* 항공기 탑재
↓ DEAD LOAD SPCL CGO CHK (NO → LOAD PLAN을 조업사에 지시)	* FLT별 ULD NO, WT CHK	* DCS DATA 확인	* L/M INFO
		* DATA 입력	* LOAD PLAN SHEET 생성
YES ↓ MFST 생성	* 해당편 적하목록 생성	* AWB DATA 입력	* MFST 생성
↓ 항공기 출발	* FFM, B/L IRR SPCL CGO 정보 제공	* SITA MSG 타전	* SITA MSG 출력

3) 화물 접수 및 반출

(1) 수출화물 접수 CUT – OFF TIME

① 일반화물 : 여객기, 화물기 공히 출발시간 기준 3시간 전
② EXPRESS 성 화물 : 여객기, 화물기 공히 출발시간 기준 90분전(ACE 대리점)

(2) 화물하차시

① 화물이 터미널에 도착하면 접수담당자는 TRUCK DOCK을 배정하여 수출화물을 하기하도록 지원한다.
② 중량화물에 대해서는 별도의 장비를 지원한다.
③ 반드시 "MAWB" 단위로 화물을 하기하도록 한다.
여기서 "MAWB" 단위란 "RFC(READY FOR CARRIAGE)" 상태로서 LABELLING 및 PIECE가 마감되고 세관통관절차가 완료된 상태의 화물을 의미한다.
④ TRUCK DOCK에서 화물 하차 시 SKID를 공급하며, 화물터미널 외부에서 대리점에 의한 화물적재 작업이 이루어지는 경우에는 PALLET와 DAMAGE 방지를 위한 SLAVE PALLET를 공급하도록 한다.
⑤ 화물은 MAWB 건별로 SKID에 적재하도록 하고 대리점 요청시에는 분할하여 SKID에 적재 가능하도록 한다.
⑥ BUC 화물 접수시 하차작업을 지원하여야 하며 BY PASS T.V에 하기하도록 지원하고 1 MAWB 분할 예약건도 일시에 접수되어야 한다.
⑦ 화물접수가 완료된 화물은 수출화물 반입표에 반입날짜 예약편명, 수량, 중량 대리점명을 기재한 후 화물에 부착하여 관리 및 식별이 용이하도록 한다.
⑧ "MAWB" 단위 접수 예외적용 화물(화물하기시 적용사항)
- 보세운송되는 SEA & AIR 화물
- ONE MAWB로서 5TON이상의 BIG LOT물량
- 출발지가 다른 BIG SKID 물량
- 출발지가 다른 반도체(I.C)화물

⑨ "MAWB" 단위로 마감된 건에 한해서는 예약 확인 없이 접수가 가능하다.

(3) 화물하기 후 접수 절차

① 화물 접수담당은 원칙적으로 M/AWB원본이 제시되어 수량이 마감된 건에 한하여 중량측정을 하도록 하고 접수시에 부피, 수량, 제품손상 등을 확인 후 이상유무를 M/AWB상에 기재하여 CCA 및 대리점의 CLAIM에 대비한 근거가 되도

록 한다(반드시 TTL PCS가 기록되어야 하며 아울러 BARCODE SYSTEM을 이용하여 창고관리시스템(WMS)에 화물 반입 현황을 입력하도록 한다).

② 타 창고에서 M/AWB로 마감된 수출화물을 접수시, 중량차이가 날 경우에는 당사에서 측정한 중량을 적용하고 운송장 수정을 요구해야 한다. 또한 동 INFO를 카운터에 통보하여 수정될 수 있도록 조치하여야 한다. 담당대리점의 운송장 수정이 불가한 경우에는 CCA STAMP를 날인하고 중량 차이부분을 기재하여 대리점의 확인서명을 득하고 이후 CCA 발행의 근거가 되도록 한다.

③ 화물성격 구분, 서류 및 화물사항 확인내용

- 일반화물 : M/AWB, LABEL, 개수, 포장상태, 화주주소, MARKING
- 보세화물 : M/AWB (보세운송 면장)
- 특수화물 : DIP, VAL, MAIL, AVI, PER, HEA, HUM, DGR, 시사성 화물, FRGL 화물

(4) VOLUME WEIGHT 적용 지침

① 업무지침 : 화물반입시 용적화물에 대하여 부피를 산출하여 중량을 적용하도록 한다.

② 용적값 산출방법

- SIZE가 틀린 경우에는 SIZE별로 측정하여 산출한다.
- SIZE가 일정한 경우에는 SAMPLE 1EA로 측정하여 산출한다.
- BUC 작업 외에 LOTS성 PALLET작업일 경우에는 아래 중량을 적용한다.

※ VOL WT는 118INCH HT는 2996KG을 적용하며, 96INCH는 2530KG 64INCH는 1690KG, GR 96 TYPE은 2200KG을 적용한다. 다만 1CM 낮아질 경우 10KG을 차감하여 VOL WT를 적용한다.
96INCH HT의 16FT인 경우 4,000KG을 20FT일 경우 5,000KG을 적용하고 또한 118INCH HT를 기준하여 16FT는 4,600KG, 20FT는 5,992KG을 적용하며1CM 낮아질 경우 16FT는 15KG, 20FT는 20KG을 차감하여 VOL WT를 적용한다.

(5) 자동차 CHARGEABLE WT 산출 방법

① NUDE CARE인 경우 : L/D 탑재

- 북아메리카 : 1,690KG(1POSTION CHARGE)
- (전장 × 96inch × 96inch)/366 or (전장 × 243cm × 243cm)/6000

② WOODEN CRATE의 경우 : 실제 VOL WT를 CHARGBLE WT로 산정.

- (가로 × 세로 × 높이)/366 (icnh - kg) or (가로 × 세로 × 높이)/6000(cm - kg)

(6) VOLUME WT IRR 방지를 위해 수시로 현장화물 WT RE-CHK를 실시한다.

① RFC는 보세사와 반입담당이 확인한다.

② 일반화물(비 RFC화물)은 보세사와 IRR DESK에서 확인한다.

③ VOLUME 재측정결과는 KFZ 결재하에 보관한다.

④ WT 차이가 발견될 시는

- 항공기 출발전에는 화주 및 대리점에게 통보하여 즉시 AWB을 수정토록 한다.
- 항공기 출발후에는 요금 지불방법과는 관계없이 CCA를 발행하여야 한다.

4) 화물 계량시 필요사항

(1) MAWB 건별 화물전체 실중량을 계량

① MAWB로 PC가 마감된 건에 한하여 전체측정 또는 분할 측정을 하도록 하며 중량 측정시에 BARCODE SYSTEM을 적용하여 반입 접수하도록 한다.

② 화물 접수시 필요한 서류는 MAWB이며 MAWB이 준비되지 않은 경우에는 반드시 PIECS 마감 여부를 확인할 수 있는 복사본으로 접수 가능하며 화물 계량시 WEIGHING SLIP지를 부착하기 전에 담당자가 PC 및 중량을 재확인 하도록 한다. (WEIGHING SLIP 일체는 MAWB B/L COPY 하단부에 붙이고 TTL WEIGHT를 기록하여 대리점에 전달한다.)

③ 중량 측정 후 창고관리시스템(WMS)에 입력된 PC와 중량이 MAWB상에 기재된 PC와 중량이 일치하는지 확인하도록 한다.

④ RE-FORWARING 화물은 해당대리점을 CONTACT 하여 LOCATION을 확인 한 후 계량

⑤ 반송화물은 면장의 중량을 확인하고 담당세관 공무원의 확인여부를 확인 한 후 접수 (보세사의 확인으로 세관공무원의 확인을 대신 할 수 있음)

⑥ 수출화물 카운터의 B/L 접수 담당자는 대리점에게 제출하는 MAWB B/L원본의 PCS, W/T 정보와 WMS상의 DATA를 상호 비교하여 그 수치가 일치되지 않을 경우에는 MAWB B/L COPY 상의 WEIGHING SLIP DATA를 재검증한 후 WMS DATA와 비교하여 그 차이를 카운터 선임에게 보고한다.

⑦ 수출화물 카운터 선임근무자는 WMS DATA DISCREPANCY가 보고되었을 경우 MAWB B/L 원본, 사본, WMS DATA등을 재점검하여 WMS DATA 수정여부를

MGR에게 요청하여 처리하고, 대리점에게는 MAWB B/L 원본의 정정을 요구하도록 한다.

⑧ 보세화물일 경우 GROSS WEIGHT는 면장상의 NET WEIGHT보다 많은지 확인.

⑨ 계량기기에 이상이 발견된 경우에는 사용을 즉시 중지하고 ICN IRR담당 MGR에게 즉시 보고하여 조치 받도록 한다.

5) 화물의 운반, 장치 및 보관

① 화물기 접수절차가 완료된 화물에 한하여 운반, 보관되도록 조치.

② 중량측정이 완료된 화물은 해당노선에 따라 LOCATION관리하도록 하고 RE TERMINAL을 사용하여 장치된 LOCN을 입력하도록 한다.

③ 당일 출발하는 화물은 해당작업장으로 운반 후 담당 CHKR에게 인수인계 한다.

④ BUC/BUP 화물은 BY PASS T.V를 이용하여 화물접수 절차를 완료한 후 AIRSIDE로 DLIVERY하도록 한다.

⑤ 화물감정 및 통보

- 세관의 감정 요청시 화물을 개장하고
- 감정 입회시에는 세관담당자와 관세사 직원이 입회하여야 하며 관세사 단독으로 감정을 요할시에는 확인서를 받아야 함.
- 감정완료후 화물을 재포장 - 관세사 및 감정세관원 서명토록 조치
- 견본 인출시 인출서를 작성하여야 한다.
  - AWB NO.
  - 견본 인출 : 단 견본은 반드시 회수되어야 하나, 분석, 비치실의 비치 목적으로 사용시는 세관으로부터 통보가 있는 것은 예외로 하여 그 결과를 기록 유지한다.
  - 화물의 외부에 상기 내용을 기록하고 대장에 세관원 또는 관세사의 확인 서명을 득한다.

6) 화물 출고시 참고사항

① 보세품일 경우에는 서류상의 세관 도착보고 유무를 확인한 후 출고한다.

② 화물접수 시 A/C별 CUT-OFF TIME을 참고로 한다.

- 화물기 : ETD 3시간전
- 여객기 : ETD 3시간전

③ 신고취하(반입취하)화물 : 화물 신고취하, 반입취하를 하는 경우 아래사항을 확인
- 타 세관에서 보세 운송된 화물로 신고취하 하는 화물
- 관내(인천세관)의 부 적격 판정을 받은 화물
- 오송 또는 화주 사정에 의하여 보세운송 되어야 할 화물
- 창고에 반입은 되었으나 세관에 신고되지 않은 화물을 반출할 경우

④ 화물반출
- 해당 대리점(또는 화주)에서 MAWB를 반출담당자에게 제시하여 화물 접수취하 요청.
- 반출담당자는 대리점(화주)직원과 현품 확인 후 MAWB 하단부에 서명.
- 보세사는 대리점으로부터 MAWB 및 신고 취하된 면장 또는 보세 운송되는 면장이 첨부된 신청서를 접수후 창고료 납부를 확인하고 반입취하 및 장부에 기입한다.
- MAWB를 반출담당자에게 제시하여 현품인수를 요청(대리점)
- 반출담당자는 MAWB에 현품 인수자의 서명 날인 후 운송차량 NO를 기재하고 화물을 인계한다.
- 동 건은 상호확인서명 된 MAWB를 COPY하여 보관 조치한다.

7) IRR성 화물의 조치

① 미 출고 화물 : OUT/B 담당 CHECKER의 INFO에 의거 미 반출 여부를 확인
- 미 출고 시 : 즉시 반출 조치
- 반출완료 화물 : 작업장 및 보관장소 RECHECK

② 미 반출 화물을 찾지 못하였을 경우 관련 대리점 및 항공사를 CONTACT하여 계속 추적 조사.
- OFLD CGO
  - FLT 담당 CHECKER는 OVER BOOKING되어 작업된 화물이 OFLD되었을 경우 즉시 해당 FLT L/M에게 통보하고,
  - L/M는 M/AWB과 CHECKER에 의해 작성된 TAG을 대조하여 OFLD된 화물을 파악 후 관련 대리점에 통보하여 OFLD된 화물에 대한 이고 등 적절한 조치가 취해질 수 있도록 함.

③ OVCD와 SSPD CGO
- L/M는 작업종료 후 M/AWB과 TAG을 대조하여 OVCD나 SSPD건이 발견되면 A/C 정시성에 저해를 주지 않는 한 최대한 IRR가 발생치 않도록 조치한다.

- 시간이 없을 경우 관련부서 및 해당 대리점에 통보하여 적절한 조치가 취해질 수 있도록 조치한다.

8) 화물 입출고 기록관리

화물입출고는 화물자동화시스템(ACTS), 창고관리시스템(WMS)에 의하여 전산으로 관리 기록유지 됨.

(1) 화물의 재고관리

① 창고관리시스템으로부터 화물의 재고를 일일 단위로 파악하여 장기간 미 반출된 화물에 대해서는 대리점에 확인하여 반출여부를 확인 후 조치한다.
② 특수화물창고(냉동, 보냉)의 보관화물에 대해서는 별도의 LIST를 특수화물창고 외부에 부착하여 보관화물의 식별이 용이하도록 조치.
③ 특수화물창고 유지 온도가 적정하지 못할 때에는 해당 관리자(PART장) 및 감독자에게 보고하여 시정조치가 이루어질 수 있도록 조치한다.

2. 보안 검색

1) 항공기 탑재화물

- X-ray 검색
- 개봉 검사
- 폭발물탐지기 등
- 항공화물보안검색이행확인서

2) 여객기 탑재 화물

전량 X-ray 검색 또는 개봉 검색(by 코압섹 직원)

3) 미주행 화물 TSA 규정(TSA/ACISP 8.3)

- 미국행 화물기 탑재 65Kg이상 일반화물 검색 규정.
- 십자 BANDING 및 외부 장금 장치가 되지 않은 화물은 개봉검색.
- 개봉 시 화물손상이 우려되는 경우 SHPR's Verification 서류 제출시 X-RAY or ETD (Explosive Tracing Detector)로 대체 가능.

〈그림 5-9〉 보안 검색

3. 여객기 기종별 운영방안

1) B737-400

(1) 개요

① 이 기종은 NARROW BODY로서 CABIN COMPT는 크게 2부분으로 구분된다.
② FWD CABIN COMPT는 1 - 15열, AFT CABIN COMPT는 16 - 29열까지이다.
③ CGO COMPT는 BULK LOADING하며, FWD COMPT와 AFT COMPT로 구분한다.

(2) DOOR DIMENSION (HEIGHT × WIDTH)

① FWD DOOR 48" × 35"
② AFT DOOR 48" × 35" (48" × 31")

(3) CAPACITY

COMPT	1	2	UNIT	3	4
HOLD	FORWARD			REAR	
MAX.COMP.LOAD	973	1515	KG	1466	1255
MAX.FLOOR.LOAD	732		KG/SQ	732	
MAX.FLOOR.LOAD	68		KG/SQ	68	
USABLE VOLUME	3.96	6.51	CU.M	7.55	6.73
USABLE VOLUME	140	230	CU.FT	267	238

※유의: 단 PC당 120KG을 초과하는 화물은 가급적 지양한다.

(4) OVER BOOKING시 ADJUST CGO를 SEPERATE로 작업 유도

(5) FORWARD/AFTER CARGO COMPARTMENT는 MANUAL 참조

2) A321

(1) 개요

이 기종은 AIRBUS사에서 제작된 항공기로 AHK란 전용 CONTAINER를 10개를 FWD COMPT(11,12, 21, 22, 23 POS) AFT COMPT(31, 32, 33, 41, 42 POS) 에 LOADING할 수 있다.

(2) DOOR DIMENSION(HEIGHT × WIDTH)

① FWD DOOR : 46.93 IN × 71.53 IN

② AFT DOOR : 46.93 IN × 71.53 IN

③ BULK DOOR : 30.43 IN × 37.55 IN

(3) 운영

① CGO를 BULK탑재 하지만 경우에 따라서 ULD 사용 가능.

② 도착 현지에 LOADER가 없어서 BULK 탑재.

3) B767-300 / 300ER

(1) 개요

① 이 기종은 중형기로서 B767-300/300ER의 탑재 유형은 동일하며 ULD를 사용한다.

② CABIN COMPT는 3부분으로 구성되는데, FWD CABIN은 1-4열, MID CABIN은 5-18열 AFT CABIN은 19-41열 까지이다(CABIN COMPT는 약간의 차이가 있을 수 있음).

③ CGO COMPT는 HOLD1, HOLD2, HOLD3, HOLD4, HOLD5로 구분되며 HOLD5는 BULK COMPT를 말한다.

(2) DOOR DIMENSION

① M/D DOOR	103" × 129"
② FWD DOOR	66" × 134"
③ AFT DOOR	66" × 70"
④ BULK DOOR	47" × 37"

(3) 운영

① HOLD1, HOLD2는 PLT와 CTNR LD7, LD9 TYPE을 MAX 4EA 탑재 가능하고 LD3, LD4, LD8 TYPE과 같은 CTNR는 MAX 8EA 탑재 가능하다.
② HOLD3,HOLD4는 ONLY CTNR만 탑재가능하다.
③ PLT와 CTNR 조합은 CGO COMPT의 LOCKING 장치에 따라 달라진다.
④ OVERHANG SHPTS의 경우 88" PLT에 작업 지시한다.

(4) CAPACITY

BIN1은 18,900LBS BIN2는 16,000LBS BIN3는 17,100LBS BIN4는 12,800LBS BIN5는 6450LBS이며 이 제약 조건을 초과할 수 없다.

4) B747-400 COMBI

(1) 개요

① CABIN COMPT는 크게 4구분할 수 있으며 1-4열, 5-17열, 18-37열, 38-47열로 구분된다.
② CGO COMPT는 LOWER DECK COMPT, MAIN DECK COMPT로 크게 2 구역으로 구분되며 이를 소수분하면 BIN1, 2, 3, 4, 5, 6, 7, 8로 나누어 구분한다.
③ WT적용에 있어 STANDARD 방식과 INCREASED 방식이 있으며 INCREASED 적용시 TAIL FUEL TANK를 사용할 수 없다.

(2) DOOR SIZE

① NOSE DOOR	98" × 140"
② MAIN DECK	120" × 134"
③ LOWER DECK	66" × 104"
④ BULK	67" × 44"

(3) 운영

① SEE LOADING INSTRUCTION FOR B747-COMBI MANUAL
② T POS은 2045KG로 제한
③ 'S' POS은 'T' POS과의 DEAD SPC로 인해 52"까지 OVERHANG 가능하다.
④ 20FT PLT는 원칙적으로 1EA LOADING 가능
⑤ 20FT LOADING시는 RR/ SR POS으로 ASGN하며

⑥ 항상 C.G. 문제가 야기되므로 LOWERDECK 용 PLT를 무겁게 작업 유도한다 (LODER DECK과 MAINDECK W/T 비율을 60 : 40으로 안배하여 LOAD PLANNING).

(4) 여객기 노선별 승객 1인당 DCS 적용 WT (위탁수하물을 포함) 단위: LBS

국내선 전구간 : 175, KIX : 200, NRT : 225, NGO : 225, FUK : 190 일본 : 180, HRB : 205, CGQ : 205, YNT : 190, 기타 중국 : 210, MNL : 250, SGN : 225, DEL : 240, SPN : 210, GUM : 198, 기타 SEA : 200, 유럽 전체 : 220, SYD : 205, UUS : 210, KHV : 250, TAS : 230, SFO : 220, JFK : 235, LAX : 225, 기타 미주 : 240

4. Cabin Configuration에 의한 분류

〈그림 5-10〉 Cabin Configuration에 의한 분류

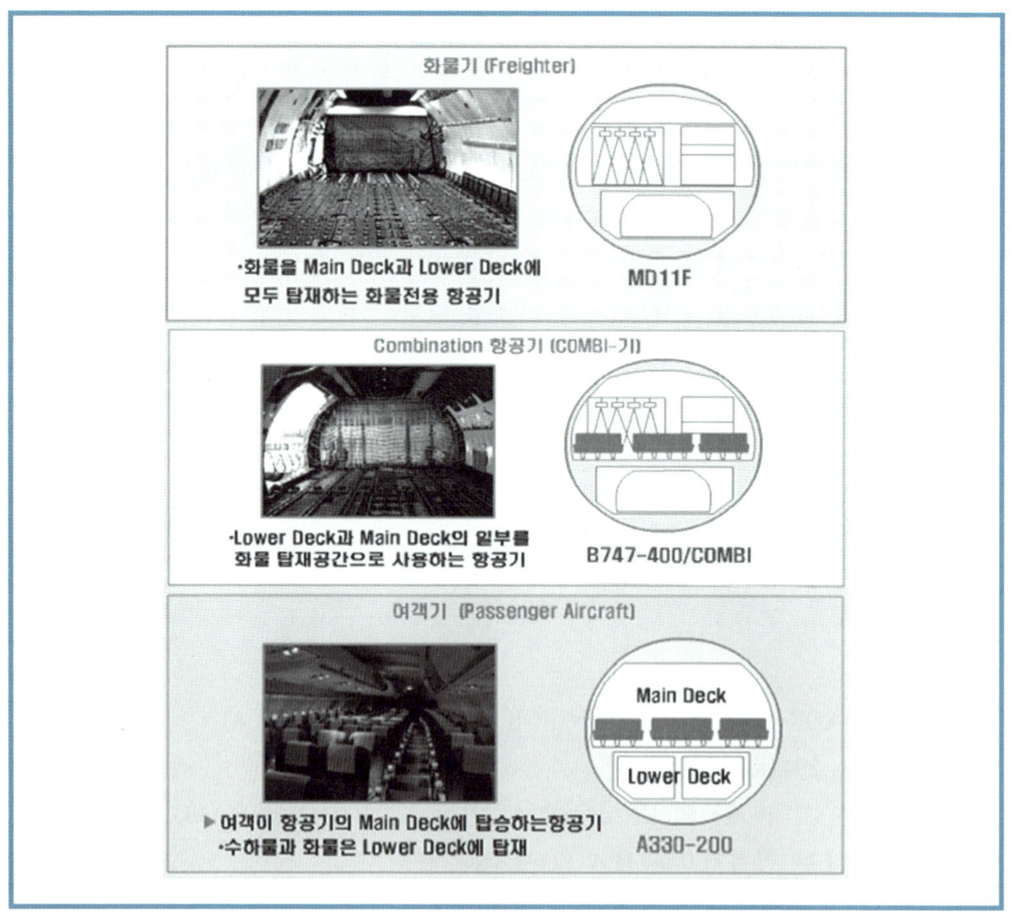

5. 화물기의 구조

〈그림 5-11〉 Nose Door

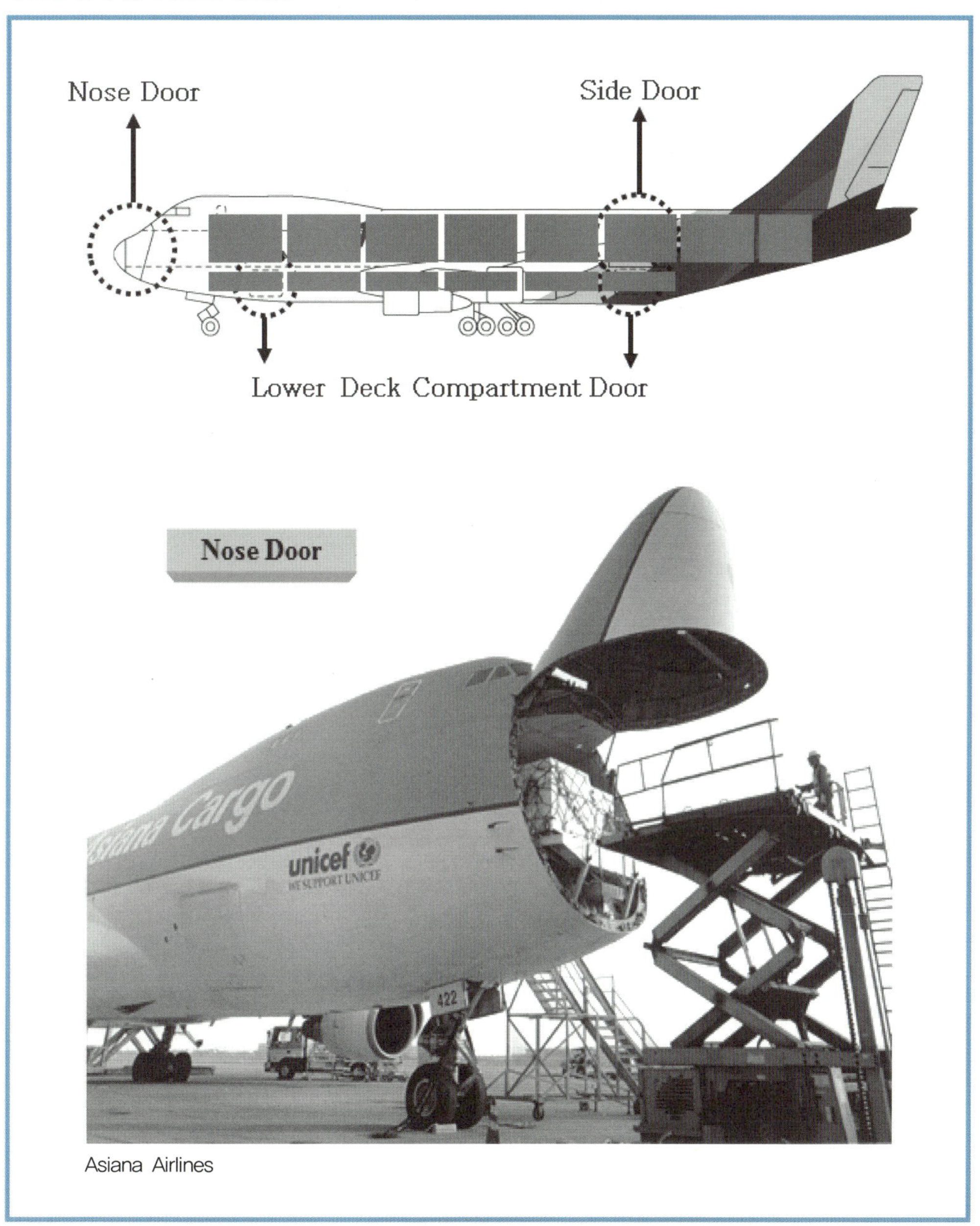

Asiana Airlines

〈그림 5-12〉 화물기 MAIN DECK

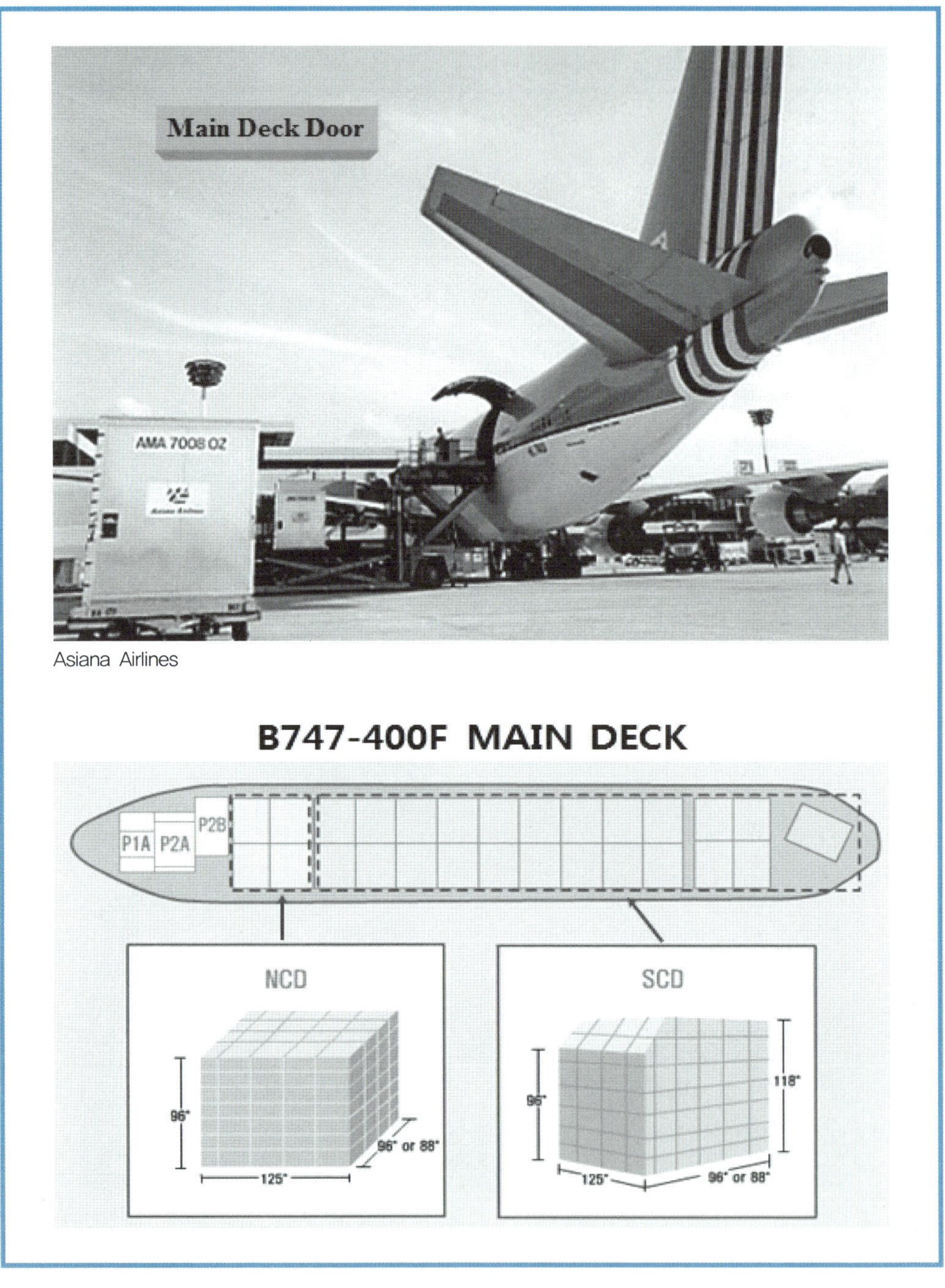

〈그림 5-13〉 화물실 위치와 명칭

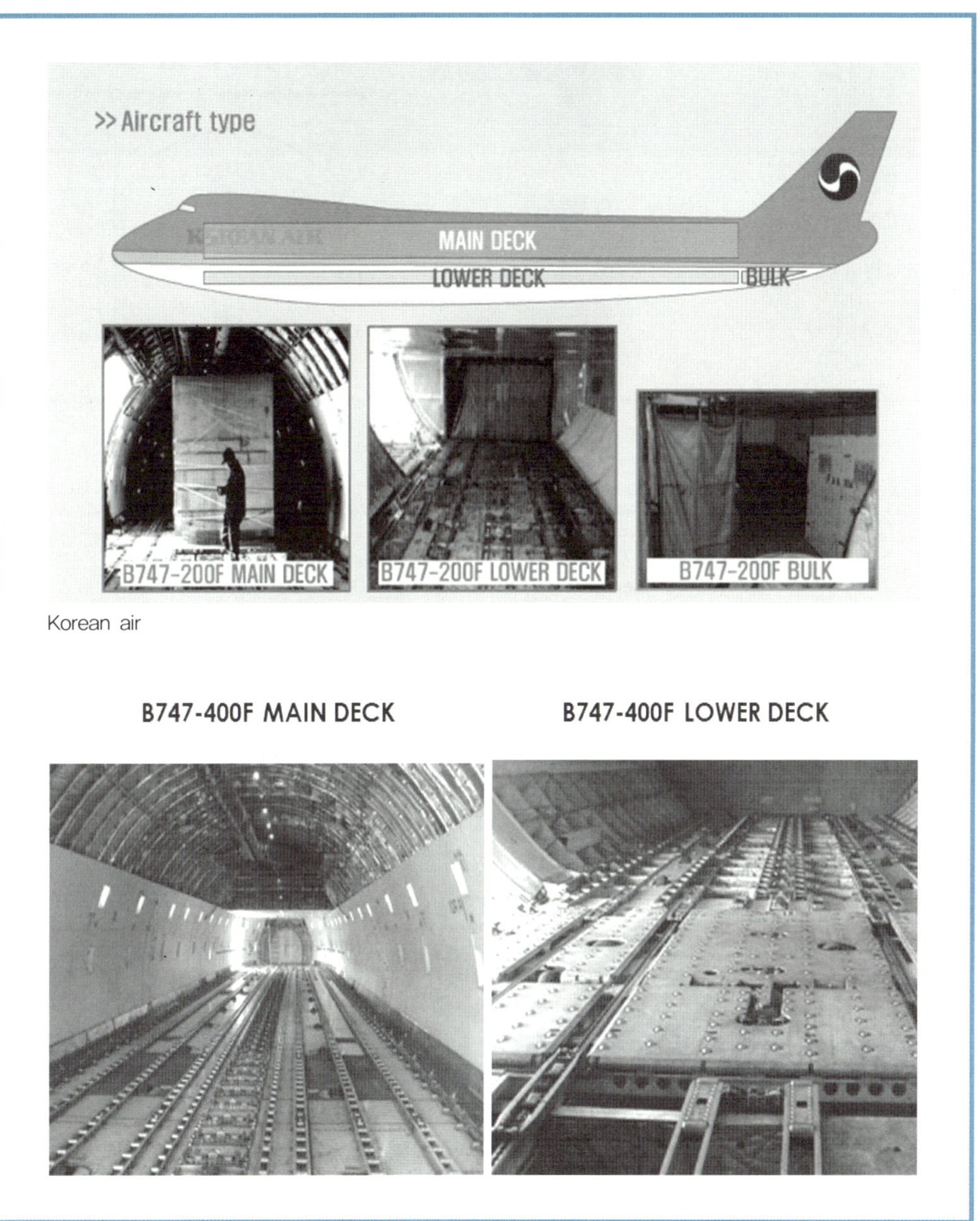

〈그림 5-14〉 NCD vs. SCD

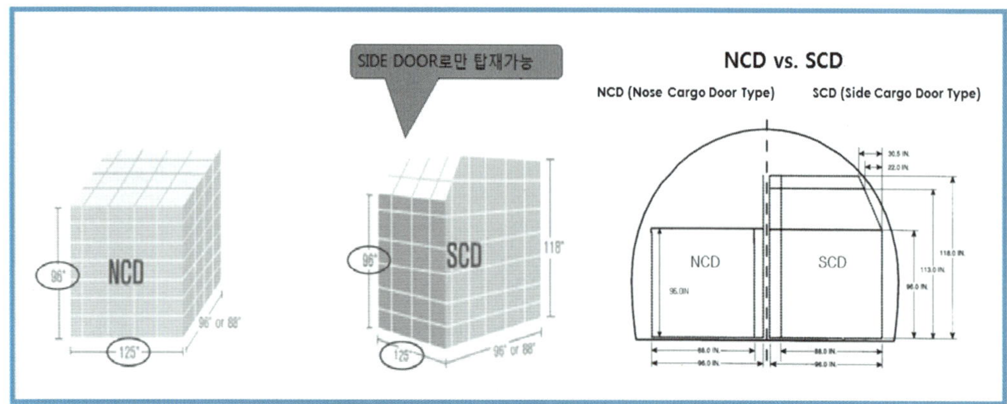

〈그림 5-15〉 LDP vs. LD3

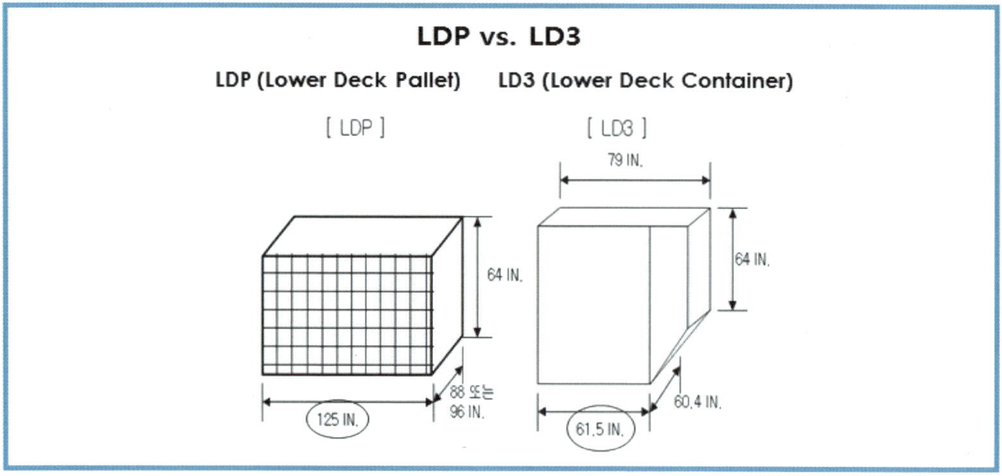

6. LOAD MASTER 업무

1) 여객기

① CF로부터 RELEASE된 BOOKING LIST와 ADD INFO MSG, 창고관리 SYSTEM의 T/S ON HAND에서 BACKLOG DATA CHK후 화물자동화시스템을 통하여 OFLD 화물 파악.

② CBA에 나타난 T/S CGO, ICN-OUT CGO의 ALLOTMENT를 확인한다.

③ CBA상에 SPCL CGO의 BKG유무를 우선적으로 CHK하고 REQUIRED DOCUMENT 점검. (D.G./ AVI/ VAL/ PER/ OHG/ HEA)

④ 예약화물에 대한 M/AWB, H/AWB, 혼재 CGO H/MANIFEST 등을 SCREEN하며 품목을 점검하여 미신고된 위험품 포함여부 확인.

- 의학, 화학 등 전문용어로 기재된 품명
- 해당 구간에 통상 운송되는 항공화물이 아닌 경우

⑤ 승객 BAGGAGE상황을 미리 CHK 후 CGO LOAD PLAN확인한다.

⑥ OFLD CGO의 경우 담당 L/M는 ULD 작업여부 및 LOC을 확인 후 가능한 가장 빠른 FLT에 탑재 조치할 것.

⑦ 상기 DATA에 근거하여 B/U PLAN을 완성하여 그에 따른 WORK ORDER를 CHKR에게 지시하도록 한다.

⑧ SPCL CGO에 대하여는 작업 현장에 반드시 나가 품명을 확인하고 그에 따른 주의점을 담당 CHKR에게 주지시킨 후 작업 지시할 것.

- VAL 인 경우는 가능한 CTNR에 작업 후 SEALING처리
- AVI인 경우 TEMPERATURE, VENTILATION에 유의하여 작업 지시한다.
- PER인 경우 STACKING시 CRUSH방지하도록 작업 지시한다.
- D.G.인 경우 반드시 D.G. 규정을 준수하도록 CHECKER에게 작업 지시하며, 특히 안전 운항에 지대한 영향을 미치므로 각별한 주의 요망.
- 화물 작업시 반드시 실물을 직접 확인하여 DAMAGE(누수/누유 등)을 확인한다.
- CAO 화물이 예약 되었는지 반드시 확인
- HUM인 경우 타 CGO와 MIXED되지 않도록 하며 CTNR에 작업 지시한다.
- DIP는 주로 CNTR 작업을 하여 SEALING을 하며 CNTR 작업이 여의치 않는 경우 CGO의 특성에 따라 PLT나 BULK에 실릴 수 있도록 하며, 특히 보관은 지정된 장소에 할 수 있도록 지시한다.
- 중량화물인 경우 반드시 지침에 의거하여 업무 처리한다.
- HEA CGO인 경우 LASHING, SHORING을 철저히 하도록 지시하며, STRAP 사용수량을 결정하여 CHKR에게 작업 지시한다.
- OHG인 경우 A/C TYPE고려 미리 POSITION을 결정하여 작업 지시한다.

⑨ SHIP TO SHIP 화물이 있는 경우 조업DESK(T:5097)에 INFO주며 GH,LD에 MSG 조치한 후 유선으로 재확인 한다.

⑩ 1500KG이상의 화물이 BKNG된 대리점을 CTC 하여 변동량을 CHK 한다.

⑪ D-30MIN 전까지 수시로 작업장을 왕래하며 IRR CGO, VOL, B/UP STS를 CHK. 아울러 LD를 CTC하여(T:2142) BAG 상태를 CHK하여 CGO의 OFLD 유·무를 결정.

⑫ 정해진 작업 종료 시간전까지 S/U하지 않은 화물에 대해서 H/AGT를 CTC 후 NOSH여부를 CHK.

⑬ DEAD LOAD를 D-60MIN전에 DCS상에 입력하고, 작업중인 ULD에 대해서는 추정WT를 ULD NBR와 함께 입력하여 LR처리 할 것.

⑭ LD에서 LOAD PLAN 이 FM으로 나간 뒤 변동사항 발생시, LD 담당자와 CTC후 변동 사항을 조치한다.

⑮ D-30MIN전까지 ACTL WT를 반드시 입력하고 LOAD MASTER는 담당 FLT의 DOCUMENT CHK.

⑯ VAL CGO가 CABIN에 탑재되는 경우 TRANSFER RECEIPT 작성하여 전달한다.

⑰ NOTOC (D.G./ AVI) 작성 유무 CHK.

⑱ 작업된 화물의 이상 유무 CHK, SPC OVER시 OFLD 우선순위 CHK. PUSH BACK전까지는 EMERGENCY경우 대비

⑲ 가능한 한 PLT TAG 과 MFST를 DEP전에 CHK하되 불가피한 경우 A/C DEP후 CHK하여 CGO IRR사항을 점검한다.

⑳ L/M JOB 수행시 유의사항

- T/S CGO ALLOT준수하여 LOAD PLAN반영/OFLD시에는 관련 해외 STN 통보처리
- OFLD CGO 발생시 ICN출발인 경우 해당 대리점에 E-MAIL및 FAX OR 유선 전화통보 반드시 실시
- OFLD CGO발생시 가능한 FIRST AVAILABLE FLT에 우선 탑재실시한다.
- ECONO CG 25%를 기준으로 화물기의 CG는 25% 에서 30% 사이로 맞출 것.
- 화물기HANDLING시에는 ULD HEIGHT를 PLM에 실 수치로 반영하고 BUC/BUP 화물은 반드시 ULD HEIGHT확인서를 작성하여 STN FILE에 비치할 것.
- 위험품 품명확인 및 서류 점검 철저.
- 여객기 DEAD LOAD 입력은 출발 1시간 전에 완료할 것.
- IRR REMARKS 입력시 정형 FORMAT 사용할 것(실명제사용)
- 한국과 미국세관의 APIS DATA 전송을 하고 STN FILE에 승인 및 전송 완료사항을 첨부한다.

㉑ A/C DEP후 각종 OPRN MSG조치 (CBA상 반영된 지점에 MSG조치)

- B/L IRR INFO (BOOKING LIST 대비 IRR 사항) : NOSH, GOSH, OFLD, MAIL, REV, N/REV, VOL WT
- ULD FFM MSG를 전송함으로써 CGO 탑재 상황 INFO

- SPCL CGO INFO : D.G./ VAL/ AVI/ PER/ MAIL등
- CGO IRR INFO : OFLD, OVCD, DOC ONLY, W/O DOCS, BAL SHPTS, AWB ONLY, PRTL MFST
- MAIL FWDNG INFO : EMS 등 IPO MAIL, UA CODE-SHARED MAIL, AMT MAIL
- D.G. FWDNG INFO : AWB NBR, PC/ WT, LOC, P.S.N., UN ID, CLS, P.G., P.I. 등
- 기타 O/H CGO등 도착지의 FLT H/D에 필요한 사항은 MSG 조치.

㉒ IRR 사항 발견시 인수인계를 철저히 하고 불가피한 경우 IRR 담당에게 INFO하고 추후 F/U 요청.

㉓ 특히 전량 OFLD된 후 타 CARRIER 및 이고되는 건은 별도 IRR 담당자에게 INFO 후 EDI 처리되도록 조치한다.

㉔ 각종 IRR건은 CSP상에 REMARK작성하고 정형화된 IRR REMARKS를 작성하여 WEB상에서 정확한 정보가 제공될 수 있도록 조치한다.

㉕ ICN ORGN OFLD CGO는 E-MAIL,FAX,유선을 이용하여 AGNT에게 INFO 한다.

㉖ FLT STD기준 5분이상 CGO요인으로 DELAY시는 F.D.R. 작성하여 보고할 것.

2) 화물기

① 기본 사항은 여객기와 동일

② 출발 3시간전 CREW,CGO DATA등을 입력하여 세관승기로 G/D전송 후 SYSTEM에서 승인 여부를 확인하고 관련 자료를 STN FILE에 첨부한다.

- 임차기의 경우 세관 승기실(740-4844)에 유선으로 승인여부를 확인한다.
- 동시에 미세관에 APIS DATA를 임차기를 포함하여 전송토록하고 관련자료를 STN FILE에 첨부한다.

③ D-3HRS 전까지 당일 T/S CGO, VOL, B/U STS, PAY LOAD변화, NOSH & GOSH SPCL CGO 등을 CHK한다.

④ 각 기종별 특성을 파악하고 SPCL CGO의 탑재위치를 결정

⑤ D-2HR 전에 PAYLOAD를 ICNODOZ/ICNOCOZ에 MSG 조치하고 이상 유무를 CHK 한다.

⑥ PRTL LOAD PLAN을 할 경우 먼저 LOADING되는 위치부터 실시하고, MUTI-PORTION FLT 경우 UNLOADG 상황을 고려하여 PLAN을 작성한다.

⑦ D-2HRS 전까지 LOAD PLAN 완료하여 LOADING 지시한다.

⑧ D-40MIN 전까지 POUCH CHK, G/D CHK, LOAD SHT CHK, CGO IRR CHK,

SPCL CGO 등을 CHK 하고 W/B MFST를 작성 완료.

⑨ D-30MIN 전까지 기내에 가서 W/B SHT및 D.G. NOTOC에 기장의 SIGN을 득하고 ULD LOCKING확인한 후 CHK FILE서명후 기장 SIGN을 득한다.

⑩ 미주 화물기인 경우 EMPTY CGO CHK LIST를 작성하여 기장의 SIGN을 득한다.

⑪ A/C DEP후 각종 MSG 전송및 IRR를 CHK하여 인수인계 한다.

3) ULD LOCKING 확인 절차

인천 출발 FLT 의 담당 탑재관리사는 해당 항공편에 탑재되는 모든 ULD에 대한 LOCKING 여부 및 이상 유무를 확인한 후 관리대장에 기록 작성 및 기장에게 서명 확인하도록 한다.

(1) 화물기의 경우

① 담당 탑재관리사는 LOAD PLANNING 및 LOADING INSTRUCTURE SHEET를 작성하여 현장 탑재감독에게 출발 90분전까지 전달하고 탑재시에 ULD별 LOCKING 여부 및 이상유무를 확인

② 담당 탑재관리사는 LOAD SHEET를 작성할 때 HVY CARGO , D/G CARGO, O/H CARGO 등 탑재시 주의를 요하는 화물에 대해서는 해당 CGO의 탑재 사항을 고려하여 ULD POSITIONNING을 하고 사전 탑재감독에게 통보하도록 한다.

③ 비행기출발전 30분에 관련서류를 전달하도록 하고 동 서류 전달시에 육안으로 확인가능한 MAINDECK ULD LOCKING 이상 유무를 확인한 후 A/C에 비치된 ULD LOCKING CHK LIST에 서명한 후 담당 기장의 확인 서명을 받도록 한다.

④ 화물기에 비치된 ULD LOCKING 관리대장은 매월 초 수거하여 기종별, 월별단위로 탑재관리사의 FLT별 기록 여부를 확인하여 정리 후 보고하도록 한다.

7. 수출화물 항공기 적재 절차

1) 항공화물 적재방식

(1) 산화물 적재(Bulk Loading)방식

항공기 하단 화물실(Lower Deck) 작업과 같이 여객기나 화물기의 한정된 공간(bulk)에 적재 효율을 높이기 위하여 인력으로 개별화물을 직접 화물실에 적재하는 경우에 활용된다.

(2) 팔레트 적재(Pallet Loading)방식

팔레트를 이용하여 적재할 경우에는 적재형태에 있어 항공기 기종에 따른 화물실의 규격을 파악하여 적재하여야 함.

(3) 컨테이너(CONTAINERS) 적재방식

화물실의 입구에 있는 컨트롤 박스를 조작하여 화물실 바닥에 있는 전동식 롤러를 통해 자동으로 적재하게 되는데, 항공화물 적재방식 중에서 가장 바람직한 방법이다.

2) 항공기 적재 절차(조업사)

(1) LOAD PLAN 수립

① JOB ASSIGN 확인 후 제반 사항 숙지 및 예상 작업계획 수립 : DEST, A/C 기종, ETD, FLT NO, SPOT NO(화물기 경우)

② 항공사 L/M와 협의하여 SPACE ALLOT, 사용 ULD TYPE 및 개수 확인. 화물의 특성을 항공사와 협의 시 반영 (특수화물 예약 여부)

(2) WORK ORDER 접수

① ICN CGO

- BUC 확인 및 BUC를 제외한 작업량 산출.
- ICN CGO DLVRY 접수시간 및 CGO SHOW UP 시간 기록.

② T/S CGO

- 화물 LOCATION 확인 (SHIP TO SHIP CGO의 CONX FLT 확인)
- ULD 단위 화물 CONX 여부 및 실화물량 산출
- LOC 확인 시 THRU ULD로 받은 CGO를 RE B/UP시 PCS COUNT 및 IRR 사항을 T/S로 통보하여 IRR사항이 SLIP으로 REPORT 되도록 한다.

(3) ULD 및 EQUPMENT 준비

(4) CARGO CHK 및 Build UP

① CGO CECHK

- 포장상태(DMG) 및 LABEL(MAWB, PCS, DEST)
- SPCL CGO 및 탑재 가능성
- BUC(LOOSE PCS, TYPE, SEALING NO)

- MARKING(HANDLING LABEL)
- CONTOUR(BUC/THRU)

② 적재작업

※ 적재작업 시 주의 사항
- 화물 특성에 따라 ULD 사용 결정(ULD사용에 대한 일반원칙 참조)
- SPACE 최대활용, 화물실 ULD별 최대 탑재량 고려
- 특수화물의 탑재 위치 고려(특수화물 처리절차 참조)
- 항공기별 CONTOUR 고려
- HANDLING LABEL 취급 규정

(5) NETTING

작업 완료된 ULD(PLT)는 NETTING CNTR DOOR CLOSE

(6) 계량작업

ETV 또는 40 TON SCALE 활용

(7) ULD W/T 확인

작업 완료된 ULD별 중량(GROSS WT)을 항공사에 통보(PAX : -70분, FRTR -90분)

(8) ULD 인수 인계

FLT 별 ULD NO. 및 ULD 상태 직접 확인. PAX는 TOSS SYS을 통한 확인 가능.

3) 항공기 ULD 탑재

〈그림 5-16〉 ULD 탑재위치

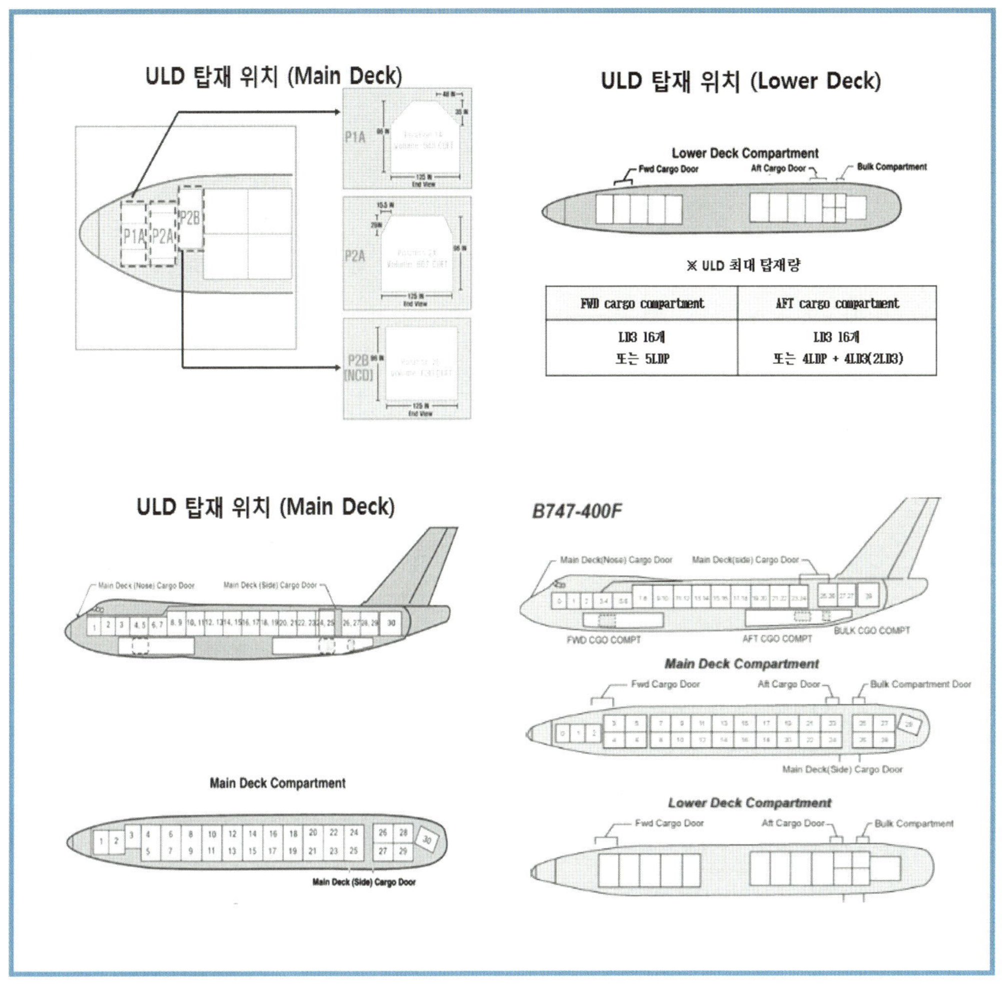

FWD cargo compartment	AFT cargo compartment
LD3 16개 또는 5LDP	LD3 16개 또는 4LDP + 4LD3(2LD3)

제3절 통과화물

1. 통과화물 프로세스

1) 통과화물의 정의

외국에서 출발하여 국내를 경유하여 다른 제3국으로 운송하는 화물을 말한다.

(1) TRANSIT

일정지점에 도착한 화물이 동일 항공사의 항공편으로 연결되는 것을 말한다.

(2) TRANSFER

일정지점에 도착한 화물이 타 항공사의 항공편으로 연결되는 것을 말한다.

2) 통과화물의 유형

① THRU CONX ULD

② OTHER MIX ULD

③ SAMEDAY CONX ULD(SHIP TO SHIP)

④ LAYOVER(W/H, ETV, 야적 등)

⑤ SEA & AIR 화물, AIR & SEA 화물 : 해상운송과 항공운송의 양자의 장점을 선택하여 만든 제3자의 수송방식으로 즉, 해상운송의 저 운임과 항공운송이 갖는 신속성 등 양자의 장점을 결합한 해·공 연대운송 방식을 말한다. (cf: Air & Sea)

⑥ 국내선(보세운송화물)

⑦ TRM(Transfer Manifest) : 항공화물에서 최종 목적지가 아닌 중간 지점에 내렸을 때 한 항공사가 다른 항공사로 화물 운송에 대한 증명으로 주고 받는 화물의 적하 목록을 의미한다. 또한, 이런 화물을 Transit Cargo라고 한다.

2. 통과화물 처리절차

〈그림 5-17〉 통과화물의 처리절차

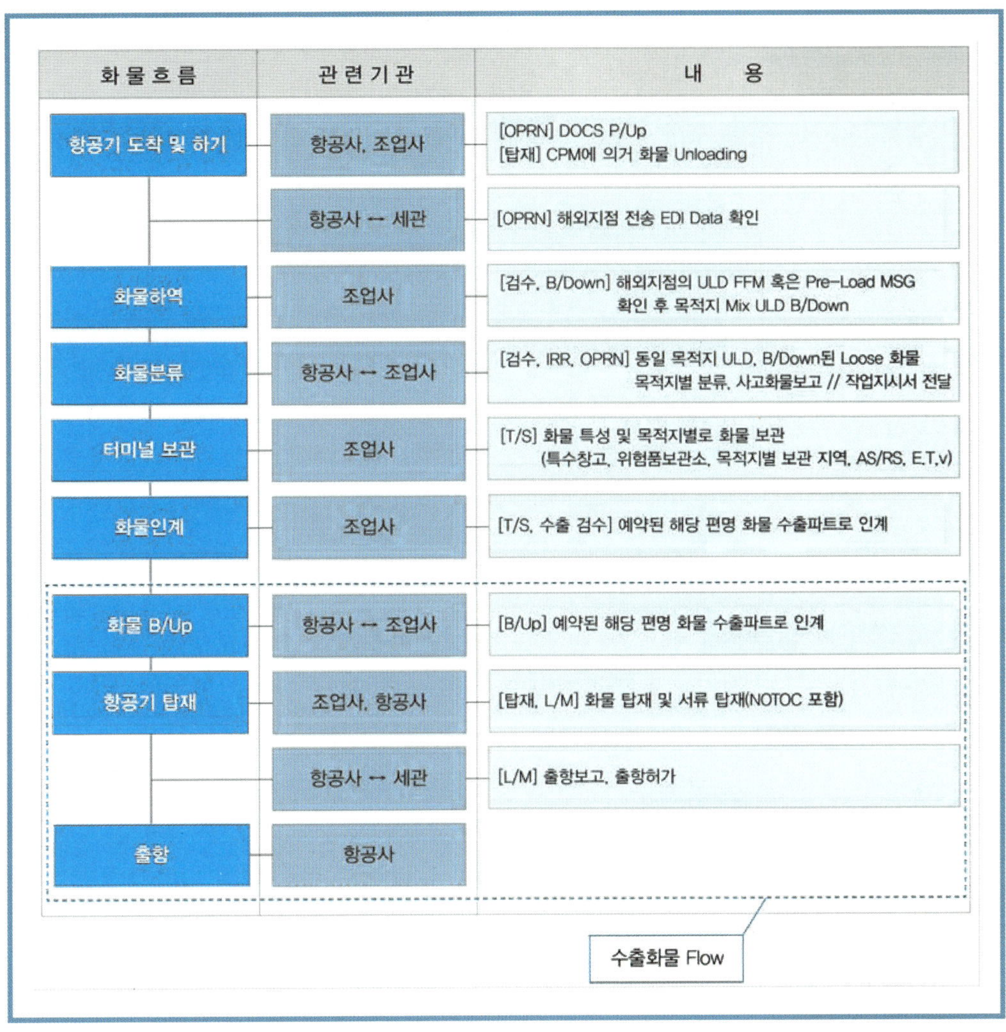

화물흐름	관련기관	내용
항공기 도착 및 하기	항공사, 조업사	[OPRN] DOCS P/Up [탑재] CPM에 의거 화물 Unloading
	항공사 ↔ 세관	[OPRN] 해외지점 전송 EDI Data 확인
화물하역	조업사	[검수, B/Down] 해외지점의 ULD FFM 혹은 Pre-Load MSG 확인 후 목적지 Mix ULD B/Down
화물분류	항공사 ↔ 조업사	[검수, IRR, OPRN] 동일 목적지 ULD, B/Down된 Loose 화물 목적지별 분류, 사고화물보고 // 작업지시서 전달
터미널 보관	조업사	[T/S] 화물 특성 및 목적지별로 화물 보관 (특수창고, 위험품보관소, 목적지별 보관 지역, AS/RS, E.T.v)
화물인계	조업사	[T/S, 수출 검수] 예약된 해당 편명 화물 수출파트로 인계
화물 B/Up	항공사 ↔ 조업사	[B/Up] 예약된 해당 편명 화물 수출파트로 인계
항공기 탑재	조업사, 항공사	[탑재, L/M] 화물 탑재 및 서류 탑재(NOTOC 포함)
	항공사 ↔ 세관	[L/M] 출항보고, 출항허가
출항	항공사	

1) 통과화물의 흐름

〈그림 5-18〉 통과화물 흐름도

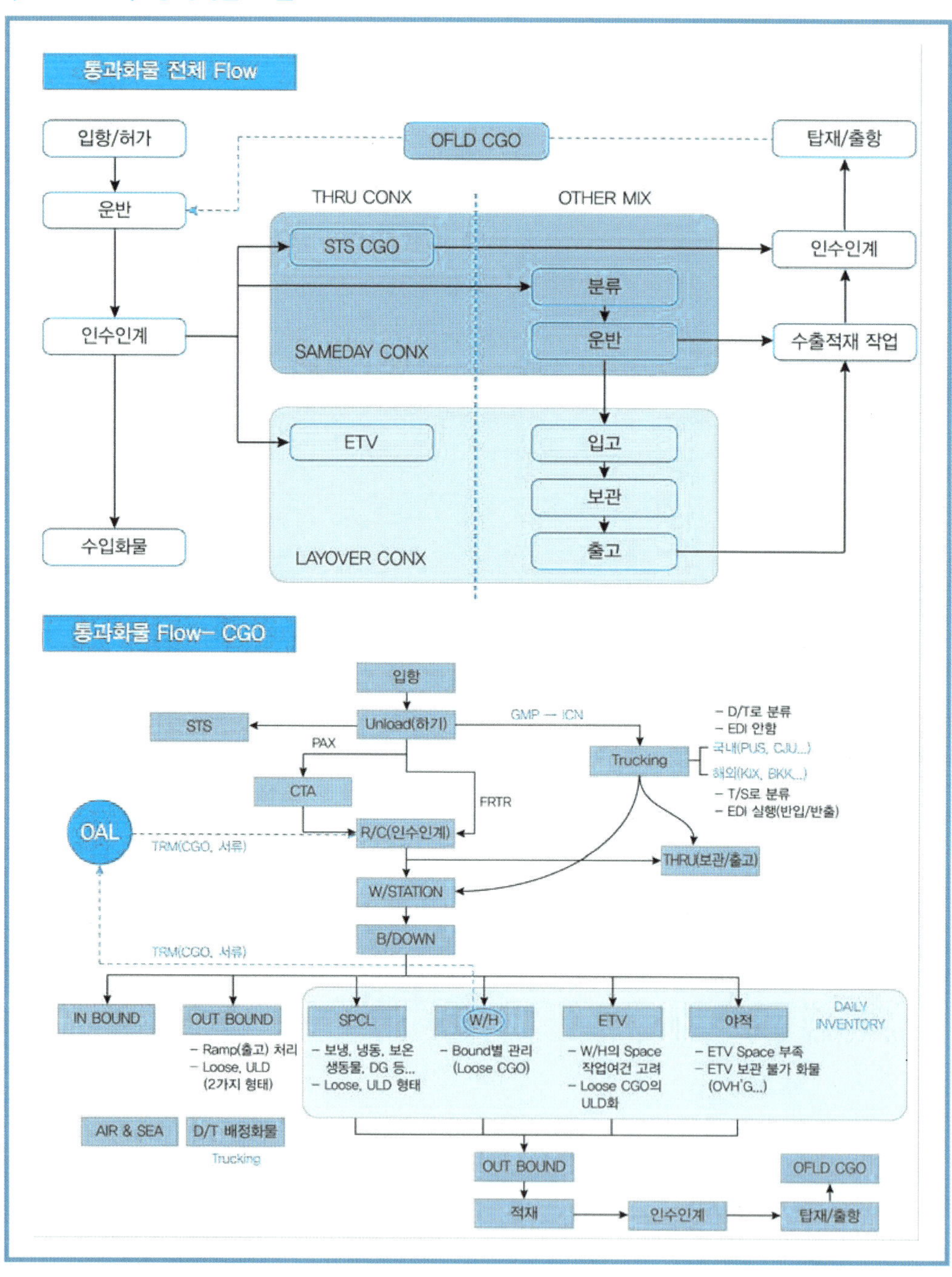

2) Work Order 작성

(1) ARRIVAL MFST

ARRV MFST(원본)

```
KE0654/03JUN ICN      HL7532 ARRIVAL TRANSIT CGO LIST

BKK-ICN K
001F 18060683792    31      590.0K   BKKDLC    4.920  CONSOL
     PMC54378KE     31/31   LDP M
     KE0869/04JUN-S
002F 18043249603    4       145.0K   BKKGUM    0.660  REAKYGARMENT
     PAG30564KE     4/4     LDP M
     KE805/03JUN-S
003F 18043254315    1       27.0K    BKKJFK    0.230  CONSOL
     PAG30564KE     1/1     LDP M
     KE0257/03JUN-S
004F 18041548850    34      130.0K   BKKKIX    0.590  SOCKS
     AKE26381KE     34/34   T
     KE0553/03JUN-S
005F 18043241892    14AVI   215.0K   BKKLAX    0.980  LV TROPICAL FI
     AKE20499KE     9       S
     BLK            5/14    M
006F 18043241914    31AVI   395.0K   BKKLAX    1.800  LV TROPICAL FI
     AKE20499KE     31/31   S
     KE0017/03JUN-S
```

- ◆ AWB NO, PC, WT, DEST, 예약 FLT 등)
- ◆ AT/HSD/HULD/BYULD 변환 조회 및 출력
- ◆ 탑재형태(S.M.T)

(2) PLD MSG

PLD MSG

```
QX ICNKYKE ICNHCKE ICNHWKE SELFZKE SELFMKE SELLDKE
.ATLFFKE 301601
PLD
KE246/01JUN/ATL/HL7462 → (FLT NBR/DEP DATE/ORGN STN/HL NBR)
ANC
NIL
ICN → (DEST STN)
AKE23017KE/LDC-T *0903 1/26 TSN
PMC50017KE/SCD-T*8456 15/25 SHA
PMC50026KE/LDP-T*0903 5 TSN
PMC50202KE/NCD-M*0645 12 PEN 0730 13 SIN
PMC51523KE/LDP-T*0903 5 TSN
PMC51596KE/SCD-M*0575 15 SEL 2983 10 OSA
PMC53322KE/LDP-T*0903 5 TSN
PMC53407KE/NCD-M*8444 17 SHA 9575 4 SIN
PMC53423/SCD-S*8753 2 SEL 2972 20 SEL

END X
```

- ◆ ULD NO, 적재상태(M, S, T)
- ◆ AWB NO(4단위), DEST

(3) CPM

CPM(원본)

SEND STATION CODE:SEA SEND DATE:04JUN SEND TIME:04:50:22
CPM
KE0246/03.HL7462.SEA
-31P/PMC81261KE/ICN/2276/C
-32P/PMC80729KE/ICN/1128/C
-41P/PMC81115KE/ICN/820/C
-43/PLB99604KE/ICN/440/C
-44L/AKE25893KE/ICN/222/C-44R/N
-45/ALF4730KE/ICN/550/C
-50/ICN/1/C.VR136
-AL/PMC50446KE/ICN/838/C-AR/PMC81326KE/ICN/1246/M
-BP/PMC81864KE/ICN/2050/C
-CL/PMC82044KE/ICN/1707/C-CR/PMC52791KE/ICN/2833/C
-DL/PMC53600KE/ICN/2008/C-DR/N
-EL/PMC8553KE/ICN/2574/C-ER/PMC8329KE/ICN/4694/C
-FL/N-FR/N
-GL/PGA12001KE/ICN/6577/C-GR/PGA12001KE/ICN/6577/C
-HL/PGA12001KE/ICN/6577/C-HR/PGA12001KE/ICN/6577/C
-JL/PMC53124KE/ICN/3518/C-JR/PMC52691KE/ICN/2573/C
-KL/PMC54938KE/ICN/2171/C-KR/PGE9162KE/ICN/5866/C
-LL/PMC51292KE/ICN/1828/C-LR/PGE9162KE/ICN/5866/C
-ML/PMC51852KE/ICN/1056/C-MR/PMC55013KE/ICN/2558/C
-PL/PMC51020KE/ICN/2720/C-PR/N

CPM(통조 시스템)

FRTR FLT UNLOADING SHEET

출력일자 : 2007-01-11
출력시각 : 01:48 PM

FLT NO	DATE	A/C NO	A/C TYP	SPOT	ETA	일반 Dolly	20 Ft
KE558	2006-12-23	HL7448	74Y	603	00:15	40	1

COMPT	POSI	ULD NO	WT	DLY POS	DLY SPOT	비고	POSI	ULD NO	WT	DLY POS	DLY SPOT	비고
MAIN	AL	PMC80087KE	1170	213			AR	PMC81550KE	1170	546	602	
	BP	PMC51684KE	1196	545	602							
	CL	PZA11013KE	1447	8505		BND	CR	PMC80712KE	1200	545	602	
	DL	PZA11013KE	1448	8505		BND	DR	PMC51800KE	2210	213		
	EL	PMC55272KE	2245	606	604		ER	PMC50733KE	2306	213		
	FL	PMC81679KE	2930	E			FR	PMC52380KE	2935	E		
	GL	PMC52740KE	2940	E			GR	PMC54015KE	2945	E		
	HL	PMC56123KE	2915	E			HR	PMC55404KE	2930	E		
	JL	PMC53238KE	3738	230	605		JR	PMC52681KE	2740	E		
	KL	PMC90030KE	1230	E			KR	PMC51120KE	2880	E		
	LL	PMC50780KE	2915	505	604		LR	PMC50544KE	3770	E		
	ML	PMC63518KE	2525	06702			MR	PMC51123KE	2635	281		
	PL	PMC81342KE	2930	E			PR	PMC54756KE	2510	금작		
	RL	PMC50059KE	2095	E			RR	PMC55206KE	2495	I		
	SL	PMC53398KE	1095	E		실다	SR	PMC50133KE	1375	금작		
	TP	PMC51387KE	1175	545	602							
FWD	11P	PMC54892KE	1175	645	602							
	12P	PMC65550KE	1285	E								
	21P	PMC8446KE	1480	606	604							
	22P	PMC51575KE	1040	E		실탄						
	23P	PMC55458KE	2030	645	602							
AFT	31P	PAG3132KE	2350	645	602							
	32P	PAG31777KE	1775	E								
	41P	PAG3754KE	1120	E								
	43	PLB99618KE	1040	E								
	44	PLB99127KE	900	I								
	45L	AKE23187KE	380	E			45R	AKE24522KE	375	E		
BULK												

① JOB ASSIGN에 따른 담당 FLT NO, ETA/ATA등을 숙지
② 화물 취급에 필요한 INFO 수집/분석을 통한작업계획 수립
③ FLT별 TRANSIT ARRIVAL MFST를 3부 생성
④ SPECIAL WORK ORDER 등 각종 MSG 접수
⑤ 작성된 WORK ORDER를 점검 및 CPM 작성

(4) SPCL MSG

(5) IRR MSG

3) ULD 인수인계

(1) 주요 CHECK 사항

① CPM과 실제도착 ULD NO를 확인.
② 도착 ULD의 외관상 이상유무 점검.
③ ULD 미착 및 오송 확인.
④ BULK CGO의 적재 ULD NO 확인.
⑤ VAL은 CTNR 봉인상태 확인.

⑥ WET DMG 방지용 VINYL COVER 상태 확인.
⑦ SHIP TO SHIP ULD 인수여부 확인.
⑧ DG 탑재 유무 확인 후 DG TAG 탈/부착.
⑨ 이상 발견 시 담당 검수원에게 즉시 통보.

(2) 인수완료

① 모든 ULD가 도착하면 ULD 인수인계서 접수.
② CPM과 상호 CROSS CHECK.
③ BULK CGO 적재 시 CPM에 ULD NO를 기록.
④ 최초 도착시간과 최종 ULD 인수시간을 CPM에 기록하고 상호 서명한다.
⑤ CPM에 의거 행선지 표기 후 이동 시킨다.

4) 화물분류 후 운반 및 보관

(1) 화물분류 절차

① 분류할 화물의 물동량에 따라 조업인원 요청.
② ULD 인수인계자로부터 도착 ULD 및 BULK ULD NO 확인.
③ ULD 단위화물의 외형상 파손여부 확인.(심한 경우 항공사 통보)
④ WORK ORDER에 의거 MIX 화물 분류.
⑤ 분류 완료된 화물은 OUT FLT NO, AWB NO,PC, BOUND 표기.

(2) 운반 및 인계

① B/DOWN 완료 후 장비 운전원 화물 운반.
② 작업장 주변 및 화물상태 재확인.
③ ULD 단위화물 예약에 따른 이동.
④ SPCL CGO 수출검수 인계 후 서명.

(3) 입고와 보관

① WORK ORDER에 의거 실화물 입고 CHECK.
② B/D 후 입고된 화물의 AWB NO, PC, DEST, DMG CHECK.
③ BOUND별로 LOC 지정 및 기록 유지.

(4) 출고

① OUT FLT BOOKING LIST에 의거 작업장 출고.
② 출고화물 AWB NO, DEST, PC, DMG 확인.
③ SPCL CGO는 OUT FLT 검수에게 인계 후 서명.

5) 분류보고서 작성(마감)

(1) 작업결과 확인

① W/H 입고 화물은 W/H 검수와 CROSS CHECK.
② SPCL CGO는 지정장소 보관 및 LOC 기록.

(2) IRR 처리

① B/D 후 발생된 STLD, OVCD, DMG 등을 기록하여 통보.
② DMG 상태가 심할 경우 담당자 통보 및 입회확인 조치.

(3) FLT 마감

① 작업 완료된 WORK ORDER RECHECK.
② 입/출고 여부 재확인.
③ 업무일지 작성.

6) 재고관리 기능

① 실제 보관중인 화물(ULD & LOOSE CGO)과 재고 LIST간의 CROSS CHECK.
② GOSH 및 OFLD 등에 따른 PARTIAL 정리.
③ 물동량 산출.

제 6 장

항공화물터미널

제6장

항공화물터미널[14)]

제1절 항공화물터미널의 역할 및 종류

1. 항공화물터미널의 역할 및 종류

항공화물터미널(Air Cargo Terminal)이란, 여러 항공사 및 대리점의 수출입 항공화물을 한 곳으로 집중하여 화물의 하역, 분류, 포장, 통관, 운송, 보관, 탑재 등을 기계화된 설비에 의해 공동으로 효율적으로 수행하기 위한 시설을 의미하며, 터미널의 입지형태에 따라 크게 공항집중형, 도심집중형, 중간형의 3가지로 구분된다.

〈그림 6-1〉 화물터미널 투시도

14) 백남진, 航空貨物 IT 具現을 위한 RFID 適用 方案에 관한 硏究, (2010) 학위논문의 일부를 재정리한 것임.

1) 공항집중형

유럽, 한국과 대부분의 동남아 국가들의 화물터미널 형태로 공항내 또는 공항근접 지역에 터미널이 있는 형태로, 공항과 시내와의 거리가 30km 미만일 경우 통관, 창고 기능의 공항 집중체제가 국제항공화물 수송에 관련된 각 기관에게 편리하고 효율적이기 때문이다.

2) 도심집중형

1960년대 일본 동경도심의 시나가와 지구에 업자들의 보세창고를 집중적으로 건설하게 하여 동경지국의 모든 수출입 항공화물을 원칙적으로 품천지구에 모아 여기에서 통관하게 된 입지형태를 의미한다. 즉 도심과 공항과의 거리가 50km 이상의 경우 통관, 보관 및 운송의 효율성 측면에서 도심집중형이 더 적합하다.

3) 중간형

66km나 떨어져 있는 나리따 공항과 동경 도심과의 중간지점인 바라키에 건설된 동경 도시항공화물터미널의 입지형태를 이르는 말이다. 토지의 제약의 구미의 경우에는 공항과 도심과의 거리가 먼 똑같은 상황이라도 중간형은 불필요하리라는 관측이 일반적이다.

제2절 항공화물터미널의 공간 구성, 시설 및 장비

항공화물터미널은 국제화시대에 따른 무역 규모 확대와 항공수송 수요의 증대에 부응하기 위하여 터미널 기능의 전문화, 시설의 자동화, 신속한 연계수송 및 안전화를 도모할 수 있는 시설을 갖추고 있는 것이 필수적이다.

〈그림 6-2〉 B 터미널 화물청사 현황

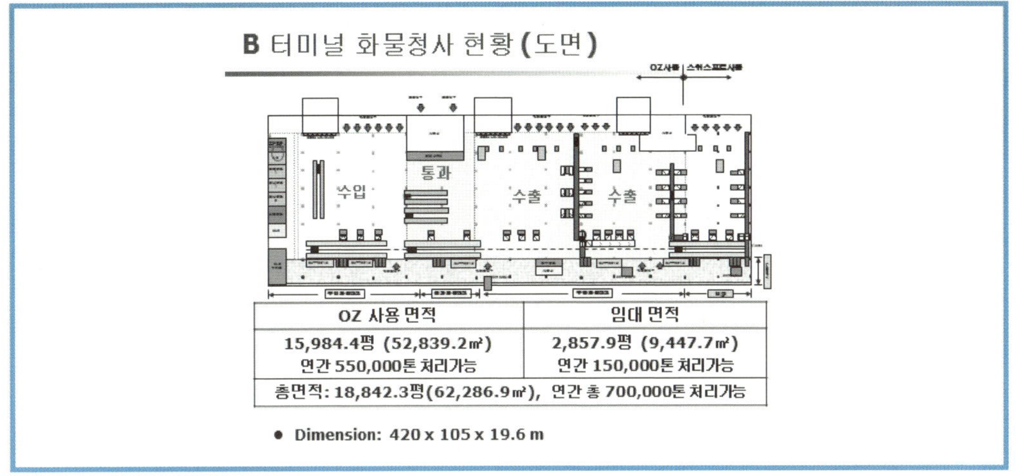

OZ 사용 면적	임대 면적
15,984.4평 (52,839.2㎡) 연간 550,000톤 처리가능	2,857.9평 (9,447.7㎡) 연간 150,000톤 처리가능
총면적: 18,842.3평(62,286.9㎡), 연간 총 700,000톤 처리가능	

〈그림 6-3〉 인천공항 화물터미널 현황

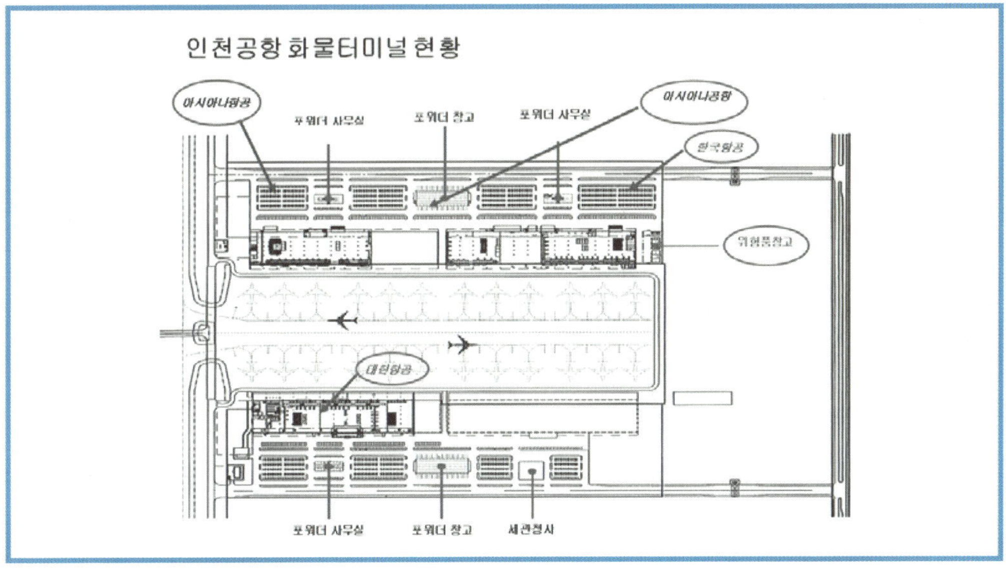

1. 항공화물터미널의 공간구성

항공화물터미널은 크게 관리 및 서비스 공간, 유통시설 공간, 화물작업 공간 등으로 분류할 수 있다.

관리 및 서비스 공간은 터미널 입주업체와 이용자에게 서비스를 제공하는 세관, 출입국 관리소, 검역소, 전산실, 통제실 등 관리실을 비롯하여 항공사, 대리점, 혼재업체

사무실, 일반상점 및 기념품 판매점, 오락실, 약국, 이발소, 다방, 음식점 등 휴식공간과 터미널 내 입주자 및 이용자를 위한 주차시설 등으로 구성되어 있다.

화물의 입·출고를 위한 유통관련 공간은 항공화물터미널 시설 중에서 가장 넓은 공간을 요구하는데, 화물의 적하 및 하역 작업장, 화물주차장, 냉동, 냉장실, 보세장치장 등으로 구성되며, 화물자동차의 입·출구 등 공항과 화물의 집배송 장소간 연계가 유리하도록 형성되어 있다.

화물작업 공간은 수출입 화물의 탑재 및 해체, 분류, 포장 등의 작업을 위한 공간이다.

2. 항공화물터미널의 기계설비

터미널 내 화물운송을 위한 주요설비로는 트럭도크(Truck Dock), 직송운반도크(Direct Delivery Dock), 엘리베이팅 무게 계량대(EWP; Elevating Weight Platforms), 포크리프트(Fork Lift)등이 있으며, 터미널 내의 모든 자료와 화물정보의 신속한 처리를 위한 컴퓨터 조정장치(Computer Controlled Operation) 및 보안조정실(Security Control) 등이 설치되어 있다.

이 외에 가위모양의 들어 올리는 기구인 Scissor Lift, 트럭도크 높이 조정기구인 Kelly Deck Leveler, Towing Car, Power Conveyor 등이 있다.

〈표 6-1〉 화물터미널 시설 장비현황

화물터미널		
시설 및 장비	수량	비고
Truck Dock	개	대형화물 반입/반출 시설
Flat Dock	개	소형화물 반입/반출 시설
ETV	개(셀)	ULD단위 보관장비
AS/RS	개(셀)	소형화물단위 보관장비
TV	개	ULD를 Airside로 운반장비
Telescope Conveyor	개	소형화물 운반 장비
Work Station	개	화물 B/up 및 B/down 시설
5 Ton Scale	개	반입화물 무게 계량
7 Ton Scale	개	작업된 화물 ULD단위 계량
20ft Scale (20 Ton, 30 Ton)	개	작업된 화물 ULD단위 계량
특수창고	개	냉장, 냉동, 보온, 귀중품창고
지게차	개	화물운반
Tug Car	개	작업된 ULD 운반
M/D Loader	개	ULD를 항공기로 탑재, 하기
L/D Loader	개	ULD를 항공기로 탑재, 하기

〈그림 6-4〉 화물터미널 시설 및 장비

〈그림 6-5〉 화물터미널 시설 및 장비

20FT SCALE(20톤, 30톤)

특수 창고

특수창고 캐노피

지게차

특수창고(냉동창고)

Truck Dock

〈그림 6-6〉 화물터미널 시설 및 장비

Scale Booth

AS/RS

DOLLY

Tug Car

〈그림 6-7〉 화물터미널 시설 및 장비

Pallet

Container

Loader

Work Station

1) 화물 반출, 반입 시설

구분	설치대수	기능 및 사양	사용 부문
Truck Dock	19	일반 용달, 보세운송 Truck을 이용해 운송되는 소형화물 반출, 반입시 사용	수출 12개 수입 7개
Flat Dock	14	대형 및 Wing-Body Truck을 이용해 운송되는 Wooden Box 등 Skid성 대형화물 반출, 반입시 사용	수출 13개 수입 6개

2) 자동화 장비시설

구분	설치대수	기능 및 사양	사용 부문
E.T.V (Elevating Transfer Vehicle)	2	ULD 단위 운반/보관	수입 1대 통과 1대
E.T.V Rack	418	10FT ULD 단위 보관 (M/D용 306개, L/D용 112개)	수입 220대 통과 198대
AS/RS Stacker Crane	3	SKID 단위(소형화물) 운반/보관	수입 1대 통과 2대
AS/RS Rack	848	SKID 단위(소형화물) 보관 {1,830(L)×1,130(W)×1,700(H)mm}×151개 {1,830(L)×1,130(W)×1,500(H)mm}×453개	수입 368대 통과 480대

3) 기타 시설

구분	설치대수	기능 및 사양	이전창고	증설창고
T.V (Transfer Vehicle)	1	ULD 단위 화물 입고/운반	–	수출 1대
Work Station	20	화물 B/UP 및 B/DOWN	수출 15대 통과 2대 수입 3대	수출 9대
Scale	9	5ton Scale : 5대 20ton Scale : 2대 7ton Scale : 2대	수출 5대 수출 2대	수출 2대
보안 장비	51cam	C.C.T.V, Paging System, Card Reader기	36대	15대
X-RAY	4	수출화물 보안검색용 3대(1.5m×1.5m) 우편물 검색용 1대	수출 3대	수출 1대

4) 특수화물 보관시설

보관시설	면적(평)	비고
수입 냉장창고	300㎡(91평)	0℃~8℃ 화물 보관
통과 냉장창고(신규)	239㎡(72평)	0℃~8℃ 화물 보관
냉동 창고	225㎡(68평)	0℃ 이하 화물 보관
보온 창고	187㎡(57평)	15℃ 이상 화물 보관
생동물대기소	75㎡(23평)	애완동물(Pet)검역 대기소
귀중품창고	75㎡(23평)	DIP, VAL, VUN 화물 보관

제3절 항공화물터미널의 운영

항공화물수송에 있어서는 충분한 터미널 시설을 통해 터미널에서의 화물조업시간을 단축하고 지연시간을 최소화함으로써 항공화물운송의 특성을 살림과 동시에 비용발생을 최대한 줄일 수 있기 때문에 각 공항의 화물터미널 시설이 매우 중요한 역할을 한다.

공항 화물터미널에서의 전형적인 항공화물처리 절차는 노동집약적 기능을 갖고 있다. 항공화물의 탑재절차는 트럭에 터미널에 배달된 화물을 분류 또는 혼재하여 안전한 장소에 보관한 후 항공기에 탑재하는 것이 일반적이며, 목적지 공항에서는 반대의 과정을 거친다.

터미널에서의 화물처리 과정은 노동집약적이어서 터미널 운영비용이 높을 뿐 아니라 기계화, 자동화의 미비로 지상에서 항공기에 화물을 탑재하기까지 장시간이 소요되고 목적지 공항에 도착한 후 최종 수하주에 도착할 때까지 수일이 소요된다면 항공화물의 잇점은 아무것도 없게 되어 오히려 비용이 비쌀 뿐이다. 또한 국제간을 이동하는 국제항공화물은 국내항공화물보다 세관 관련업무가 뒤따르기 때문에 훨씬 많은 서류작업과 시간이 필요하게 된다. 통상 항공화물에 있어서는 거리에 상관 없이 이같이 비싼 터미널 비용이 모두 포함되어 있기 때문에 단거리 구간을 운송할 때에는 장거리 구간보다 훨씬 높은 단위당 운송 요금을 지불하여야 한다. 따라서 이러한 불합리를 해결하기 위하여 탑재화물의 컨테이너화가 추진되고 있다.

화물의 컨테이너화는 터미널 운영비용의 절감과 지상조업비용의 절약은 물론 운항회전시간(Trunaround Time)의 단축, 공항 내 램프(Ramp)에서 혼잡 감소와 안전성을 높일 수 있다는 이점이 있다.

최근에 들어와서 다양한 품목을 컨테이너화 시키기 위하여 새로운 특수 컨테이너 개발이 한창인데 고가의류전용(Garments-on-Hangers) 컨테이너와 냉동 컨테이너와 같은 특수 컨테이너의 개발은 새로운 항공화물 고객을 유치하는 데 큰 역할을 했다.

1. 화물청사 보안현황

〈그림 6-8〉 보안장비 시설

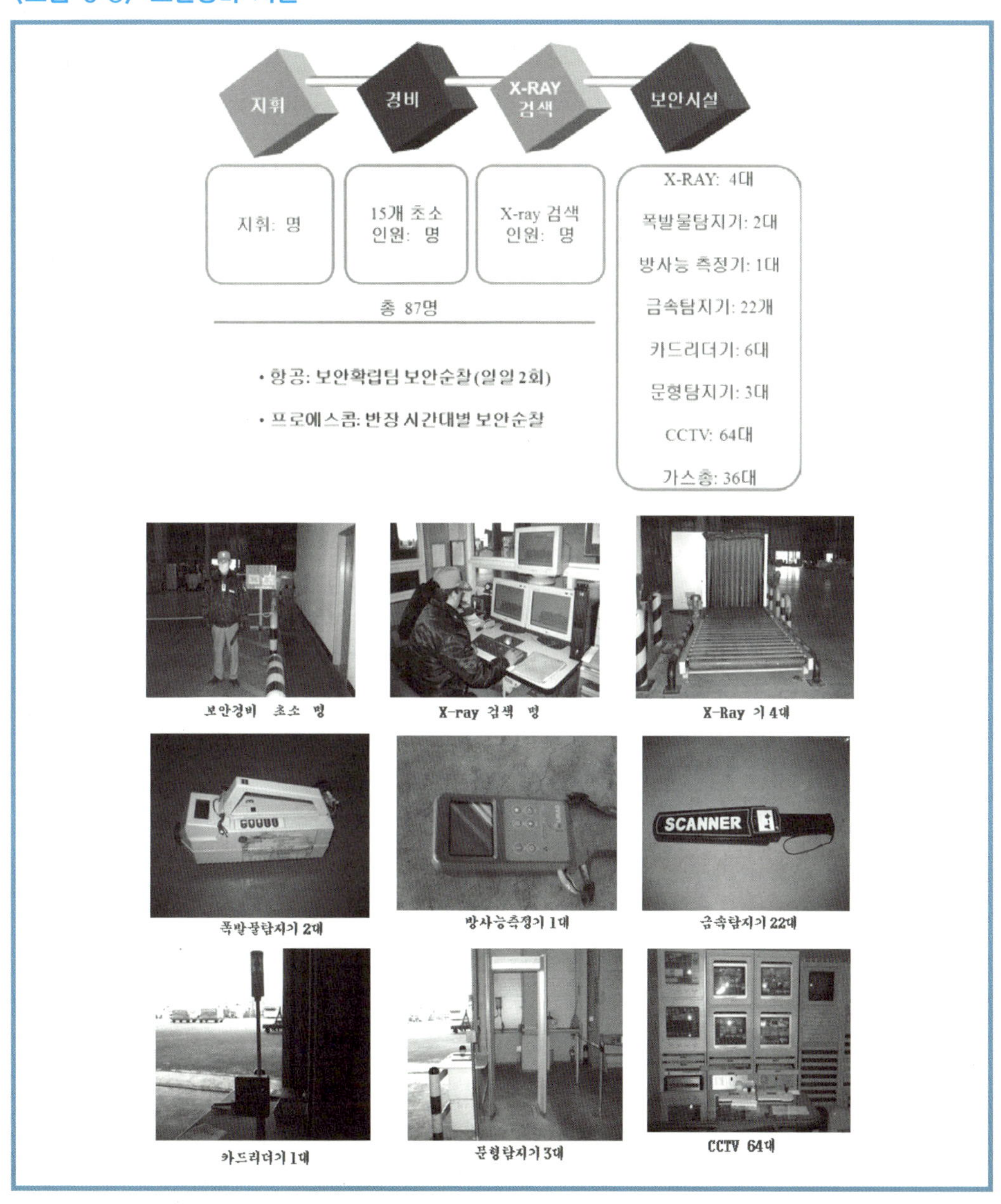

〈그림 6-9〉 인천국제공항 화물터미널 지역(인천국제공항공사)

〈표 6-2〉 인천국제공항 화물터미널 입주기업

구분		건축연면적(㎡)	처리능력	비고
대한항공 제1터미널		65,911	120만 톤	'04.12월 증축(7,740㎡)
아시아나항공		62,286	111만 톤	'05.5월 증축(22,854㎡)
외항사	외항사 터미널	73,707	52만 톤	'01년 준공
	대한항공 제2터미널	37,466	26만 톤	'07.6월 준공
동측 화물터미널	국제우편 물류시설	31,611	35만 톤	'07.11월 준공
	미군사 우편시설	1,973	2만 톤	'07.03월 준공
북측외항사	DHL	19,882	41만 톤	'07.9월 착공 ('08.11월 준공)
	AACT(Atlas Air Cargo Terminal)	12,964		'08.4월 준공
합계		305,800	387만 톤	

2. 공항 물류센터(항공화물 창고)

1) 관세자유지역 개념 및 도입목적

(1) 관세자유지역 개념

① 국가의 관세선 외측에 위치한 제한된 구역.
② 통관절차, 관세 및 제세 공과금 등의 면제특전 부여.
③ 화물 반입/출 및 중계 단순가공 등을 자유롭게 수행할 수 있는 법적, 지리적인 경제활동 특구.

(2) 관세자유지역 도입목적

① 동북아 지역의 중심이라는 지리적 이점을 활용하여 우리나라 주요 공항만을 21세기 동북아 물류거점 기지로 육성.
② 국제물류환경의 변화에 적절히 대응함으로써 세계적 물류기업과 국제 컨테이너선 유치 등 물류산업의 활성화 도모.
③ 고부가가치의 항공관련 산업 유치 / 외자유치 촉진 및 고용창출.

2) 시설 현황

① 인천국제공항 자유무역 지역 내 화물터미널(북측) 위치.
② 22개의 창고 유닛(units), 4개의 독립된 사무실 및 기타 공용시설로 구성되어 있다.
③ 현재 한진, Global Forwarding 등 입주하여 있음.

3) 관세자유무역지역의 발전방향

(1) 환적 화물의 원활한 처리

① 다양하고 풍부한 국제 노선망 확충.
② 내륙, 항만과의 효율적인 교통망 구축.
③ 수요에 부응한 충분한 시설능력 확충과 편리한 통관절차 필요.

(2) 단순한 중계 기능 외에 물류창출 능력 구비

① 중계기지가 아닌 중심지가 되기 위해 지리적 잇점을 활용한 생산능력을 구비.
② 편리한 물류 지원 기능을 구비하고 다국적 기업의 다양한 욕구를 충족해야 중계수요 확보가 가능.

(3) 물류시스템의 선진화

① 인천공항은 항공물류산업 발전의 견인차 역할이 요구됨.

② 다국적 기업의 요구에 부응할 수 있는 선진 시스템 구축.

4) 주요 현안

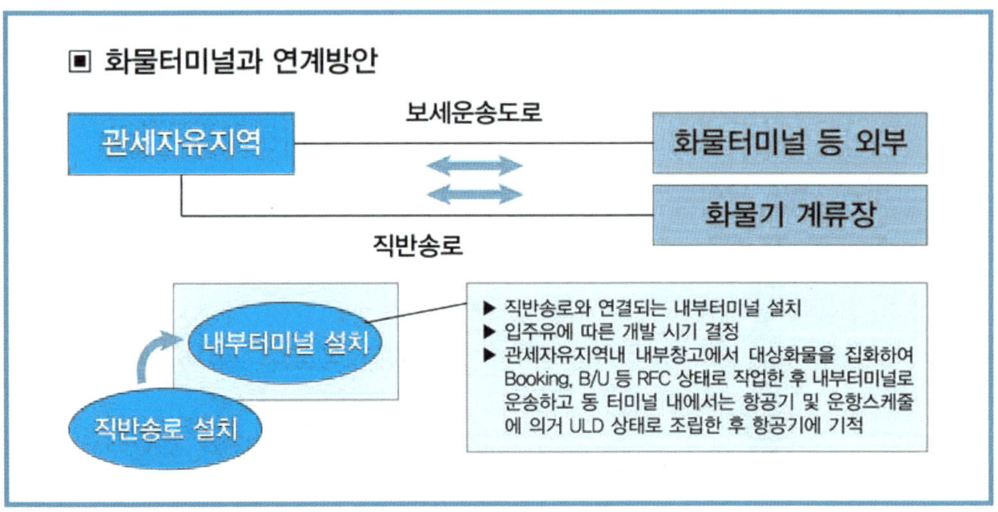

제4절 화물터미널 화물의 흐름

1. 항공화물터미널에서의 수입화물 프로세스

〈그림 6-10〉 항공화물터미널 수입화물 프로세스

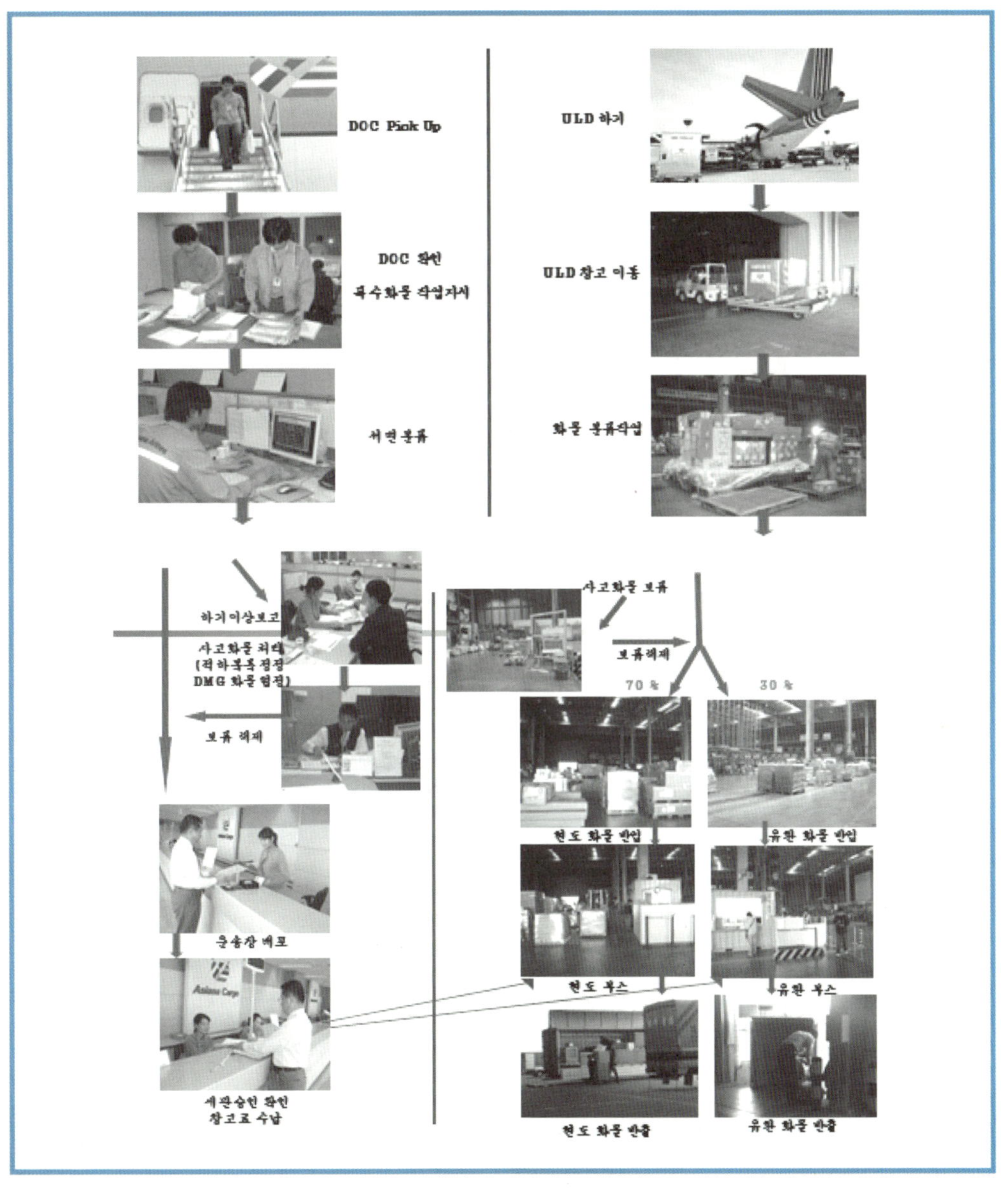

2. 항공화물터미널에서의 수출화물 프로세스

〈그림 6-11〉 항공화물터미널 수출화물 프로세스

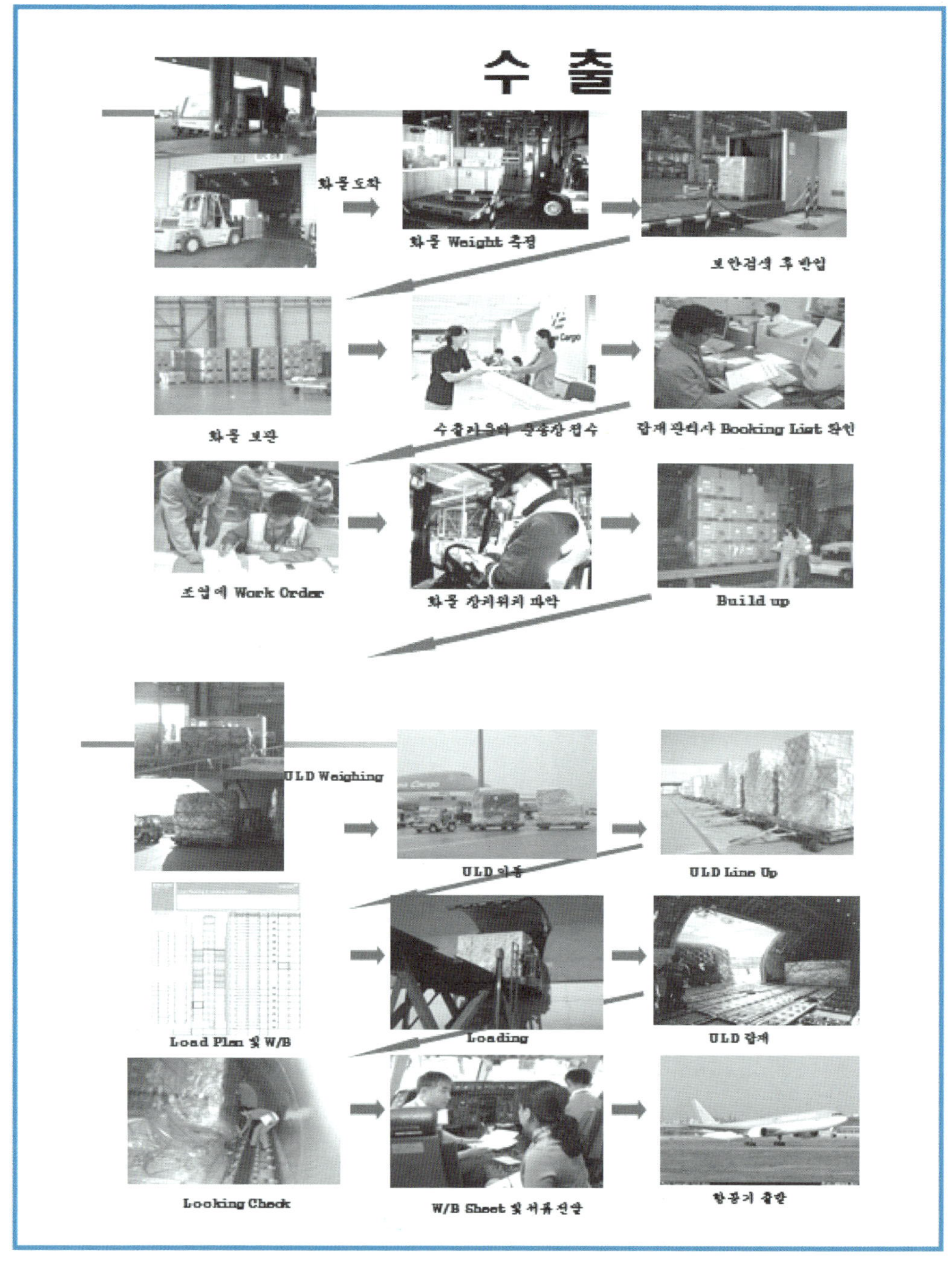

3. 항공화물터미널에서의 통과화물 프로세스

〈그림 6-12〉 항공화물터미널 통과화물 프로세스

제7장

항공화물운송장

제7장

항공화물운송장(AWB)

제1절 항공화물운송장의 개요

1. 화물운송장의 성립배경과 세계적 표준화

1) 항공화물운송장(AWB : Air Waybill)의 개념

① 항공화물운송장은 항공화물을 운송하기 위한 가장 기본적인 서류이다. 해상운송에서 사용하는 선하증권과 항공여객운송에서 사용되는 항공권(Ticket)과 똑같은 역할을 하는 것이다.

② 항공화물운송장은 통상 Air Waybill이라고 부르며, 지역에 따라서는 Consignment Note 혹은 Air Consignment Note라고 부르기도 한다.

③ 항공화물운송장은 항공사가 발행하는 Master Air Waybill과 혼재업자가 개별하주들에게 운송계약 체결시 사용하는 House Air Waybill로 나뉘어 사용되어 진다.

④ 화물운송장은 송하인과 운송인과의 사이에 화물의 운송계약이 체결되었다는 증거 서류이자 송하인으로부터 화물을 운송하기 위해 수령하였다는 증거서류로, 화물의 항공운송에 있어서 항공운송인의 청구에 따라 송화인이 작성 또는 교부하는 항공화물에 관한 사항을 기재한 서류임. 따라서 화주(송화인)가 작성, 제출하는 것이 원칙이지만 항공사나 항공사의 권한을 위임 받은 대리점에 의하여 발행되는 것이 보통이다.

2) 항공운송장의 세계적 표준화

국제항공화물에 대하여 발행되는 항공화물운송장은 IATA에서 양식과 발행방식을 세부적으로 규정하고 있다. IATA Resolution 600(a) 통일안은 모든 IATA 회원 항공사가 의무적으로 사용토록 규정하고 있으며, IATA 비회원사도 회원사들과 연계운송을 하기 위해 대부분 IATA 양식을 사용하고 있다. 또한, 운임, 운송조건, 취급방식, 사고처리, 기타면에서 IATA는 될 수 있는 한 표준화, 통일화를 도모하고 있으므로 하나의 운송장으로 COVER 된 화물은 언어, 법률, 제도, 노선, 국적이 상이한 수개의 항공사에 의해 출발지에서 도착지까지 원활, 신속하게 운송되도록 보장되어 있다.

운송장이 가지는 이러한 광범위한 유통성의 보장은 IATA가 결의한 모든 규정을 대부분의 정부가 인정하여 공인하기 때문이다. 또한 법률적인 뒷받침으로서 항공운송에 관한 국제 조약인 WARSAW 조약이다. 이 조약은 1929년10월12일 WARSAW에서 서명된 것으로 "국제항공운송의 규칙통일에 관한 조약"이라 불려진다.

이 조약에 의해서 항공운송장의 법률적 성격, 운송인의 책임 범위, 배상한도, 송하인, 수하인, 항공회사의 권리, 업무 등이 규정되어 진다. 아울러 화물운송장에는 와르소 조약(WARSAW Convention)과 헤이그 의정서(HAGUE Protocol)에 따라 항공사가 행해야 할 사항을 화물운송장 원본 뒷면에 명백히 규정하고 그 규정에 따라 위탁받은 화물의 운송에 대한 책임을 지도록 되어 있다.

2. 화물운송장의 기능

1) 항공화물운송장의 기능

운송장은 화물의 유통을 보장하는 가장 기본적인 운송서류이다.

이것으로 화물은 그 수송거리의 원근에 관계없이 또한 운송에 참여하는 항공사의 수에 관계없이 나아가서 국내구간, 국제구간의 여하를 막론하고 출발지에서 목적지까지 운송되는 것을 보장한다.

운송장은 화물과 함께 보내져 화물의 출발지, 경유지, 목적지를 통하여 각 지점에서 적절한 화물취급, 이적, 인도, 정산 등의 의무가 원활하게 수행되는데 필요한 모든 사항이 기재되어 있다. 즉, 송하인의 주소, 성명, 화물의 내용(품목, 중량, 개수, 신고가격), 운송경로와 사용 항공회사, 화주보험의 부보유무, 적용요율과 운임, 운임지불방법, 특별취급지시, 취급대리점등을 나타내고 있다. 또 발행항공사, 운송참가항공사, 발행대리점, 수하인, 송하인 상호간의 운임 정산 등 회계업무에 있어서 기본 자료가 된다.

이와 같이 운송장이 갖는 기능은 매우 다양하며 이것을 정리하면 다음과 같다.

(1) 화물 수취증(접수 영수증)

운송 위탁된 화물을 접수했다는 수령증.

(2) 운송계약서

송하인과 운송계약체결에 대한 문서상의 증명. Air Waybill에 의하여 항공화물은 운송거리, 운송에 참여하는 항공사의 수에 관계 없이 출발지에서 도착지까지의 운송이 보장된다.

(3) 요금 계산서(Freight Bill, 운임 계약서)

화물과 함께 목적지로 보내 수화인이 운임 및 요금을 계산하는 근거로 사용.

(4) 보험 계약증서

송하인이 화주보험에 부보한 경우 보험가입증명서. AWB원본 3이 여기 해당된다.

(5) 세관 신고서(수출입신고서)

세관에 대한 수출입 신고 자료로 사용되고 또한 통관자료로 사용된다. 과세가격이 되는 CIF가격중 항공운임 및 보험료 증명으로 수입신고서에 첨부하여 세관에 신고.

(6) 화물운송지침서

화물운송의 지침서(취급, 중계, 배달 등)

(7) 사무 정리용 서류

AWB 발행회사, 제2운송회사, 이후의 각 후속운송인, 항공화물대리점에서의 운임정산, 회계용 자료 등 사무정리용 서류로서 사용.

2) 운송계약의 유효기간

운송계약은 항공화물운송장(Air Waybill)을 발행한 시점. 즉, 화주 또는 그 대리인이 Air Waybill에 서명하거나 항공사 또는 해당 항공사가 인정한 항공화물 취급대리점이 Air Waybill에 서명하는 순간부터 유효하며 Air Waybill 상에 명시된 수하인(Consignee)에게 화물이 인도되는 순간 소멸된다.

3. 항공화물운송장의 구성

화물 운송장의 구성은 IATA의 표준을 따른다.

항공운송장은 원본 3장과 사본 6장으로 발행하는 것을 원칙으로 하나, 항공사에 따라 사본을 5장까지 추가 가능. 즉, 항공화물운송장의 매수는 항공사의 필요에 따라 정해진다.

〈표 7-1〉 화물 운송장의 구성

번 호	AWB 색	용 도	기 능
원본 1	녹색	발행항공사용	발행항공사가 운임, 기타 회계처리를 위해 사용하며 또한 송하인과 항공사간에 계약이 성립함을 증명하는 서류
원본 2	적색	수하인용	화물과 함께 목적지에 보내져 수하인에 인도됨
원본 3	청색	송하인용	출발지에서 송하인으로부터 항공사가 화물을 수취하였다는 수령증(화물접수 영수증) 및 운송계약을 체결하였다는 증거 서류(운송 계약서)
부본 4	황색	화물인도 항공사용	화물 인도 증명서 운송계약 이행 증거 서류 (화물 인도시 수하인이 서명)
부본 5	백색	도착지 공항용	화물과 함께 도착지 공항으로 보내져(도착지 세관관계 업무용) 사용됨
부본 6 부본 7 부본 8	백색	운송참가 항공사	운송에 참가한 두 번째,세 번째 항공사가 운임 정산용으로 사용
부본 9	백색	발행 대리점	발행 대리점 보관용
부본 10 부본 11 부본 12	백색	예비용	필요에 따라 사용

제2절 항공화물운송장의 발행 및 작성법

1. 항공화물운송장의 발행

항공 화물운송장(이하 운송장)은 화주가 작성하는 것이 원칙이나, 실제로는 항공사나 항공사로부터 권한을 위임받은 대리점(포워더)에 의해 발행되는 것이 통례이다. 대리점은 화주가 가져온 상업 송장 등 선적서류와 화물운송 화주 지시서에 의해 운송장을 발행하며 화물 전량을 인수한 후에 발행함이 원칙이다.

한편, 화주는 화물과 함께 선적에 필요한 서류를 첨부하여 제출하여야 하며 특히 화물운송화주 지시서(Shippier's Letter of Instruction)를 작성하여 항공사에 서면 제시함이 원칙이나 일반적으로 구두로 하고 있다. 선적 서류 중 운송장 발행에 근거가 되는 중요한 것은 신용장(Letter of Credit), 상업서류(Commercial Invoice), 포장지시서(Packing List) 등이며 작성된 운송장의 내용은 근거 서류의 내용과 일치해야 한다.

특히 수하인, 송하인, 운송지불조건(선불 또는 착지불), 출발지, 도착지 등 운송장의 필수적 기재 사항이 빠짐없이 작성하여야 한다.

〈표 7-2〉 항공화물 운송장(Air Waybill)과 선하증권(B/L)의 차이

항공화물 운송장(AWB)	선하증권(B/L)
양도성이 없다	양도성이 있다 (Negotiable)
화물인수시 발행	선적 후 발행
송하인이 작성함이 원칙	선박회사가 작성
기명식	무기명식

2. 항공화물운송장(Air Waybill)의 작성법

1) 항공화물운송장 Sample(IATA Resolution 600a)

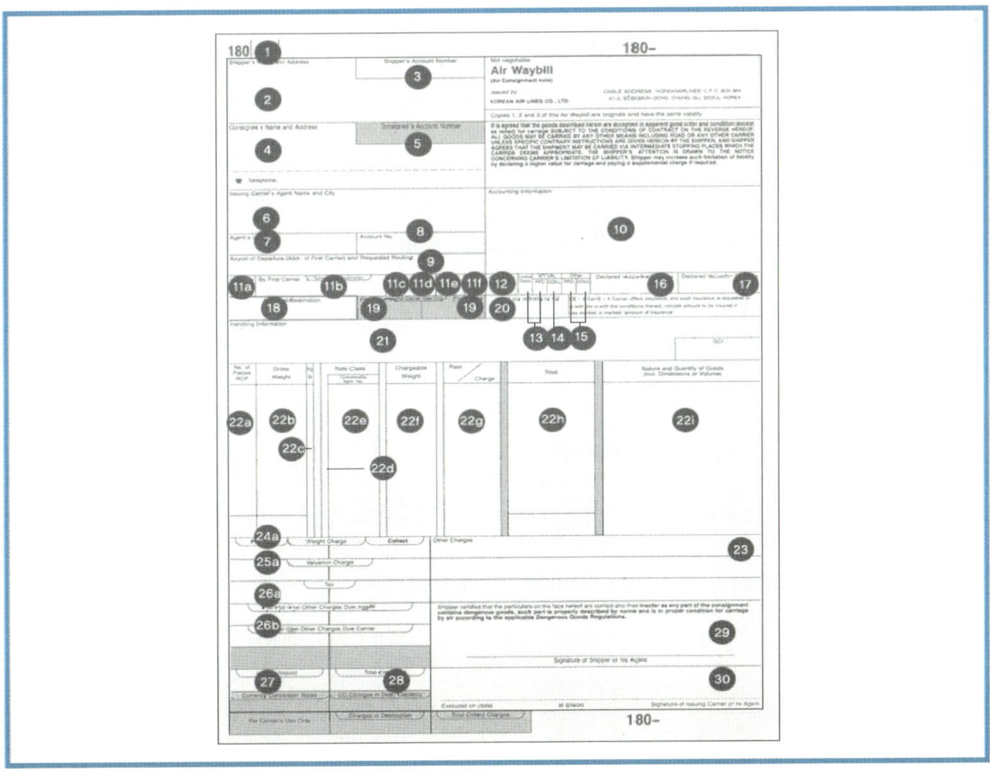
180
Air Waybill
180-

2) 항공화물운송장 작성법(IATA Resolution 600a)

① 화물운송장에 기록되는 문자와 숫자는 라틴문자와 아라비아 숫자를 사용한다.
- 사용문자는 영어·불어·스페인어를 사용하는 것이 원칙이다.
- 라틴문자 이외의 다른 문자를 사용할 경우는 영어를 병기함.

② 완성된 화물운송장의 내용을 수정하거나 추가할 때는 원본과 사본 전체에 대해서 수정 또는 추가해야 한다.
- 화물이 수송되는 도중이나 목적지에서 이와 같은 수정이나 추가 사항이 발생 시에는 잔여분에 대한 수정이나 추가 내용이 반영되어야 한다.

③ 화물운송장을 작성할 때는 Typing을 하고 Block Letter를 사용하는 것이 원칙이다.
- Hand Writing 하여 사용하는 경우에는 어떤 경우든 원본과 사본 전체가 명확히 복사되도록 유의하여 작성해야 함.

3) Sample Air Waybill의 Column별 작성법

(1) Airport of Departure

출발지 도시 또는 공항의 3-Letter code 기입

(2) Shipper's Name and Address

송하인의 성명, 주소, 도시, 국명을 기입(연락처 등)

(3) Shipper's Account Number

Air Waybill 발권항공사에서 지정된 code를 사용

(4) Consignee's Name and Address

도착지의 수하인 성명, 주소, 국명, 연락처 등을 기입

(5) Consignee's Account Number

고객 분류를 위한 부호를 기입한다. 인도 항공사에 지정하여 사용.

(6) Issuing Carrier's Agent, Name and City

AWB을 발행한 항공화물 대리점의 이름과 도시명을 기재한다.

(7) Agent's IATA Code

IATA 대리점 Code를 기입.

(8) Issuing Carrier's Agent, Account Number

발행항공사에서 지정하여 기입.

(9) Airport of Departure(Address of First Carrier), Requested Routing

출발지 공항명과 운송구간을 기입(3Letters Code도 사용가능).

(10) Accounting Information

특별히 회계처리에 관한 내용(운송료 지불 방법).

(11) Routing and Destination : from 11a to 11f

① 11a TO : 목적지 또는 첫 번째 연결지점 공항의 3단위 City Code
② 11b By First Carrier : 운송에 참여하는 첫 번째 항공사명 또는 2단위 IATA Code
③ 11c to : 목적지 또는 두 번째 연결지점 공항의 3단위 City Code
④ 11d by : 운송에 참여하는 두 번째 항공사의 2Code
⑤ 11e to : 목적지 또는 세 번째 연결지점 공항 3Code
⑥ 11f by : 운송에 참여하는 세 번째 항공사의 2Code

(12) Currency

출발지 국가에 적용되는 화폐단위 IATA 통화코드를 기입한다.

(13) Charges Code

항공사의 임의로 사용된다.

(14) Weight/Valuation Charge - Prepaid/Collect

① 화물운임의 지불방식에 따라 선불(PPD) 또는 착지불(CCT)란에 "X"자로 표시한다.
② 24a 25a또는 27b 및 28b에 기재되는 기타요금은 모두 Prepaid 또는 Collect가 되어야 하며 이 경우 x를 기재.

(15) Other Charge at Origin - Prepaid/Collect

화물운임과 종가요금을 제외한 출발지에서 발생된 기타요금을 지불 방식에 따라 선불 또는 착지불에 "x" 자로 표시한다.

(16) Declared Value for Carriage

송하인의 운송신고가격을 본란에 기입한다.

(17) Declared Value for Customs

송하인의 세관 신고가액을 기재하며, NCV(No Customs Declared)로 표기 가능. 본란에 금액이 표기되는 경우 종가요금을 지불하여야 하며, 사고 시 본 금액을 기준으로 배상액이 결정 됨.

(18) Airport of Destination

최종 목적지의 공항이나 도시명을 Full Name로 기재한다.

(19) Flight/Date

항공사 임의로 기입한다.

(20) Amount of Insurance

화주가 보험에 가입하는 경우 보험금액을 기재하고, 보험에 가입하지 않은 경우 xxx로 표시함. 본란에 금액이 기재되는 경우 SII(Shipper's Interest Insurance)에 가입된 것으로 인정함.

(21) Handling Information

① 화물의 포장방법, Also Notify Party의 주소, 성명, Air Waybill과 함께 보내는 서류명, 화물운송에 필요한 제반 Information등을 기재함.
② 위험품의 경우 'DANGEROUS GOODS AS PER ATTACHED SHIPPER'S DECLARATION' 또는 'CARGO AIRCRAFT ONLY' 또는 'SHIPPER'S DECLARATION NOT REQUIRED'등을 기재.

(22) Consignment Rating Details

화물요금에 관련된 세부사항을 기록.

① 22a Number of Pieces RCP : 특정 요율이 적용되는 화물의 개수를 기재하며, 구

간 요율이 결합되는 지점을 표시할 필요가 있을 경우 다음 줄에 3단위 IATA도시코드를 쓰고 RCP(Rate Construction Point)라고 표시. 적용되는 요율이 2개 이상인 경우 각 요율이 적용되는 화물 개수의 합을 22j에 기재.

② 22b Gross Weight : 화물의 실제 무게(중량)를 소수점 첫째 자리까지 기재 ULD Tare Weight는 별도 줄의 Rate Class란에 x라고 기재. 2개 이상의 중량이 기재될 경우 화물 총 중량의 합을 22k에 기재.

③ 22c Kg/Lb : 중량의 단위를 최초 적용된 요율을 기재한 줄에만 표시하되 kg인 경우는 'K' lb(파운드)인 경우는 'L'로 표기함.

④ 22d Rate Class 적용되는 화물의 요율에 따라 아래의 코드를 사용.

Code	Rate Class
M	최저 요금(Minimum Charge)
N	기본 요율(Normal Rate)
Q	중량 할인요율(Quantity over 45kg Rate)
C	특정품목할인요율(Specific Commodity Rate)
R	Class Rate(reduction)
S	Class Rate(reduction)
U	ULD 기본요금 또는 요율(Pivot Weight Charge)
E	ULD over Pivot요율
X	ULD Information
Y	ULD 할인

⑤ 22e Commodity Item Number

적용 요율	기재 사항
Specific Commodity Rate	품목번호(TACT Rate 2절 참조)
Commodity Classification Rate	Surchrage Reduction의 Percentage
BUC(Bulk Utilization Charge)	ULD Rating Type를 기재
기 타	공란으로 남겨 둠

⑥ 22f Chargeable Weight : 화물의 무게 중량 또는 부피중량 중 높은 항목을 기재.(KG인 경우 0.5KG단위로 절상) 높은 중량 단계에서 낮은 운임이 산출된 경우에는 적용된 높은 중량을 기재.

⑦ 22g Rate/Charge : KG당 또는 LB당 요율을 기압. 최저운임 적용 시는 최저 운임 기재.

⑧ 22h Total : 각 줄마다 요금의 합계를 기재(22h), 2개 이상의 줄이 기재된 경우에는 각 줄 요금의 합계를 기재(22l)

⑨ 22i Nature and Quantity of Goods(including Dimensions or Volume)

- 화물의 품목을 기입
- 부피중량이 적용되는 경우 Dimension기재
- BUC(Bulk Utilization Charge적용 시 사용된 ULD의 IATA Code기입)
- 혼재화물의 경우 'CONSOLIDATION AS PER ATTACHED'라고 기재

(23) Other Charges

화물운임 및 종가요금을 제외한 기타 비용의 명세 금액을 기입한다.

① 중량/부피요금, 종가요금 및 세금을 제외한 기타 요금 기재

② 명세를 표시하기 위해서는 아래 Code가 사용된다.

(2Code뒤 항공사, 대리점 귀속여부를 구분하기 위해 A(Due Agent) C(Due Carrier)코드 첨부.

예) AWA 15.00 CHC 41.20 등

Code	Description	Code	Description
AC	Animal Container	MD	Miscellaneous-Due last carrier
AS	Assembly service fee	MO	Miscellaneous-Due issuing carrier
AT	Attendant	PK	Packaging
AW	Air Waybill Fee	PU	Pick-up
BL	Blacklist Certificate	RA	Dangerous goods fee
BR	Bank release	RC	Referral of charge
CD	Clearance and handling-Destination	RF	Remit following collection fee
CH	Clearance and handling-Origin	SD	Surface charge-destination
DB	Disbursement Fee	SI	Stop in transit
DF	Disbursement Service Fee	SO	Storage-origin
FC	Charges collect fee	SP	Separate early release
GT	Government Tax	SR	Storage-destination
HR	Human Remains	SS	Signature service
IN	Insurance premium	ST	State sales tax
LA	Live Animals	SU	Surface charges
MA	Miscellaneous-Due agent		Transit
MB	Miscellaneous-unassigned	TX	Taxes
MC	Miscellaneous-Due carrier	UH	ULD handling

(24A,24B) Weight Charge (Prepaid/Collect)

① 운임지불방식에 따라 선불 또는 착지불란에 해당 화물의 운임을 기입한다.

② 22h 및 22l에 표시된 중량/부피요금을 기재. 중량/부피요금, 종가요금 및 세금은 전부 Prepaid(선불)이거나 전부 Collect(착지불)이어야 한다.

(25A,25B) Valuation Charge (Prepaid/Collect)

① 선불 또는 착지불란에 종가요금 기재한다.
② 운임과 종가요금은 전부 Prepaid거나 Collect이어야 한다.

(26A,26B) Tax Charge - Prepaid/Collect

선불 또는 착지불란에 세금 기재.

(27A,27B) Total Other Charges Due Agent(Prepaid/Collect)

출발지에서 발생하여 <23>Column에 기재된 중 대리점 몫의 합계를 선불 또는 후불(착지불)란에 기재.

(28A,28B) Total Other Charges Due Carrier(Prepaid and Collect)

<23>Column에 기재된 기타 요금 중 항공사 몫의 합계를 선불 또는 후불(착지불)란에 기재.

(29A,29B) Untitled Box

발권 항공사용.

(30) Total Prepaid

운임, 종가요금, 기타 요금 등 제비용 중 선불(Prepaid)란에 표시된 금액의 합계 기입.

- Total Collect : 운임, 종가요금, 기타 요금 등 제비용 중 후불(Collect)란에 표시된 금액의 합계 기입.

(31) Shipper's Certificate Box

송하인 또는 그 대리인의 서명을 기입한다.

(32) Carrier' s Execution Box

① 32a. Executed Date : Air Waybill 발행일자. 일 월 년의 순서로 표기하며, '월'은 알파벳 약자 또는 정자로 표기.
② 32b. At(Place) : Air Waybill발행 장소.

(33) Signature of Issuing Carrier or its Agent

① 33a. Currency Conversion Rate : 도착지 통화코드와 환율.

② 33b. CC Charge in Dest. Currency : Total Collect(30b)란의 금액을 도착지 통화로 환산한 금액.

③ Charges at Destination : 인도 항공사 몫으로 도착지에서 부과된 제반 요금.(도착지 통화)

④ Total Collect Charges : 33b와 33c 금액의 합계.

3. 화물운송장 번호

화물운송자의 번호는 Air Waybill 상단 좌우와 하단 우측에 명기 되어 있으며, IATA Carrier 3 Digit Code와 7 단위의 일련번호, 그리고 7진법에 의한 Check Digit로 구성된다.

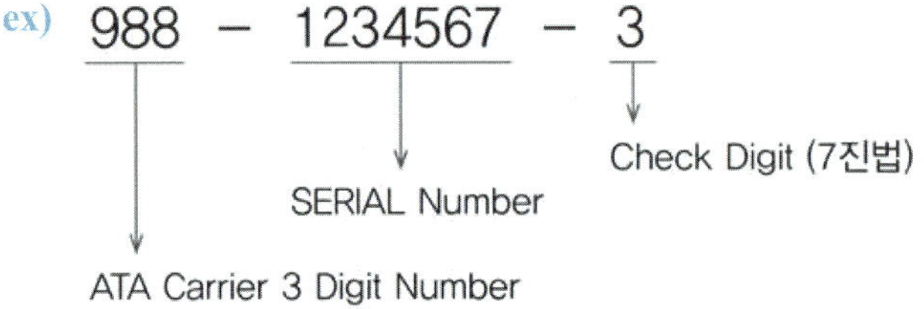

제 8 장

화물 운임표

제8장

화물 운임표(TARIFF)

제1절 항공화물 운송요금의 의미와 요금 결정방법

1. 항공화물운송요금의 의미

항공운송기업(항공사 및 포워더)의 항공화물 운송요금은 일반적으로 요율(Rate) 및 요금(Charge), 기타 수수료에 의해 결정된다.

1) 항공화물 요율(Tariff)의 정의

각 항공사에 의해 공시된 구간별 항공화물 요율과 이에 관련된 규정을 포함하는 개념으로 Tariffs 의 요율이 실제 판매가와 차이가 있을 수 있으나 할인율의 기준으로써 항공화물운송장(AWB)상에 기입한 금액이 된다.

요율(Rate)이란, 항공운송기업이 화물운송의 대가로서 징수하는 운임을 중량단위당 EH는 단위 용기당 금액으로 나타내는 것인데, 대개 노선별로 요율표(Tariff)에 정해져 있다.

화물 요율의 중량단위로는 미국의 경우 파운드를, 미국을 제외한 주요국과 IATA에서는 Kg을 사용한다. 요금(Charge)은 운송에 관련한 부수적인 업무에 관한 대가와 설비의 사용에 대한 대가를 의미하는데, 팔레트등 ULD의 재정형료, 위험품 취급수수료, 결제수수료등이 이에 해당한다. 그리고, 이외의 기타서비스에 대한 대가인 각종 수수료도 운송요금에 포함된다.

2. 항공화물 운송요금의 결정방법

1) 결정원칙

항공화물운송서비스의 가격정책에 있어서 그 근거가 되고 있는 결정원칙에는 크게 두 가지가 있다. 하나는 항공화물 운송서비스가 여객서비스에 대한 부산물이기 때문에 그 가격도 여객과의 관련 속에서 결정되어야 한다는 것이고, 다른 하나는 화물과 여객이 동시에 중요하기 때문에 각자의 서비스 생산비용에 따른 가격결정을 해야 한다는 결합생산적 사고이다. 이들 둘은 모두 화물서비스 제공비용의 회수차원에서 항공운송기업의 합리적 이윤을 포함한 원가주의에 입각하여 가격을 결정하는 것이다. 이외에도 시장동향에 따른, 즉, 시장이 유지되는 차원에서의 요금 결정이 있을 수 있는데, 이는 계절성에 따른 항공시장의 수요변화를 적극적으로 반영한 요금 정책을 의미한다. 그러나 요율은 항공운송기업이 독자적으로 결정할 수 있는 것이 아니라, 대개 정부의 개입하에 일정한 방식과 절차를 거쳐 유효한 요율이 결정된다.

2) 결정절차

IATA 운임조정회의는 여객, 화물운임을 심의하고 결정하는 IATA국재선 운임은 원칙적으로 관계 양 당사국의 허가로 발효되지만 세계에는 수많은 국가와 도시들간에 수 많은 항공사에 의해 항공로가 연결되어 있으므로, 이들 간의 혼란 조정과 지나친 운임 경쟁방지의 목적하에 IATA 운임조점회의의 집단적 토의 결정이 이루어지는 것이다. 여기서, 결정된 사항에 대해 총회 및 이사회 등 IATA의 다른 기관의 간섭은 불가능하며. EH한 이 결의는 운임조정에 참가하고 있는 전회원을 구속한다. 이 회의는 세계를 세 지역으로 구분하고, 각 지역을 더욱 세분화하여 Sub Area화 하여 회의를 진행하면서, 운임의 신축적 결정을 도모한다. 이러한 지구별 회의를 거쳐 신청하게 된다. 대부분의 나라의 정부들은 IATA의 기본 취지를 이해하고 그 역할을 승인하고 있으므로 허가되는 경우가 일반적이다. 하지만, 최근 미국에서는 독점 금지법위반 등 국내법과의 상충문제 등으로 수월하게 인가되지 않는 경우도 있으며, 일본의 경우도 항공운임을 일종의 공공요금으로 취급하여 항상 IATA 결정대로 인가하지는 않고 있다. 한편 Non-IATA 항공회사의 경우는 강제성은 없으나 IATA운임을 채용하는 것이 일반적이다.

〈표 8-1〉 항공화물 운송요금의 결정절차

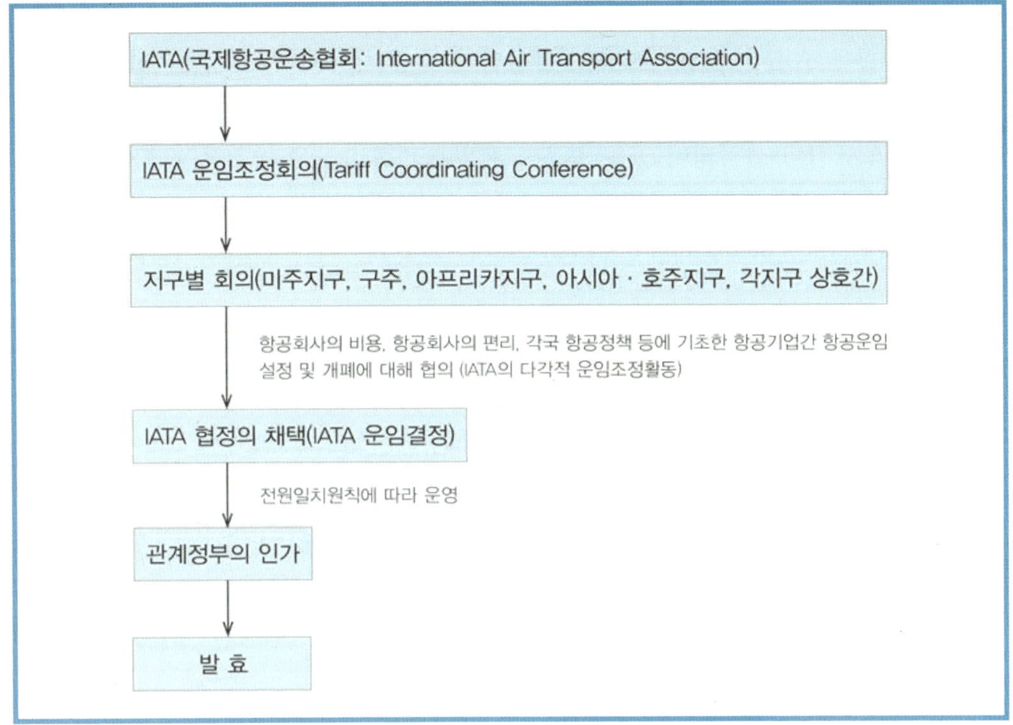

제2절 항공화물운임

1. 항공화물운임의 일반원칙

1) 항공화물 요율(Tariff) 적용 원칙

① 요율, 요금 및 그와 관련된 규정의 적용은 운송장(Air Waybill)의 발행일에 유효한 것을 적용.

② 항공화물의 요율은 공항에서 공항까지의 운송만을 위하여 설정된 것이며, 부수적으로 발생되는 이적, 통관, 집하, 인도, 창고, 보관 혹은 그와 유사한 서비스에 대한 요금은 별도로 계산된다.

③ 항공화물의 요율은 출발지 국가의 현지통화로 설정되는 것이 원칙이며, 출발지

로부터 목적지까지의 한 방향으로만 적용된다. (예외) 많은 국가에서 USD로 요율을 설정되어 있다.

④ 모든 화물 요율은 KG당 요율로 설정되어져 있다. (예외) US 출발 화물 요율은 LB당 요율로 설정

⑤ 별도의 규정이 설정되어 있는 경우를 제외하고는 요율과 요금은 가장 낮은 것으로 적용하여야 한다.

⑥ IATA Traffic Coordinating Conference에서 결의하는 각 구간별 요율은 해당 정부의 승인을 득한 후 유효한 것으로 이용될 수 있다.

2) 항공화물 운임 적용 원칙

① 운임은 출발지에서 중량(Chargeable Weight) * KG/LB당 적용 요율로 산출한다. Charge = Chargeable Weight x Application Rate

② 운임 및 종가요금(Valuation Charge)과 함께 선불(Prepaid), 혹은 도착지불(Charges Collect)이어야 한다.

③ 화물의 실제 운임경로와 운임 산출 시 반드시 일치할 필요는 없다.

2. IATA AREA

1) IATA 운송회의 지역(Traffic Conference Area : TC)

화물의 요율 및 이들에 대한 제반 규정을 결정짓는데 큰 기능을 갖고 있는 IATA는 편의상 세계를 3등분하여 3개의 운송회의 지역(Traffic Conference Area : TC)으로 나누었으며, 각 운송회의 지역은 몇 개의 Sub-Area로 세분된다.

〈표 8-2〉 IATA Traffic Conference Area(TC Area)

TC Area	지역정의	Sub Area	
TC1	북남미 대륙/인근 부속도서	1. Caribbean 3. Long Haul	2. Mexico 4. Within South America
TC2	유럽, 아프리카, 중동	1. Within Europe 3. Within Middle East	2. Within Africa
TC3	아시아, 태평양/인근 부속도서	1. South Asian Subcontinent 3. South West Pacific	2. South East Asia 4. Japan, Korea

※ 참고 : TC2와 TC3의 경계선

우랄 산맥을 타고 내려와 카스피해 서안을 경유, 이랑과 아프가니스탄, 파키스탄의 국경선을 내려와 인도양을 정남쪽으로 가로지르는 선이다.

2) Tariff 관련 지역별 항공운송지리의 정의

Tariff 관련 항공 운송지리는 지리적, 역사적 의미의 지역구분과는 상이한 점이 있다. 원활한 항공업무 수행을 위해서는 정확한 구분 및 이해가 있어야 한다.

〈그림 8-1〉 항공지리(IATA TRAFFIC CONFERENCE AREAS)

(1) AREA 1(제1운송회의지역 : TC 1)

〈그림 8-2〉 AREA 1(TC 1)

북 미 (North America)	Canada, U.S.A (Puerto Rico and the US Virgin Islands포함), Mexico, St. Pierre & Miquelon
중 미 (Central America)	Belize,Costa Rica, El Salvador, Guatemala, Honduras, Nicaragua
남 미 (South American)	Argentina,Bolivia,Brazil,Chile,Colombia,Ecuador,French Guiana, Guyana,anama, Paraguay, Peru, Surinam, Uruguay,Venezuela
캐 레 비 안 아일랜드 (Caribbean Islands)	Anguilla, Antigua & Barbuda, Aruba, Bahamas, Barbados, Bermuda, British Virgin Islands, Cayman Islands, Cuba, Dominica, DominicanRepublic, Haiti, Jamaica, Martinique, montserrat , nevis & ST. Kitts, Netherland Antilles, ST.lucia , ST.vincent & the grenadines, Trinidad & Tobago , Truks and caicos Islands, Puerto Rico

(2) AREA 2(제2운송회의지역 : TC 2)

〈그림 8-3〉 AREA 2(TC 2)

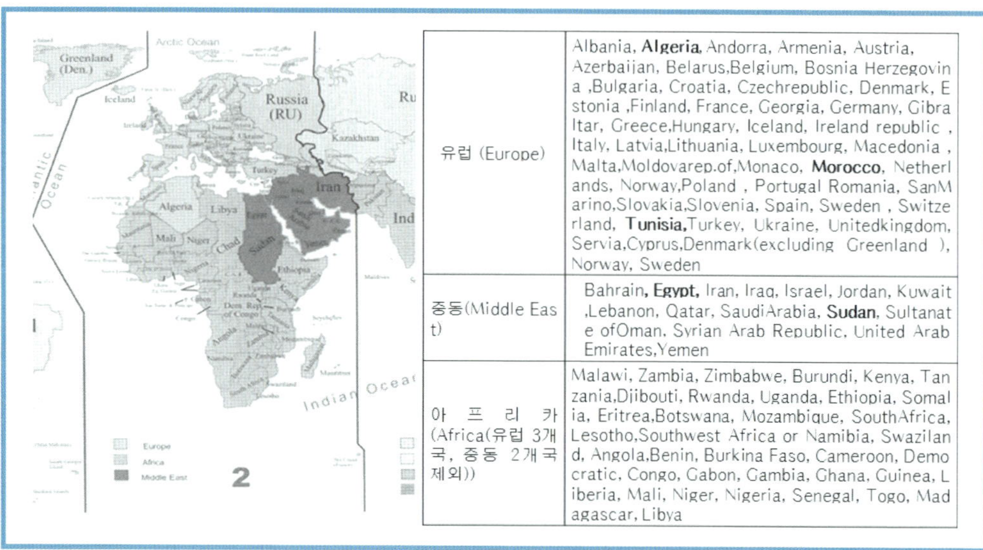

유럽 (Europe)	Albania, **Algeria**, Andorra, Armenia, Austria, Azerbaijan, Belarus,Belgium, Bosnia Herzegovina ,Bulgaria, Croatia, Czechrepublic, Denmark, Estonia ,Finland, France, Georgia, Germany, Gibraltar, Greece,Hungary, Iceland, Ireland republic , Italy, Latvia,Lithuania, Luxembourg, Macedonia , Malta,Moldovarep.of,Monaco, **Morocco**, Netherlands, Norway,Poland , Portugal Romania, SanMarino,Slovakia,Slovenia, Spain, Sweden , Switzerland, **Tunisia**,Turkey, Ukraine, Unitedkingdom, Servia,Cyprus,Denmark(excluding Greenland), Norway, Sweden
중동(Middle East)	Bahrain, **Egypt**, Iran, Iraq, Israel, Jordan, Kuwait ,Lebanon, Qatar, SaudiArabia, **Sudan**, Sultanate ofOman, Syrian Arab Republic, United Arab Emirates,Yemen
아프리카(Africa(유럽 3개국, 중동 2개국 제외))	Malawi, Zambia, Zimbabwe, Burundi, Kenya, Tanzania,Djibouti, Rwanda, Uganda, Ethiopia, Somalia, Eritrea,Botswana, Mozambique, SouthAfrica, Lesotho,Southwest Africa or Namibia, Swaziland, Angola,Benin, Burkina Faso, Cameroon, Democratic, Congo, Gabon, Gambia, Ghana, Guinea, Liberia, Mali, Niger, Nigeria, Senegal, Togo, Madagascar, Libya

(3) AREA 3(제3운송회의지역 : TC 3)

〈그림 8-4〉 AREA 3(TC 3)

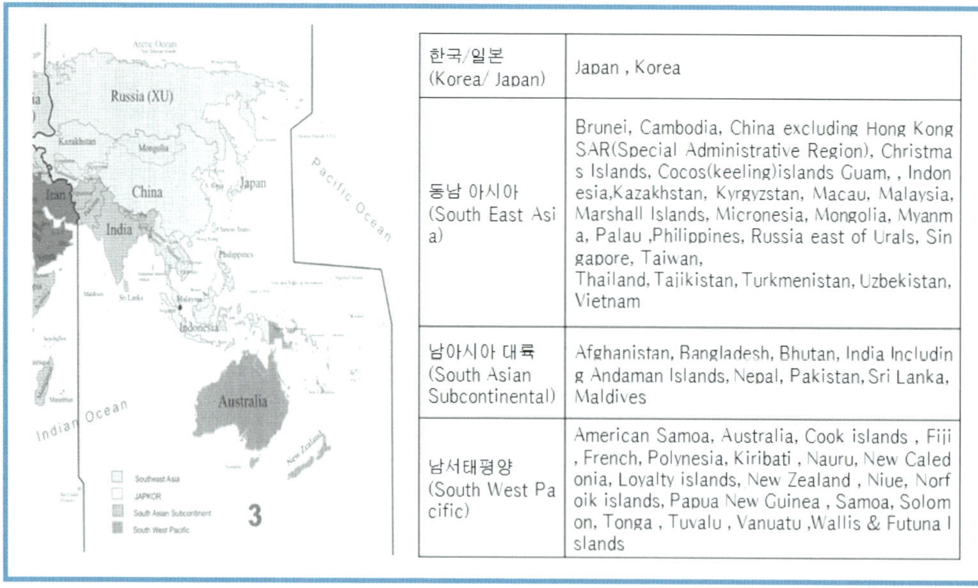

한국/일본 (Korea/ Japan)	Japan , Korea
동남 아시아 (South East Asia)	Brunei, Cambodia, China excluding Hong Kong SAR(Special Administrative Region), Christmas Islands, Cocos(keeling)islands Guam, , Indonesia,Kazakhstan, Kyrgyzstan, Macau, Malaysia, Marshall Islands, Micronesia, Mongolia, Myanma, Palau ,Philippines, Russia east of Urals, Singapore, Taiwan, Thailand, Tajikistan, Turkmenistan, Uzbekistan, Vietnam
남아시아 대륙 (South Asian Subcontinental)	Afghanistan, Bangladesh, Bhutan, India Including Andaman Islands, Nepal, Pakistan, Sri Lanka, Maldives
남서태평양 (South West Pacific)	American Samoa, Australia, Cook islands , Fiji , French, Polynesia, Kiribati , Nauru, New Caledonia, Loyalty islands, New Zealand , Niue, Norfoik islands, Papua New Guinea , Samoa, Solomon, Tonga , Tuvalu , Vanuatu ,Wallis & Futuna Islands

3. TACT(The Air Cargo Tariff)의 구성

TACT란 The Air Cargo Tariff의 첫머리 글자만을 따서 지어진 이름으로 Rule Book (규정집) 1권과 Rate Book(요율집) 2권으로 구성되어 있다.

출판은 네덜란드 TACT사에서 하며, 국제 화물 운임과 제규정 및 화물 운송장 관련 규정이 명시되어 있다.

1) TACT Rule Book

항공화물 운송에 관한 각 항공사의 규정, 각 국 정부의 규정 및 세계 각 공항의 시설 및 정보, 모든 운임, 요금 규정과 운송장, 화물의 수탁 등 모든 부분에 대한 규정이 명기되어 있는 규정집이다. 통상적으로 Orange Book으로 불리기도 한다.

2) TACT Rate Book

북미지역의 운임이 명기된 Red Book 과 북미지역을 제외한 세계 모든 지역의 운임이 명기되어진 Green Book으로 구성되어 있으며, 구체적으로 아래의 내용이 수록되어 있다.

① Special Rate : 일부 지역간에 적용되는 특별요율.
② Description : SCR 품목번호 해설.
③ Note : 해당 요율이 적용되는 특별규정 및 특별최저요금.
④ Construction Rate : 비공시 요율 산출을 위한 ADD-ON Amount.
⑤ Domestic Rate : 북미판에만 수록되어 있음
(USA, CANADA 국내 요율 및 USA와 CANADA간의 국경 요율)

4. CHARGEABLE WEIGHT(운임산출 중량) 적용 원칙

① Chargeable Weight란 단위당 실제 적용 운임 요율을 적용할 수 있는 중량을 의미한다.
② Chargeable Weight는 실제 중량을 측정한 Actual Gross Weight와 용적을 측정하여 Weight로 Conversion 한 Volume Weight 중 보다 높은 중량을 적용한다.
③ 중량, 치수, 용적에 대해서는 IATA Resolutions에 결의한 다음과 같은 적용되는 Rules 있다.

- BASIC AIR CARGO RATING : IATA Resolutions 참고
- 용적 중량(Volumetric Weight)산정시 주의점
  - 해당화물의 최대가로, 최대세로, 최대높이를 적용한다.
  - 부정형 화물의 경우는 화물 적재 가로, 최대세로, 최대높이를 적용한다.

제3절 항공화물운임 종류

〈표 8-3〉 항공화물 운임 종류

<table>
<tr><td rowspan="6">Transportation Charge</td><td rowspan="4">Weight charge</td><td>GCR (General Cargo Rate)</td></tr>
<tr><td>SCR (Specific Commodity Rate)</td></tr>
<tr><td>CCR (Class Rate)</td></tr>
<tr><td>BUC (Bulk Unitization Charge)</td></tr>
<tr><td colspan="2">Unpublished Rate – Construction, Combination</td></tr>
<tr><td colspan="2">Valuation Charge</td></tr>
<tr><td>Other Charges</td><td colspan="2">위험물 취급 수수료, 운송장 작성 수수료, 입체지불금 수수료, 착지불 수수료, 보험료, Trucking Charge 등</td></tr>
</table>

1. GCR(Genaral Cargo Rate : 일반화물요율)

GCR은 모든 항공화물 운송요금 산정의 기본이 되며, 다음에 설명하는 SCR 및 CCR의 적용을 받지 않는 모든 화물운송에 적용되는 요율이다.

운송요금 산정을 위해서는 화물의 중량이 먼저 결정되어야 하는데, 결정방법으로는 실제 중량에 의거한 방법 외에 가볍고 용적이 큰 화물에 대해 용적(Volume)을 중량으로 환산하는 방법이 있다.

운송요금은 결정된 중량에 기본요율을 곱하여 산정되는데, 이때 중량이 증가함에 따라 기본요율보다 더 낮은 중량단계별(weight Break)요율을 적용하며 인센티브(Incentive)를 부여하고 있다.

즉, 일반화물 요율은 특정품목 할인요율이나 품목분류 요율이 적용되는 화물을 제외하고 모든 화물의 운송에 적용된다.

일반화물 요율은 최저운임(M), 기본요율(N), 중량 단계별 할인요율(Q)로 구성되어 있다.

2. SCR(Specific Commodity Rate : 특정품목할인요율)

SCR은 화물운송의 유형상, 특정구간에서 동종품목의 반복적 운송에 대하여 수요제고를 목적으로 코드로 분류된 특정품목에 GCR보다 낮은 요율을 설정한 것이며, 여기에도 중량 단계별 할인 요율이 적용된다.

이 요율은 항공화물의 판매상 중요한 비중을 차지하고 있으며 육상 및 행상운송과의 경쟁성을 충분히 감안하여 결정된다. 결국 SCR은 시장에 근거한 차별화된 요율이며 품목마다 다양하게 설정되어 있어서 다른 품목의 영향을 별로 받지 않는다. 새로운 SCR의 설정에는 화주와의 상담이나 자체 시장조사를 통한 수요 측면의 고려가 필수적이다.

특정품목 할인요율은 반드시 최저 중량을 제한하고 있으며, 특정품목 할인요율(SCR)은 품목분류 요율(CCR)이나 일반화물 요율(GCR) 보다 우선하여 적용된다. 단, 품목분류 요율(CCR) 이나 일반화물 요율(GCR)을 적용하여 더 낮은 요율이 산출될 시는 당해 낮은 요율의 적용이 가능하고, 품목분류 요율(CCR)이 일반화물 요율(GCR) 보다 더 클 경우에는 품목분류 요율(CCR)을 우선하여 적용하여야 한다.

3. CCR(Commodity Classification Rate : 품목분류요율)

CCR은 몇 가지 특정 품목에만 적용되는 할인 및 할증요율로서 품목뿐만 아니라 특정구간, 특정지역에서만 적용되기도 한다. 즉, 일반화물 요율에 대한 할증(S)/할인(R) Process로 적용. 품목분류 요율(CCR)은 일반화물 요율(GCR)과 비교하여 크거나 작거나 간에 일반화물 요율(GCR) 보다 우선하여 적용한다.

이 요율이 적용되는 품목은 다음과 같다.

1) 할인요율 적용품목

① 신문, 잡지, 정기간행물, 점자 Type, 점자책, 카탈로그, 서적등이며, 팜플렛, 캘린더, 포스터 등에는 적용되지 않는다.

- 신문, 잡지, 정기간행물, 책, 카타로그, 점자 책 및 그 용구 : 상기 품목에 대한 요율은 해당구간 일반화물 요율(GCR)중 Normal Rate의 50%에 해당하는 요율이 적용되며 최저요금은 해당구간 일반화물 최저요금과 할인율에 5kg을 적용한 금액 중 큰 금액을 최저요금으로 한다.

② 화물로 운송되는 개인용 의류, 신변품으로서 여객이 소지한 항공권을 기준으로 공항간 운송에 한하여 적용된다.

- 비 동반 수하물(Baggage Shipped as Cargo) : 비 동반 수하물(단, 기계류, 보석, 카메라, 상품, 세일즈 샘플 등은 제외)을 항공화물로 운송할 경우에는 해당구간 일반화물 요율(GCR) 중 Normal Rate50%에 해당하는 할인요율이 적용되며 최저요금은 10kg에 해당하는 금액임. 이 요율은 여객이 한국을 출발하여 IATA 제2지역과 제3지역으로 여행할 경우에만 적용되며, 수하물은 여객의 출발 이전에 운송인에게 인도되어야 하고 모든 통관절차를 끝내야 한다.
- 생동물 요율 : 모든 생동물에 대해 Normal GCR(N rate)의 200% 적용, 최저운임(Minimum Charge)은 Applicable Minimum Charge의 200% 적용한다.

③ 할증요율 적용 품목에는 귀금속, 보석류, 유가증권 또는 별도로 정해진 귀중품이거나 생동물과 사체(Human Remains) 등이다.

- 화폐, 여행자수표, 주권, 채권, 금, 백금, 다이아몬드(공업용 다이아몬드 포함), 기타보석 류 등 귀중화물과 시체 및 유골 등에 대한 별도의 할증요율이 있음.
- Class Rate 적용 불가 품목.
- Calendar, Price Tag, Posters 등은 Class Rate 적용 불가.

4. BUC(Bulk Unitization Charge : 단위탑재용기요금)

BUC란 우리나라 미주행 항공화물에 적용되는 요율체계로서 이른 바 단위탑재용기(ULD: Unit Load Device)별로 중량을 기준으로 한계중량(Pivot Weight)을 정해 놓고 그에 따른 요금을 책정하여 이를 사용하는 대리점이 화물을 채우던 못 채우던 그만큼의 금액을 지불하게 하는 것으로, 일종의 항공사의 공급스페이스를 대리점이 사전에 매입하는 것과 같은 이치이다. BUC를 통해 항공사는 일정구모의 스페이스(Space)를 사전에 판매하여 공급량을 조절할 수 있고 관리의 효율성도 기할 수 있게 되며, 대리점이나 주선업체들은 자신들이 유치한 다양한 형태, 부피의 화물을 마음대로 혼재할 수 있다는 장점이 있다.

화물이 적화된 단위적재용기 총 중량에서 운송인 소유 단위적재용기의 경우에는 당해 용기의 중량을 공제하고, 송하인 소유 단위적재용기의 경우에는 당해 용기의 설정된 허용공제 중량과 실제용기 중량 중 더 적은 중량을 공제한 중량을 요금부과 중량으로 계산한다.

최근 BUC는 국제항공화물의 혼재가 크게 늘어나는 추세 속에서 가장 큰 비중을 점하고 있는 요금체계로서, 단위탑재용기의 Type별로 실제 중량과 상관없이 정액요금이 정해져 있고, 한계중량을 넘을 경우에는 초과요율이 징수되며 ULD 에 넣어서는 안되는 품목은 따로 규정되어 있다.

1) BUC의 정의

화주/대리점이 항공사로부터 ULD를 대여하여 자신의 화물을 배타적으로 작업하여 항공사에 운송의뢰 시에 적용되는 요율.

① 화주의 요청
② 해당 구간에 BUC 요율이 존재
③ TACT Rule 3.10.2 규정에 의거(ULD 사용 작업) : Definitions and Specifications of Aircraft and Non- Aircraft ULDs
④ AWB 상에 BUC 이용 내역이 기재.

2) BUC 금지품목

① DGR에 명시된 위험품을 포함하는 화물 : 위험품
② LIVE ANIMAL
③ VALUABLE CARGO
④ HUMAN REAMINS

3) 용어 정리

(1) Aircraft ULD

① 단위탑재용기
② 항공기 Restrain System 에 의해 고정되어 항공기 부품으로 되는 것

(2) Non-Aircraft ULD(Shipper's ULD)

Aircraft ULD의 요건에 부합하지 않는 용기로서 A/C ULD에 탑재되어 사용.

(3) Tare Weight Allowance

IATA에 등록된 ULD에 대해 화주에게 제공하는 ULD 허용중량.

(4) Pivot Weight

ULD 운임 적용을 위해 각 ULD 마다 마련되어 있는 운임 적용 최저중량.

(5) Pivot Charge

① ULD의 최저중량에 대해 부과되는 운임.
② ULD Type 에 따라 다른 운임이 정해짐.

(6) Over Pivot Weight

ULD 내에 적재되었으나 최저중량을 초과한 중량

(7) Over Pivot Rate

초과중량에 대해 적용되는 Kg 당 요율

(8) Outside Cargo or Loose Piece

한 건의 화물 중 ULD의 최대중량이나 용적을 초과하여 ULD에 실리지 못한 화물.

〈표 8-4〉 Minimum Chargeable Weight Table

Type	Minimum Chargeable Weight per ULD in KGs	Exceptions (From Korea to Canada/USA)
1	5540	5000
2	2860	2530
2H	3525	3040
5	1650	1690
8	755	680

(9) Maximum Net Weight Permissible

① ULD 제조업자가 해당 ULD에 대해 신고한 중량
② IATA에 등록하기 위해 제조업자가 표시한 해당 ULD의 수송 가능한 최대중량.

(10) Tare Weight

① 화물을 적재하지 않은 상태에서의 ULD 자체 무게.
② ULD 내의 모든 내부 시설물들도 포함.

4) BUC의 적용

① ULD Tare Weight를 제외한 화물의 실제 중량
② 최저 운임적용 중량은 각각 ULD Type에 따른 Pivot Weight 을 적용.

- 작업된 중량이 최저중량에 미달될 경우 : Pivot Weight / Pivot Charge 적용
- 작업된 중량이 Pivot WT를 초과할 경우 : 초과 중량은 Over Pivot Rate per KG 적용
- Outside Cargo 의 경우 : BUC 적용을 받지 못함. 별개의 화물로 해당 품목에 따른 요율 적용.

5. 종가요금(Valuation Charge)

항공화물운송에 있어서 사고가 발생 했을때 항공기업의 최대 배상 한도액은 SDR17로 정해져 있기 때문에 화주가 손해배상을 청구해도 그 한도액을 넘어서 배상을 받을 수는 없다. 즉, 운송장(AWB)에 명시된 송하인의 운송신고가격이 kg당 17 SDR을 초과하는 화물에 대하여는 그 초과한 금액에 대하여 0.75%에 상당하는 금액을 종가요금으로 징수한다. 그러나 운송장에 그 화물의 실제 가격을 신고하면 실 손해액을 배상받을 수 있는데, 이는 화물가액의 일정비율로부터 종가요금이 가산된다. 결국 종가요금은 손해배상과 직접적인 연관관계를 가진 요금이라고 할 수 있다. 우리나라의 종가요금은 [운송신고가격-{총중량 × Kg당 운임(USD)}] × 0.5%

6. 기타요금과 수수료

기타요금은 입체지불 수수료(Disbursement Fee)와 착지불 수수료(Charge Collect Fee), 위험품 수수료(Dangerous Goods Handling Fee) 등이 있다. 입체 지불수수료는 송하인의 요청에 따라 항공사 또는 대리점이 송하인을 대신하여 운임을 지불했을 때의 그 입체지불금에 대해서, 서비스의 대가로 그 금액에 일정요율을 곱하여 산출한 금액을 징수하는 것을 말한다.

착지불 수수료는 착지불화물, 즉 운송장상에 운임과 각종요금을 수하인이 납부하도록 기재된 화물에 대해서, 그 운임과 요금을 합한 금액의 일정율에 해당하는 금액을 징수하는 것을 말하며, 위험품 수수료는 IATA 위험품 규정집에 명시된 품목에 대해 별도로 부과하는 Handling Charge이다.

1) 위험물 취급 수수료

대한민국 출발의 경우에는 위험물 포장 한개 당 11,400원을 위험물 취급 수수료로 하며 최저 위험물 취급 수수료는 51,800원이며, 여하한 경우에도 위험물 취급 수수료는 258,800원을 초과할 수 없음(한국지역기준).

2) 운송장 작성 수수료

대한민국을 출발지로 하는 화물에 대해 항공사(또는 대리점)가 화주를 대신하여 운송장(AWB)을 작성할 경우 항공사(또는 대리점)는 운송장(AWB)당 3,100원의 운송장 작성 수수료를 징수.

3) 입체지불금 수수료

① 입체지불금이란 항공운송 개시 이전에 송하인 또는 그 대리인의 비용으로 이미 지불한, 수하인이 부담하여야 할 육상운송료, 보관료, 통관수수료 등을 일컬으며 송하인의 요구에 따라 운송장(AWB)에 입체지불금을 명시하는 경우 운송인은 이를 수하인으로부터 징수. 또한 이 서비스의 수수료는 입체지불금의 10%, 최저요금은 25,800원이며 운송인이 송하인 또는 수하인으로부터 징수한다.

② 입체지불금은 운송장에 명시된 운임을 초과하여서는 안 되며, 운임이 129,000원 미만인 경우에는 입체지불금은 129,000원까지 가능하다.

③ 착지불 수수료 : 대한민국 도착 화물에 대한 착지불 수수료는 운임과 종가요금을 합한 금액의 5%에 상당하는 금액이며 최저요금은 12,900원에 상당하는 금액(한국지역기준).

7. 운임 산출 방법

1) Chargeable Weight를 구한다.

(1) 실제중량에 의한 방법

0.5kg 미만은 0.5kg으로 절상하고 0.6kg 이상은 1kg으로 절상한다.

(2) 용적중량에 의한 방법

최대용적(가로 X 세로 X 높이)에 단위용적당 기준 중량을 곱하여서 산출됩니다. 단, 최대용적은 곱하기 전 소수점 첫째 자리에서 사사오입한다.

2) 적용 가능한 요율을 결정한다.

운송하고자 하는 화물의 품목 및 여정에 따른 적용 가능한 요율형태를 결정하고 운임 산출중량에 해당하는 요율을 확인한다.

3) 운임을 산출한다.

항공화물 운임은 운임 산출중량 X 요율로 결정되며 계산된 운임이 각 도시간에 정해진 최저요금 미만일 경우 최저요금이 항공화물 운임이 된다.

4) 높은 중량단계에서 낮은 운임 적용 가능성을 점검한다.

제 9 장

위험품

제1절 Dangerous Goods Regulations(위험품)의 이해

제9장

위험품(Dangerous Goods Regulations)

제1절 Dangerous Goods Regulations(위험품)의 이해

1. IATA Dangerous Goods Regulations의 구성

1) DGR의 소개(Introduction)

① IATA Dangerous Goods Regulations(약어로 DGR로 사용)은 국제민간항공에 대한 Chicago Convention의 "ANNEX 18"에 근간을 두고 있다.

② IATA Dangerous Goods Regulations는 "ANNEX 18"과 최근 발행의 ICAO Technical Instructions의 모든 내용을 포함하고 있다.

③ IATA Dangerous Goods Regulations 항공으로 운송되는 위험품에 대한 ICAO에 등록된 문서로서 인증 되어지고 있다.

④ 한국은 ICAO 회원국(1952년 가입)으로서 ICAO Technical Instructions 적용에 관한 내용을 항공법 제66조 시행규칙 212조에 명시하여 시행하고 있다.

2) DGR의 내용 구성

① DGR은 10 Main Sections과 6 Appendices로 아래와 같이 구분 되어 진다.

- Section 1. Applicability
- Section 2. Limitations
- Section 3. Classification
- Section 4. Identification
- Section 5. Packing
- Section 6. Packaging Specifications and Performance TESTS
- Section 7. Marking and Labelling

- Section 8. Documentation
- Section 9. Handling
- Section 10. Radioactive Material

- Appendix A Glossary
- Appendix B Nomenclature
- Appendix C Currently Assigned Substances
- Appendix D List of IATA Member, Associate Member and Other Airlines
- Appendix E Competent Authorities
- Appendix F Packaging Testing Facilities, Manufacturers and Suppliers

② Index와 Table Index는 DGR 상에서 필요로 하는 규정의 위치를 찾는데 용이하게 이용 되어 진다.

③ DGR은 매년 1년에 한 번씩 개정되어 출간되어지며, 해당 년 1월 1일로 새로운 규정이 적용되어진다.

④ DGR은 영어, 불어, 독일어, 스페인어, 일본어, 중국어 판으로 발간된다.

⑤ DGR 영어 문장에서 "Shall"과 "Must"는 규정상 반드시 이행 되어져야 하는 강제조항(Mandatory Requirement)을 의미한다. (DGR 1.3.1,3.)

⑥ DGR 영어 문장에서 "Should"과 "May"는 강제조항이 아닌 추천조항(Preferred Requirement)을 의미한다. (DGR 1.3.1,3.)

⑦ DGR상에 사용 되어지는 "Dangerous"와 "Hazardous"는 동일한 의미로 사용되어 진다.

2. DGR의 적용

1) 위험품(Dangerous Goods)의 정의

위험품이란 항공 운송시 인체의 건강, 인체와 항공기 기체의 안전, 재산또는 환경에 위해를 줄 가능성이 있는 물건 또는 물질로서 IATA Dangerous Goods Regulations (DGR) 의 위험품 List에 표시되어 있거나, 9 가지 분류 기준상 위험품으로 규정되는 물질(물건)을 의미한다. 즉, 항공운송 도중 발생하는 기압, 온도, 진동의 변화에 따라 항공기, 인명 및 기타 타 화물에 손상을 줄 우려가 있는 화물로서 그 수송량 포장 방법 용기 등을 일반화물과는 별도로 규정하고 있는 화물을 말한다.

2) Shipper의 책임 조항

① DGR상의 Shipper는 화물의 실 화주, 화물 Forwarder 또는 화물대리점을 의미한다. (항공사와 운송 계약 조건에 따라서 구분되어 정의됨)

② Shipper는 DGR상의 책임 조항을 수행할 수 있도록 직원들을 훈련시켜야 한다. (DGR 1.3.2.1. & 1.3.2.4.)

③ Shipper는 운송하고자 하는 물질이나 품목이 항공으로 운송 금지되는 물질인지 여부를 확인하여야만 한다. (DGR 1.3.2.2.)

④ Shipper는 위험품의 운송시에 DGR상에 명기된 절차에 의거하여 분류(Classified), 인식(Identified), 포장(Packed), 마킹(Marked), 라벨링(Labelled)을 하고 서류를 작성하여야 한다. (DGR 1.3.2.3. & 1.3.3.2.6.)

⑤ Shipper는 위험품을 DGR 9.1.1.1.에 허락된 ULD 이외의 ULD상에 탑재하여서는 안 된다. (DGR 1.3.3.2.6.)

⑥ 서류나 위험품 포장 외벽에 숨겨진 위험성에 대한 모든 지침이 명기되어 있어야 한다.

⑦ 화주신고서(Shipper's Declaration for Dangererous Goods)에 대한 작성 및 사인은 오직 Shipper에 의해서만 할 수 있다.

3) Operator(항공사)의 책임 조항

① 항공사는 Shipper에 의해 제공된 위험품이 포함된 Consignment와 서류가 Check List를 사용하여 DGR상의 규정을 확인 한 후에 접수 여부를 결정한다. (DGR 9.1.4)

② 항공사는 접수된 위험품에 대해서는 보고나(Storage), 탑재(Loading), 조사(Inspection), 긴급 상황 대처 방안을 포함된 제반 모든 정보의 보고, 위험품 관련 사고와 준사고에 대한 보고 및 교육과 기록 보관을 이행하여야 한다. (DGR 1.4)

③ 항공사 자체 부품이나 서비스 품목에 관련된 위험품을 취급할 시에는 Shipper의 책임 조항을 동시에 이행 하여야 한다.

4) 교육 관련 준수 사항(Training Requirement)

① 항공으로 운송되는 위험품의 흐름에 연관된 업무를 하는 모든 업무 범주의 직원들은 법에 의해 DGR 관련 요구되는 교육을 이수하여야 한다. (DGR 1.5.0.)

② DGR 1.5.A에 명기된 Table은 각 업무 범주별 이수해야 하는 최소 교육 과정을 명기하여 놓았다. (DGR 1.5.A)

③ 교육 훈련 관련 기록은 해당 정부 기관의 요청에 따라 보존되고 이용 가능하도록 하여야 한다.

④ 최소 교육과정을 이수한 직원은 해당 국가의 정부 기관이 별도의 기간을 명기하지 않은 경우, 24개월 이내에 보수 교육(Recurrent Training)을 이수해야 한다.

3. DGR상의 제한사항(Limitations)

1) 항공으로 운송이 제한되는 위험품(Dangerous Goods Forbidden)

① DGR 2.1.1 상에는 어떤 조건에서도 항공으로 운송이 불가능한 물질 특성에 대하여 설명하고 있다.

② DGR Table 2.1.A 상에는 여객기와 화물기 모두에 탑재가 불가능하여, DGR 4.2(The List of Dangerous Goods)상에 "Forbidden"으로 명기된 품목들이 있다.

③ DGR 2.1.2 상에는 해당 정부기관으로 부터 운송허가증명을 사전 득하지 않으면 운송이 불가한 품목 및 특성들이 표기되어 있다(이 경우에는 항공사의 재량에 의해 접수 여부가 결정되어 진다).

2) 위험성이 표출되지 않는 위험품(Hidden Dangerous GOODS)

① 위험품 수직원은 일반화물(General Cago)의 위험품 인식과 검색(Detect)에 대해 Shipper들에게 DGR상의 내용에 대한 도움을 주어야 한다.

② 아래에 열거된 품목들은 특정 위험성에 숨겨져 있는 경우이다(DGR 2.2).

- 에어졸 캔(Aerosol CAN)
- 자동차 부품(Car, Motor, Motorcycle)
- 화학 약품
- 극저온 물질
- 진단용 시약
- 드릴링, 채광 장비
- 전자 장비
- 불꽃놀이류
- 연료 조절장치
- 가스 실린더
- 가정용 세척제
- 항공기 부품 및 장비(AOG Spares)
- 캠핑 및 탐험 장비
- COMAT(Company Materials)
- 치과 장비
- 다이빙 장비
- 건전지
- 전동 장비
- 냉동 식품
- 가스 라이터
- 열기구 풍선
- 계기류(Instruments)

- 실험용 시험 장비
- 기계 부품(Machinery Parts)
- 의료 장비
- 페인트
- 사진장비
- 자동차 경주팀 장비
- 안전 장비
- 백신(Vaccines)
- 도구 상자(Tool Boxes)
- 라이터 연료
- 성냥
- 수은
- 제약 용품(Pharmaceuticals)
- 휴대용 전동 장비
- 수리 장비
- 쇼, 영화, 무대 특수효과 장비
- 수영장용 화학용품
- 회중 전등(Torches)

3) 승객이나 승무원에 의해 운송되어지는 위험품(DGR 2.3)

① 위험품은 승객이나 승무원에 의해서 아래 열거된 운송조건으로 운송 될 수 있다.

- Checked Baggage 조건으로 운송되는 경우.
- Carried-on Baggage 조건으로 운송되는 경우.
- 승객이나 승무원이 휴대하여 운송되는 경우.

② 승객이나 승무원에 의해 운송되는 일상 생활용품이나 기타 위험품이 내재된 품목은 DGR 2.3.A 상에 명기된 규정에 따라 제한된 양의 범위 내에서 대부분의 경우 항공사의 승인을 득한 후 상기(1)의 3가지 운송조건으로 Baggage로 운송이 가능하다.

4) 항공우편으로 운송되는 위험품 (DGR 2.4)

① 원칙적으로 국제우편물 연합(Universal Postal Union)에서는 우편으로의 위험품 운송을 금지하고 있다.

② 단, 예외적으로 UPU에서는 예외적으로 아래 3가지 조건하에서는 우편으로서의 위험품을 접수하여 운송한다.

- 전염성 물질(화주신고서 작성 필요)
- Dry-ice(전염성 물질의 보습제로 사용되는 경우에 한함)
- 방사능 물질(Table 10.5.A에서 제시된 방사능 활성도의 10분의 1 이하인 경우)

5) 항공사 자산으로서의 위험품 운송(DGR 2.5)

① 판매용 Consumer 물품, 기내식용 Dry-ice, 소화기 등으로 항공사의 자산으로서

DGR상 위험품으로 분류되는 물질이 포함되어 있는 경우에 이러한 물품은 DGR 상의 위험품 규정의 적용을 받지 않는다. (DGR 2.5.1)

② 항공사 자산으로 신고된 물품이외의 여분의 물품이나 보수, 정비를 위해 별도로 탑재되는 경우에는 DGR상의 위험품 취급에 준하는 규정의 적용을 받는다.

6) 항공화물로 운송 가능한 위험품(DGR 2.6)

① 위험품은 항공 운송에 관련된 모든 해당 국가, 출발지 국가의 승인과 DGR 상의 운송 조건에 충족된 경우에 항공 화물로 운송이 가능하다.

② ICAO "Technical Instruction"의 규정보다 더 엄격한 규정을 IATA DGR 상에 부수적인 요구사항으로 명기하는 경우가 있다. 이 경우에 Pointing Finger 표시인 "☞"를 문장 서두에 표기한다.

③ DGR 상에는 위험품이 어떤 특정 Class에 포함되었지만, 그 양이 매우 작아 DGR 2.7상의 화주신고서 작성이 필요 없고, 지정된 포장용기를 사용하지 않아도 되는 경우를 "Excepted Quantities"라는 용어를 사용하여 허용하고 있다.

④ 어떤 종류의 위험품의 운송량이 기준치를 초과하지 않는 소량일 경우, UN규격 포장의 마킹(DGR 6.0.4)이나 UN 규격 포장 성능시험(DGR 6.3)을 거치지 않고 DGR 6.1 & 6.2 상의 UN 포장 규격만 만족시키는 포장만으로도 운송할 수 있으며, 이를 "Limited Quantities"라고 한다.

4. 위험품의 분류

1) 일반 원칙

① Classes로 나뉘어지며, Class 1,2,4,5,6에는 동일한 Class내에 위험성의 별도 규정에 의 "Division"으로 세분하여 구분한다.

② 위험물 성도에 의한 분류 : 위험품은 각 Class 또는 Division별로 그들이 표현하는 위험성의 정도(Degree)에 따라 아래의 3가지 Packing Group로 분류 되어진다.

- PACKING GROUP Ⅰ : GREAT DANGER
- PACKING GROUP Ⅱ : MEDIUM DANGER
- PACKING GROUP Ⅲ : MINOR DANGER

③ 하나의 Consignment 가 복수의 위험성을 가지고 있는 경우에는 가장 Packing Group상의 위험 정도가 높은 것을 주 위험성으로 선정하며, DGR Table 3.10.A을 고려하여 주 위험성을 선정한다.

④ 송하인의 책임 조항

- Consignment안의 모든 위험품 항목이나 위험품을 완전하고 올바르게 선별하고 인식한다.
- 식별된 위험품을 DGR상의 9 Class 또는 Division으로 구분하여, 주 위험성과 부 위험성을 올바르게 구분한다.
- 분류된 위험품을 Class 또는 Division별로 DGR 규정상의 위험품 정도에 따라 별도로 Packing Group을 산정한다.

2) 위험품의 분류

(1) IATA에 의해 위험품목으로 정해진 품목

① 폭발성 물질 (Explosives)
② 가스 (Gases : 가연성 불연성 독성 가스)
③ 인화성 액체 (Flammable Liquids)
④ 인화성 고체 (Flammable Solids)
⑤ 과산화물 (Oxidizing Substances and Organic Peroxides)
⑥ 독극물 (Toxic Substances : 전염성 물질 포함)
⑦ 방사성 물질 (Radioactive Material)
⑧ 부식성 물질 (Corrosives)
⑨ 기타 위험 품목 (Miscellaneous Dangerous Goods)

(2) 위험품의 CLASS에 의한 구분

CLASS 1 : 폭발성 물질(Explosives)
CLASS 2 : 가스류 - 인화성, 비인화성 및 독성가스
CLASS 3 : 인화성 액체
CLASS 4 : 인화성 고체- 인화성고체, 자발적 인화물질, 물과 반응물질
CLASS 5 : 산소 발생물질 - 산화제 유기과산화물
CLASS 6 : 전염성 물질 및 독성 물질
CLASS 7 : 방사능 물질
CLASS 8 : 부식성 물질
CLASS 9 : 기타 - 자동차, DRY ICE 및 자석류

CLASS 1. Explosive

- 폭발성 물질
- 6개의 Division으로 구분
- Division 1.4는 제한적으로 항공기로 운송하며 대부분 운송 금지

Hazard Label	Name/Division Cargo IMP Code	Description
	Explosive Division 1.1 REX	Articles and substances having a mass explosion hazard 다량 폭발성 물질
	Explosive Division 1.2 REX	Articles and substances having a projection hazard 사출 위험성 폭발물질
	Explosive Division 1.3 REX RCX RGX	Articles and substances having a fire hazard and either a minor blast or minor projection hazard or both 발화성 및 미약한 폭풍/사출성 폭발물질
1.4 Explosives	Explosive Division 1.4 REX	Articles and substances which present no significant hazard 심각한 위험성이 표출되지 않는 폭발성 물질
1.5	Explosive Division 1.5 REX	Very insensitive substances which have a mass explosion hazard 충격에 매우 둔감하며 폭발위험성이 큰 물질
1.6	Division 1.6 REX	Extremely insensitive articles which do not have a mass explosion hazard 충격에 극히 둔감하며 폭발위험성이 작은 물질
1.4 Explosives	Explosives RXB RXC RXD RXE RX	Compatibility Group Assignment according to DGR Table 3.1.A DGR 3.1A 상의 Compatibility Group 에 의해 구분되어지는 물질

	Explosives RXS	Articles and substances which present no significant hazard. Effect from accidental functioning is confined within the package 심각한 위험성이 표출되지 않으며, 사고(Accident) 발생 시에도 그 효과의 범위가 포장내부로 한정되는 물질

■ CLASS 2. Gas

- 가스류
- 3개의 Division으로 구분
- Division 2, 3의 경우 독성가스로 대부분 항공 운송 금지

Hazard Label	Name/Division Cargo IMP Code	Description
	Flammable Gas Division 2.1 RFG	Any compressed gas which, when mixed with air in certain proportions, forms a flammable mixture 특정비율로 공기와 혼합되었을 경우 인화성 혼합물을 생성하는 압축 가스
	Non-Flammable non-toxic gas Division 2.2 RNG RCL	Any non-flammable, non- toxic compressed gas 비인화성 &비독성가스
	Toxic Gas Division 2.3 RPG	Gases known to be toxic or corrosive to humans and known to pose a health risk 사람에게 독성과 부식성을 가지고 건강을 위협할 수 있는 가스

■ CLASS 3. Flammable Liquid

- 인화성 액체
- Division 구별은 없으며 Packing Group로 구분
- 항공기로 운송되는 위험물의 약 70% 차지

Hazard Label	Name/Division Cargo IMP Code	Description
	Flammable Liquid Class 3 RFL	Any liquid having a closed- cup flash point of 60.5° C or below (DGR Appendix A) Closed-cup 조건에서 발화점이 섭씨 60.5도 이하인 액체물질 (인화성 액체)

CLASS 4. Gas

- 인화성 고체, 자연발화성 물질, 물과 접촉시 인화성 가스를 방출하는 물질
- 3개의 Division으로 구분

Hazard Label	Name/Division Cargo IMP Code	Description
	Flammable solid Division 4.1 RFS	Any solid material, which is readily combustible, or may cause or contribute to fire through friction 쉽게 발화되거나 발화를 야기시키는 고체물질과 마찰 시 화염을 발생시킬 수 있는 고체물질 (인화성 고체)
	Spontaneously Combustible Division 4.2 RSC	Such substances are liable to spontaneous heating or to heating up in contact with air and then liable to catch fire 물질 스스로 열을 내거나 공기와 접촉하였을 때 열을 내기가 용이하고, 불을 쉽게 발생시킬 수 있는 물질 (자연 발화성 물질)
	Dangerous When Wet Division 4.3 RFW	Substances which, by interaction with water, are liable to become spontaneously flammable or give off flammable gases 물과 접촉시 자체적으로 인화성이 되거나 인화성 가스를 방출하기 쉬운 물질

CLASS 5. Oxidizer

- 산화물질, 유기과산화물
- 2개의 Division으로 구분

Hazard Label	Name/Division Cargo IMP Code	Description
	Oxidizer Division 5.1 ROX	A substance that yields oxygen readily to stimulate the combustion of other material 타 물질의 연소를 자극하기 위해 산소를 쉽게 발생하는 물질(산화물질)
	Organic Peroxide Division 5.2 ROP	An organic material (liquid or solid) that can be ignited readily by external flame and then burns with an accelerating rate: some substances react dangerously with others 유기(탄소를 함유한)물질, 일부 물질은 다른 물질과 위험한 화학 반응을 일으킴(과산화 유기물질)

■ CLASS 6. Toxic Substance

- 독성물질, 전염성 물질
- 2개의 Division으로 구분

Hazard Label	Name/Division Cargo IMP Code	Description
	Toxic Substance Division 6.1 RPB	Liquids or solids which are dangerous if inhaled, swallowed or absorbed through the skin 흡입하거나 삼키거나 또는 피부를 통해 흡수됐을 때 위험한 액체 혹은 고체 물질
	Infectious Substance Division 6.2 RIS	Substances which are known or reasonably expected to contain pathogens and cause disease in humans or in animals 인간이나 동물에게 병을 야기시키거나 병원균을 포함하고 있다는 것이 알려져 있는 물질

■ CLASS 7. Radioactive

- 방사능 물질
- Division은 없으며 3개의 Category로 구분

Hazard Label	Name/Division Cargo IMP Code	Description
	Radioactive Class 7 Category I-White RRW	≤ 5 (0.5) TI = 0
	Radioactive Class 7 Category II-Yellow RRY	〉 5 (0.5) ≤ 500 (50) TI = 〉0 〈1
	Radioactive Class 7 Category III-Yellow RRY	〉 500 (50) ≤ 2000 (200) TI = 〉1 ≤ 10

■ CLASS 8. Corrosive

- 부식성 물질 Division은 없음
- 접촉시 피부조직을 파괴하거나 다른 물질에 부식을 야기하는 물질

Hazard Label	Name/Division Cargo IMP Code	Description
CORROSIVE	Corrosive Material Class 8 RCM	A liquid or solid that causes full thickness destruction of intact skin tissue or has a severe corrosion rate on other materials 인간의 피부조직을 완전히 파괴하거나 물질이나 다른 물질에 심각한 부식을 야기시키는 액체나 고체물질

■ CLASS 9. Miscellaneous

- 기타 위험 물질
- DGR 분류상 다른 Class에 분류되지 않으나 위험성을 가지고 있는 물질

Hazard Label	Name/Division Cargo IMP Code	Description
	Miscellaneous dangerous goods Class 9 RMD	Any substance which presents a danger during air transportation that is not covered by other classes. These include Aviation regulated solids or liquids, where materials may have an irritating, noxious or other properties which could cause extreme annoyance or discomfort to crew members preventing them from performing tDGR 분류상 다른 Class 분류되지 않으며 항공 운항 중에 위험성이 표출될 수 있는 물질로서, 승무원들이 운항 중 그들의 업무 저해를 야기할 수 있는 액체나 고체물질heir duties.
	Polymeric beads Class 9 RSB	Semi-processed polymeric articles, impregnated with a flammable gas or liquid as a blowing agent; may evolve small quantities of flammable gas. 공정 과정에서 인화성 액체나 기체가 산출될 수 있는 과정이 진행중인 중합체 물질, 적은양의 인화성 기체를 발생시키는 물질 -79℃ 의 온도를 지닌 Carbon dioxidc, solid(dry ice)로 공기보다 무겁고, 많은 양의 질식의 위험성을 내포하고 있는 물질
	Carbon dioxide, solid (Dry Ice) Class 9 ICE	Carbon dioxide, solid/dry ice has a temperature of -79℃. On sublimation it produces a gas heavier than air which in an enclosed area and in larger quantities can lead to suffocation. -79℃의 온도를 지닌 Carbon dioxide, solid(dry ice)로 공기보다 무겁고, 많은 양의 질식의 위험성을 내포하고 있는 물질

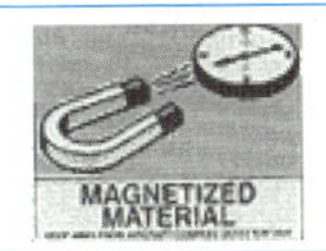	Magnetized material Class 9 MAG	These materials have relatively high magnetic field strength 상대적으로 높은 자성을 가지고 있는 자성물질

이러한 위험품은 접수, 보관, 탑재 시 특별한 주의를 필요로 하며 취급 수수료는 항공사가 위험품 접수 시 포장 상태, 관련 서류, 관계국 규정 등의 검사에 대한 수수료(Check Fee) 개념으로 부과한다.

5. 위험품의 처리절차

1) 위험물 접수자 및 창구

(1) 반입 전담자 운영

① 반입 전담자는 정규 위험물 취급 자격을 보유한 직원으로 임명한다.
② 반입전담자는 위험물 반입 전용부스의 시설관리의 책임을 진다.
③ 반입전담자는 위험물 반입과 관련된 제반 권한과 책임을 진다.
④ 부재시및 업무공백을 대비하여 정 1명 부 3명을 지정하여 운영하며 전담자 정은 선임보세사와 W/H 관리자, 부는 L/M 조장 부조장 순서로 한다.
⑤ 화물이 X-RAY 통과시 액체나 분말로 의심이 될시 X-RAY 보안요원은 화물을 보류장으로 옮기고 보세사에게 보고한다.
보세사는 먼저 대리점에서 MSDS를 받아 위험물인지 확인한다.
심야시간대 대리점과 연락이 안 되고 출발 시간이 임박했을경우 보세사는 화물의 겉면에 붙은 내용으로 내용물을 확인하고 필요시 개봉 검색하여 위험물인지 확인한다.
출발시간이 임박하고 개봉검색이 불가능한 WOODEN BOX의 경우는 스케줄을 변경하여 다음날 대리점에 확인 후에 화물이 작업토록 한다.

(2) 반입 전용 부스 운영

① 수출화물 위험물 반입 전용부스를 지정하여 운영한다.
② 모든 위험물은 반입 전용 부스에서만 접수를 하며 실물과 DOCUMENT 검사한 후 반입 가능 여부를 결정한다.
③ 지정된 반입전담자 정/부는 위험물 반입 전용부스 관리자 정부와 동일하다.

④ 반입되는 화물 중 위험물으로 추정되는 (액체, DRUM, 기타)화물에 대해서는 관련 MSDS 서류를 확인한 후 위험물이 아닌 것으로 확인되면 일반화물로 반입한다.

(3) 반입 확인절차

① 전담직원이 CHK-LIST 작성전에 다음과 같은 사항을 확인한다.

② AGNT의 SHPR-DEC/ M/AWB COPY의 첨부 여부를 확인한다.

③ CSP상에 해당 위험물에 관련된 다음의 정확한 정보가 입력되었는지를 확인한다.

- D.G SPCL CODE
- CLASS
- UN/ID NBR
- PACKING GROUP
- SUBSIDARY RISK
- PSGR OR CAO 여부

④ 미입력시 다음과 같은 형식으로 입력한다

- CLS3/UN1237/P.G II/SUB RISK 7.1/PAX OK

⑤ D.G HNDL 가능 운송 대리점인지의 여부

⑥ D.G EMBARGO 구간 및 목적지의 EMBARGO 품목 여부

⑦ 규정에 적합하지 않은 위험물에 대하여서는 반입단계에서 접수를 거절하고 관련 서류는 1년 보관하며 기록을 유지한다.

(4) CHK-LIST 작성

① CHK-LIST는 최신판으로 유지하고 CHK-LIST의 ACCEPTANCE CHK POINT에 의거하여 정확한 CHK-LIST를 작성한다.

② DRY-ICE의 경우에도 화주신고서가 없어도 위험물에 준해서 반입 CHK-LIST를 작성한다.

③ 작성 후 ACCEPTABLE할 경우 CHECKED BY란에 서명후 2시간 이내에 M/AWB에 ACCEPTANCE CHKLIST를 첨부하여 AWB 접수토록 INFO하고 AGENT에게 인계한다.

④ 접수 완료후 접수담당 AGNT NAME/TEL.NO를 CSP상에 다음의 RMARK 조치하여 필요시 CTC이 용이토록 한다.

⑤ M/AWB COPY본에 CHKED BY 위험물 담당자 X 위험물 반입 가능이라는 서명을 하여 반입 담당직원이 서명을 확인 후 반입토록 한다.

⑥ IATA 2.4 REGURATIONS에 의거하여 MAIL도 일부품목의 위험물은 운송이 가능하며 이 경우 반드시 X-RAY검색 및 DOC 검사를 한다.

(5) WEIGHTING 및 검색/보관

① 반입담당 직원은 M/AWB COPY본에 반입가능 서명을 확인 후 WEIGHTING 실시한다.
② WEIGHTING 실시후 X-RAY 검색을 실시한 후 보안 점검 LIST에 해당 품목을 위험물로 표기한다.
③ X-RAY 검색 후 즉시 위험물 임시보관창고에 입고한다.
④ 입고시 반입장부에 철저히 기록을 유지한다.
(기록사항은 반입일시/운송 예정 편명 및 일자/UN NO/CAO 여부)

2) 위험품의 보관

① 수출/통과/수입 화물 위험물은 일반 화물과는 별도로 지정된 장소에 보관하며, 보관시 IATA DGR Compatibility Group Table를 준수하며 상호 양립 할 수 없는 위험물등에 대해서는 분리 보관등 IATA DGR의 규정을 따른다.
② 가연성 고체(기체) 및 자연 발화설 물질 , 물과 접촉하여 인화성 가스를 방출하는 물질은 열기 및 햇빛을 차단하고 물기를 방지 할 수 있는 곳에 보관하며 필요시 시설을 추가한다.
③ 독성 물질 및 전염성 물질 보관 작업시 외부와 일정 조건 격리된 장소에 보관하며, 작업자가 작업시 안전 장갑 등을 사용하여 조치토록 한다.
④ 방사능 물질의 보관 작업장은 연간 방사능 수치 5mSv를 초과 하지 않는 범위에 방사능 물질이 보관되도록 담당자가 조치한다.
⑤ CATEGORY II-YELLOW , CATEGORY III , OVERPACK등의 특정한 위치에 보관하는 CONTAINERS의 수는 전체 T.I (TRANSPORT INDEX) 값이 50을 초과하지 않도록 제한한다.
⑥ 단일 PACKAGE,OVERPACKE 등의 T.I 값이 50을 초과하는 경우에는 여타의 PACKAGES, OVERPACK등과는 최소한 6M 이상을 이격하여 보관토록 한다.
⑦ 위험품은 직사 광선을 피하고 서늘하고 공기 유통이 잘되는 곳에 식별이 용이하도록 보관해야 하며 온도 제한이 필요한 위험물의 경우 냉동/냉장등 특수 창고에 보관시 구분 공간에 보관하여 일반화물과 섞이지 않도록 한다.

⑧ 위험물의 임시 보관소 반출입 사항은 HANDLING 교육을 이수한 자가 이행하며, 해당 반출입 내역을 대장에 기입하여 관리 유지토록 한다.

3) 탑재관리사(L/M) 업무 처리 절차

① 위험물에 관련된 최종 운송 가능여부의 확인은 L/M가 결정을 하며 모든 책임을 진다.

② FLT 담당 L/MASTER는 담당 FLT에 위험물이 BKG되었는지를 확인한다.

③ BKG된 위험물의 CHK-LIST가 전담자에 의해서 작성되었는지를 REMARK를 통하여 확인한다.

④ M/AWB이 접수되었는지를 확인후 미접수시 AGNT를 CTC하여 신속히 접수토록 유도한다.

⑤ 위험물 작업을 위하여 검수원과 다음사항을 확인하고 W/ORDER한다.

- M/AWB의 부착여부 재확인.
- CLS, DIV LABEL 부착여부 재확인.
- UP-SIDE LABEL 부착여부 재확인.
- CAO일 경우 CAO LABEL 부착 여부 재확인.
- 내용물의 누출 여부와 외포장의 DAMAGE의 상태 여부.
- CAO 일 경우 PLT B/UP 작업시 LABEL이 외부식별이 가능하도록 적재 여부. (CAO가 아닌 경우에는 가능한 이를 준수토록 한다)
- ULD TAG의 부착이 잘되었는지
- B/UP 및 탑재시 양립성 규정 (IATA D.G.R 9.3.A)의 분리 탑재 준수 여부를 확인 및 검수원에게 INFO한다.

⑥ 해당 목적지가 EMBARGO지역이 아닌지와 목적지의 EMBARGO품목 아닌지 확인한다(이원 구간일 경우, 경유지 국가 및 항공사 Variation을 확인한다).

⑦ MAGNETIZED MATERIAL의 탑재 위치는 다음과 같다.

- PAX기의 경우 후방 화물실.
- 74F의 L/D은 후방 화물실, M/D의 경우 "E" ZONE 이후.
- 76F의 경우 L/D은 후방 화물실 M/D의 경우 "A5" 이후에 탑재가 되도록 한다.

⑧ CAO일 경우 M/DECK에 탑재되도록 하고 PLANNING하고 외부에서 식별이 가능하도록 BUILD-UP토록 한다.

⑨ D.G ULD TAG은 담당 L/MASTER가 작성하여 검수원에게 전달하며 정확히 부착되었는지의 여부는 화물기의 경우 탑재 완료후 담당 L/M가 A/C에서 최종확

인을 하고 여객기의 경우 O.C.C를 통하여 최종 확인한다.

⑩ 탑재작업자에게 탑재계획서 전달시 위험물이 적재된 ULD의 POSITION에 D.G라는 표기를 하고 위험물 탑재 사실을 재강조한다.

⑪ 위험물의 NOTOC(NOTIFICATION TO CAPTAIN FOR SPECIAL LOAD)을 작성한다.

- DRY-ICE의 경우 B767이상은 400LBS까지 화주신고서없이 수송이 가능하나 NOTOC은 반드시 작성하여 기장에게 탑재위치와 중량을 INFO한다.

⑫ 화물기의 경우 탑재완료후 담당 L/M가 A/C 내부에서 최종확인시 '위험물 FINAL CHECK LIST'에 의거 최종 육안점검을 실시하며, 여객기의 경우 O.C.C 가 동일 임무를 수행한다.

- NOTOC 상 위험물의 장비와 위치가 실제로 맞게 탑재 되었는가.
- NET 및 TIE DOWN 상태는 양호한가.
- MAG의 경우 위험물 업무 처리지침에 의거하여 탑재되었는가.
- 위험물 외포장 상태는 이상이 없는가.
- PLT에 부착된 위험물 LABEL이 외부 식별 가능하도록 탑재되었는가.
- D.G(DRY ICE 포함) ULD TAG은 제대로 부착되어 있는가.
- BUILD UP 상태는 UP-SIDE를 준수하였으며 쏠림 현상은 없는가.

6. 위험품 수송 제한 및 EMBARGO

1) 위험품 수송 제한

어떠한 경우라도 IATA DGR에 FORBIDDEN품목 및 항공기로의 수송을 금지하도록 ICAO DOC 9284(기술지시)에서 특별히 지정한 품목은 항공기에 수송되지 못한다.

2) 위험품 EMBARGO

안전운항 목표 달성을 위하여 항공기로 수송이 가능한 위험품이라도 특정 품목 또는 특정 구간에 대하여 위험품 수송을 제한할 수 있다.

7. 위험품 사고와 준사고의 정의

① "위험품 사고"라 함은 위험물 항공운송과 관련된 사고로서 사람에게 사망 또는 중상이나 주요 재화에 손실을 초래한 사고를 말한다.

② "위험품 준사고"라 함은 항공기 탑재 상태에서 발생한 범위로만 국한되는 것은 아니며, 위험물 항공운송과 관련하여 사람에 대한 상해, 재산상의 손실, 화재, 파손, 액체의 유출, 방사선의 누출 등이 발행한 사건이며, 포장의 무결성이 유지되지 못한 흔적이 나타난 경우도 포함된다. 위험물 운송과 관련하여 항공기나 그 탑승자를 위태로운 상황에 처하게 된 경우도 위험물 준사고로 간주한다.

8. 위험품 사고시 처리 절차

1) 위험품 파손 사고의 처리

① 전염성 물질, 독극물 및 방사성 물질을 제외한 위험품 파손사고 발생의 경우 사고화물을 격리하여 내용물의 파손 여부 및 타 화물에의 오염여부를 확인하여 단순한 포장파손의 경우에는 화주에게 통보, 재포장하여 운송을 재개하고 내용물의 파손 및 타 오염의 경우에는 화주에게 통보하여 화물의 처분을 협의하고 타 화물 및 환경오염을 최소화하도록 한다.

② 화주의 화물인수거부 등으로 위험품 또는 오염된 타 화물의 자체 폐기사유가 발생한 경우에는 해당 부서에 통보한 후 해당국가 관할기관의 지시에 의하여 공인된 특정 폐기물 처리업체에 위탁하여 처리하도록 한다.

2) 전염성 물질 및 독극물의 파손사고 발생의 경우

① 사고화물의 취급을 중지하거나 이동을 최소화하여 오염 확산을 방지한다.

② 사고지역에 사람 및 타 화물의 접근을 금지시킨다.

③ 사고위험물의 인접화물에 대한 오염여부를 확인하고 오염되지 아니한 화물은 타 장소로 이동시킨다.

④ 공공의료기관 및 인천공항보건(검역)소에 통보하여 사람, 타화물 및 환경오염을 최소화 하도록 한다.

⑤ 위험품을 취급한 대리점 및 수송한 출발지 및 경유지에 동 사실을 통보하여 사람, 타 화물 및 환경오염여부를 확인한다.

⑥ 위험품의 송하주 및 수하주에게 위험품의 사고발생내역을 통보하여 사고 위험품의 처분을 협의한다.

⑦ 위험품 및 타오염 화물의 자체폐기 사유가 발생한 경우에는 해당 부서에 통보하고 해당국가 관할기관의 지시에 의하여 처리한다.

3) 폭발물 및 인화성 물질의 파손 또는 유출사고의 경우 폭발물 전담반과 인천공항 소방서에 신속히 연락하여 지시를 따른다.

4) 위험품의 분실사고 발생시 해당 부서를 경유하고, 관할 경찰당국에 신고하여 위험물의 오용을 방지하도록 한다.

제 10 장

특수화물 프로세스

제10장

특수화물 프로세스

제1절 특수화물

1. 특수화물의 정의

특수화물은 접수, 보관, 탑재 시 주의를 필요로 하는 화물을 의미하며, 귀중화물, 외교 행랑, 생 동물, 부패성 화물, 중량화물 등이 있다. 즉, SPCL CGO는 화물자체의 특수성으로 인해 접수, 보관, 적재, 수송 및 하기 전 과정에 걸쳐 별도의 주의, 보호, 취급이 요구되는 화물임으로 아래에 특수 화물 별 취급 절차에 의해 화물을 취급되도록 한다.

2. 특수화물 특징

① Special Cargo Rate 적용한다. (일반 화물보다 할증)
② 화물의 인수 인계 보관에 별도 증빙 서류 구비해야 한다.
③ NOTOC(Notification to Caption) 항공화물운송사업자인 항공사에서 작성한다.

제2절 특수화물 처리절차

1. 중량화물(HEAVY CARGO : HEA)

1) 중량화물의 정의

PACKAGE당 150KGS을 초과하는 화물로 항공기 기종별로 별도의 중량을 적용하며 적재작업, 탑재, 운송 또는 하기시 별도의 지상장비 지원이 요구되며, 운송 중 항공기손상을 방지하기 위해 중량 배분 혹은 유동방지 조치가 필요한 화물을 말한다.

2) 중량화물 탑재 시 확인사항

중량화물을 탑재할 시에는 우선 화물의 크기를 확인하여 A/C 별 DOOR DIMENSION 범위 내 있는지를 점검하고 기종별로 설정된 LINEAR LOAD LIMITATION, AREA LOAD LIMITATION 수치를 가지고 화물자체의 LINEAR LOAD LIMITATION, AREA LOAD LIMIT 값을 비교하여 수치범위 이내에 있는지를 검증하여야 한다.

화물자체의 AREA LOAD LIMITATION값이 기준값을 상회할 경우에는 화물의 중량 분산을 해야 하므로 화물자체의 면적보다도 넓게 목재를 SHORING하도록 한다.

3) 항공기 제원 / 특성 확인

(1) AIRCRAFT STRUCTUAL LOAD LIMIT

CARGO COMPARTMENTS	TOTAL LOAD		LINER LOAD		AREA LOADING	
M/D CGO	LB	KB	LB/IN	KG/IN	LB/SQ FT	KG/SQ FT
B. A 228 TO 525	25245	11450	85.0	38.5	400.0	181.4
B. A 525 TO 1000	80750	36627	170.0	77.1	400.0	181.4
B. A 1000 TO 1480	139220	63140	290.0	131.5	400.0	181.4
B. A 1480 TO 2218	125460	56907	170.0	77.1	400.0	181.4
B. A 2218 TO 2365	4500	2041	36.0	16.3	100.0	45.3
L/D FWD						
B.A 464 TO 987	61000	27669	116.0	52.6	200.0	90.7
AFT (B.A 1465-1920)	50570	22938	116.0	52.6	200.0	90.7
(B.A 1486-1980)	57500	26081	116.0	52.6	200.0	90.7

〈표 10-1〉 B767F/DATA

COMPARTMENT	MAXIMUM ALLOWABLE LOADS					
	TOTAL LOAD		LINEAR LOAD		AREA LOADING	
	LB	KG	LB/IN.	KG/IN.	LB/SQ FT	KG/SQ FT
Main Deck Cargo						
B.A 158 TO 247	6000	2721	68.0	30.8	250.0	113.3
B.A 247 TO 744	47215	21416	95.0	43.0	250.0	113.3
B.A 744 TO 1065	50076	22714	156.0	70.7	250.0	113.3
B.A 1065 TO 1639	54530	24734	95.0	43.0	250.0	113.3
B.A 1639 TO 1727	6000	2721	68.0	30.8	250.0	113.3
Lower Deck- FWD						
B.A 234 TO 744	45000	20411	134.0	60.7	200.0	90.7

Lower Deck - AFT B.A 1086 TO 1543	39150	17758	134.0	60.7	200.0	90.7
Lower Deck - BULK B.A 1543 TO 1672	6450	2925	50.0	22.6	150.0	68.0

자료 : Asiana airlines

Capability of the main deck cargo handling system to support concentrated loads. The main deck floor panels have a maximum loading capability of 100 LB/SQ FT (45.4 KG/SQ FT)

(2) ULD MAXIMUM CAPACITY

단위(IN/WT)

ULD TYPE	TARE WEIGHT	ULD SIZE IN (CM)	MAX GROSS WT
PAG (88")	214LB / 97KG	88 X 125(2235 X 3175)	13,300 LB / 6033KG
PMC (96")	229LB / 104KG	96 X 125(2438 X 3175)	15,000 LB / 6804KG
20 FT (PG)	1001LB/ 454KG	96 X 238.5(2438 X 6058)	30,000 LB / 13608KG
16 FT (PR)	829LB / 376KG	96 X 196(2438 X 4978)	25,000 LB / 11340KG

* 20FT PGE PALLET는 13,608KGS (30,000LBS)의 탑재를 기본으로 하며, 초과시에는 반드시 추가 LASHING 으로 LOCK 의 무게중심을 분산시켜야 한다.

〈표 10-2〉 A/C DOOR SIZE

단위(HEIGHT/WIDTH)

기 종	MAIN DECK	FWD DOOR	AFT DOOR
B747 FRTR	120 * 134 IN (304 * 340 CM)	66 * 104 IN (167 * 264 CM)	66 * 104 IN (167 * 164 CM)
B767 FRTR	103 * 134 IN (262 * 340 CM)	66 * 134 IN (167 * 340 CM)	
B777 PAX		64 * 102 IN (162 * 259 CM)	
A321		48 * 71 IN (121 * 180 CM)	
B767 – 300		69 * 134 IN (175 * 340 CM)	

자료 : Asiana airlines

* B747 FRTR NOSE DOOR : HEIGHT/WIDTH 98 * 140 IN (240 * 356 CM)
* BULK DIM : 747 - 47 * 44 IN (119 * 111CM) , B767 - 45 * 38 IN (114 * 96 CM) 777 - 44 * 33 INCH (111 * 83 CM) , 321 - 30 * 37 INCH (76 * 93 CM)

4) 추가 확인 사항

(1) 각종 장비 확인

① 중량에 따른 LOADER 준비확인(60,000LB / 30,000LB LOADER)
② CRANE 사용 여부 확인후 파트장 보고하여 장비 준비 확인
③ FORKLIFT 최대용량 확인(12TON / 7 TON / etc)
④ SPREADER 용도별 준비 확인(목재 혹은 철재 BEAM)

(2) STRAP & RING EUQIPMENTS

① SINGLE RING : 4,000 LBS CAPACITY
② DOUBLE RING : 5,000 LBS CAPACITY
③ STRAP 1E/A : 5,000 LBS CAPACITY
④ STEEL WIRE : 20,000LBS CAPACITY
⑤ 사용 시 DOUBLE RING CAPA가 5000LBS임으로 STEEL WIRE 사용은 자제하고 추가 LASHING으로 대체하도록 한다.
⑥ PALLET NET : 15,000LBS CAPACITY

(3) "G" FORCES

항공기 이착륙 혹은 비행 중에 발생하는 힘을 고려하여 화물 자체만으로 LOCKING이 불가할 때 STRAP을 이용하여 그 힘을 분산해주어야 하는 것을 의미하며 작업시 30도 각도로 STRAPPING되도록 한다.

기 종	DIRECTION	"G" FORCE	WORK FORCE
B747F	FORWARD	1.5 G	LANDING
	REARWARD	1.5 G	TAKE- OFF
	UPWARD	3 G	TURBULANCE
	SIDEWAYS	1.5 G	TURBULANCE

(4) SHORING 관련

① 중량 화물의 탑재시 A/C DMG를 방지하고 안전한 탑재를 위하여 SPREADER를 사용하는 것을 의미한다.
② SPREADER 사용 여부 확인 TABLE참조(LOADMASTER REFERENCE 135 PAGE)
③ SPREADER 필요시 조치방법 : 화물자체의 AREA LOAD LIMIT값을 기종별로 POSN별로 확인하여 SPREADER를 사용하는 면적으로 AREA LOAD LIMIT값을 충족하도록 사용한다.

5) AWB 확인 및 화물시스템 DATA 입력시

① AWB의 HANDLING INFORMATION 란에 HEAVY CARGO에 대한 H/D CARE 사항에 대해서 반드시 확인한다.

② 화물전산시스템상의 REMARKS사항을 확인하여 별도의 주의사항이 있는지를 재확인 한다.

6) 탑재 계획 수립시

① 항공기 STRUCTUAL LIMIT CHECK(AREA LOAD LIMIT / LINER LOAD LIMIT)

② A/C DOOR SIZE 확인한다(PACKAGE DIMENSION TABLE 참조)

③ 작업할 수 있는 지상장비가 준비되었는지를 확인한다(ULD, FOLK LIFT, STRAP, RING ETC).

④ 현장 화물파트에 연락하여 충분한 인원을 요청한다.

⑤ ZONE 별 LIMIT를 고려한 LOAD PLANNING 실시.

⑥ 담당 FLT의 탑재 감독과 충분한 사전 탑재계획을 수립하여 탑재 한다.

⑦ 탑재 완료 후 탑재 결과 REPORT를 작성하여 보고하고 도착지공항 MESSAGE 조치를 한다.

7) 사전에 AUTH 승인 요청이 필요한 경우 안내

① B737 BULK탑재시 : PACAKAGE 당 150KGS을 초과하는 화물.

② A321 : PACAKAGE 당 1TON을 초과하는 화물.

③ B767/B777/B747PAX : PACKAGE 당 4TON을 초과하는 화물.

④ B747COMBI M/DECK : 96PALLET는 PACKAGE당 5TON을 초과하는 화물.
16 / 20FT PACKAGE당 8TON을 초과하는 화물.

⑤ B76F : PACKAGE당 11TON을 초과하는 화물(16FT사용시).

⑥ B74F : PACKAGE당 11TON을 초과하는 화물(16FT or 20FT 사용시)

⑦ T/S 화물중 중량화물이 있을 경우(5TON이상) 역시 중량화물 탑재지침에 의거하여 관련 절차를 이수하였는지를 재검증하여야 하며 연결편 항공기의 TYPE 과 탑재할 POSITION을 고려하여 필요시 재 작업하도록 한다.

⑧ AUTH 요청 방법(SITA TELEX)

- AWB NUMMBER
- FLIGHT NUMBER AND ITINERY / DATE

- PC/WT
- COMMODITY
- 화물의 정확한 SIZE (DIMENSION) / 모양(FAX 송부)

8) 기타 사항

① 길이가 200CM이상 또는 중량이 30KG이상인 철 도는 철간등의 중량화물은 자기성 화물로서 "MAGNETIZED MATERIAL" LABEL을 부착하고 LOAD PLANNING시에 COCKPIT으로부터 충분히 이격될 수 있도록 후방 화물실에 탑재하도록 한다.

② 각기종별 중량화물이 예약되어 있는 경우 해당 팀장의 사전 승인이 있는지 여부를 확인하여야 하고 탑재결과에 대해서는 반드시 REPORT를 작성하여 보고하도록 한다.

③ 중량화물은 항공기 안전에 중대한 영향을 미치는 요소임으로 중량화물취급 지침에 의거하여 취급하도록 하고 충분한 검토로 안전수송에 만전을 기할 수 있도록 한다.

9) 중량화물 확인 방법(절차)

① AREA LOAD LIMIT = (화물중량(LB)×144) ÷ (화물 SIZE 가로×세로 INCH).

② LINEAR LOAD LIMIT = 화물중량(LB) ÷ 화물 가로길이INCH.

③ 화물 SIZE에 따른 A/C DOOR SIZE 확인.

④ ULD LOAD LIMIT 확인.

⑤ B/UP시 TIE-DOWN STRAP 사용개수는 G - FORCE로 계산.

⑥ A/C LOADING후 A/C FLOOR 와 PALLET간의 추가 LASHING은 ULD LOAD LIMIT대비 OVER되는 중량을 G-FORCE로 계산하여 추가 조치할 것.

〈그림 10-1〉 중량화물 항공기 탑재

자료 : korean air

2. 생동물(LIVE ANIMAL : AVI)

생동물은 건강상태가 양호해야 되고 IATA 생동물 규정(IATA Live Animals Regulations)에 따라 포장이 되어 있고 수송 전 구간에 대한 예약이 확인된 후에 수송이 가능하다. 생 동물로는 병아리 등 가금류, 원숭이 등의 영장류, 기타 말 , 개, 돌고래, 벌, 파충류 등이 있다.

1) 생동물 수입화물 관련 업무 절차

- 수입 생동물에 대한 계류장 사용허가 확인(1달전)

- 검역관에 의한 검역서류 사전 검토(2-3일전)
- 입항일 선상 및 서류 검사
- 세관특파공무원에 의한 반출 허가
- 영종도 계류장으로 이동

2) 수입화물 검역 절차

(1) 애완동물(개, 고양이)

① 국립수의과학검역원 / 인천지원
② 서류검역, 당일 개방 원칙
③ 광견병 비 발생국가(검역증 혹은 건강증명서)
④ 광견병 발생국가(연령이 3개월 이상인 경우 광견병 예방접종 및 후 예방접종 후 30일 이후 수입 가능)
⑤ 9두/1인 수입 가능(2004.1월부터 4두/1인)

(2) 일반 생동물(말, 돼지)

① 국립수의과학검역원 / 인천지원
② 입항시 서류 및 선상 검사
③ 입항후 계류 검역(영종도 계류장)
④ 먹이인 건초류는 식물검역 대상
⑤ ULD(HORSE STALL) 세척 관계도 확인

3) 수출화물 업무 절차

① 해당 편에 ASSGN된 탑재관리사(L/M)는 아래의 사항을 확인.
- 관련 DOC의 이상 유무(화주신고서, 서약서, 생동물 접수 CHK-LIST)
- 수송 전 구간에 대한 예약 상황 확인.
- 생 동물의 건강상태 확인.
- 출발지, 경유지 및 도착지의 수송관련 법규 위반 여부 확인.
- 수송 용기상에 화주 성명, 주소 부착 여부 확인.
- LABEL 부착 여부.
- 수송용기 내 규정 흡수제 사용 여부 확인.
- 수송용기 외부 배설물 누수 방지 LINING 여부.
- 계절별 온도 및 보관에 따른 조치여부 확인.

- ATTANDANT 탑승 여부.
- 당일 CONX되는 AVI의 여객기 S.T.S을 할 경우 반드시 T/S OPRN에 확인 후 한다.

② 접수 후 보관 시는 생동물의 특성을 고려하여 온도, 직사광선 등의 요인을 반영하여 적절한 장소에 보관하도록 조치한다.

③ 보관 중 FEEDING을 해야 하는 경우는 SHPR의 요청 및 검역소의 준하여 조치한다.

④ LOAD PLAN 시 TEMPERATURE 및 AIR FLOW를 고려한 POSITIONNING이 되도록 한다.

⑤ D.G. (전염성/ 방사능/ 독극성 물질), HUM, DRY-ICE와의 격리 탑재여부 확인.

⑥ 암 수 및 상극동물의 분리 탑재실시.

⑦ 생동물 수송의 경우 반드시 NOTOC 작성 및 적정 온도 기입 후 CAPTAIN으로부터 SIGN 득하여야 한다.

⑧ 출발지, 도착지등에 SPCL HANDLING MSG 조치를 하여 하기시에 주의하도록 INFO를 제공하여야 한다.

⑨ 생동물은 운송 이전에 해당 팀의 승인을 득하였는지의 여부를 확인한다. 단, SEAFOOD, FOODSTUFF, TROPICAL FISH및 PET류는 예외로 한다.

〈표 10-3〉 기종별 공기순환 계통

<table>
<tr><th>기종</th><th>CGO 위치</th><th>내부온도조절</th><th>VENTILATION</th><th>공기 순환 여부</th></tr>
<tr><td>B737</td><td>전방/후방</td><td>별도의 HEATING SYS이 없고 CMPT주위로 객실의 순환공기가 지나가면서 결빙되지 않는 정도만 유지함.</td><td>없음</td><td>CMPT는 외부와의 공기흐름을 막을 수 있도록 밀폐되어 있으며, 벽의 이음새 부위가 SEALAN로 채워져 있음.</td></tr>
<tr><td rowspan="2">B767</td><td>전방/후방</td><td rowspan="2">Pneumatic Air(압축공기)로 Heating 함.</td><td>없음</td><td>전방 cgo 후방에 객실 Recirculantion Fan이 있으나 순환공기가 cmpt주의로 흐를 수 있도록 설계되어 있어 화물칸을 통과하는 공기 순환은 없음</td></tr>
<tr><td>BULK</td><td>있음</td><td>Cabin Floor 밑의 공기를 Ventilation Fan으로 cmpt 내로 공급하고 벽면에 부착된 Flapper Valve를 통하여 cmpt밖으로 유출됨. 이 공기는 Outflow Valve를 통하여 항공기 밖으로 유출됨.</td></tr>
<tr><td rowspan="2">B777</td><td></td><td></td><td>없음</td><td rowspan="2"></td></tr>
<tr><td></td><td></td><td>있음</td></tr>
</table>

<table>
<tr><td rowspan="4">B74E</td><td>M/D</td><td>Airconditioning Air로 Heating함</td><td>있음</td><td>객실과 화물칸 사이에 벽이 있고 화물칸의 공기는 후방 CGO로 내려간 후 다시 Outflow Valve를 통해 밖으로 유출됨</td></tr>
<tr><td>전방</td><td rowspan="3">Pneumatic Air로 Heating함</td><td>없음</td><td>객실 Recirculation Fan이 객실 바닥과 천장에 있고, cmpt벽면이 어느정도 밀폐되어 있으므로 화물칸을 통한 공기 순환은 없음</td></tr>
<tr><td>후방</td><td>있음</td><td rowspan="2">M/D에서 내려온 공기는 CMPT 주위를 통과하여, Outflow Valve를 통하여 기체 밖으로 유출됨</td></tr>
<tr><td>BULK</td><td>있음</td></tr>
<tr><td>A321</td><td>전/후/BULK</td><td></td><td>없음</td><td>원래는 되지만, 도입시 OPTION 채택을 하지 않아서 현재 않됨.</td></tr>
</table>

자료 : Asiana airlines

〈그림 10-2〉 생동물 항공기 탑재

자료 : korean air

⑩ Marking & Labelling

- Marking : 수하인의 성명, 주소, 전화번호 기재
- Labeling

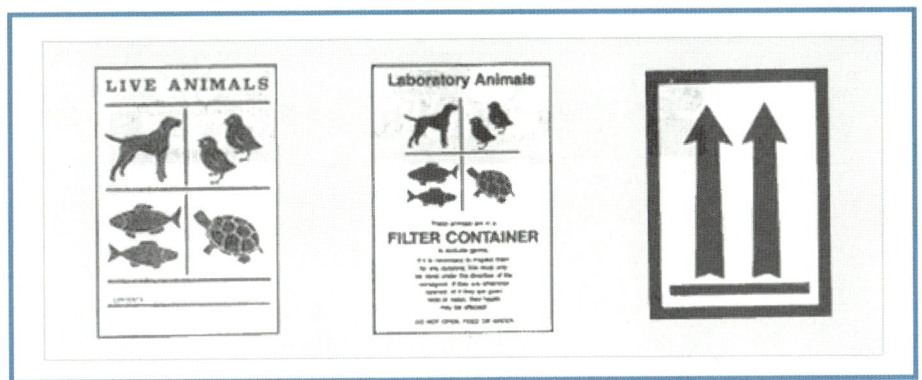

4) 생동물 종류별 취급 요령

(1) 말(Horse)

① 화주가 지정한 수행원(Attendant)이 동승.

② 규정된 ULD(Horse Stall)를 사용.

③ 바닥에는 2inch 이상의 흡수성 물질 사용.

(2) 가축(Cattle/소, Sheep/양, Pig돼지) – PEN 사용

① Attendant가 필요한 경우 동승.

② B/U B/D 작업은 화주/수하인이 직접 수행.

(3) 가금(Baby Chicks/병아리, Turkey/칠면조)

① 적정 온도 및 습도 유지(15-20℃).

② PLT 작업 시 6단 이상 적재 금지.

③ 탑재 시 수송용기는 수평상태 유지.

④ 병아리 부화 후 72H내 Feeding, Watering 불필요.

〈표 10-4〉 생동물 운송 금지 품목

Species/종류	Restriction/제한
Pig/돼지, Goat/염소, Sheep/양	여객기 수송 금지
Research Purpose primates/실험목적의 영장류 Macaco/여우원숭이	운송금지 품목
Snake/뱀	여객기 수송 금지
Native Birds caught in the wild	인증허가서 첨부/동반시, 운송
Baby chicks/병아리 Tropical fish/열대어	Winter season의 경우 지침에 따름.

3. PERISHABLE CARGO(PER)

1) 부패성 화물(PERISHABLE CARGO) 업무 절차

① 수출화물 업무 시

- 관련 AWB 및 DOC CHK하여 SPCL RQST사항 여부 확인.
- 수송 전구간에 대한 예약 상황 확인 및 보관.
- PACKAGE 상태 및 이상 유무 확인.
- LABEL 부착 여부 확인.
- 운송대기중 적정 보관 방법 확인(온도/습도 등).
- 당일 CONX되는 PER을 여객기 S.T.S을 할 경우 반드시 T/S OPRN의 확인 후 한다.

② 보온, 보냉, 냉동 창고의 필요 여부를 확인하여 조치한다.

③ DRY ICE가 D.G. CLASS 9으로 규정하여 처리한다.

④ 항공기 적재 시 유의 사항.

- 유해(HUM), 독극물, 방사성 물질 및 생동물과의 근접 탑재 불가.
- 위에 HEAVY CGO 적재 금지.
- PALLET에 작업시 적정 높이 유지하여 CRUSH 방지.

⑤ 도착지 공항의 SPCL ROOM 유. 무 확인

⑥ 운송 후 SPCL CGO FWDNG MSG 타전 - AWB NO, PC/WT, CMMDTY, LOCTN, CNEE.

4. HUMAN REMAINS(HUM)

① 종류 : COFFIN / ASHES

② 도착지 규제 사항 확인 및 구비 서류 확인한다.

③ DOCUMENT(영문 작성) 확인 철저.

- 유해 인적사항
- 사망 진단서(의사에 의해 작성, 사망 원인 명기)
  - ASHES인 경우 상기 두 서류만 있으면 CUSTOM CLEARANCE 가능
- 영사 확인서
- 방부 증명서

④ 접수시 경의를 표한 후 접수하며, 일반 화물과는 구별되게 처리한다.

⑤ 타 화물과의 MIXER 작업 금지한다.

⑥ 부득이한 경우 PALLET 작업 시 최 상단에 위치하도록 작업한다.

⑦ AVI, PER에 근접하지 않도록 LOAD PLAN 실시한다.

⑧ 운송후 도착지에 MSG 조치한다.

⑨ 도착지에 수하인의 주소, 전화번호, 고인의 이름, 운송 항공편 및 도착 일시를 반드시 사전 MSG 조치한다.

⑩ TARIFF : TACT RULE 3.7.9 참조

5. VALUABLE CARGO(VAL)

① 정의 : 운송 신고 가격이 KG당 USD 1000 이상인 화물. 유가증권, BLANK TICKET도 포함.

② 화물 접수시 특히 WT를 정확히 확인하고 귀중품 전용 보관 장소에 보관한다.

③ 자체 SEALING이 되어 있으므로 특히 PACKAGE의 이상 유무 확인 한다.

④ FLT 출발시간 기준 하여 보관에 특히 유의한다.

⑤ 반드시 CONTAINER에 작업 후 SEALING 조치 후 SPCL CGO FWDNG MSG 타전한다.

⑥ AWB 접수 시 종가 요금 여부 확인

- 종가요금 : [운송신고가격 - (총중량 * USD20)] X 0.005

⑦ 운송신고가격이 USD500,000 초과시 사전 SELCY AUTH를 득해야 함.

⑧ CABIN 탑재인 경우 CABIN MANAGER에게 직접 인수인계 후 TRANSFER

ECEIPT에 상호서명하고 3부중 1부는 출발지 공항 보관, 1부는 인수자, 1부는 도착지 공항용으로 사용한다.

- CABIN 탑재시 가능 품목 및 절차는 반드시 항공사 규정에 의거하여 처리한다.

6. DIPLOMATIC POUCH(DIP)

① GO-SHOW로 진행되는 경우가 많으므로 접수시 자체 SEALING(SACK인 경우) 처리가 되어 있는 지 확인.

② DIP접수후 보관은 DIP ROOM에 보관하도록 한다.

③ 중국지역 (PEK/PVG//CTU/HKG)으로 운송되는 미대사관 DIP는 직판 담당자가 최초 INFO접수 후 AWB ISSUE까지 F/UP을 하며, S/UP 예상 물동량의 INFO 접수시 반드시 IRR 담당자에게 재 INFO하여 운송에 IRR가 없도록 한다.

④ 미대사관 DIP의 CUT-OFF는 항공기출발 2시간 전이며 FLT 담당 L/M는 IRR가 발생치 않도록 FLT HNDL하며 FLT ATTANDANT가 동일편에 탑승할 수도 있음을 유념한다. CONTAINER에 작업되도록 현장 CHKR에게 지시하도록 한다.

⑤ 운송 후 SPCL CGO FWDNG MSG 타전한다.

7. 정기 간행물

① 종류 : NEWSPAPER, MAGAZINES, PERIODICALS, BOOKS, CATALOGUES ETC

② 긴급을 요하는 화물로 OFF-LOAD 시 상품가치를 상실함으로 반드시 BKNG된 FLT에 O/BD 조치 후 SPCL CGO FWDNG MSG 조치한다.

③ TARIFF : TACT RULES 3.7.7

8. 반도체(I.C)

1) LOAD PLAN

L/M는 화물예약 완료된 BKG LIST를 참조하여 작업시작 전 검수원에게 I.C 작업 지침 전달.

2) 화물 접수

(1) 중량 / 개수 / DMG 상태 점검

① 화물접수 시 반입전담 직원은 반입된 I.C의 개수, DMG 등을 확인 후 I.C 반입 CHK 대장에 이상 유무를 기록하고 서명한다.
② Container 등 ULD장비로 반입될 경우, Sealing의 상태, ULD 이상 유무를 확인 후 I.C 반입 CHK대장에 이상 유무를 기록하고 서명한다.

(2) I.C 전용 반입장에 장치

반입된 I.C는 타 화물과의 혼동 및 작업중 DMG를 방지하기 위하여 I.C전용 반입장에 장치한다.

(3) I.C 전용 반입장

① 반입 당일 운송 예정인 화물 : CCTV가 설치되어 있는 I.C 전용 작업장 옆에 장치한다.
② 반입 후 익일 운송 예정인 화물 : CCTV가 설치되어 있는 지정된 I.C 반입장에 장치한다.

(4) 담당 L/M 및 검수원의 CHK

담당 L/M 및 검수원은 반입후 익일 운송예정인 화물이 있을 경우 당일 업무 마감전 전용 반입장에 장치되어 있는 I.C의 PC,DMG등 실물 확인 한다.

(5) 화물 적재

① CCTV 녹화가 가능한 작업장에서 Container에 작업하며 작업완료후 Sealing 한다.
② 담당 검수원은 접수 후 장치된 I.C 개수 및 DMG상태를 재차 확인 후 적재 작업을 지시한다.
③ 적재 작업시 담당 검수원은 조장, IRR DESK, 선임검수, L/M에게 작업 시작을 알리고 서로 PC, DMG 여부를 상호 확인 후 VIC작업 대장에 이상 유무를 기록하고 서명한다.
④ Container등 ULD 장비로 반입된 경우 해당 SPOT로 이동 이전에 Sealing상태를 재점검한다.
⑤ 작업된 장비가 익일 운송될 경우 E-TV에 보관하여 익일 해당 FLT SPOT로 이동한다.

제11장

항공화물사고 및 클레임

제11장
항공화물사고 및 클레임(CLAIM)

제1절 항공화물사고(CARGO IRREGULARITY)

1. 항공화물사고(CARGO IRREGULARITY)의 정의

항공화물사고란 항공운송 중 발생한 화물의 IRR(IRREGULARITY)를 말하며 화물의 분실, 도난, 파손, 지연 등의 사유로 화주에게 화물을 약속한 일정에 운송치 못함으로 발생하며, 항공화물의 특성상 고가이며 중요한 화물이므로 대부분의 사고가 클레임으로 연결되기 때문에 신속한 사고 처리를 요한다.

2. 항공화물 IRR의 종류 및 처리 절차

1) SSPD(SHORT-SHIPPED CARGO)

① SSPD란 FLT DEP후 MFST에 등재되었음에도 불구하고 작업장에 L/B 되어 있는 화물을 말하며 최초 발견자는 해당 부서에 통보 후 SEL CGO인 경우 대리점에 연락을 취하고 DEST에 MSG 조치한다.

② MSG 유형

Y.QD LAXFF__ ICNKF__

.ICNKF__

ATTN DUTY

RE SSPD INFO ON _____/12JAN

CN 000 2909 3121 3/25K CNSL ICN/LAX

ABV SHPTS SSPD BY MIS-TAKE OF G/H CO

SO THEY WL BE FWD BY NEXT FLT X SORY FOR URTRBL

2) OVCD(OVER-CARRIED CARGO)

① OVCD란 MFST에 등재되지 않고 관련 DOCUMENTS 없이 운송된 화물을 말한다.

② OVCD 인지시 다음 담당자에게 인계하고 DEST에 CGO IRR INFO MSG 조치하고 관련 DOC는 FAX송부 조치한다.

③ MSG 유형

Y.QD FUKFF__ FUKFFNH ICNKF__
.ICNKF__
RE OVCD INFO ON _____/25MAY
CN 000 2324 5903 4/45K CNSL ICN/FUK
FULL DOCS WL BE FWD ON FRVL FLT

3) MSLB(MISLABELLED OR CROSSLABELLED)

① MSLB란 실제 MFST에 등재된 AWB NBR와 다른 LABEL이 붙어 있는 화물을 말한다.

② 반입 전 MSLB이 인지된 경우 대리점 연락하여 이를 수정하게 한 후 반입하게 한다. 사후 파악된 경우 DEST에 전문 조치하고 이를 대리점에 연락한다.

③ MSG 유형

Y.QD LAXFI__ LAXFF__ ICNKF__
.ICNKF__
ATTN DUTY
RE MSLB INFO ON _____/5JUN
CN 000 0204 5678 1/30K ICN/LAX PART
ABV CGO HAD WRONG M/LBL X THE CORRECT NBR IS ___ 0203 5678
SO PLZ COR IT N CLFY URCUSTOM
SORY FOR URTRBL

4) DMG(DAMAGED CARGO & ULD)

① DMG란 MFST에 등재된 화물 또는 ULD가 손상된 경우를 말한다.

② 작업전 DMG가 파악된 경우 대리점에 이를 알리고 상황에 따라 조치한다. O/BD 후 인지된 경우 DEST 에 MSG 조치하고 이를 대리점에 알린다.

③ MSG 유형

Y.QD JFKFF__ ICNKF__

.ICNKF__

ATTN DUTY

RE DMG INFO ON _____/4JUN

CN 000 0123 4567 4/50K ICN/JFK/MIA FABRIC

ABV CGOS WERE WET N TORN X IT WAS NOTIFIED TO SHPR IN SEL

PLZ TKE NEC ACTN

5) OFLD(OFF-LOAD)

① OFLD란 MFST에는 등재되었으나 화물만 남아 있는 경우를 말한다.

② OFLD는 PAYLOAD 초과, BAG OVER FLOW, OVERBOOKING 등 여러 가지 이유로 발생할 수 있는바 OFLD PRIORITY는 다음과 같다.

- 회사용 화물/무상화물 (NON-REV)
- "E" CLS CGO
- "S" CLS CGO
- 귀중품(VAL CGO)
- 기 OFLD 된 화물(IRR CGO)
- MAIL(EXPRESS MAIL)
- 부패성 화물(PER CGO)
- "F" CLS CGO
- 생동물(AVI CGO)
- 우편물(AA, AMT MAIL)
- YIM(P CLS)
- CYBER EXPRESS CGO
- 신문(NWP)
- 외교 행낭(DIP)
- 유해(HUM)
- 긴급 항공기 정비 부품(AOG PART)

③ OFLD후 담당 L/M는 대리점에 OFLD사실을 E-MAIL이나 FAX OR 유선으로 통보하고 CGO B/L IRR MSG로 CF 및 SF에 통보하여 재 예약하도록 조치한다. 아울러 CGO IRR MSG로 도착지점에 INFO되도록 한다.

④ MSG유형

Y.QD SDJKU__ SELSF__ SELCF__ ICNKF__

.ICNKF__

ATTN CGO DUTY

RE OFLD INFO ON _____/9FEB

CN 000 2432 9451 3/45K ICN/SDJ CNSL

ABV CGO OFLDD DUE TO SPC OUT X WL BE FWD ON FIRAV FLT W/O DOCS

6) MSCA(MISSING CARGO)

① MSCA란 ORGN에서는 이상 없이 O/BD 된 걸로 되어 있으나 도착지에서 B/D 결과, 화물이 발견되지 않은 경우를 말한다.

② DEST에서 MSCA MSG를 접수하면 IRR 담당자에게 이를 알리고 IRR 담당자는 W/H CHK및 가능한 모든 AREA를 CHK한 후 그 결과를 MSG 조치한다.

7) 기타 IRR

(1) FDCA(FOUND CARGO)

DEST에서 CGO만 발견 된 경우(ORGN에서 OVCD).

(2) MISSING DOCUMENTS

DEST 및 ORGN에서 화물은 이상 없이 운송되었는데 DOC만 MISSING 된 경우를 말한다.

(3) FOUND DOCUMENTS

DEST에서 MFST 및 CGO에 관계없이 DOCUMENT만 발견 된 경우를 말한다.

(4) NON-DELIVERY

① CNEE의 정보의 불충분이나, DEST의 CUSTOM PROBLEM 등으로 운송된 화물이 CNEE에게 인도가 되지 않은 경우를 말한다.

② DEST에서 위와 같은 MSG를 접수하면 IRR 담당자는 이를 SHPR에게 알려야 한다.

③ 도착지와 협의하여 화주에게 신속히 DLVRY되도록 한다.

제2절 CARGO CLAIM

1. 화물(CARGO) CLAIM 정의

항공사에 위탁 하였거나 항공사에 의해 항공운송 Service가 이루어진 고객의 화물이 항공사(조업사)의 귀책 사유로 인하여 손해를 입은 경우 피해 당사자인 송하인, 수하인 또는 유자격 대리인에 의해 서면으로 손해 배상을 청구하는 행위를 말한다.

2. CLAIM의 프로세스

1) CLAIM의 발생 및 통보

화물의 분실, 손상 또는 지연으로 인하여 발생되는 손실에 대해 화물을 인수할 정당한 권리를 가진 자가 운송인에게 배상요구를 목적으로 서면요청 되는 청구서로 내용별 요청기간은 다음과 같다.

① DAMAGE, 일부분실 : 화물 인도일부터 14일 이내(통상 AWB DLVRY일로부터 계산)
② 지연 : 화물처분가능일로부터 21일 이내.
③ 전부분실, DAMAGE : 운송장 발행일로부터 120일 이내.
④ 기타 : 운송장 발행일로부터 270일 이내.

2) CLAIM 제기권자

① AWB상의 송·수하인.
② 송·수하인으로부터 손해배상 청구권한을 위임 받은 제3자.

3) 제소기한

화물의 도착일 혹은 도착되어야 할 날로부터 2년 이내.

4) CLAIM 처리 원칙

① 당사의 고의 또는 과실로 인하여 발생된 경우에 한함. (화물운송 약관 및 AWB 이면 참조)
② 손해 발생의 입증 책임은 CLAIM 제기자에게 귀속한다.
③ 여하 한 경우에도 송·수하인은 운송요금을 지불하여야 하고 CLAIM의 제기는 당해 화물의 운송요금이 완납된 경우에 한하여 가능.
④ 화물의 전부 분실, 파손의 경우 화주의 운송신고가격(종가요금) 한 도내에서 실 손 액 배상.
⑤ 부분분실, 파손 또는 지연의 경우에는 손해 발생 부분의 중량에 한하여 배상.
⑥ 운송 신고 가격이 없는 경우 USD22.07/KG 한도 내에서 실 손액 배상.

5) CLAIM 접수 시 구비 서류

① CARGO CLAIM 또는 CLAIM AMOUNT가 기록된 CLAIM LETTER 접수 후 CCR FILE에 보관.
② AWB 원본 및 HOUSE AWB.
③ INVOICE, PACKING LIST.
④ DMG, DLY OR PILFERAGE의 계산서 및 청구내역.
⑤ SURVEYOR'S REPORT.
⑥ 대리인의 경우 대리 변제서(CLAIMANT는 AWB상의 송·수하인에 한함).
⑦ 보험 부 보 화물 및 CONCEALED DMG의 경우 공인 검정 기관의 보고서.

6) CLAIM처리 및 권한

① 지점에서 처리 불가능한 CLAIM
② 지점에서 1차 거절하였으나 재청구된 경우
③ 지점에서 배상하였으나 재청구된 경우
④ 보험에 부보되어 있는 경우(S.I.I. : SHIPPER'S INTEREST INSURANCE)
⑤ 책임소재가 분명하지 아니한 CLAIM
⑥ INTERLINE CLAIM

7) 처리 절차

(1) CLAIM 접수 및 보고

① CLAIM접수 시 상기의 관련서류 접수 후 CARGO CLAIM REPORT를 작성하고 CLAIM접수 내역을 CCR(CARGO CLAIM) MSG 또는 전자문서로 관련 지점 통보.

② CLAIM AMOUNT가 USD 10,000이상인 경우 법무팀에 통보.

③ CCR 내용

- .SUMMARY OF IRR & CLAIM
- .REMARK:지점 의견 및 처리 계획

④ CCR MSG 예

Y.QD SELCY__ BKKFF__ SELSF__ ICNKF__
.ICNKF__
CYZ/F CPY KKF
RE CCR
AA CCR-ICNKF-00-001
BB M/AWB NO: H/AWB NO:
CC FLT/DTE: ROUTE:
DD PC/WT: OF
EE IRR TYPE:
FF CLAIMANT:
GG CLAIM AMOUNT:
HH REMARKS:

(2) 관련 서류 확보

IRR 발생시 작성한 CARGO MISSING REPORT(분실 시) 또는 CARGO INSPECTION REPORT(DMG시) 을 확보한다.

(3) 배상 합의 및 지급

화주와 NEGO실시 최종 합의 금액이 USD ____이하인 경우 (당 지점 배상 책임 한도 내에서) 지점장의 CARGO COMPENSATION AUTH를 득한 후 배상.

(4) 배상 합의 보고

CLAIMANT와 배상 합의의 그 사실을 CCR MSG 를 해당 STN및 해당팀에 타전하여 결과 보고.

(5) 배상 합의금 지급

① CLAIMANT와 배상 합의 후 합의서(RELEASE FORM)를 확보하여 지점장 배상 승인 서류와 함께 경리담당에게 지급의뢰조치.

② 경리담당과 협의하여 배상금 예상 지급기일을 확인하여 CLAIMANT에게 진행 상황을 수시로 통보한다.

③ 경리담당은 회사회계관리 SYSTEM으로(예산과목 CARGO CLAIM비)지급 청구 후 자금 팀 승인 취득 시 지체 없이 CLAIMANT의 지정 은행계좌에 입금하고 통보한다.

④ 관련 준비서류 내용

- CARGO CLAIM REPOR.
- CARGO MISSING,INSPECTION REPORT.
- CARGO COMPENSATION AUTH SLIP.
- 관련 전문.
- 보험사의 구상권에 대한 배상 시 당사 화물 취급 경위서.
- RELEASE FORM.

제 12 장

항공화물예약 및 항공화물시스템에 대한 이해

제12장

항공화물예약 및 항공화물시스템에 대한 이해

제1절 항공화물예약[15)]

1. 항공화물 예약 접수

1) 예약 접수시 필수 확인 사항

항공화물의 예약 접수를 위해서는 일반적으로 모든 화물에 대한 아래 필수 확인 사항을 확인하려 CAR(Cargo Air Waybill Record)를 구성하여야 한다.

① 항공화물운송장 번호(Master Air Waybill Number)
② M/AWB상의 출발지, 경유지 및 최종 목적지.
③ Flight / Date
④ 품명(Commodity)
⑤ M/AWB상의 총 수량 및 중량
⑥ M/AWB상의 송· 수하인의 성명, 주소
⑦ DIMENSIONS

2) 예약 접수 전에 사전 CHECK후 예약을 접수해야 하는 화물

① 위험품(IMP Code : DGR) : 해당년도 DGR 규정에 의거한 항공 수송 가능 여부, CAO 또는 PAX로 운송 가능 여부를 CHECK, 기타 제반 Limitation 사항을 사전 CHECK하여야 한다.
아래 내용은 사전 확인 후 CAR 상에 명기하여야 한다.

15) 이 내용은 아시아나항공 화물영업기초(2002)의 일부를 재정리한 것임.

- P.S.N(Proper Shipping Name)
- CLASS NUMBER
- PACKING GROUP
- UN/ID NUMBER
- DG IMP CODE
- D.G NET PIECES/WEIGHT

② 귀중품(IMP Code : VAL) : IATA TACT RULES BOOK 상의 VALUABLE CARGO 조건에 해당되는 화물인 경우에는 CAR 상에 명기하여야 하며, 한 M/AWB 당 USD 5000,555이상인 화물은 사전에 해당 팀장의 사전 승인을 득하여야 한다.

③ 생동물(IMP Code : AVI) : 생동물의 예약 접수시에는 해당년도 LAR 에 의거 다음 사항을 점검한 후 예약을 접수하여야 한다.

- 생동물의 건강 상태.
- 수송하는 전 구간의 예약 Confirm 가능 여부.
- 출발지, 경유지 및 도착지 국가의 관련 법규 확인.
- IATA Live Animal Regulations 에 명기된 제반 규정의 확인.
- 생동물을 운송하고자 하는 곳은 생동물 예약 이전에 해당 팀장의 사전 승인을 득 하여야 한다.

④ 유해(IMP Code : HUM) : 유해를 예약 접수하기 이전에는 다음의 사항을 확인하여 CAR상에 명기해야 한다.

- 관련국가(출발지, 경유지 및 도착지)의 법령, 규칙 및 규정.
- M/AWB상의 최종 목적지까지의 사전예약 Confirm 가능 여부.
- 실 화주의 사망 확인서(Death Certificate), 영사발급 사망 확인서(Consuler Mortuary Certificate) 및 방부증명서(Embalmer Certificate) 준비 여부 통보.

⑤ 부패성 화물(IMP Code : PER) : 부패성 화물은 예약 접수 이전에 아래 사항을 확인하여야 한다.

- 부패성 화물의 요청 운송기간 중의 목적지까지 예약 Confirm 가능 여부.
- IATA TACT RULES BOOK 상의 경유지 및 최종 목적지 공항의 적정 보관시설 유무 확인.
- 도착지 또는 경유지 국가의 관련 법규를 사전 확인.(검역, 수입금지 품목 확인)

⑥ 대형화물(IMP Codec : BIG) : 대형화물은 예약 접수 이전에 아래 사항을 확인하여야 한다.

- 탑재할 항공기 화물실의 특성.
- 사용할 ULD의 적정성.
- 탑재 장비의 보유 여부 확인.

⑦ 중량화물(IMP Code : HVY) : 중량 화물의 취급시 항공기 안전 운항을 위하여 예약 전에 해당 팀장의 승인을 득한 후 예약을 접수 하여야 한다.

2. 항공화물 예약관리

① 공급관리는 공급통제 지역별로 중앙통제방식(Centralized Space Control System)과 출발지 관리방식(End Station Control System)으로 구분하여 운영한다.
② 공급관리는 배분방식에 따라 공급 할당제(Allotment System)방식을 원칙으로 한다. 다만 수요가 저조한 Flight의 경우에는 Open SYSTEM을 적용하여 운영한다.
③ 고수입 단위인 소형화물 유치에 따른 수입 제고 및 대 고객서비스 제고를 목적으로 일정 중량이하의 소형, 경량 화물의 경우 Flight 가용 공급 유무와 관계없이 예약을 하도록 하는 Free Sale System을 사용한다.

3. 항공화물 SPACE 관리

1) Booking List(B/LIST) Arrange

① 해당편의 화물 순수 탑재량, 예약화물의 Volume, ULD 조합의 최적화 및 예약승객의 Baggage용 Space 등을 감안하여 Booking List를 Arrange 한다.
② Booking List의 Arrange가 완료된 해당편의 예약관리는 "KVI" Action으로 종료되며, 해당 출발지 공항으로 Flight 권한이 이양된다.

2) ADD-INFO(Additional Information) 작성

Booking List는 해당편에 대한 단순한 예약 List로서 수송준비를 위한 자료로도 미흡하므로 이의 보완을 위하여 해당편의 Booking List에 대한 Additional Information Message를 해당 관련 부서에 발송한다.

제2절 항공화물시스템의 개념 및 특성[16)]

1. 항공화물시스템의 개념

건설교통부에서 구축하고 인천국제공항공사에서 2009년 9월부터 운영하고 있는 항공물류정보시스템 AIRCIS(AIR Cargo Information System)란 항공사, 터미널조업사, 포워더, 대리점, 운송사 등 물류주체간 단절된 항공물류정보를 공유, 교환할 수 있는 시스템을 의미한다.

이는 모든 물류주체가 협업의 장인 항공물류정보시스템을 통해 One- Site, One-Stop으로 항공물류에 관한 모든 것을 처리할 수 있고, 물류 주체들 간 업무협력을 지원할 수 있는 정보 서비스 네트워크와 연계하여 인프라를 제공함을 목적으로 하고 있다. 따라서 국내외 항공사, 조업사, 포워더, 운송사 등 물류주체의 정보 공유 및 협업지원을 통한 항공물류의 One-Site, One-Stop 서비스를 제공하고 있다.

〈그림 12-1〉 항공물류정보시스템(AIRCIS)

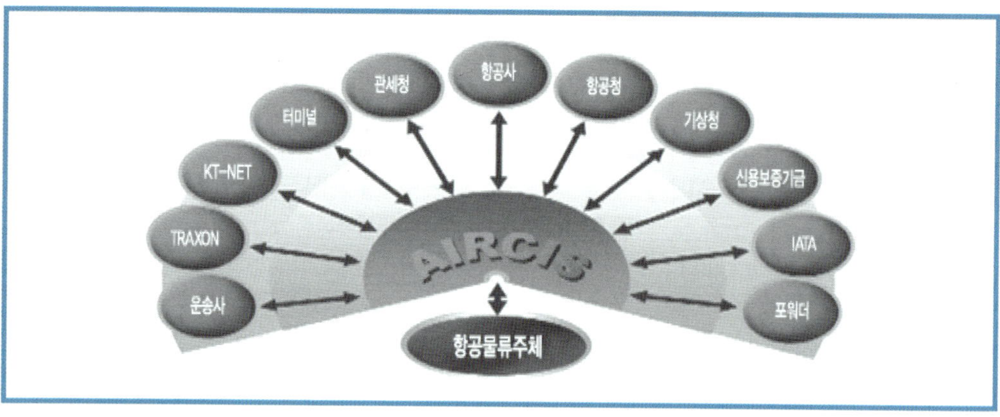

이 밖에 물류기업 및 항공사는 운송관리시스템(TMS), 창고관리시스템(WMS), ACPS(Traxon Kr와 유사한 KTNET Network), CSP(Cargo Systems Partnership), KCIS, MFCS, AMS/EDI 정보 등을 사용하고 있다.

16) 백남진, 航空貨物 IT 具現을 위한 RFID 適用 方案에 관한 硏究, (2010) 학위논문의 일부를 재정리한 것임.

2. 항공화물시스템의 특성

항공화물시스템이 가지고 있는 특성은 다음과 같다.

① 운항스케줄 및 기상 정보, 항공물류 정보, 물류일반 정보, 입출항통계 정보 등을 제공하는 포털서비스가 가능하다.

② 공항기상 정보, 스케줄 정보, 화물 예약 및 추적 정보, 적하목록 정보, AMS/EDI 정보, 창고료 정보, 기업통계 정보 등을 제공하는 항공화물정보시스템 서비스가 가능하다. 이에 따라, 항공물류와 관련된 기업간의 정보 전달, 공유, 교환을 위한 연계 시스템 기반을 제공함으로써, 항공물류에 대한 모든 정보를 한 눈에 볼 수 있고, 물류기업의 협업체계를 지원하여 항공물류와 관련된 모든 업무를 One-Site, One-Stop으로 처리할 수 있다. '예약 / 추적정보' 메뉴를 통해 반입부터 최종 목적지 도착까지의 운송 상황을 단계별로 추적할 수 있다. AIRCIS 포털 메인화면의 'Cargo Tracking'을 통해 간편한 추적도 가능하다.

특히, AIRCIS는 대한항공, 아시아나항공을 비롯하여 지속적인 외국항공사 가입유치를 통한 글로벌 네트워크 서비스가 가능하며, 이를 통해, 화물의 위치를 실시간으로 추적할 수 있다. 국내외 항공사의 화물예약을 단일 창(Single Window)에서 처리할 수 있고, 물류업무처리 시간과 비용을 획기적으로 줄일 수 있다. 예를 들어, AWB Data는 대리점에서 발권한 MAWB(Master Air Waybill)을 항공사로 전자전송하는 것으로서, AWB은 현재 공항에서 출력된 Bill을 항공사가 재입력하는 과정을 거치고 있어 인적, 물적 낭비가 심하다. 하지만 AIRCIS를 이용하면 대리점 내부 시스템에 입력된 Bill data를 항공사로 전송을 할 수 있다.

이러한 AIRCIS는 현재 대한항공과 아시아나항공 등 국내항공사를 비롯하여 13개 이상의 외국항공사에 대한 예약과 화물추적 서비스를 제공하고 있다.

〈그림 12-2〉 항공물류정보시스템(AIRCIS) 목표 서비스 개념도

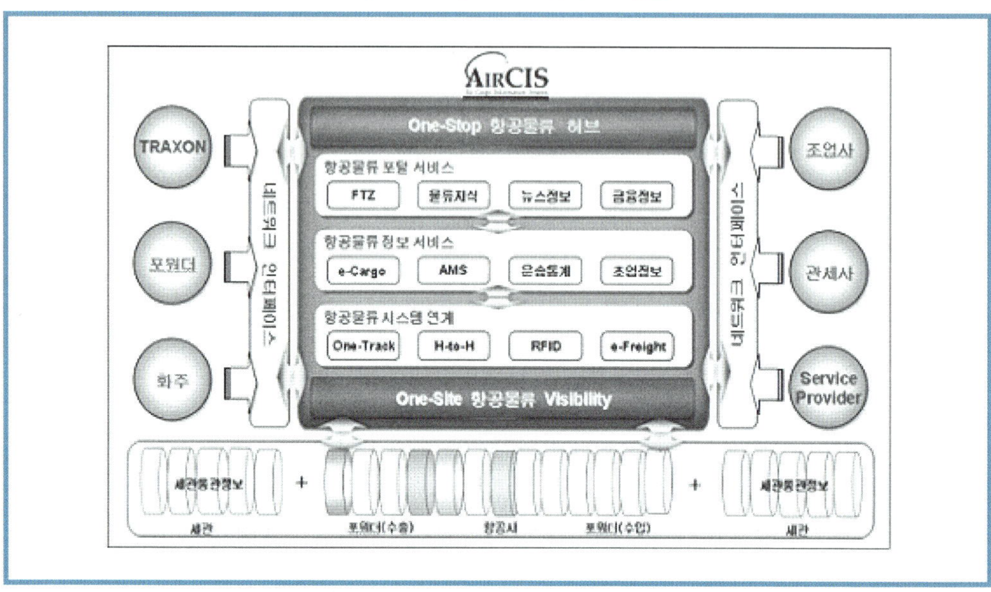

③ 협업지원연계시스템으로 기업간 정보 공유 및 교환을 위한 연계 기반 제공하고, 포워더시스템, 적하목록, 차량위치 추적 등과 공유된다.

④ 운송관리시스템(TMS), 창고관리시스템(WMS), ACPS(Traxon Kr와 유사한 KTNET Network), CSP(Cargo Systems Partnership), KCIS, MFCS, AMS/EDI 등이 있다.

이중, CSP(Cargo Systems Partnership)는 2003년 12월 12일 전격적으로 아시아나항공 화물 전 지점에서 동시에 OPEN하게 되었고, 전세계가 사용하는 것으로 각국의 현지 사정, 각국 정부 및 세관 보고사항, 각국 항공사에 대한 SVC, 각국 대리점에 대한 SVC를 모두 반영한 시스템이다. CSP를 중심으로 대리점은 화물 홈페이지를 통해 예약 및 Tracing, 대리점에게 주어진 가격, 실적, billing 금액, 화물운송에 관한 아시아나항공의 전반적인 처리 절차 등을 제공받을 수 있고, 전세계 항공사, 조업사, 세관에 대한 신고 및 바코드 사용 등 전자문서(EDI)를 송수신 할 수 있다. 또한, CSP에서 처리된 모든 DATA는 수입관리 및 회계 시스템으로 연결되어 모든 실적관리를 전산으로 처리토록 가능하게 한다.

〈그림 12-3〉 화물시스템 변천연혁

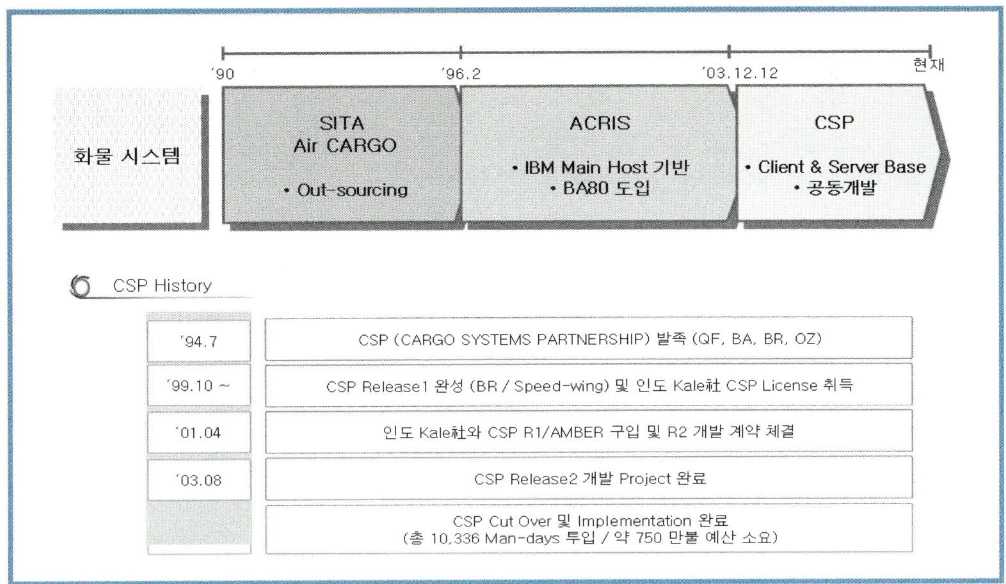

〈그림 12-4〉 화물예약운송시스템(Cargo Systems Partnership)

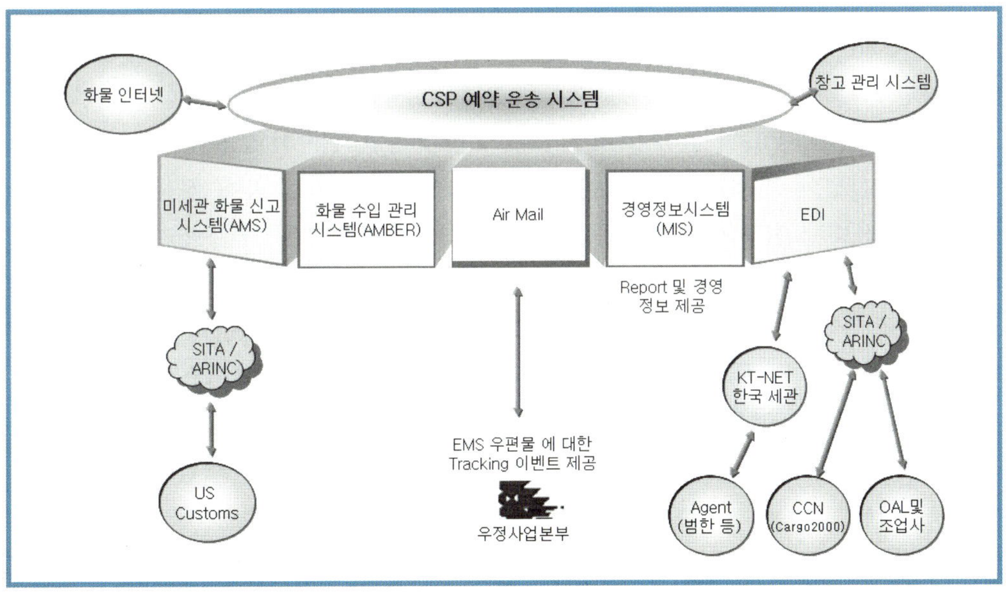

제3절 RFID 시스템 적용의 필요성17)

1. 항공화물시스템에서의 RFID 현황18)

최근의 네트워크 시대는 세계화에 따른 무한 경쟁으로 인한 산업 간의 융합과 합병, 경쟁이 심화되고 있으며, 더 나아가 ICT(Information & Communication Technology)의 도입 및 적극적 활용을 통한 경쟁력 강화가 세계적인 추세이다. 이에 따라 상품개발과 가격정책 외에 고객만족을 위한 서비스품질에 웹 2.0, 유비쿼터스, 사용자손수제작콘텐츠(UCC, User Created Contents) 등의 새로운 기술이 적극 도입되고 있다.

이와 같이 급변하는 기업 환경 하에서의 RFID의 도입과 활용은 물류 및 유통의 혁신을 가능하게 하는 중요한 성공 요소가 되고 있다. 왜냐하면, 항공화물은 소형·소량으로 운송되지만, 고가이면서 신속한 운송이 요구되어 실시간 추적 및 관리가 매우 중요하기 때문이다. 실제로, 사물(제품)에 전자 태크를 부착하여 (제품)정보의 이동성(Mobility), 가시성(Visibility), 추적성(Traceability)을 구현하는 RFID(Radio Frequency IDentification) 기술이 산업의 다양한 분야에 적용되어 그 효과가 가시화되고 있다(Garfinkel and Rosenberg, 2006; 장윤희, 2007). 특히 제품 즉, 실물의 이동(흐름)을 담당하는 물류분야는 RFID의 적용이 가장 적극적으로 검토되는 산업으로 주목되고 있다.

항공화물산업에 적용되는 RFID는 물류정보의 효율적인 관리에 적용되는 부분이 크다. 물류정보란 전체적인 물류활동의 원활화를 도모하는 데 필수불가결한 존재로서 생산에서 소비에 이르기까지 물류활동을 구성하고 있는 하역, 운송, 보관, 포장 등 물류기능을 유기적으로 결합하여 물류관리의 효율적인 수행이 가능하도록 하는 물류활동에 발생되는 정보를 말한다(이규훈, 1999). 그리고 물류정보시스템은 상거래를 구체적으로 실현하기 위해 운송, 보관, 하역, 포장, 유통 등의 프로세스에서 발생되는 정보를 신속·정확하게 전달하는 기능과 이러한 제 기능을 정보시스템으로 통합화하여 전체 물류 프로세스의 효율화를 구현함으로써 고객서비스 향상, 물류비 절감, 운송관리 효율화 등의 목적을 가지고 있다. 물류정보시스템에서 관리되는 물류정보에는 화물의 종류, 가격, 중량, 위치정보, 하역, 보관정보, 컨테이너 관리정보 등이 포함

17) 백남진, 航空貨物 IT 具現을 위한 RFID 適用 方案에 관한 硏究, (2010) 학위논문의 일부를 재정리한 것임.

18) 이 내용은 관세청 보도자료(2009.7.18)의 일부를 재정리한 것임.

된다. 특히 물류프로세스에는 다양한 이해관계자가 관여됨에 따라 물류정보의 신속하고 정확한 전달, 즉 물류정보의 공유는 물류프로세스 효율화의 가장 중요한 이슈가 된다. 물류정보 공유를 위해서는 이음새 없는(Seamless) 정보 흐름과 정보를 리얼타임적으로 파악이 가능한 가시성(Visibility)과 추적성(Traceability)의 구현이 필요하지만, 현재 통용되고 있는 EDI 및 바코드 체제로서는 정보의 단절구간이 많이 생기고 있다. 이에 연속적인 정보 흐름 및 가시성, 추적성 확보가 가능한 RFID가 새로운 대안으로 제안되어, 그 활용이 적극적으로 시도되고 있다(정석찬 · 안태우 · 강병영 · 박철제, 2008). 그럼에도 불구하고, 현재 인천국제공항 화물터미널은 항공기의 입항 이후 화물의 도착부터 반입 및 반출까지의 대기시간 지연이 발생하고 있는 상태이며, 이로 인하여 고객으로부터 Hot complaint의 발생 소지가 있는 실정이다.

이에 따라 본서에서는 기존의 항공 수입화물 프로세스를 개선하여 화물처리시간을 단축하고, RFID 기반의 수입화물관리체계를 항공화물 전반으로 확대하기 위하여 항공화물터미널에 적용되고 있는 현재의 RFID 서비스에 대한 만족도를 측정하고, 이를 바탕으로 향후 RFID의 효과적 적용을 위한 시사점 및 구체적 방안을 제시하고자 하였다.

관세청은 RFID 기반의 항공수입화물 통관체제 구축사업을 2008년 시범사업에 이어 2009년 7월부터는 확산사업에 돌입하였다.

이 사업은 보다 빠른 통관처리를 위해 항공수입화물에 RFID 태그를 부착해 보세구역 반출·입 신고업무를 자동화하는 것으로서, 기존에는 B/L별 반출 · 입정보를 시스템에 입력해야 하고 반출·입 상황을 수작업으로 관리함으로써 업무처리가 지연되었으나, 향후에는 RFID 리더기에 의해 자동처리되므로 반출·입신고가 더욱 빨라지고 정확해질 것이다. 또한 화물에 부착된 RFID 태그는 보세운송 및 내륙지 보세구역 반출·입 신고에 활용되며, 수입업체 물류관리 개선에 활용됨으로써 기업의 수출입경쟁력 강화에 일조하게 된다.

관세청은 2008년에 이미 RFID 기반의 항공수입화물 통관체제 구축 시범사업을 통해 RFID기술의 신뢰성과 활용효과성을 검증했다. 즉, 아시아나 항공화물터미널 등 6개 물류업체를 대상으로 RFID 기술을 적용함으로써 보세화물 반출·입신고업무가 자동화되고 입항에서부터 반입신고까지 시간이 30% 단축되는 효과를 확인했다. 또한, 보세운송발도착, 보세구역반출·입, 보세화물재고 등 화물정보를 실시간으로 정확하게 입수하게 됨으로써 보세화물을 보다 효율적으로 관리할 수 있는 기반을 마련하게 됐다.

관세청은 이를 토대로 2009년에는 항공화물 전체에 대해 RFID 기반의 항공수입화물통관체제로 확대 구축할 계획이다. 또한, 관세청과 대한항공간 MOU가 체결되어 대한항공 등 7개 항공화물터미널에 RFID 기반 시스템을 구축·운영함으로써 항공화물의 91%를 RFID 태그에 의해 자동으로 처리하게 된다. 앞으로는 해외 수출지에서부터 RFID 태그를 부착하고 물류업체와 정보를 교환함으로써 글로벌 차원의 항공화물 관리 프로세스를 개선하는 시범사업도 병행하여 추진하게 된다.

2. 항공화물시스템에서의 RFID 전망

이은곤(2004)은 RFID시장은 세계시장의 경우 2005년 30억 불 규모에서 2010년에는 100억 불 규모로, 국내시장은 2003년 660억 원 규모에서 2007년 3,180억 원 규모로 성장할 것으로 예측한 바 있다. 이는 RFID시장이 1996년 6억 달러에서 매년 25%이상 성장한 추세에 따른 것으로 향후 이러한 추세는 계속될 것으로 보인다. 국내시장의 경우 구체적인 전망치가 나오지 않은 상태이기 때문에 경제협력개발기구(OECD) 자료를 토대로 세계 IT시장에서의 국내시장 점유율 5.2%를 근거로 추정하였다. 정보통신부는 'U-센서네트워크 구축 기본계획'에서 2007년까지 세계 1위의 U-Life 기술을 확보하는 것을 목표로 세계 RFID 및 U-센서 네트워크 시장의 5%(약 9.5억 달러)를 점유하고 실생활에서의 적용을 위해 기반 구축을 완료한다는 계획을 가지고 있으며, 2010년에는 세계 RFID 및 U센서 네트워크 시장의 7%(53.7억 달러)를 점유한다는 목표를 가지고 있다.

〈표 12-1〉 시장 전망 및 가격변화 추이

(단위: 억불, 억원)

구분	2003년	2004년	2005년	2006년	2007년
세계시장	11	20	30	41	53
국내시장	660	1,200	1,800	2,460	3,180

※ 세계시장의 5%로 국내시장을 추정

최첨단 RFID기술을 수입항공 화물 업무에 접목하여 세계 최고 수준의 항공수입화물 통관체제를 성공적으로 구축하기 위하여 아시아나항공에 우선 적용하는 RFID기반 항공수입화물 통관체제의 최근 유가 급등에 따른 무역업계의 부담이 가중되는 상황에서 물류의 정확성과 신속성을 제고하고, 항공 수입화물 프로세스 개선을 통한 절차 간소화 및 화물처리시간 단축을 통하여 '산업의 IT화'라는 국가적 목표에 부응하여, 시간을 다투는 항공화물 이용 업체들에게 적시 자재 공급을 지원함으로써 기업 경쟁력 강화에 일조하고, 세계 최초로 세관행정에 RFID를 도입하여 향후 관세행정서비스의 해외 수출 가능성을 확보하는 데 있다. 본 사업은 아시아나항공을 비롯하여 5개의 민간업체가 자발적으로 제공한 Test-bed에 RFID를 도입하여, 세관 및 화물터미널 운영사에 물품(차량) 정보를 실시간으로 자동 전송함으로써, 별도의 화물 반출·입 신고나 확인절차 없이 현장에서 화물이 즉시 반출·입될 수 있도록 업무처리절차를 개선할 예정이다. 이를 위해 관세청은 법규 및 제도를 정비하여 현행 10개의 세관신고업무를 4개 업무로 단축하고, 아시아나항공은 현행 46단계의 항공화물 조업절차를 31단계로 축소하여 항공수입화물의 처리체계를 근본적으로 재설계할 계획이다. 이러한 개선된 항공수입화물 통관체제는 수 미터 거리에서 기존 물류 흐름의 방해 없이 항공화물에 부착된 태그의 무선인식을 담보하는 RFID를 통해 기술적으로 가능해지며, 이를 통해 조용하고 부드러우며 매끄러운 5S(Silent, Soft, Simplified& eamless & Saving) 통관으로의 전환이 이루어질 전망이다(관세청 보도자료, 2008.6.25).

관세청은 RFID 기반의 항공 수입화물 통관체제가 성공적으로 완료되면 현행 항공수입화물 처리단계 10단계 중 6단계가 자동 처리되고, 처리시간이 30% 단축돼 연간 1,400억 원의 물류비용절감 효과가 창출될 것으로 기대하고 있다. 향후 관세청은 글로벌 물류 공급망 관리 추세에 부응해 해외세관 및 민간과 물류정보교환을 추진하는 한편 항공수출화물, 해상화물에도 RFID, CSD(Container Security Device) 등의 최첨단 기술을 적극 도입해 세계 최고의 관세행정을 구현해 나갈 계획이다(관세청 보도자료, 2009.7.18).

제 13 장

RFID 시스템에 대한 이해

제13장

RFID 시스템에 대한 이해[19)]

제1절 RFID의 정의 및 구성

1. RFID의 정의

RFID는 태그(tag)로 물류, 유통, 전자지불 등의 정보를 담고 있고, 안테나를 이용하여 리더(reader)로 그 정보를 인식하여 유비쿼터스 네트워크에 연동이 된다.

각 연구기관의 RFID정의 또한 두 가지 맥락에서 정리되는데, MIT Auto ID센터에서는 RFID를 'the internet of things'이라고 정의하고 있다. 이는 인터넷이나 또는 유사한 네트워크를 통하여 태그가 부착된 아이템을 원거리에서 실시간으로 감지하는 것을 의미한다. Accenture 통신·하이테크 연구소에 따르면 RFID는 초소형 프로세서, 메모리, 안테나 등이 포함되어 있는 실리콘 기반의 전자 인식 태그로 무선으로 배터리 없이도 읽고 쓸 수 있으며 값싸게 만들 수 있는 특징을 가진다고 정의하고 있다. 이에 반해, CNET Japan에서는 물리적인 IC칩에 ID 정보를 저장하여 무선으로 읽어낼 수 있도록 하는 기술로 정의하고 있다.

국내의 경우, 정보통신부는 U-센서 네트워크 서비스로서 RFID를 정의하고 있는데, 이는 '사물에 전자태그를 부착하고 각 사물의 정보를 수집·가공함으로써 개체 간 정보교환, 측위·원격처리, 관리 등의 서비스를 제공하는 것'으로 정의하고 있으며, 산업자원부는 RFID에 대해 '제품에 부착된 칩의 정보를 주파수를 이용해 읽고 쓸 수 있는 무선 주파수 인식으로 사람, 상품, 차량 등을 비 접촉으로 인식하는 기술'로 정의하고 있다. 국내 연구기관의 정의로는 IITA의 경우 'Micro-chip을 내장한 Tag, Label, Card 등에 저장된 Data를 무선 주파수를 이용하여 Reader기에서 자동 인식하는 기술'로 정

19) 백남진, 航空貨物 IT 具現을 위한 RFID 適用 方案에 관한 硏究, (2010) 학위논문의 일부를 재정리한 것임.

의하고 있으며, ETRI는 '무선 주파수를 사용하는 소형 IC칩을 사용하여 비 접촉으로 사물을 인식하는 기술로서, 사물의 위치파악 및 경로추적을 통해 기업에게 실시간으로 제품의 상황에 관한 정보를 전달할 수 있는 기술'로 설명하고 있다(이은곤, 2004).

2. RFID의 구성

RFID기반 어플리케이션은 사용자의 요구에 의해서 프로그램이 수행되는 것뿐만 아니라, 태그 인식에 의한 이벤트에 의해서도 프로그램이 수행되도록 설계하여야 한다. 어플리케이션 서버는 미들웨어 위에서 동작한다. 어플리케이션에서 미들웨어 측으로 자신이 관심 있는 이벤트의 조건들을 전송하면 미들웨어 측에서는 어플리케이션 측에서 받은 이벤트 발생 조건들을 검사하여 조건에 맞을 때만 그에 맞는 이벤트를 발생시키게 된다.

예를 들어 어떤 위치에서 임의의 RFID를 가진 태그가 리더에 읽히게 된다든지, 임의의 위치에서 2개의 다른 태그가 리더로부터 동시에 읽히게 되면 이벤트를 발생 시키라는 등의 조건이다. 따라서 미들웨어는 어플리케이션측으로부터 받은 이벤트 조건들을 검사하고 그에 따른 이벤트를 발생시켜 어플리케이션 서버 측으로 전송함으로써 어플리케이션 서버가 동작하도록 한다. 또한 어플리케이션 서버 내에서도 역시 클라이언트 측으로 이벤트를 발생시키게 되는데 이러한 이벤트는 미들웨어로부터 읽은 태그 데이터를 어플리케이션이 분석하여 클라이언트 측으로 전송하는 이벤트이다. 미들웨어는 실시간으로 어플리케이션 측에 이벤트를 전송하는 것 이 외에도 리더로부터 읽힌 태그 데이터를 미들웨어 측에서 관리하는 데이터베이스에 저장하게 된다. 이는 어플리케이션 측에서 요구하는 이벤트 기반의 실시간 태그 데이터의 처리와는 별도로 RFID의 컨텍스트 추적, 히스토리 추적에 필요하며 어플리케이션 측의 요구로 미들웨어의 어플리케이션 서버 인터페이스를 통해 데이터를 제공하게 된다(김기현 · 이정태 · 류기열, 2004).

RFID 시스템은 안테나가 포함된 판독기 또는 리더기(Reader), 무선 자원을 송 · 수신할 수 있는 안테나(Antenna), 정보를 저장하고 프로토콜로 데이터를 저장하는 RFID의 핵심기능인 태그(카드)라 불리는 트랜스포터, 호스트 컴퓨터인 서버(Server) 및 네트워크(network) 그리고 응용프로그램(ERP, SCM) 등의 요소로 구성된다(김현지, 2004).

각 부분의 기능으로는 리더기(reader)는 RFID Tag에 읽기와 쓰기가 가능하도록 하는 장치이고, 안테나는 정의된 주파수와 프로토콜로 Tag에 저장된 데이터를 교환하도록 구성되는 장치이며, Tag는 데이터를 저장하는 RFID의 핵심기능을 담당한다.

RFID의 Tag에 대해 좀 더 살펴보면 RFID Tag은 전원 공급의 유무에 따라 전원을 필요로 하는 Active 형과 내부나 외부로부터 직접적인 전원의 공급 없이 리더기의 전자기장에 의해 작동되는 Passive 형으로 구분된다. Active 타입은 Reader기의 필요전력을 줄이고 리더와의 인식거리를 멀리 할 수 있는 장점이 있으나, 전원 공급 장치를 필요로 하기 때문에 작동시간의 제한을 받으며 Passive 형에 비해 고가인 단점이 있다. 반면, Passive형은 Active형에 비해 매우 가볍고, 가격도 저렴하면서 반영구적으로 유무용이 가능하지만, 인식거리가 짧고 리더기에서 더 많은 전력을 소모한다는 단점이 있다(이은곤, 2004).

다음의 <그림 13-1>은 간단한 RFID 시스템의 구성도와 ISO/IEC에서 제안한 RFID 시스템 구성도이며, <표 13-1>은 RFID의 구성요소와 역할이다.

〈표 13-1〉 RFID 구성요소

구성 요소	역할
태그	RFID의 핵심 요소로서 데이터를 저장한다.
리더	태그의 정보를 읽고 쓰도록 하는 장치
안테나	정의된 주파수와 프로토콜로 태그에 저장된 데이터를 교환
서버	태그에서 전송된 정보의 복호 및 해독

〈그림 13-1〉 RFID 시스템 구성도

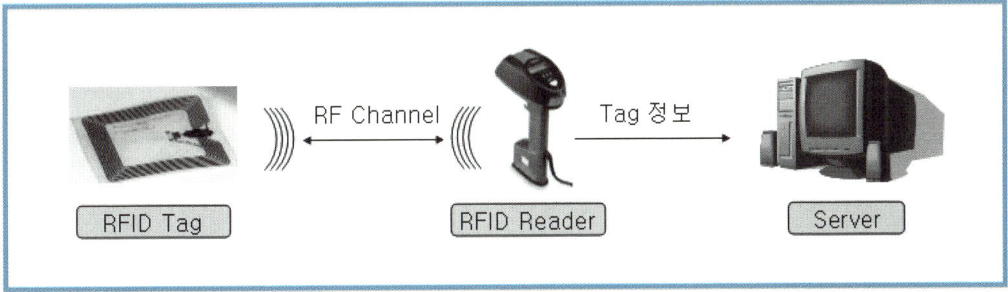

출처 : 강장묵, 2006.

〈그림 13-2〉 RFID 시스템 구조

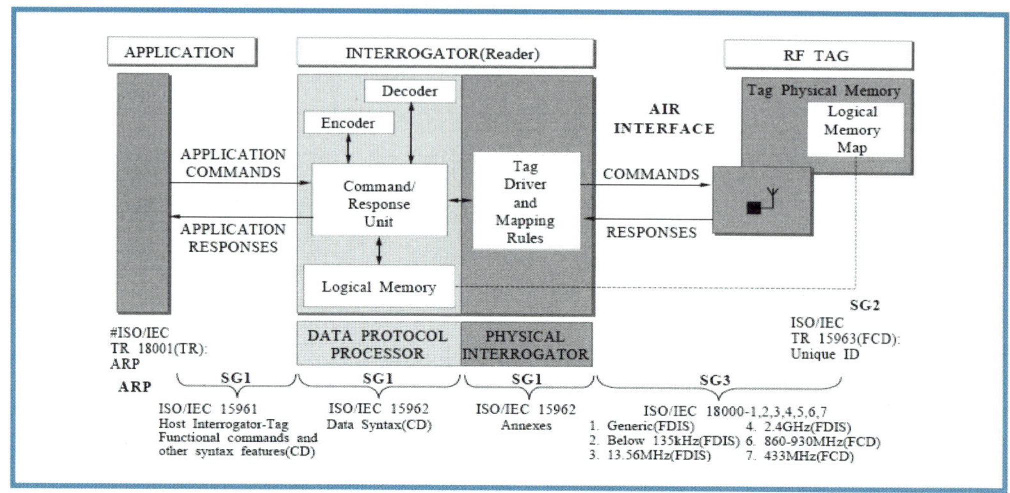

출처 : ISO/IEC JTC1/SC31/WG4

3. RFID의 기술적 특성

RFID 태그는 형태, 크기, 용도에 따른 분류, 전원을 내장하여 자발적으로 전파를 송신하는 것의 가능 여부에 의한 분류, 데이터 읽기·쓰기 가능 여부에 의한 분류 등과 같이 다양한 특징에 따라 분류할 수 있다(강장묵, 2006).

〈표 13-2〉 RFID의 주파수 대역별 특성 비교

주파수	저주파	고주파	극초단파		마이크로파
	125.134KHz	13.56MHz	433.92MHz	860~960MHz	2.45GHz
인식거리	60cm미만	60cm까지	~50~100m	~3.5~10m	~1m 이내
일반특성	• 비교적 고가 • 환경에 의한 성능 저하 거이 없음	• 저주파보다 저가 • 짧은 인식거리와 대중태그인식이 필요한 응용분야에 적합	• 긴 인식거리 • 실시간 추적 및 컨테이너 내부습도, 충격 등 한경 센싱	• IC기술발달로 가장 저가로 생산가능 • 다중 태그인식 거리와 성능이 가장 뛰어남	• 900대역태그와 유사한 특성 • 환경에 대한 영향을 가장 많이 받음
동작방식	수동형	수동형	능동형	능동/수동형	능동/수동형
적용분야	• 공정자동화 • 출입통제/보안 • 동물관리	• 수화물관리 • 대여물품 관리 • 교통카드 • 출입통제/보안	• 컨테이너 관리 • 실시간 위치 추적	• 공급망 관리 • 자동통행료징수	• 위조방지
인식속도	저속 ←……→ 고속				
환경영향	강인 ←……→ 민감				
태그크기	대형 ←……→ 소형				

출처 : 김동석, 2004.

〈표 13-3〉 송신여부에 따른 RFID

종류	전력/전파	가격	도달거리	특징	제조회사
수동형 RFID	전지가 없어 자신의 전파송신 불가능	저렴 (현5백~5천원)	수mm~ 수m	소형·경량 반영구적으로 사용가능	히다치 Allen Tech. 필립스 옴론 NEC 등
능동형 RFID	전지 또는 전력공급 받아 전파를 송신	비쌈 (현 만원~)	수십m~ 수백m	전지수명 (~10년) 센서부착 고기능	옴론 RFC Code등

출처 : 이용준·오세원, 2004.

〈표 13-4〉 RFID의 형태, 크기, 용도별 분류

형태	크기	용도
원판형	수mm ~ 수십mm 원판형태	의료 등 관리 레저용 목록 Tag 장치 삽입용
원통형	수mm ~ 수십mm 원통형태	동물 관리 파레트 관리
라벨형	수십mm × 수십mm의 박형	POS 정산용 상품 Tag 서류 관리 화물 관리
카드형	85×54×수mm 정도의 카드형태	승차권, 정기권 전화카드 출입관리 ID 카드
상자형	50×50×10mm 정도의 상자형태	FA 차량관리 컨테이너 관리

〈표 13-5〉 데이터 판독에 따른 RFID의 분류

종류	개요	특징	가격	용도
데이터 읽기 전용	저렴한 비용을 지향하여 최저한의 ID기능만 탑재한 RFID	ID기능만 보유 바코드 진화판 저비용을 추구 네트워크서버 등과의 연계 가능	저렴 (소용량 메모리)	POS라벨 라이센스 플레이트 등
데이터 기록 가능	ID기능에 더해 데이터의 기입영역을 가진 RFID	읽기/쓰기 가능 데이터 보호 기능 RFID와 판독기/Writer간 통신만의 작업가능	비쌈 (중~대용량 메모리로 가격은 기능에 상응)	FA 하물분류 이력관리 등

〈표 13-6〉 활용분야에 따른 RFID의 분류

분야	이용 목적	기능 특성	RFID의 목표가격대
군사, 의료	군용품/의료기기의 관리	위치특정, 진단기능, 보안	10만 원 정도
교통(자동 지불)	차량주행중의 자동 지불	주행차량의 지불 인증 보안	1만 원 정도
접속제어, 유통 (컨테이너, 팔렛)	인원의 접속제어 컨테이너·팔렛, 가축 등의 추적	RFID의 도난/분실을 약간 상정한 보안	천~오천 원
항공, 세탁, 가구, 미술품	항공수하물, 세탁물, 고급가구, 미술품의 관리	고속 판독 위조 방지	백~천 원
제조(공장), 소매(고가아이템), 목재	오피스나 공장 자산관리 제품, 목재 등의 추적	위조방지 기능 추적	50원 정도
소매(저가아이템), 교통(티켓팅)	소매제품의 추적 교통기관의 티켓(종이 베이스)의 추적	저가격, 저기능 추적	10원 이하

〈표 13-7〉 RFID의 주파수별 용도

주파수	주된 이용용도	비고
135kHz	스키 게이트 자동창고 식당정산 등	전파의 출력이 미약한 시스템으로 특별한 수속 없이 운용가능
13.56MHz	교통카드시스템 행정카드시스템 IC카드공중전화 입퇴실관리시스템	현재 널리 사용 중
900MHz	물류관리 제조물 이력관리 물품관리 차량관리 등	2004년 정통부에서 할당 예정

제2절 RFID의 표준화

1. RFID 표준화의 정의

RFID의 표준화는 표준화 대상에 따라 분류되어지며, 동물 및 사람, 사물에 따라 표준화를 별도로 진행하고 있다. 기존에 사람이나 동물을 중심으로 하는 표준화는 오랜 시간에 걸쳐 표준이 만들어졌는데 비하여, 사물에 관련된 표준(Item Management)은 최근 들어 RFID에 대한 관심이 집중됨에 따라 매우 빠르게 표준화가 진행 중이다.

2. 국제 RFID 표준화의 내용

사물에 관련된 RFID의 국제표준화는 ISO(국제표준화기구)와 IEC(국제전기기술위원회)가 공동으로 구성한 ISO/IEC JTC1/SC31 산하위원회에서 진행되고 있다. 현재 RFID국제표준화는 이 SC31의 워킹그룹 4(WG4)에서 추진되고 있으며, WG4내에는 다시 4개의 서브그룹(SG)이 있어 분야별로 표준화가 진행 중이다. 서브그룹 중에서 SG3에서는 주파수 대역별 Air interface의 표준화를 진행 중이며, 다음 그림 6에서 사물과 관련된 RFID 관련 국제표준화 조직을 나타내었다. 또한 WG5를 신설하여 RFID를 이용한 위치기반 응용 서비스(RTLS: Real Time Location Service)에 대한 국제 표준화를 진행 중에 있다. 433MHz와 2.45GHz를 사용하여 실내에서 사물의 위치를 추적하는 방식에 대한 연구가 진행중이며, 향후 지능형 로봇이나 텔레매틱스 등 위치 기반의 서비스를 제공하는 다른 신성장 동력 산업에도 이러한 기술이 확산될 전망이다(장변준·안선일·이윤덕, 2005).

RFID 기술 표준화는 ISO(국제표준화 기구)와 IEC(국제 전기표준 회의)의 합동기술위원회(JTC1: Joint Technical Committeel)안의 SC1의 WG4에서 추진되고 있다. 세부적으로는 SG31/WG4내에 다시 4개의 하위부서가 있어 분야별 표준화가 이루어지고 있다. 시스템간 인지할 수 있는 데이터 프로토콜 표준화는 SG1에서, RFID태그의 유일 식별을 위한 번호부여 방법 표준화는 SG2에서 각각 진행되고 있으며, RFID시스템의 핵심인 주파수 대역별 Air interface의 표준화는 SG3에서 진행되고 있다. 또한 RFID 활용을 위한 요구사항을 명확히 하기 위해 별도의 ARP (Application Requirement Profile)가 있어 표준적인 응용조건도 논의되고 있다.

한편, JTC/SC31의 RFID 표준화는 'RFID for Item Management'로 정의되고 있어 실제 구체적인 적용분야에 대한 표준화는 식별카드, 컨테이너, 포장 등 ISO에 소속되어 있는 해당 기술위원회(TC)의 별도 조직에 의해 추진되고 있다(김현지, 2004).

제3절 RFID 운영상의 문제점

1. RFID Tag 분류

RFID 태그는 IC 칩과 안테나로 구성되며 모양과 크기가 다양하다. 이러한 태그는 전원공급의 유무에 따라 능동형(Active)태그와 수동형(Passive)태그로 구분된다. 능동형은 전원을 필요로 하기 때문에 작동시간의 제한을 받으며, 수동형에 비해 고가인 단점이 있다.

한편, 수동형은 내부나 외부로부터 직접적인 전원의 공급 없이 리더기의 전자기장에 의해 작동되며, 능동형에 배해 가볍고, 저렴하며, 반영구적으로 사용이 가능하지만, 인식거리가 짧고 리더기에서 더 많은 전력을 소모한다는 단점이 있다. 이러한 이유로 수동형 태그는 전송시 오랜 시간과 자주 전송이 요구될 때, 데이터 저장에 제한이 없을 때 주로 사용된다. 또한 사용 주파수에 따라 RFID 태그의 특성은 매우 상이하게 나타나므로 주파수를 이용하여 태그를 구분하기도 한다(김현지, 2004).

2. USN의 개념 및 RFID/USN 시장

USN(Ubiquitous Sensor Network) 개념은 두 가지 측면에서 이해해야 하는데, 첫째는 기존의 RFID 기술에 네트워크 기능이 추가된다는 의미로 이해해야 한다. 이는 지능형 냉장고 등에서 볼 수 있는 것으로 사물의 정보화를 의미한다. 둘째는 센서 네트워크 자체의 출현으로 센서기술 및 저가의 저전력 무선통신 기술의 발달에 따라, 센서 자체의 지능이 발달되어 센서끼리 네트워킹을 구성하는 단계에 도달한다는 개념이다. 이렇게 되면, '수많은 소용량 데이터를 얼마나 효율적으로 관리할 것인가'가 중요한 네트워킹 이슈가 되며, 이는 과거의 '정보단말이 얼마나 효율적으로 서비에 접속하여 대용량 데이터를 가지고 오는가'의 측면과는 반대의 개념이 된다(장변준·안선일·이윤덕, 2005).

〈그림 13-3〉 USN 아키텍쳐 개념도

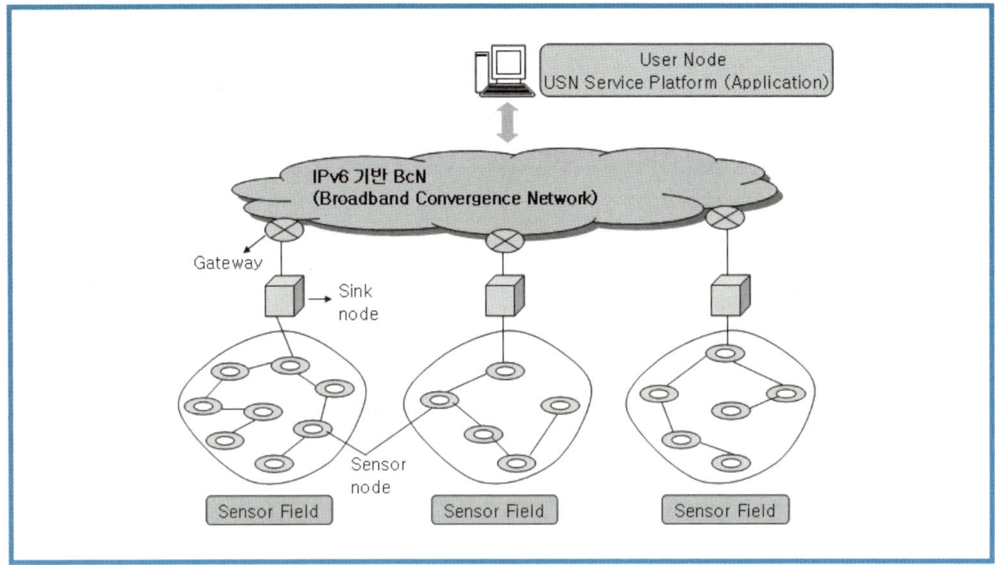

최근의 ETRI와 IDTechEx의 RFID/USN관련 시장동향 조사 결과에 의하면 RFID/USN세계시장은 2003년 16.1억 달러 규모에서 전자태그 부문에 연평균 30.8%, 센싱 부문에 연 평균 81.3% 등의 성장을 통해 2010년에 총 768.1억 달러에 이를 전망이다(이충호·김민수·김경옥, 2005).

3. RFID의 문제점

RFID의 운영상에서 나타날 수 있는 문제점으로는 다음과 같은 내용들이 제시되고 있다.

① 도청(Eavesdropping)의 문제로서, 태그와 리더간의 통신방식은 무선이므로 공격자는 큰 노력 없이도 통신내용을 엿들을 수 있다. RFID시스템에서 도청공격은 불가피함을 가정해야 하나, 공격자가 도청을 통해서 얻은 내용을 통해 다른 공격에 활용 가능한 어떠한 정보도 얻을 수 없도록 해야 한다.

② 통신내용분석(Traffic analysis)의 문제로서, 공격자는 도청을 통해서 얻은 내용을 분석하여 리더의 질의에 대한 태그의 응답을 예측할 수 있다. 이렇게 예측한 정보를 통해 공격자는 태그의 이동경로를 트래킹하는 공격 등에 활용할 수 있으며 이는 태그 소유자의 프라이버시를 침해하는 주요원인이 된다.

③ 위치 트래킹(Location Tracking)의 문제이다. 위치 트래킹 공격이란 공격자가 공격자 혹은 악의적인 리더가 태그의 위치변화를 감지함으로써 태그 소유자의 이동경로를 파악하는 방법으로 사용자의 프라이버시를 침해하는 유형중의 하나이다.

④ 스푸핑(Spoofing)의 문제이다. 스푸핑이란 정당하지 않은 개체를 정당한 것처럼 속여 인증과정을 통과하는 방법이다. 스푸핑은 그 대상에 따라 두 가지로 구분할 수 있다. 먼저 공격자가 태그로 위장하여 정당한 리더를 속이는 방법과 반대로 공격자가 리더로 위장하여 태그를 속이는 방법이 있다.

⑤ 메시지 유실(Message loss)의 문제로서, 공격자의 고의 또는 시스템상의 문제로 인해 태그와 리더간에 주고받는 통신내용의 일부가 유실될 수 있다. 이는 인증세션의 비정상적인 종료뿐만 아니라 메시지 유실로 인해 둘 사이의 동기가 어긋날 경우 자칫 데이터베이스가 태그의 ID를 잃어버리는 경우가 발생할 수도 있다.

⑥ 서비스 거부 (Denial of Service)의 문제로서, RFID 시스템이 정상적으로 작동하지 못하도록 하기 위해 특정 주파수를 갖는 방해전파를 방출하는 등의 공격방법을 말한다.

마지막으로 물리적 공격 (Physical attack)의 문제이다. 즉, 태그는 생산가격의 제한으로 인해 고가의 시스템에 사용되는 고가의 메모리나 칩을 사용하기가 힘들다. 그러므로 프로브공격[20]이나 TEMPEST[21]공격 등에 취약하다.

한편, 미국 시민 단체인 전자 프라이버시정보센터(EPIC: Electronic Privacy Information Center)는 RFID를 이용하는 환경에서의 프라이버시 위험 요인을 다음의 <표 13-8>에서와 같이 분석하고 있다.

20) 칩에 탬퍼 방어 패키지를 제거하여 직접 IC Chip에 프로브를 해 중요정보를 해석하는 수법
21) 통신장비 및 컴퓨터에서 방출되는 전자파를 분석하여 이들 사이에 송수신되는 내용을 도청할 수 있는 공격법(유성호·김기현·황용호·이필중, 2004)

〈표 13-8〉 EPC의 RFID 프라이버시 위험 요인

구분	설명
숨겨진 태그 장소	• RFID 태그들이 소유주인 개인들이 알지 못한 상황에서 사물들과 문서에 내장되어질 수 있음. • 무선전파는 섬유, 플라스틱, 다른 물질들을 쉽게 조용하게 통과할 수 있기 때문에 지갑, 쇼핑 백, 옷가방 등에 들어 있는 사물 또는 옷에 부착된 RFID 태그들을 읽을 수 있음.
전 세계 모든 사물들을 위한 유일한 식별자	• 전자제품코드(EPC)는 지구상에 있는 모든 사물에 유일한 ID를 가지게 할 수 있음. • 유일한 ID번호의 사용으로 개별 물리적인 사물이 판매 또는 이전시점에서 신원이 확인되고 구매자 또는 소유자와 연결될 수 있는 전세계적인 사물 등록 시스템의 창조가 가능
대규모 데이터 통합	• RFID 배치는 유일한 태그 데이터를 포함하고 있는 대량 데이터베이스의 개발을 요구 • 이들 기록들은, 특히 컴퓨터 메모리와 프로세스 능력이 확장되면서, 개인 신원 확인 데이터와 연결될 수 있음.
숨어 있는 리더	• 인간 또는 사물이 모여져 있는 어떤 환경에서도 보이지 않게 섞여질 수 있는 리더들에 의해 태그들은 시야의 제한 없이 멀리서 읽혀질 수 있음. • RFID 리더들은 이미 실제로 바닥 타일들에 내재되어 소비자들이 언제 또는 '스캔'되고 있는지 없는지에 대한 인식을 불가능하게 하고 있음.
개인 추적과 개인정보 프로파일	• 개인적 신원이 유일한 RFID 태그 넘버와 연결되어 있다면, 개인들이 인식하지 못하는 사이에, 프로파일(profile)되고 추적당할 수 있음.

출처 : 강홍렬, 2004.

제14장

항공화물시스템에 대한 RFID 적용 방안

제14장

항공화물시스템에 대한 RFID 적용 방안22)

제1절 수입화물 처리절차

1. 수입화물 처리절차

항공기가 인천국제공항에 입항하여 수입화물이 처리되는 절차는 다음의 <그림 14-1>와 같다.

〈그림 14-1〉 수입화물 처리절차

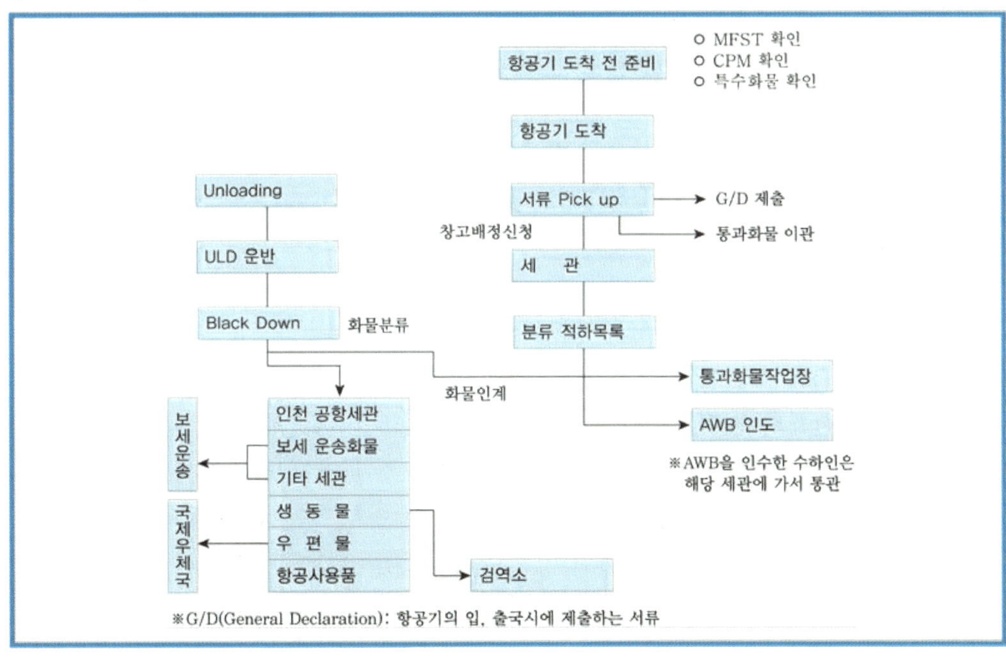

22) 백남진, 航空貨物 IT 具現을 위한 RFID 適用 方案에 관한 硏究, (2010) 학위논문의 일부를 재정리한 것임.

이와 같은 수입항공화물 처리절차를 보세운송업체, 보세창고업체, 항공화물 터미널의 측면에서 나누어 살펴보면 다음과 같다(정석찬·안태우·강병영·박철제, 2008).

1) 보세운송업체

다음의 <그림 14-2>은 항공보세운송 업무흐름을 나타낸 것이다. RFID 도입 전에는 차량이 화물을 인수하여 보세창고, 항공터미널 등을 벗어나면 화물의 추적은 도착지에 도착할 때까지 불가능한 상황에 놓이게 되고, 연락할 수 있는 수단은 운전기사가 휴대한 휴대폰이 전부이다. 따라서 운송 화물은 항상 사고의 위험에 노출되어 있음에도 특별한 관리가 되지 못하고 있다.

〈그림 14-2〉 RFID 도입 전 항공보세운송 업무 흐름도(As-Is 모델)

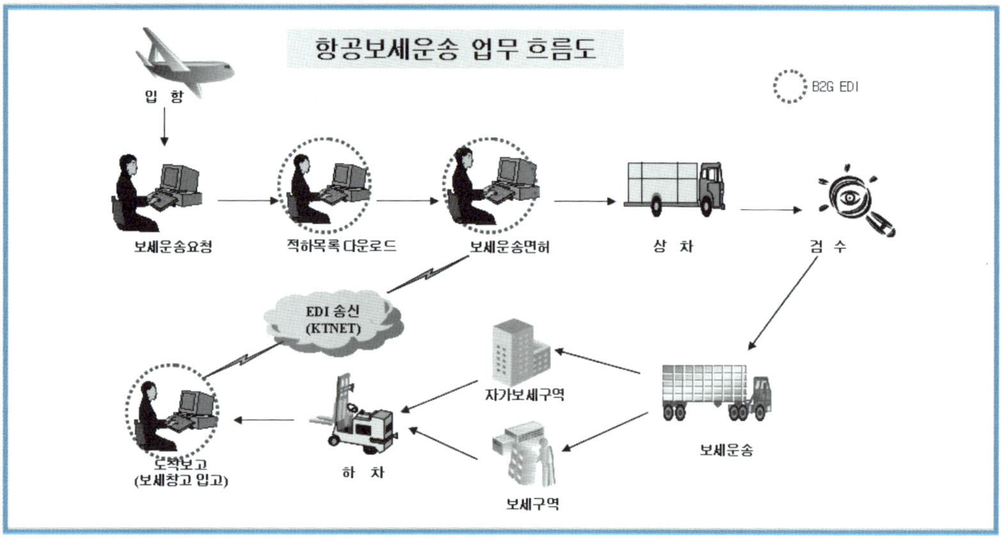

2) 보세창고업체

보세창고의 현재의 RFID 도입 전 업무흐름은 <그림 14-3>에 볼 수 있는 것처럼 EDI를 통하여 창고 반입예정 정보를 수신 받고, 화물이 창고에 도착하면, 화물의 이상 유무를 하차시 확인하여 바코드 라벨을 부착하여 창고의 빈 공간에 적재하여 출고시까지 보관하게 된다. 그러나 현재의 방식으로는 입출고시의 수작업에 의한 정보 오류, B/L 단위의 제한적인 보세화물관리, 보세창고내의 화물재고 현황, 화물 격납 로케이션(Location) 관리 등과 같은 정확한 재고관리의 어려움, 화주 및 물류업체간의 정보 공유가 어렵게 된다.

〈그림 14-3〉 RFID 도입 전 보세창고 업무 흐름도(As-Is 모델)

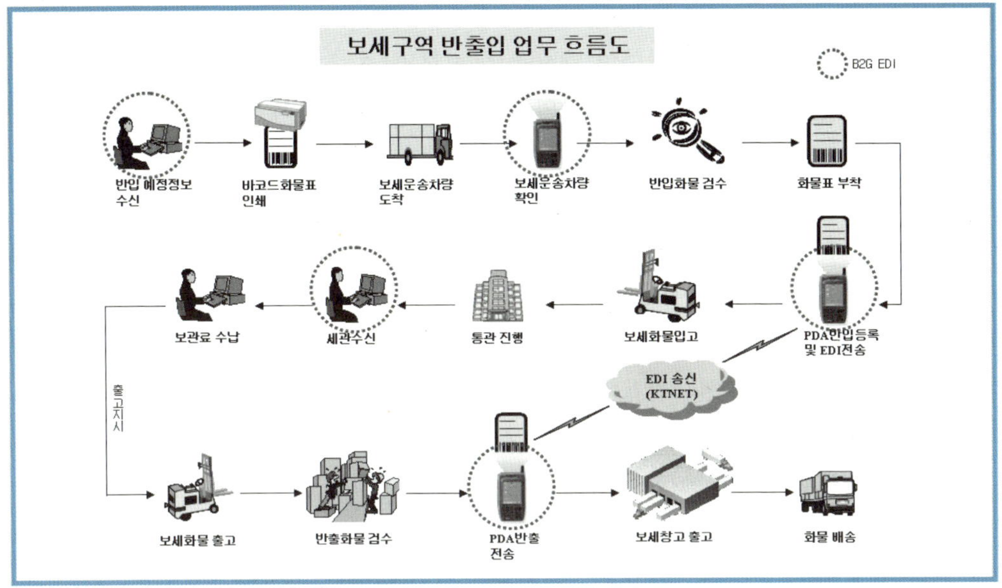

3) 항공화물 터미널

<그림 14-4>는 항공 터미널에 있어서의 RFID 도입전의 업무처리 프로세스 나타낸다. 화물을 분류할 때에는 바코드 및 수작업에 의해 수행되며, 반출·입 업무처리는 EDI에 의해서 수행되고 있다. 이 경우, ULD와 화물관리가 별도로 운영되며, 화물분류에 필요한 바코드 작업 및 서류 처리작업으로 시간 지연이 발생한다.

〈그림 14-4〉 RFID 도입 전 항공터미널 업무처리 흐름도(As-Is 모델)

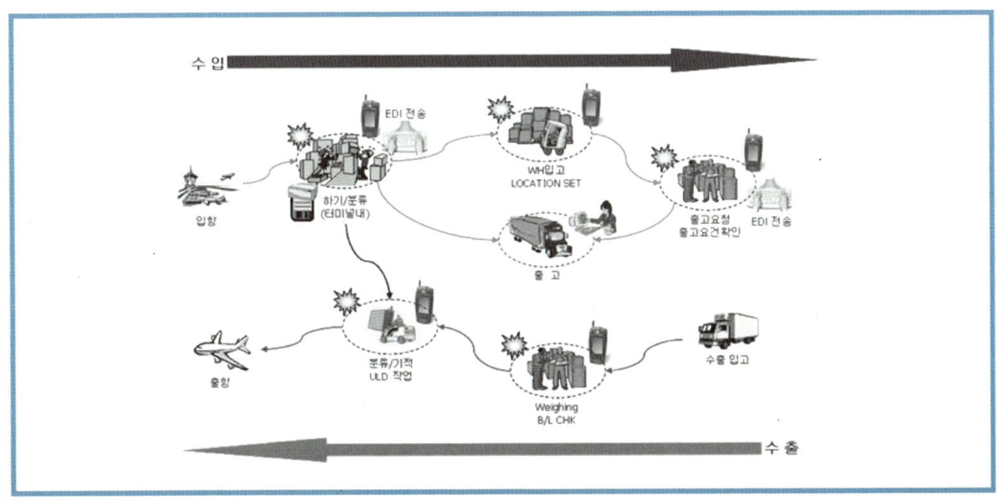

2. 항공화물 통관체제 업무처리 흐름도

수출·입통관 시스템과 관련하여 개요를 살펴보면, 수출·입 관련 제반 업무처리 절차를 100% 전산화하였으나, 지금까지의 정보화는 종전의 문서처리 절차를 단순 전산화하는 방식이어서, 화물이동이나 업무처리 할 때마다 세관에 매번 수작업 신고 혹은 보고를 하여야 하므로 업무효율화에는 한계가 있다고 할 수 있다.

수출·입통관 업무와 관련하여 기존의 주요 기능을 수행하는 시스템으로는 관세행정정보시스템과 관세통합 정보시스템을 들 수 있다. 이들의 역할과 활용실태를 살펴보면, 관세행정정보시스템은 모든 업무를 EDI('94~'97), 인터넷 기반('03~'07)으로 처리하며, 본부세관 및 일선세관 단위의 수입통관, 수출통관, 징수, 수출입화물, 관세환급, 공항만감시, 조사정보, 여행자 등의 일련의 관세행정업무를 지원한다. 관세채권 확보 및 밀수방지 등 목적에서 매우 엄격하고, 정교한 보세화물관리체계를 정립하며, EDI 통관자동화시스템을 기반으로 조사정보시스템, 여행자정보시스템, 사후심사시스템 등을 통합하여 구축 운영한다.

〈그림 14-5〉 항공화물 RFID 프로세스

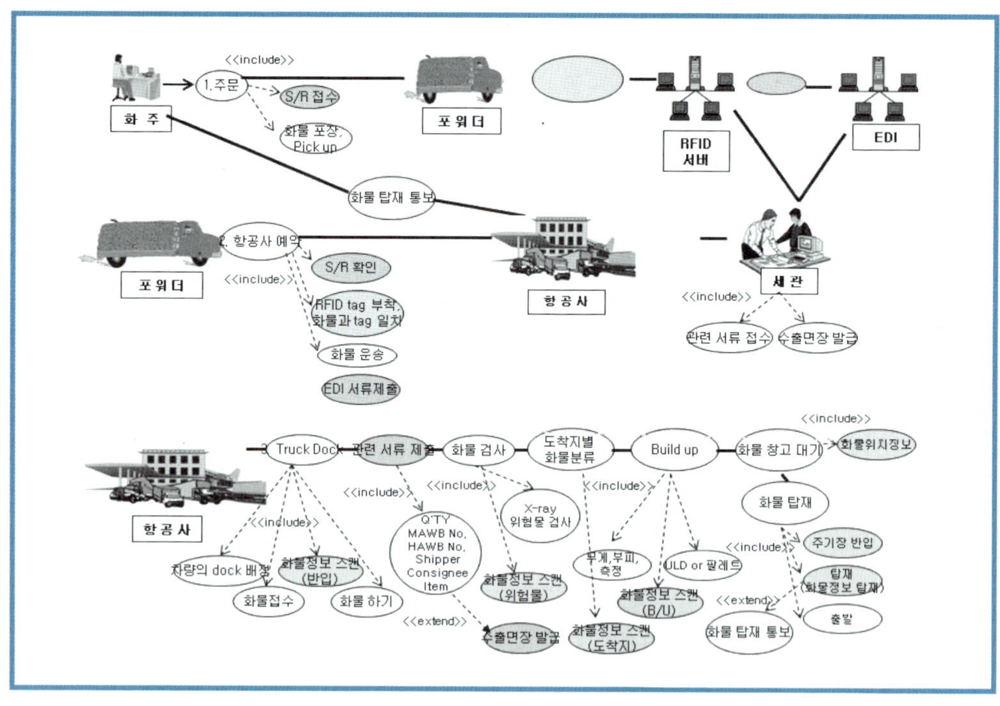

관세통합정보시스템은 본부세관 및 일선세관 단위의 조사 및 심사업무 담당자를 대상으로 심사, 조사, 감시, 통관, 화물, 기업정보, 품목정보 등 업무과정에서 발생한 데이터를 조회하고 분석할 수 있도록 지원한다. 관세청 통합정보시스템은 업무시스템인 관세행정정보시스템에서 구축된 데이터를 체계적으로 분류, 정리하여 통합함으로써 정보분석이 용이하도록 한 데이터웨어하우스(DW) 시스템이다.

Cargo PI(Performance Index) 평가의 내용은 다음과 같다.

① 평가개요 : 화물터미널 지상조업서비스 품질평가

② 평가목적 : 공정하고 객관적인 평가실시를 통하여 인천공항 조업서비스의 신속·정확성 제고

③ 평가대상 : 4개 화물터미널(제 1,2 대한항공 / 아시아나 / 외국 항공사 화물터미널)

④ 평가지표 : Activity 목표

- Landside Services(수출화물)

트럭대기시간(30분이내)	97%
반입소요시간(15분이내)	95%
반입 후 장치완료(30분이내)	95%

- Cargo Breakdown*(수입화물)

화물 서면 분류마감(3시간 이내)	95%
여객기(3시간30분이내)	95%
중형화물기(5시간이내)	97%
대형화물기(8시간이내)	97%
Perishable Cargo(2시간30분이내)	97%
Express Cargo(2시간 이내	97%
Mishandling Rate	1.5/10,000건

※ *는 항공화물의 화주별 분류마감 소요시간에 대한 평가지표를 의미함(인천국제공항공사).

제2절 수입화물 RFID 적용으로 인한 개선방안 및 기대효과

1. 수입화물 처리절차 개선방안

1) 보세운송업체

항공화물의 보세운송 업무에 RFID를 적용하면 상차시 화물과 차량을 매핑하여 차량 추적 또는 화물 추적을 통하여 실시간으로 화물의 위치 파악이 가능하게 되고, 운행 중에는 GPS를 통한 차량정보의 실시간 제공 및 화물 차량 또는 화물의 이상 유무는 운전기사가 휴대한 RFID 리더를 통하여 실시간으로 제공할 수 있게 된다. 하차지에 도착하면 하차지 보세구역 게이트를 통하여 화물 정보가 자동으로 국제물류 플랫폼을 통하여 자동 배포되게 된다. 다음의 <그림 14-6>은 RFID를 적용한 항공보세운송 업무의 To-Be 모델을 설명한 것이다.

〈그림 14-6〉 RFID 적용 항공보세운송 업무 흐름도(To-Be 모델)

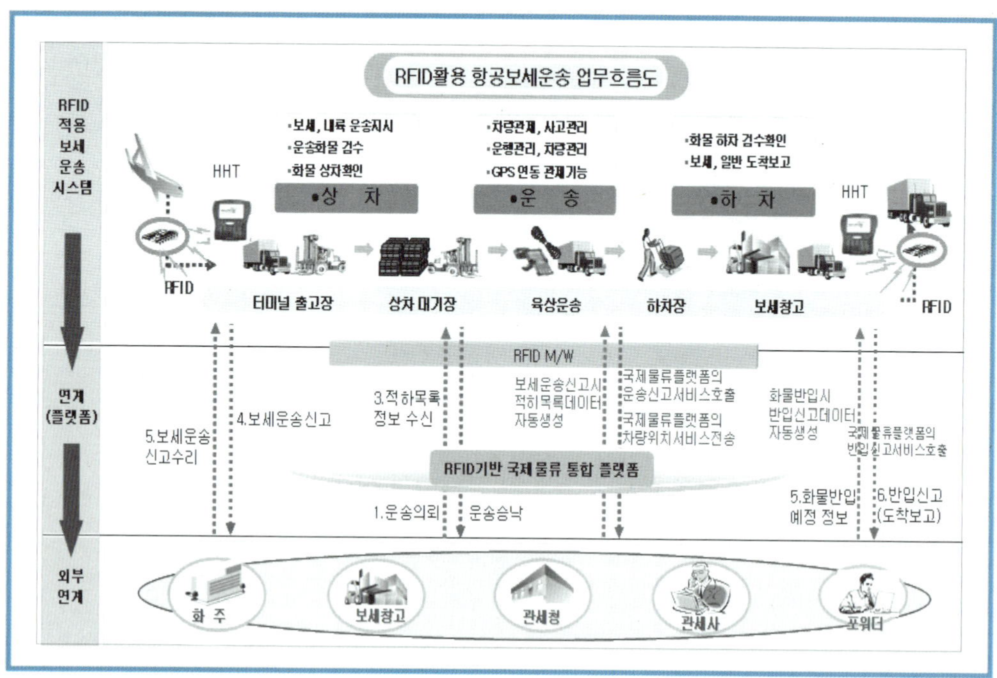

2) 보세창고업체

보세창고 업무에 RFID를 적용하면, 보관창고의 작업자들은 RFID 스캐너로 팔렛트나 박스에 부착된 RFID 태그를 읽어서 개별화물을 조사할 수 있고, 만약 화물이 잘못 위치해 있을 경우 경고도 보내준다. 즉, RFID를 이용할 경우 재고관리, 제품 입·출고 관리, 팔렛트 이력관리 등에 있어 성역화 및 오류를 줄일 수 있으며 결품 방지, 팔렛트 자산운용의 최적화 등을 구현할 수 있다.

보세창고에 RFID를 도입하면 입고시 보세운송 차량이 창고정문의 게이트를 통과할 때 차량의 진위여부를 파악하고, 반입을 허락하게 된다. 화물 입고 시에는 창고 고내의 고정형 RFID 리더를 통하여 정보가 전달되고, 전달된 정보는 국제물류플랫폼을 통하여 화물장치 정보를 배포하게 된다.

〈그림 14-7〉 RFID 적용 보세창고 업무 흐름도(To-Be 모델)

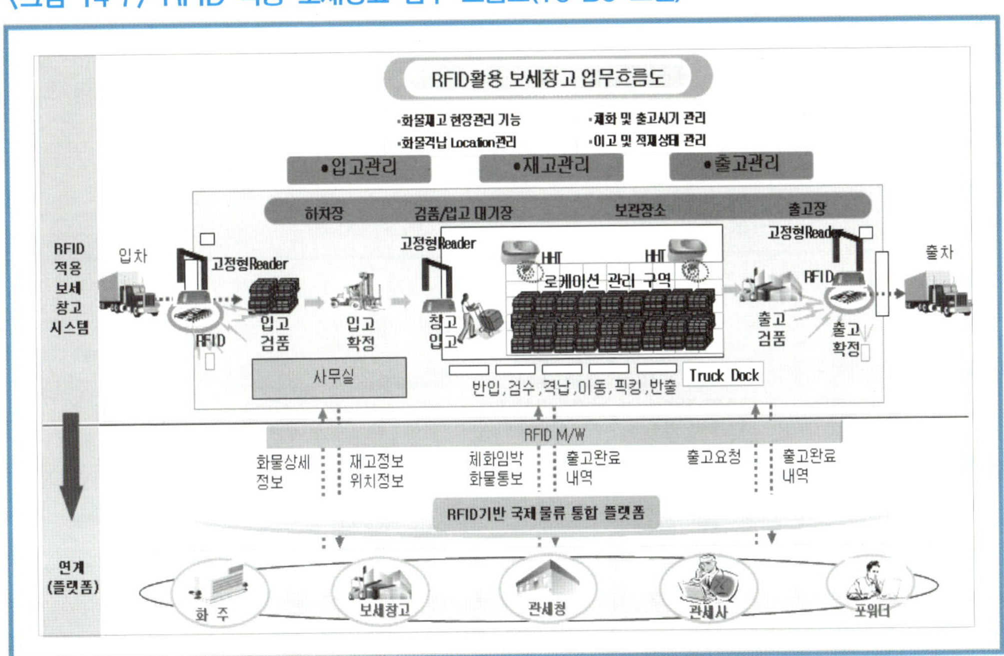

RFID의 도입으로 자동으로 창고 고내의 로케이션 관리가 가능해져 화물의 적재 및 재고관리업무도 자동으로 가능하게 된다. 즉, 입출고작업의 자동화를 통한 업무의 효율화 실현, 실시간적인 보세창고내의 화물정보 제공 가능, B/L 단위 및 품목단위의 화물관리 가능, 화주 및 운송사와의 화물정보 공유 및 화물문서의 자동적인 교환이 가능하게 된다. <그림 14-7>은 RFID 적용 보세창고 업무 흐름도의 To-Be 모델이다.

3) 항공화물 터미널

제품의 운송 및 하역 업무를 처리하는 항공 터미널에 있어서 ULD(Unit Load Device)나 팔렛트에 RFID 태그를 부착하면, 터미널 게이트를 통과하는 순간에 ULD 또는 팔렛트와 그 안에 들어있는 개별화물정보의 파악은 물론 터미널 내에서의 화물 위치 정보와 터미널을 벗어나 게이트 통과시 팔렛트 또는 ULD의 위치추적에도 활용되어 진다.

항공 터미널에 RFID를 적용하면, 항공화물에 부착된 RFID 태그와 ULD Tag를 인식하여 적재화물의 실시간 추적 및 ULD 관리가 가능하며, RFID 기반 국제물류 플랫폼을 통해 화물정보가 실시간으로 공유됨으로 트럭 덕(Dock) 자동화 관리 및 적재하기 스케줄에 따른 자동화 구현 등을 통하여 항공터미널의 전체적인 프로세스 단축이 가능하게 된다. 또한, 화물분류 작업에서도 기존의 수작업에서 휴대용 RFID 리더기를 통하여 신속히 분류되어지고, 수집된 정보들은 국제물류플랫폼을 통하여 화주에게 자동으로 통보하게 된다(정석찬·안태우·강병영·박철제, 2008).

<그림 14-8>는 항공 터미널에 RFID를 적용하였을 경우의 To-Be 모델을 나타낸 것이다.

〈그림 14-8〉 RFID 적용 항공터미널 업무 흐름도(To-Be 모델)

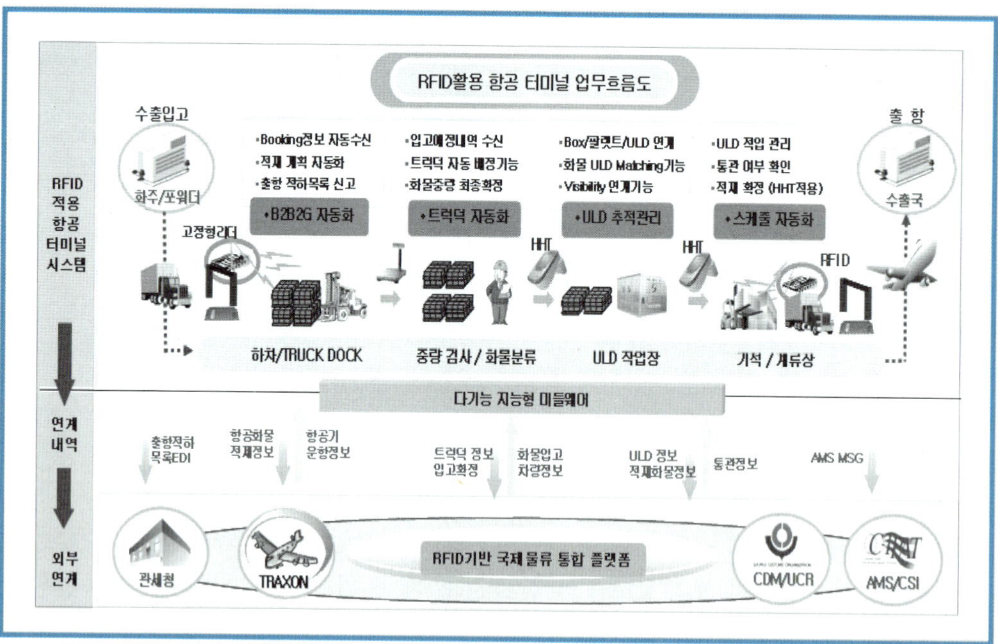

RFID로 간소화된 통관절차의 흐름은 다음과 같이 정리될 수 있다(<그림 14-9> 참조).

① 화물터미널에 반입된 항공 수입화물의 화물 분류작업시 화물별로 RFID 태그를 부착.
② 휴대용 리더기를 통해 정보를 생성하여 통관 및 재고관리.
③ 화물터미널에서는 출구에 고정형 리더기를 통해 반출관리.
④ 보세운송 시 운송차량 및 화물에 부착된 RFID 태그 정보와 각 창 고나 공장에 설치된 RFID 리더기로 화물반출·입 관리.

〈그림 14-9〉 RFID로 간소화된 통관절차 흐름도

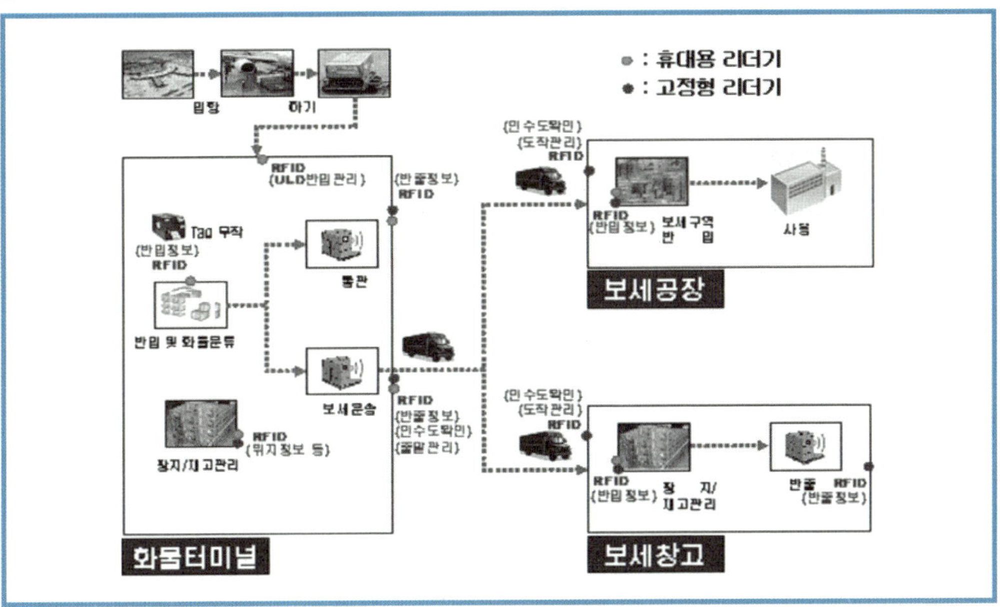

2. 수입화물 RFID 프로세스의 운영 기대효과

수입화물 RFID 프로세서의 운영을 통하여 다음과 같은 효과를 기대할 수 있다.

(1) RFID 인프라 기반의 신속 정확한 화물 처리

RFID인프라를 통한 실물 중심의 반출·입 자동화로 보세화물 관리의 효율화 및 수입 항공화물의 프로세스가 개선될 수 있다.

(2) RFID기반 수입화물통관체제 확산

RFID 적용 항공화물 90% 달성, 참여업체 대상 100% RFID 인프라 설치 및 적용을 통해 RFID 효과의 극대화 및 RFID기반 표준 프로세스가 정착될 수 있다.

(3) 수출지 태그 부착을 통한 획기적인 업무 개선

대형 포워더, 화주 중심의 수출지 태그부착을 통해 터미널 RFID 자동화 프로세스 도입효과의 극대화 및 RFID기반의 글로벌 통관물류 프로세스를 선도할 수 있다.

(4) 효과적인 업체 RIFD시스템 운용정책 마련

각 물류업체 RFID시스템의 효과적인 관리·운영체계의 마련 및 효율적인 리소스 관리 기능의 지원이 가능하며, 더불어 참여업체의 자발적인 시스템 구축 참여로 효율적인 운용 및 관리의 용이성을 제고할 수 있다.

(5) 실시간 보세화물 재고 현황 모니터링 가능

보세구역별 실시간 재고총량, 분포집계 및 반출입 유형별 조회 등을 통해 재고 현황 파악의 용이성을 제고하고, 정보 활용도 극대화할 수 있다.

(6) RFID기반의 보세구역 감시역량 강화

실시간 물류정보 입수 및 보세구역별 위험관리를 통해 RFID 자동화 기반의 보세화물 감시 업무 수행체제로의 전환이 가능하다.

(7) 실시간 통합 통관물류정보 제공

종합적인 통관·물류정보 및 고객 맞춤형 고가치 통계정보 서비스 제공을 통해, 물류업체 대내외 경쟁력 제고를 위한 지능적 발판을 마련할 수 있다.

(8) 인프라 확충 및 아키텍쳐 재구성을 통한 안정성 확보

수입 항공화물 전면 확대 대비, 인프라 확충을 통한 무중단 시스템을 운영할 수 있을 뿐만 아니라, 관세청 RFID시스템의 아키텍쳐 재구성을 통한 보안 및 안정성 강화가 가능하다.

이러한 수입화물 RFID 프로세서의 기대효과를 정성적 측면과 정량적 측면에서 살펴보면 다음과 같다.[23]

(1) 정성적 기대효과

RFID 프로세서가 간소화될 수 있다. 즉, 세관의 경우는 10단계에서 4단계로, 민간의 경우는 46단계에서 31단계로 프로세서가 축소된다.

〈그림 14-10〉 RFID 프로세스 간소화

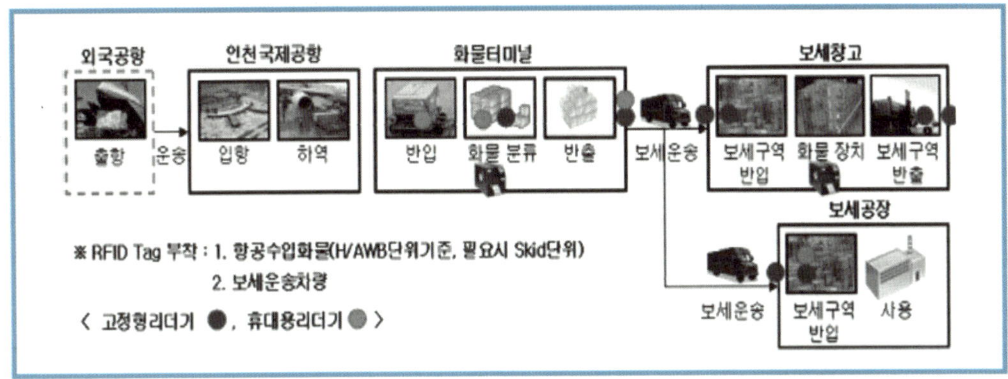

〈표 14-1〉 RFID 프로세스의 간소화 효과(세관절차)

구분	적하목록 제출	입항 보고	반입 신고	운송 신고	화물 인도	반출 신고	화물 인수	반입 신고	수입 신고	반출 신고
현행	○	○	○	○	○	○	○	○	○	○
향후	○	○	×	○	×	×	×	×	○	×

〈표 14-2〉 RFID 프로세스의 간소화 효과(조업절차)

구분	조업정보 접수	ULD 인수인계	분류작업 및 해체	화물확인	통관화물	현도화물	화물반출
현행	4	3	7	8	8	10	6
향후	4	3	9	9	2	0	4

(2) 정량적 기대효과

첫째, (직접)비용이 절감된다. 즉, 모든 수입화물에 RGID를 적용할 경우 물류비용이 연간 1,415억 절감될 수 있다(반출·입 인건비 약 1,103억 원, 화물관리 효율화 약 303억 원, EDI 전송비용 약 9억 원).

---

23) 이 내용은 관세청 보도자료(2008.6.25 및 2009.7.18)의 일부를 재정리한 것임.

둘째, 화물처리시간이 단축됨으로써 간접비용이 절감된다. 즉, 수입화물처리시간이 현재 1.78일에서 1.24일로 30% 단축될 수 있다.

〈표 14-3〉 RFID 적용에 따른 수입화물 처리시간

구분	조업정보접수	ULD 인수인계	분류작업 및 해체	화물확인	통관화물	현도화물	화물반출
현행	4	3	7	8	8	10	6
향후	4	3	9	9	2	0	4

출처 : MIT, 스탠포드 대학(2006). '화물적시인도시' 30%향상.

한편, 통관에 있어서의 RFID의 도입효과는 다음과 같다(5S: Silent, Soft, Simplified, Seamless & Saving 통관).

(1) 조용한(Silent) 통관

기존 수작업이나 바코드를 통한 화물 정보의 파악은 직접 작업자나 세관 직원이 수기로 작성하거나 바코드 스캐너로 일일이 화물을 확인해야 한다. 이에 비해 RFID는 입출 통로에 문형 Reader기의 설치를 통해 화물의 확인이 이루어지므로 '조용한' 화물 정보 확인 및 전송이 가능하다. RFID는 기존 육안으로 확인하여 수기로 작성하는 방식이나 1초에 1~2개 스캔이 가능한 Barcode와 비교하여 1초에 200개 이상의 화물을 동시에 인식할 수 있다.

(2) 유연한(Soft) 통관

일반 문서양식이든 전자문서를 불문하고 문서로 진행된 딱딱한 반출·입 업무가 RFID 기반 항공수입화물통관체제의 구축을 통해 화물의 코드 무선 인식에 의한 유연한 반출·입 업무로 전환되는 계기를 마련하게 됐다.

RFID를 통한 유연한(Soft) 통관은 일선 세관 및 작업장의 업무 환경 및 조직 문화를 부드럽게 전환시키는 효과도 얻을 수 있다.

유연한(Soft) 통관은 느슨한(Loose) 통관과는 절대 구별되며 오히려 실시간으로 정확한 화물의 위치 및 반출·입 현황을 파악할 수 있게 됨으로써 특히 화물의 위험 관리(Risk management) 및 이력관리를 강화할 수 있다.

(3) 간소화된(Simplified) 통관

이번 RFID 항공수입화물통관체제 구축으로 현행 10개의 세관신고업무가 4개 업무

로 단축된다. 아시아나항공은 현행 46단계의 항공화물 조업절차를 31단계로 축소하여 항공수입화물의 처리체계를 근본적으로 재설계할 예정이다. RFID 도입에 따라 수입화물의 처리 시간이 현재 1.78일에서 1.24일로 약 30% 단축되어 항공화물 터미널의 업무 시간의 절약과 빠른 통관 처리로 수입 물류 서비스의 질적 개선이 기대된다.

(4) 끊김 없는(Seamless) 통관

RFID 기반 항공수입화물통관체제의 구축으로 세관절차 및 화물조업단계가 획기적으로 축소된다. 또 사람에 의한 화물 인식이 아닌 무선 인식을 통해 자동화된 24시간 365일 자동 반출입이 가능해 진다. 이에 따라 화주인 고객 기업은 언제까지 어떤 물품을 확실히 받을 수 있을지를 판단할 수 있는 물류 예측 가시성(Visibility)이 크게 제고될 전망이다.

관세행정에 RFID가 도입됨에 따라 수입화물의 실시간 관리가 가능해져 관세업무 처리가 한층 빠르고 정확해지며, RFID에서 인식된 정보를 바탕으로 화주 및 물류관련 기업은 실시간으로 수입통관 물류정보 서비스를 받을 수 있게 된다.

최근 기업 경쟁력의 가장 주요한 요소 중 하나로 부각되는 JIT(Just In Time)측면에서도 강점을 확보하게 되는 것이다.

(5) 비용 절감(Saving cost) 통관

관세청은 RFID 기반 항공수입화물통관체제의 구축으로 통관 업무 절차 개선을 통한 정부 비용절감 효과가 연간 312억 원에 이를 것으로 기대하고 있다. 또 민간의 단순 통관 업무 처리를 위한 인력절감 효과는 연간 1,103억 원으로 추산된다(관세청 보도자료, 2008.6.25).

RFID기반의 항공 수입화물 처리프로세스의 현행(As-Is) 모습과 미래(To-Be) 모습을 비교해 보면, 현재는 국내영역에 한하여 화물이동 할 때마다 수작업 신고 및 육안에 의한 재고확인 등으로 신고내역과 재고상태가 불일치하거나 시차발생 등의 비효율적 업무처리가 이루어지고 있다. 하지만 미래에는 RFID 칩 부착을 토대로 국내영역은 물론 해외영역까지 확대하여 화물이동 및 재고상태 등을 실시간 파악하여 업계가 공유하고, 각종 신고절차를 대폭 생략함으로써 기업경쟁력 강화를 획기적으로 제고하도록 지원하게 될 것으로 기대된다.

또한, RFID기반의 항공화물터미널 내 조업프로세스 개선을 통해 조업시간 단축과 함께 국가물류비의 절감효과도 예상되는데, 수입화물처리시간 단축에 따라 국가물류비 중 재고유지 관리비와 물류비 분야에서 대폭적인 물류비용 절감이 나타날 것으로 기대되고 있다.

따라서, 향후 RFID의 효과적 적용을 위해서는 RFID의 경제적 효과 및 안전성, 정확성, 신속성 측면에서의 기술적 한계를 면밀히 분석한 후 항공화물에 전면적인 RFID 도입을 추진하여야 하며, 이와 함께 장기적인 사업 타당성 검토 및 관련 종사자들에 대한 요구조사, 그리고 RFID의 지속적인 추진을 위한 범조직적 차원의 노력과 추진 시스템 구축이 실현되어져야 할 것이다.

제 15 장

항공물류사업자-포워더

제1절 항공화물의 관련업체

제2절 포워더(Forwarder) 또는 혼재업자(Consolidator)

제15장

항공물류사업자 - 포워더

제1절 항공화물의 관련업체

1. 화물대리점(Agent)

국제항공화물은 거의 90% 이상이 국제항공운송협회 IATA에 회원으로 가입되어 있는 134개 항공사에 의해 운송되고 있다. 항공사가 직접 판매하는 경우는 매우 적으며, 대부분이 IATA에서 인가된 화물대리점에서 IATA 가맹항공사를 대리하여 업무를 하고 있으며, 항공사가 이용자, 즉 화주에게 제공할 항공화물운송이라는 상품의 판매를 전문적으로 취급하는 업체를 의미한다. 또한 항공사의 대리 판매 업무에 그치지 않고 화주를 대신하여 창고에서 공항까지의 육상운송이나 수출 통관업무를 겸업하고 있는 경우가 많다.

화물대리점은 항공사의 운송약관, 운임요율(Tariff), 운항스케쥴을 근거로 항공화물 운송의 판매를 한다. 즉 항공화물운송장(AirWayBill)의 발행, 항공화물의 운임 징수, 항공화물 예약, 화물의 수배 등 여러 가지 부수적인 업무를 수행하고 있다. 항공사는 이에 대한 보수로서 일정한 판매수수료를 지급한다. 서울출발화물의 경우는 총 항공운임 5%의 IATA Commission을 대리점에 지급하고 있다.

IATA 대리점은 혼재업자를 겸업하며, 동시에 통관업, 자동차운수업, 통운업, 창고업을 겸업함으로써 항공화물운송의 종합적인 취급업자를 지향하는 추세이다.

2. 총판대리점(General Sales Agent)

총판매 대리점이란 항공사가 특정지역을 한정하여 특정한 업체로 하여금 포괄적인 판매를 위임한 Agent로 통상 GSA로 불리어진다. 총판매대리점은 지정항공사의 영업소와 동일하게 지정된 지역내에서 화물을 판매함과 동시에 항공회사의 총대리인으로서 판매 자료의 배포, 선전, 광고활동, 예약취급, 지역내 판매대리점의 수입금 회수 및 기타 총괄적 업무를 항공사를 대리하여 수행하고 그 보수로서 부가수수료(Overriding Commission)을 일반대리점 수수료에 추가하여 받는다. 총판매대리점은 타 항공사나 IATA 대리점이 될 수는 있으나 혼재업자는 될 수 없다.

3. 상업서류 송달업(COURIER)

외국의 상업서류 송달업체와 계약을 체결하여 우편법에 제한 적용을 받지 않는 상업 서류, 서적, 잡지, 견품, 신문 등 정기 간행물을 자체 태리프와 운송 약관에 의해 Door to Door 서비스로 신속하게 발송 또는 배달하는 사업을 말한다.

항공법에서는 포워더를 상업서류 송달업(Courier Service)이라 호칭한다.

4. 타 항공사 판매(Interline Sales)

다른 항공사와 연대운송을 할 경우에 화물 운송장의 발행 항공사(Issuing Carrier)는 이를 승계하는 항공사 (Receiving Carrier)로부터 승계 항공사의 운송구간에 대하여 일반대리점과 동인한 율의 판내수수료를 지급 받는다.

이러한 항공사간의 대리 판매는 일반적으로 수동적이지만 경우에 따라서는 항공사간의 적극적인 협조로 아주 활발한 판매가 이루어지는 경우도 있다.

제2절 포워더(Forwarder) 또는 혼재업자(Consolidator)

1. 포워더의 개념과 정의

1) 포워더의 개념

포워더(혼재업)은 IATA 대리점이 단독으로 또는 수 개사가 협력하여 할 수도 있으며, 별도의 주선업자가 행할 수도 있으며, 복수의 화주로부터 복수의 화물을 집하하여 이것을 하나의 화물로서 항공회사에 수송을 의뢰하면서 중량할인의 싼 운임을 적용받아, 그 할인의 차액으로부터 이익을 얻는 사업이다.

2) 포워더의 정의

우리나라 물류정책기본법 제2조 제1항 제11호에 의하면 "타인의 수요에 따라 자기의 명의와 계산으로 타인의 물류시설·장비 등을 이용하여 수출·입 화물의 물류를 주선하는 사업"이라고 정의하며, 국제물류주선업이라 하고 있다.

상법 제114조에서는 "자기의 명의로 물건 운송의 주선을 영업으로 하는 자"라 규정하며, 주선업자라 정의하고 있다. "운송주선인은 다른 약정이 없으면 직접 운송할 수 있고, 이 경우 운송주선인은 운송인과 동일한 권리·의무가 있다"라고 상법 제116조 1항에서 규정하였다.

포워더란 일반적으로 운송업자에 대해서는 화주로서의 발송 준비를 그리고 화주에 대해서는 운송 관련 편익을 제공하며 운송 수단을 보유하지 않았지만 운송업자로서의 책임과 의무를 다하는 중간인이라 정의한다(정재락, 2003).

3) 국제물류주선업(포워더)의 등록

① 물류정책기본법에 의거한 국제물류주선업을 경영하려는 자는 국토부 장관에게 등록을 하여야 한다. (제48조)

② 국제물류주선업에 등록된 업체는 등록기준 사항에 대하여 3년에 1회씩 신고하여야 한다. (물류정책기본법 제43조)

③ 국제물류주선업 등록 요건

- 화물배상보험(보증보험)에 1억원 이상 가입
- 자본금 3억원 이상

4) CASS 가입

항공화물 포워더는 국제물류주선업과 국제물류주선협회에 가입 후에 IATA에 의하여 설립된 CASS(Cargo Account Settlement System)에 가입하여야 하며, 이는 CASS - Korea에 가입되어 있는 항공사와 계약을 통한 거래를 하기 위해서이다. CASS는 항공사와 포워더 간의 담보 관리와 정산 업무를 단순화하기 위해 설립되었다.

2. 프레이트 포워더(Freight Forwarder)의 기능과 역할

1) 프레이트 포워더(Freight Forwarder)의 기능

(1) 화물대리점(Agent) 기능

송화주를 대신하여 항공사와 계약을 체결하므로써 화주의 편의를 위해 존재하는 기능이다. 한편 수화주의 대리인 입장에서 수입화물취급 대행 서비스를 제공한다.

(2) 운송관련 기능

① 복합운송업

② NVOCC(Non-Vessel Operating Common Carrier) : 무선박업자. 운송주선업자의 대표적인 기능으로 운송수단을 보유하지 않았지만 운송업자와의 계약을 통해 운소업자로서의 책임과 권한을 갖게 되는 형식상의 운송업자를 말한다.

③ 혼재 업무 기능 : 화주들의 동일시점, 동일지역으로 가는 소량화물을 모아 대량운송 건으로 집화하여 운송비를 절약한다.

(3) 3자 물류(Logistics) 관련 기능

주로 글로벌 포워더들이 이 업무에 적극적이다. 보관, 포장, 통관업무 및 서류작성, 대납, 서류상의 수입자 역할, 각종 대리업무 기능을 말한다.

2) 포워더의 역할

(1) 로지스틱스(Logistics)의 역할

① 운송설계

② 보관·하역

③ 포장설계

(2) 운송기능의 역할

① NVOCC 역할 : 운송수단에 관계없이 전 운송구간을 책임진다.

② 혼재업의 역할 : 항공편을 이용한 혼재스케줄 이용.

③ Re-forwarding 역할 : 중간지점의 혼재업자를 이용한다.

(3) 화물대리점(Agent) 기능 역할

① 통관대행
② 운송계약의 체결
③ 운송관계서류의 작성
④ 포장 및 보관 업무
⑤ 운임 및 기타 비용의 대납
⑥ 보험의 수배
⑦ 화물의 추적 서비스
⑧ 클레임 처리 대행

〈표 15-1〉 대리점 및 혼재업자의 업무대조표

내용	Agent(대리점)	Consolidator(혼재업자)
Tariff	없음	있음
	항공사 Tariff (운임율)사용	자체 Tariff 사용
운송 약관	항공사 약관에 준함	자체 약관에 준함
하주에 대한 책임	항공사 책임	주선업자 책임
수입	IATA 5%커미션이나 기타 수수료를 받는다	항공운임 중량절감에 의한 하주 수령금과 항공지불 운임과의 차액을 이익으로 하거나 IATA 5% 커미션을 받는다
활동영역	수출입과 관련된 컨테이너 만재화물취급 컨테이너 미만 소화물은 운송주선업체에 혼재의뢰	컨테이너 미만의 소량화물 취급
AWB	항공사 Master AWB	자체 House AWB

3. 혼재업(포워더)의 잇점

① 항공사가 소구화물(Minor Cargo)을 대량으로 집하하기 위해서는 방대한 영업조직이 필요하지만, 혼재업자를 이용함으로서 소구화물(Minor Cargo) 을 대형화물로 수탁이 가능.
② 화주각자가 직접 출하하면 중량단가의 낮은 할인운임이 적용되지만 혼재화물을 이용하면 아주 싼 혼재 요금으로 수송혜택을 받을 수 있다.
③ 혼재업자는 화주로부터 받은 혼재요금과 항공사에 지불할 중량별 할인운임과의 차액으로 이익을 얻는다.

④ 항공사를 대신하여 지상수송의 집약이나 공항에서의 수탁 및 혼재의 단일화를 해주기 때문에 수송의 합리화를 도모할 수 있다.

4. 혼재업자의 특징

① 혼재업자는 화주에 대하여 독자적인 운임, 독자적인 운송약관, 독자적인 항공화물 운송장(Air Waybill)을 가지고 있는 것이 특징이다. 화주의 계약상대는 혼재업자이며 항공사와는 직접적인 관계가 없다. 대리점 판매의 경우 화주의 계약상대가 항공사이며 대리점은 항공사의 대리점이라는 점과 비교한다면 큰 차이가 있다.

② 일반대리점은 출발지에서 집하한 화물에 대한 항공화물운송장을 발행하여 항공사의 공항사무소로 반입할 때까지의 업무만을 담당하고 있으며, 혼재업자는 출발지에서 화물의 집하, 운송장의 발행, 항공사의 공항반입, 도착지에서 항공사로부터 화물의 인수, 개개의 수하인별 분류(Deconsolidation), 통관, 수하인에게의 인도, 필요에 따라 지상수송까지 실시한다.

③ 이들 도착지에서 취급하는 업무는 출발지에서의 혼재업자의 해외지점이 할 경우도 있지만 도착지의 화물 취급자와 제휴하여 위탁하는 경우도 있다.

5. 포워더의 항공화물 수출입업무 프로세스

1) 항공 수출화물 프로세스

① 항공사 스케쥴 확인 후 화주로부터 C/I, P/L, 수출면장 사본 등의 정보를 받아 기적 예약을 하여 M/AWB 번호를 받고 화물 정보를 전달한다.

② 운송사에 운송의뢰를 통해 콘솔사의 보세창고로 화물을 반입하고, 관세사에게 관세청 통관에 필요한 P/L, C/I, 수출신고서 등을 보낸다.

③ House 단위의 적하목록을 신고하고 항공기의 출항허가가 떨어지면 항공사로부터 MAWB를 교부 받고 화주별로 HAWB를 송부한다.

2) 항공 수입화물 프로세스

① 항공사로부터 화물도착 통지를 받고 화주에게 도착정보를 전송한다.

② 화물에 대한 배정 및 운임을 정산한 후 항공사로부터 D/O와 M/AWB를 접수 받는다.

③ 적하목록을 신고하여 심사에 통과하면 수입신고서를 관세사를 통하여 관세청에 신청하고 수입신고필증을 교부한다.
④ 운송사(화물터미널에서 보세창고로 이동할 경우 보세 운송사)에 D/O를 전송한다.

6. 콘솔사의 항공화물 수출입업무 프로세스

1) 수출화물 프로세스

① 포워더로부터 C/I, P/L 등의 화물 정보를 받고 화물을 반입함.
② 관세청에 화물 반입정보를 신고하고 의뢰받은 화물작업에 따라 Build Up 작업을 하거나 보관을 한 후 항공기 스케줄에 맞춰 반출정보를 신고하고 보세 운송사를 통해 화물을 화물터미널로 반출함.

2) 수입화물 프로세스

① 보세 운송사에 D/O를 발급하고 보세운송사가 화물을 찾을 수 있도록 보세운송필증과 수입신고필증을 발급한다.
② 보세운송사가 화물 조업사로부터 반입하면 반입정보를 관세청에 신고하고 반출정보를 신고하면 화주나 운송사에게 화물을 인도한다.

제16장

우편물과 항공 특송화물

제16장

우편물(AIR MAIL)과 항공 특송화물

제1절 우편물(Air Mail)의 이해

1. 행정 기구(만국우편연합, UPU : Universal Postal Union)

1) 역사 및 배경

모든 항공우편물 운송은 UN의 전문기구인 UPU에 의하여 관리된다.

대부분의 국가가 이 연합에 가입하여 있다.

UPU는 1874년 9월 스위스의 Bern에서 조직되었다. 그리고, 이 연합의 국제사무소도 Bern에 있으며 연결사무소의 처리, 정보의 모집과 정리 또한 스위스 정부 당국과 밀접한 협조 아래 회원국들에게 우편 관계 서비스를 제공하고 있다.

2) UPU의 목적

① 우편물의 상호 교환을 위한 UPU를 조직하여 단일 우편 구역의 결성한다.

② 완전한 우편서비스의 조직화 및 이 분야의 국제협력 증진.

2. 항공운송 요율

우편물의 항공운송요율은 운송될 우편물의 중량과 운송거리를 곱하여 계산한다. 즉, kg/km당 기본 요율에 의하여 산정된다.

1) 운송 우편물의 중량

① 우편물의 운송중량은 우편행랑의 무게도 포함된다.

② 빈 우편행랑은 우체국과 항공사간의 협약에 의하여 Space가 가능한 경우 무료 운송하기로 되어 있다.

2) 운송 요율

우체국간의 항공운송에 적용되는 기본 요율은 만국우편협정에 의하여 kg/km당 으로 고정되어 있다. 그러나 우체국이 자국의 항공사에게 지불하여야 하는 항공운송 요율에 대한 별도의 규정은 없다. 따라서 쌍방간의 계약에 의존하는 요율은 각 국가별로 국내법에 따라 차이가 있다.

3) 운송 거리

① 운송거리는 우편물의 항공운송 요율을 결정하는 매우 중요한 요소이다.

② 국제선에 있어서 두 지역간의 거리는 UPU와 IATA가 협약에 의해 제정한 "항공 우편물 운송거리 목록표(Air Mail Distance List)"에 의하여 결정된다.

3. 우편물 처리

1) 분류와 탑재우선 순위

(1) 항공으로 운송되는 우편물은 4등급으로 나뉘어진다

① 일등급 : LC (서신 및 엽서)

② 이등급 : AO (기타우편물)

③ 소포 : CP (작은 소포)

④ 공행낭 : SAC Vides (빈 행낭)

(2) 행낭의 내용물

① LC : 서신, 우편 엽서

② AO : 인쇄물, 1.5LB 무게의 견본, 12LB 정도의 서적류

③ CP : 11LB까지의 포장물

우편 규정은 LC와 AO의 개별 우편물과 행낭은 30kg를 넘지 못하게 되어 있으며 소포의 경우 40kg를 넘지 못하도록 되어 있다.

2) Label의 부착

여러 종류의 우편물을 쉽게 구분하기 위하여 다양한 색상의 우편물 꼬리표(Tag)를 사용한다.

① LC : 흰색(White Label)
② AO : 파란색(Blue Label)
③ 소포 : 오렌지색(Orange Color Label)
④ SAC Vides : 초록색(Green Label)

3) 서류 작성

① AV-7에 우편물 행낭의 상세한 내용이 표시된다. 본 양식은 당해국 우체국에서 8 매가 작성되고 출발지 우체국에서 목적지 우체국까지 우편 행낭과 함께 수송된다.
② AV-7내에는 운송되는 모든 우편물의 명세가 상세하게 기록되ㅣ어야 한다.

(1) AV-7의 목적

① 출발지 및 목적지 우체국의 표시한다.
② 여러 등급의 우편행낭 수량 및 중량 표시한다.
③ 항공사와 우체국간의 접수 및 인도증명서로 사용된다.
④ 우편 당국과 항공사간의 정산서류로 사용된다.

4) 우편행낭의 처리

(1) 접수

① 우편물 접수인은 항공우편물 인도증(AV-7)에 인수증으로서 서명을 해 준다.
② AV-7에 기재된 모든 우편물이 접수 되었는지 면밀히 점검한다.
③ 각종 우편 행낭마다의 외양에 Label이 정확히 부착되어 있는지, 봉인(Sealing)이 되어 있는지를 점검한다.

(2) 우편물 탑재

① 우편물을 “AV-7” 양식의 상단에 표시되어 있는 하기 지역에 따라 분류한다.
② 도착지 우체국이 종 종 하기 지역과 다른 경우가 있으므로 세심한 주의를 요한다.

4. 우편물 탑재 프로세스

1) 용어의 정의

① 'AV-7(CN38)' 이라 함은 우편물을 운송하는 경우 회사와 우편당국 또는 항공사 간에 교환하는 우편물의 목록으로써 인수 인계서를 대신 한다.
② 'USPS(UNITED STATES POSTAL OFFICE)'라 함은 미합중국 우정성을 지칭한다.
③ 'IPO(INTERNATIONAL POST OFFICE)'라 함은 한국 국제우체국을 지칭한다.

2) 우편물 분류

(1) UA(UNITED AIRLINES) CODE-SHARED MAIL

① 인천 신공항 부지 확보 전까지는 김포공항 소재 AMT (AERIAL MILITARY TERMINAL)에서 CNTR로 작업되어 인천 신공항으로 TRUCKING하여 AV-7과 함께 인수인계하고, MAIL담당자는 AV-7 확인 및 분류 후 수입관리 DATA를 입력한다.
② 장비 반입을 확인하고 예약 FLT 출발 후 운송여부를 확인하여 AMT에 통보한다.

(2) IPO 우편물

당사 수출 화물 청사 작업장에서 CN-38대비 PC확인 및 탑재 예정 A/C 고려하여 ULD에 작업하도록 하고 및 작업 기록대장은 별도 유지하도록 한다.

3) 출발 우편물

(1) IPO 우편물

① 접수
- 모든 우편물은 접수시 반드시 X-RAY를 통한 보인검색을 실시한다.
- 보안검색시 발견된 운송부적합 우편물은 우체국에 반송되도록하며 관련 대장에 반송근거를 기록 유지한다.
- 반송된 우편물은 해당 CN-38대장에서 삭제하도록 하여 실물과 DOC가 일치되어 운송 되도록 한다.

② 작업
- 우편물이 예약된 항공기 기종을 고려한 ULD에 작업 및 작업 기록을 유지 작업시 탑재된 ULD단위의 탑재 PIECS를 기록한다.

③ 보관

- 항공기탑재 전까지 지정된 장소에 ULD작업된 채로 보관 도착지에서 식별이 용이하도록 IPO에서 제공된 우편물 TAG을 부착한다.

④ 탑재/운송

- 예약된 항공기에 정히 탑재될 수 있도록 LOAD PLAN에 반영 및 탑재 한다.

⑤ DOC 송부 및 FILING

- 도착지, 수입관리 팀에 CN-38송부 및 당해 STN FILE에 보관

(2) UA/ AMT 우편물

① 접수/ 적재

- GMP에서의 B/UP직원은 목적지별로 분류 및 CTNR에 작업하며 AV-7상의 PCS와의 일치 여부 확인 후 SEALING 한다.
- 적재시 반드시 EXPRESS MAIL이 탑재된 ULD는 해당 작업일지에 기록한다.
- ULD에 50%미만 적재된 ULD는 일지에 적재률을 기록하여 운송에 참고토록 한다.
- AMT MAIL은 자체 보안검색 절차를 인정하여 접수후 별도의 보안검색을 실시하지 아니한다.
- AMT MAIL접수시 반드시 GMP에서 작성된 SEAL NBR와 실제 SEAL NBR를 확인하고 동일시 보안검색 STAMP를 날인받고 반입 접수한다.

② 보관

- 접수/반입된 우편물은 지정된 장소 (W/H 내)에 탑재전 까지 보관.

③ 탑재/ LOAD PLAN

- 예약된 항공기에 탑재될 수 있도록 LOAD PLAN에 반영 및 탑재 AMT MAIL을 BULK에 탑재할 경우 반드시 O.C.C가 직접 SEAL을 BROKEN하여 실제 적재상태를 직접 확인하여 BULK에 탑재토록하며, EXPRESS MAIL은 BULK탑재를 지양한다.

④ DOC송부 및 FILEING

- 도착지, 수입관리 팀에 AV-7송부 및 당해 STN FILE에 보관

⑤ MSG 타전

- 도착지와 관계부서에 MAIL FWD 관련 제반 MSG를 타전한다.

※ CN-38(IPO MAIL AV-7)관리지침

① 2부 : 목적지

② 1부 : 수입관리팀

③ 1부 : STN FILE(TTL 4부)

※ CN-38(UA MAIL AV-7)관리지침

① 2부 : 목적지

② 1부 : 수입관리팀

③ 2부 : AMT 직원에게 인계

④ 1부 : STN FILE

⑤ 1부 : 컨테이너에 부착

⑥ 1부 : UA서울사무실(TTL 8부)

4) 우편물 사고 처리

(1) 출발 전

① AMT또는 IPO에 즉시 통보하여 필요 시 AV-7정정을 요청하며 항공기 지연 또는 결항시 SELSF에 통보하여 대체 가능편에 재 예약토록 한다.

(2) 출발 후

① 도착지 공항으로 하여금 즉시 도착지 우편물 담당국에 연락하고 우편당국의 담당자 입회 하에 확인 및 검사 후 반드시 사고내용을 AV-7에 기록 및 상호서명 후 ICNKF에 FAX송부도록 요청한다.

② 회사운송구간에서 발생하는 우편물관련CLAIM은 우편당국과 당사간에 체결한 계약에 의하며, 계약에서 규정하지 않은 사항은 화물운송IRR 및 CLAIM처리 절차에 의거 처리한다.

제2절 항공 특송화물

1. 항공 특송화물의 이해

1) 항공 특송화물의 정의

항공 특송화물은 주로 소량화물을 운송인의 일관 책임하에 항공기를 이용하여 화물의 집화에서 부터 포장, 수송, 배달, 확인의 문전 운송까지 하는 서비스이다. 즉, 무역서류(은행서류, 상업서류, 계약서, 입찰서류 등), 설계도면, 카다로그, 소형·경량물품에 국한되고, 대부분의 화물이 대중가격의 상품으로서 일정기간 내에 신속한 인도를 목적으로 화주의 문전까지 배달하는 문전배송(Door to door)수송서비스로서, 항공기에 의한 간선수송과 자동차에 의한 집배의 연계로 행해지는 국제복합운송의 한 형태이기도 하다.

2) 항공 특송화물의 특징

① 항공운송서류의 다양성
② 항공특송업자의 문전배송(Door to door)서비스 제공
③ 소형 · 경량화물의 운송
④ 운송인(특송업체)의 일관 책임
⑤ 특송업체의 차별화된 운영
⑥ 항공특송화물에 대한 간소화된 통관절차 적용
⑦ 종합물류서비스 구축
⑧ 정보기술의 활용으로 인한 전자상거래 솔루션 제공
⑨ 서비스 다양화 및 지역 확대

3) 항공 특송화물의 장점

① 신속성과 안정성의 확보
② 운송에 대한 책임소재의 명확성
③ 간소화된 통관절차
④ 소량화물에 대한 운임 경쟁력

⑤ 문전배송(Door to door)으로 인한 대 화주서비스 제공

⑥ 정보기술 활용 및 전자상거래 솔루션 제공

4) 해외 국제 특송업체

대표적인 국제 특송업체로서는 UPS, DHL, FedEx, TNT, 일본통운 등이 서비스를 수행하고 있다.

〈표 16-1〉 글로벌 특송업체

업체	설립연도 및 지점	특징
DHL	1969년 미국, 227개국 2,363개, 종업원 4만여명, 일일 평균 25만건, 연간 1억건 이상 처리	배달추적시스템, 자동요금계산청구시스템, 발송분류확인시스템, 발송의 종적 조사시스템 등 자체개발 운영
TNT	1967년 호주, 220개국 1,000개 Depot 및 Hub, 주당 36,000,000건 처리	통합정보시스템망인 Global Link 구축, 모든 사업장 연결하여 실시간 데이터 전송 및 화물추적(서류, 소형화물, 항공컨테이너 등 분류)
FedEx	1976년 미국, 211개국 2,300개, 항공기 583대, 차량 4만대, 종업원 127,500명, 일일 평균 240만개 처리	1989년 세계최대의 화물전문항공사인 Flying Tiger사 인수, 시설개발에 매년 10억불 투자
UPS	1907년 미국, 항공기 226대, 차량 13만대, 33만9천명, 일일 160만개 항공 및 1,250만 소포송달, 연간 28억건 처리	백화점, Mail Order House 등의 배달서비스 대행으로 성장, 국내 대한통운과 전략적 제휴관계
야마토운수	1976년 일본	유닛로드시스템, 집화지령시스템, 화물추적시스템, Secure Digital 일과 체크리스트 등의 운영체제 개발 및 운영

자료 : 전재경(2012, 두남)

2. 특송화물(특송물품)의 통관[24)]

1) 특송물품의 통관절차

① 과거 특송물품은 서류, 카다로그, 수출입물품의 샘플, 해외 친척(거래회사)이 기증한 물품 등이 대부분이었으나, 최근에는 인터넷을 통하여 구매·반입하는 물품의 비중이 커지고 있다.

② 이렇게 외국으로부터 반입된 특송물품은 X-ray 검사 및 무작위 선정 등으로 물품을 검사하여 신고의 적정성여부를 판별하고 음란물이나 과세대상물품의 불법통관을 방지한다.

---

24) 관세청(www.customs.go.kr/kcshome) 관세행정의 일부내용을 정리한 것임

※ 고의적으로 가격을 허위로 신고하거나 금지물품을 수입할 때에는 관세법에 의거 처벌받을 수 있다.

2) 특송물품의 통관방식

(1) 목록통관

① 목록통관이란, 송수하인 성명, 전화번호, 주소, 물품명, 가격, 중량이 기재된 송장만으로 통관이 가능한 통관제도입니다. 이 경우에는 화주의 주민등록번호(개인통관고유부호 포함)가 필요 없다.

② 개인이 사용할 물품 또는 기업에서 사용할 샘플 중 미화 150불 이하(미국발은 200불)의 물품 중 아래 표와 같은 배제 대상 물품이 아닌 경우에는 목록통관이 가능하다.

〈표 16-2〉 목록통관 배제대상

번호	배제대상	예시(빈번 반입품)
1	의약품	파스, 반창고, 거즈·붕대, 항생물질 의약품, 아스피린제제, 소화제, 두통약, 해열제, 감기약, 임신테스터기, 발모제 등
2	한약재	인삼, 홍삼 등
3	야생동물 관련 제품	'멸종 위기에 처한 야생 동·식물의 국제거래에 관한 협약(CITES)'에 따라 국제거래가 규제된 물품 (예) 상아제품, 악어가죽 제품, 뱀피 제품 등
4	농림축수산물 등 검역대상물품	커피(원두 등), 차, 견과류, 씨앗, 원목, 조제분유, 고양이·개 사료, 햄류, 치즈류 등
5	건강기능식품*	비타민 제품, 오메가3 제품, 프로폴리스 제품, 글루코사민 제품, 엽산 제품, 로열젤리 등
6	지식재산권 위반 의심물품	짝퉁 가방·신발·의류·악세사리 등
7	식품류·과자류	비스킷·베이커리, 조제커피·차, 조제과실·견과류, 설탕과자, 초콜릿식품, 소스·혼합조미료 등
8	화장품(기능성화장품(미백·주름개선·자외선 차단 등), 태반화장품, 스테로이드제 함유 화장품 및 성분 미상 등 유해화장품에 한함)	
9	통관목록 중 품명·규격·수량·가격 등이 부정확하게 기재된 물품	
10	기타 세관장 확인대상물품	총포·도검·화약류, 마약류 등

자료 : 관세청

③ 이 표에서 설명하는 건강기능식품은 일반적으로 통칭하는 용어로, 식약처에서 정의하는 건강기능식품과 상이할 수 있음.

④ 물품의 합계금액이 목록통관 기준금액 이하더라도, 목록통관 배제대상물품과 목록통관 대상물품이 섞여있는 경우 목록통관 할 수 없다.

(2) 간이수입신고

① 미화 150불(미국발은 200불)을 초과하고 미화 2,000불 이하인 물품은 간이 수입신고할 수 있다.
② 세관장은 품명, 가격 등 신고내역이 정확하다고 판단되면 별도 검사없이 통관을 허용합니다. 다만, 수입이 제한되는 품목 등 일부 품목은 간이 수입신고할 수 없으며 일반 수입절차에 따라 수입신고하여야 한다.
③ 간이수입신고는 일반수입신고와 동일한 양식의 신고서를 사용하므로 화주를 특정짓기 위한 개인의 주민등록번호(개인통관고유부호)를 관세사가 세관장에게 제출하여야 하지만, 신고 항목의 일부 생략과 신고서를 제출하지 않아도 되므로 통관절차가 일반 수입신고에 비해 비교적 간이합니다.

(3) 일반 수입신고

① 미화 2000불을 초과하거나, 목록통관 또는 간이수입신고 대상에서 제외되는 물품은 일반 수입신고를 하여야 한다.

3) 특송물품의 면세제도

① 목록통관 대상물품은 비과세되며, 간이수입신고 또는 일반수입신고하는 경우 자가 사용물품으로서 물품가격이 미화 150불 이하인 경우만 관세와 부가세가 면세됩니다. 다만, 담배소비세 등은 과세됩니다. 또한, 물품가격이 미화 150불을 초과하는 경우 총 과세가격 전체에 대하여 과세된다.
② 다음과 같은 경우에는 합산 과세될 수 있습니다.
- 하나의 선하증권(B/L)이나 항공화물운송장(AWB)으로 반입된 과세대상물품을 면세범위내로 분할하여 수입 통관하는 경우.
- 입항일이 같은 두건 이상의 물품(B/L 또는 AWB기준)을 반입하여 수입통관하는 경우. 다만, 둘 이상의 국가로부터 반입한 물품은 제외한다.
- 같은 해외공급자로부터 같은 날짜에 구매한 과세대상물품을 면세범위내로 분할 반입하여 수입 통관하는 경우.

3. CYBER EXPRESS CGO(CBX) 탑재

① 일반 화물과 동일한 반입 절차를 거친다.

② 화물의 특성상 필요할 경우 항공 특송업체에서 ULD에 직접 적재 작업을 할 수 있다.

③ 탑재 우선순위를 준수한다.

④ 소량 화물들의 개별 WT가 집하되어 전체 WT가 산정되므로 전체 WT 차이가 발생시 3% 이상은 CCA 조치한다.

⑤ 도착지 공항에 운송 MSG를 타전한다.

제17장

항공 보안 및 안전

제17장

항공 보안 및 안전

제1절 항공보안 관련 법규 및 관련기관 임무

1. 항공보안의 개념

1) 항공보안의 정의

항공보안(Air Security)이란 “항공기 운항에 저해되는 불법방해행위(범죄행위)로부터 민간항공의 안전을 보호하기 위한 인적, 물적 요소가 결합된 대책을 말한다.” (ICAO Annex 17, Chapter 1)

“A combination of measures, human and material resources intended to safeguard civil aviation against acts of unlawful interference.”

〈그림 17-1〉 보안 검색

자료 : 공항경찰대, Yonhap news

2) 항공운항 불법방해 행위의 개념과 유형

(1) 항공운항 불법방해 행위의 개념

항공운항 불법방해 행위(범죄행위)는 항공운송의 안전성(safely), 보안성(security), 정규성(regularity)에 장애를 주는 의도적인 불법 행위를 말한다. 항공안전에 장애가 발생하지 않았더라도 불법적으로 폭발물이나 무기 등을 항공기 기내에 반입하는 행위나 협박 등으로 항공기 정시 운항에 지장을 유발시킬 수 있는 모든 행위를 말한다.

(2) 항공운항 불법방해 행위의 유형

국제민간항공기구(ICAO)에서는 항공운항 불법방해 행위(범죄행위)에 대한 기본적인 유형을 다음과 같이 분류하고 있다(ICAO Annex 17, Chapter 1).

① **점유**(SEIZURE)

불법적인 통제권의 강탈행위를 말한다.

② **점유기도**(ATTEMPTED SEIZURE)

의도적으로 통제권을 강탈하기 위한 시도를 말한다.

③ **파괴**(SABOTAGE)

폭발물 등을 이용한 시설 및 설비 등의 파괴 행위를 말한다.

④ **항공기 운항 중 공격**(IN-FLIGHT ATTACK)

운항 중인 항공기에 대한 공격 행위를 말한다.

⑤ **시설 공격**(FACILUTY ATTACK)

항공 관련 시설(항행시설 등)에 대한 공격행위를 말한다.

⑥ **안전 방해**(ATTACK AGAINST SAFETY)

항공 안전 운항에 서해되는 불법석·고의적인 행위를 말한다.

2. 항공 보안과 관련된 국제법규(국제협약)

국제민간항공기구(ICAO)에서는 항공기 테러를 방지하고자 국제적 협력의 필요성에 따라 항공기 불법방해 행위에 대한 협약을 1963년 동경에서 체결하였다. 불법방해 행위에 대한 처음으로 다룬 이 회의를 도쿄협약(Tokyo Convention)이라 하며, 이 후에 항공 보안에 대한 구체적인 협약이 몇 차례에 걸쳐 체결되었다.

1) ICAO 협약부속서 Annex17 및 ICAO Security Manual

보안에 관한 규정(Annex17).

① 부속서17의 표준 및 권고사항 준수를 위한 세부 사항 각 국가의 법 및 행정구조에 따라 수정 가능.

② DOC.8973

ICAO 부속서 17의 표준지침 및 권고안에 대한 시행을 위한 가이드.

2) 도쿄협약(Tokyo Convention, 1963 제3장)

항공기 내에서의 모든 범죄행위 및 기타 행위에 관한 협약이다.

항공기와 기내의 인명, 재산의 보호, 기내의 질서 및 규율의 의지, 기장의 권한 확보가 주요 내용으로 되어 있다.

3) 헤이그협약(Hague Convention, 1970 제1조, 제3조)

주요 내용은 항공기의 불법납치 억제를 위한 협약이다.

4) 몬트리올협약(Montreal Convention, 1971 제1조, 제3조)

민간항공의 안전에 대한 불법적 행위 억제를 위한 협약이다.

5) 몬트리올 추가의정서(Protocol Supplementary to Montreal Convention, 1988)

6) 플라스틱 폭발물 표시에 대한 협약(Convention for Marking of Plastic Explosiver for the Purpose of Detection, 1991)

플라스틱 폭발물이 테러에 사용됨을 인지하고, 이를 탐지 목적의 폭발물 표시로 불법방해 행위를 방지하는데 그 목적이 있다.

3. 항공 보안과 관련된 국내법규

1) 관련 규정 및 지침

① 항공안전 및 보안에 관한 세부운영 지침

② 민간항공보안에 관한 세부적인 운영절차
③ 국가항공보안 우발계획
④ 민간항공에 대한 대 테러 대응 절차 및 지침

2) 항공법

국제민간항공조약 및 같은 조약의 부속서에서 채택된 표준과 방식에 따라 항공기가 안전하게 항행하기 위한 방법을 정하고, 항공시설을 효율적으로 설치. 관리하도록 하며, 항공운송사업의 질서를 확립함으로써 항공의 발전과 공공복리의 증진에 이바지함을 목적으로 한다.

① 기장의 책임소명 규정(제50조)
② 제61조: 폭발물 등의 운송 또는 휴대의 금지 관련 규정(제61조)

3) 국가항공보안업무 규정(대통령령 제35조, 제37조)

"항공안전 및 보안에 관한 법률" 제10조 및 같은 법 시행규칙에 따라 민간항공에 대한 불법방해 행위로부터 승객, 승무원, 항공기 및 공항시설 등을 보호하기 위한 대책을 수립함으로서, 대한민국 안에서 민간항공의 안전성, 정시성 및 효율성을 확보하는 등 항공보안을 유지하는데 목적이 있다.

4) 국가 대테러 활동지침(대통령훈령 제47호)

국가의 대 테러와 관련된 보안 규정이다.

5) 사법경찰관의 직무를 행할 자와 그 직무범위에 관한 법률(제7조)

항공기 내에서 발생하는 불법방해 행위에 관련하여 기장과 승무원이 사법 경찰관 및 사법 경찰관으로서의 직무를 대행한다.

6) 항공안전 및 보안에 관한 법률(2002.11.26 발효)

(1) 개요

국제민간항공조약 등 국제협약에 따라 공항시설, 항행안전시설 및 항공기내에서의 불법행위를 방지하고, 민간항공의 안전 및 보안을 확보하기 위한 기준·절차 및 의무사항 등을 규정하는 대한민국 항공보안의 기본법령이다.

(2) 구성

① 제1장 총칙
② 제2장(항공안전협의회등) : 국토교통부장관을 장으로 하는 “항공안전협의회”를 설치하고 공항별로 “공항안전운영협의회”를 설치한다.
③ 제3장(공항. 항공기 등의 보안)
④ 제4장(항공기내 안전 및 보안)
⑤ 제5장(항공안전보안장비)
⑥ 제6장(항공안전 위협에 대한 대응)
⑦ 제7장(보칙 및 벌칙)

7) 항공보안법 개정 추진사항

■ **주요 개정내용**

① 법률 제명 :「항공안전 및 보안에 관한 법률」⇒「항공보안법」
② 공항운영자 등에게 국가항공보안계획의 이행 의무 부여
③ 국토교통부장관의 국가항공보안우발계획의 수립, 시행
④ 항공보안 자율보고제도 법적 근거마련
⑤ 처벌범위 확대, 과태료 전환, 양벌규정 등 처벌규정 보안

(1) 국가항공보안 우발계획

① 목적

공항 또는 민간 항공기를 대상으로 일어나는 불법 방해행위로부터 인명과 재산을 보호하고 민간항공 운영의 신속한 정상화를 위하여 위협사태유형별 대응체계화 관련 위협사태 유형별 대응체계화 관련 기관 임무 등행위에 대응을 목적으로 한다.

② [National Civil Aviation Contingency Plan]

항공보안 우발계획 경보등급 - 항공보안 상황에 따라 5단계로 구분

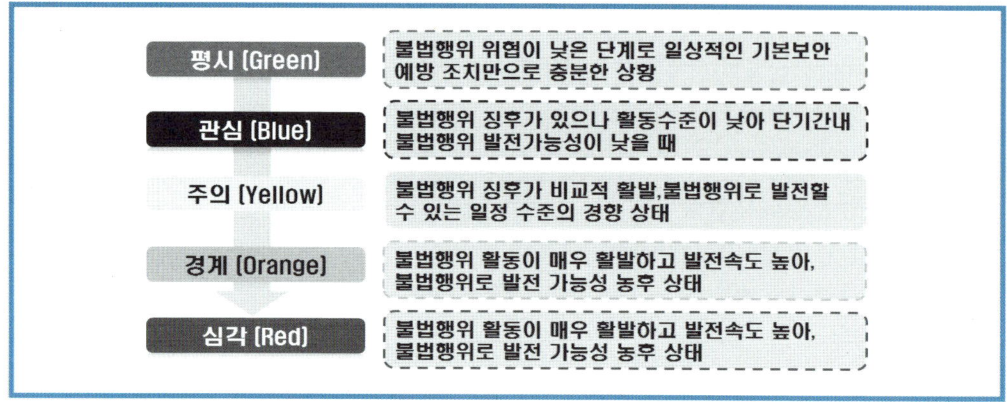

(2) 국가항공보안시스템 대응활동

① 항공보안 위협등급

② 등급 발령자 : 국토교통부 장관

③ 보안 등급별 대응(3단계 → 5단계로 확대, '05.3)

(3) 공항보안 우발계획

※ 기본방침 : 공항 불법방해행위 대응

① 일반인, 승객 및 승무원 등 인명 최우선 보호

② 항공기, 공항시설 및 주요장비 적극보호

③ 소방 및 구조/피해 최소화

④ 신속한 공항운영 및 항공기 운항 정상화

⑤ 관련기관별 유기적 협력을 통한 체계적인 대응
⑥ 현장보존 및 범인파악 및 체포(조치)
⑦ 사고예방

4. 항공보안 관련기관 임무

〈표 17-1〉 관련기관 임무

국토교통부	국가항공보안 법령 제정, 민간항공보안 활동 감독
국가정보원	대 테러 및 보안 업무 조정, 테러보안 대책협의 의장
공항공사	공항보안업무 수행 (접근통제, 경비보안, 승객 및 위탁수하물 검색)
항공사	항공기 경비업무,기내식,항공화물 및 기내보안 업무 수행
공항경찰대	공항 내 범죄예방 및 불법행위 대응 등 공항 치안 유지
군	공항 외곽지역 방호, 불법행위 발생시 지원, 테러진압, 생화학 테러 대응
출입국관리소	테러(불법자) 분자 입/출국 차단

※ 화물터미널, 항공기취급업체, 항공기정비업체 운영자 임무
① 항공보안 기본계획 및 공사의 자체 보안계획을 충족시키는 자체 보안 계획 수립. 이행.
② 해당 직원에 대한 보안 교육 실시.
③ 공사의 우발계획에 연계한 우발계획 수립.
④ 보호구역으로 연결되는 곳에 위치한 경우 해당지역의 보호구역 보안 통제에 대한 책임.
⑤ 기타 자체 시설에 대한 보안사항.

5. 최근 항공보안 위협 및 사건사례

1) 국내 테러 징후

(1) 국제 테러조직 한국 잠입

① 강원도 영월 소재 파키스탄 공장 노동자가 탈레반 사령관.. (2012.6.2. SBS)
② 평범한 노동자인줄 알았는데…탈레반 사령관!
③ 법무부 이민국 특수조사대는 최근 강원도 영월 소재 공장에서 파키스탄 남성 한 명을 검거했다. 샤자드란 이름의 이 남성은 당국이 확보한 테러조직 명단에

살인자로 적혀 있는 인물이다.

④ 인천공항 입국장에서 잡힌 이슬람 성직자 지아 울 하크. 진짜 이름은 안와르 울 하크로 테러 위험 인물로 지목된 사람이다. 파키스탄 스와티 지역에서 사령관급 탈레반 지도자로 활동했던 살렘 모하메드도 우리정부에 적발됐다.

⑤ 미군과 정부군을 상대로 무장 투쟁을 벌였던 그는 3년 전 곡물선을 타고 밀입국한 뒤 국내 공장에서 일해왔다.

(2) 부산시 '생물 테러 대비 및 대응체계' 구축(한국일보 2012.5.30)

① 최근 국제적인 테러 위협, 국제분쟁, 인종·종교 갈등에 따른 생물테러 위험이 높아진 데 따름.

② 신속한 대응을 위한 생물테러대비대책본부와 초동 조치팀을 운영.

③ 대책본부는 시 복지건강국장을 본부장으로 4개 팀(대책팀·역학조사팀·감시팀·미생물탐지팀) 12명으로 구성.

④ 대책본부는 생물테러 발생 시 상황 대처는 물론 생물무기 노출자에 대한 신속한 조치.

⑤ 초동조치팀은 각 자치구·군에 경찰서·소방서·보건소 등 3개 기관으로 구성되며 생물테러 의심사례 발생 시 신고·접수 및 상황을 전파하는 역할.

(3) 탈레반 테러 조직원 국내 잠입(서울신문–chosun.com 2010.10.21)

① G-20 정상회의를 20여일 앞두고 국내에 잠입한 탈레반 테러조직원이 공안당국에 포착

② 국정원·검·경은 팔레스타인 국적인 이 조직원이 무기재료를 실어보낸 선박을 팔레스타인 입항 직후 인터폴과 공조해 압수.

③ 텔레반 테러조직원들은 우리나라의 전략 무기 수출 관리 체계가 허술하다는 점을 노리고 국내에 잠입해 활동- 국정원

④ 북한이 G-20의 성공직인 개최를 막기 위해 간첩들을 국내에 침투시킨 섯으로 파악.

2) 항공기 부정 및 오탑승객 방지 위한 보안지침

(1) 관련근거

항공안전 및 보안에 관한 법률 제 3장(공항, 항공기 등의 보안)

제 14조(승객의 안전 및 항공기의 보안)

① 항공운송사업자는 승객의 안전 및 항공기의 보안을 위하여 필요한 조치를 하여야 한다.

② 항공운송사업자는 승객이 탑승한 항공기를 운항하는 경우 항공기내보안요원을 탑승시켜야 한다.

③ 항공운송사업자는 국토해양부령으로 정하는 바에 따라 조종실 출입문의 안전을 강화하고 운항중에는 허가받지 아니한 사람의 조종실 출입을 통제하는 등 항공기에 대한 안전조치를 하여야 한다.

④ 항공운송사업자는 매 비행 전에 항공기에 대한 보안점검을 하여야 한다. 이 경우 보안점검에 관한 세부 사항은 국토해양부령으로 정한다.

⑤ 공항운영자 및 항공운송사업자는 액체, 겔(gel)류 등 국토해양부장관이 정하여 고시하는 항공기 내 반입금지 물질이 항공기 내에 반입되지 아니하도록 조치하여야 한다.

⑥ 항공운송사업자 또는 항공기 소유자는 항공기의 안전을 위하여 필요한 경우에는「청원경찰법」에 따른 청원경찰이나 경비업법에 따른 특수경비원으로 하여금 항공기의 경비를 담당하게 할 수 있다.

제 15조(승객 등의 검색)

① 공항운영자는 제 13조 제 1항 에 따라 허가를 받아 보호구역으로 들어가는 사람 또는 물품에 대하여도 보안검색을 하여야 한다. 이 경우 보안검색에 대하여는 제 15조 제5항을 준용한다.

② 제1항에도 불구하고 화물터미널 내에 지정된 보호구역으로 들어가는 사람 또는 물품에 대한 보안검색은 화물터미널운영자가 하여야 한다. 이 경우 보안검색에 대하여는 제 15조 제 5항을 준용한다.

제 19조(보안검색 실패에 대한 대책)

① 공항운영자, 항공운송사업자 및 화물터미널운영자는 다음 각 호의 사항이 발생한 경우에는 즉시 국토해양부장관에게 보고하여야 한다.

- 검색장비가 정상적으로 작동되지 아니한 상태로 검색을 하였거나 검색이 미흡한 사실을 알게 된 경우.
- 허가받지 아니한 사람 또는 물품이 보호구역으로 들어간 경우.
- 그 밖에 그 밖에 항공안전 및 보안에 우려가 있는 것으로서 국토해양부령으로 정하는 사항.

② 국토해양부장관은 제1항에 따른 보고를 받은 경우 해당 항공기가 도착하는 국가의 관련 기관에 그 사실을 즉시 통보하여야 한다.

③ 국토해양부장관은 다른 국가로부터 제1항 각 호의 어느 하나에 해당하는 사항을 통보받은 경우에는 해당 항공기를 격리계류장으로 유도하여 보안검색 등 안전조치를 하여야 한다.

(2) 배경사례

2005년 5월 국적사 00항공 탑승구에서 본인 항공권이 아닌 다른 승객의 항공권을 소지한 인물이 운송직원의 감시가 소홀하고 혼잡한 틈을 이용하여 김포-제주행 항공기에 부정 탑승한 사실이 관계보안기관에 적발 → 벌칙금 부과, 관련지점장 및 직원들의 징계조치 및 항공사 이미지 손상

항공 성수기에 탑승객 혼잡으로 인한 보안규정 미준수에 따른 보안사고를 사전에 예방하고자 함.

(3) 유형별 부정 및 오탑승객

① 공항의 출발장 검색대를 정식으로 통과하지 않고 울타리 월담, 하수구 등 비정상적인 통로를 이용하여 불법으로 출입한 인물이 항공기 계류장, 주기장, 탑승구 등에서 탑승권을 소지하지 않고 탑승한 경우.

② 본인의 성명이 표시되지 않은 다른 손님의 탑승권을 소지하고 탑승한 경우.

③ 본인의 성명과 유사한 성명이 표시된 탑승권을 소지하고 탑승한 경우.

④ 본인의 성명이 표시되었으나 유효기간이 경과된 탑승권을 소지하고 탑승한 경우.

⑤ 본인의 탑승권에 표시된 도착지 공항과 일치하지 않는 다른 도착지의 항공편으로 탑승한 경우.

(4) 부정 및 오탑승객 방지 위한 보안지침

① 예약, 발권, 탑승수속시

- 예약, 발권, 탑승 수속시 담당직원은 위해인물의 기내탑승 방지를 위해 의심스러운 승객의 행동에 유의해야함. ⇒ 의심스러운 승객 발견시 관리자에게 보고하고 예의주시 및 필요 판단시 관계기관(공항주재 국정원, 공항상황실 등)에 신고하고, 적절한 보안조치가 취하도록 함.
- 승객의 신원 확인시 탑승권 및 여권 또는 승객사진이 있는 신분증명서와 승객을 대조하여 확인

- 발권 수속시 손님의 성명을 정확히 입력 표기 (오, 탈자 주의)
- Hand Carry 수하물의 Name Tag 부착 여부를 확인. (기내 탑승후 항공기 출발전에 승객의 여정변경으로 하기시에는 객실승무원은 휴대수하물에 부착된 Name Tag을 확인하여 반드시 하기 조치해야함)
- 대리수속 금지(유명 VIP/CIP, 대상 인사 중 대리수속이 불가피한 경우 제외) 단, 장애승객의 경우 장애인증과 대리인 신분 확인 및 승객의 인적 사항을 직접 확인 후 공항지점장 보고 및 승인하에 대리 수속이 가능하며 탑승수속 직원은 일시, 대리인 성명, 대리인 ID No,탑승객 성명, 탑승객 ID No, 탑승편에 대한 기록 유지함.
- 단체 승객의 경우, 위탁수하물의 일괄수속 금지(반드시 개별 수속) 및 Name Tag 부착 여부.
- 수하물 X-Ray 검사 실시 중 잠시 대기 안내. (위해물품/물질 발견시 손님 입회하에 개봉 및 촉수 검색)
- 환자 또는 장애 승객의 경우 승객과 휠체어에 대한 촉수검색 실시.

② **탑승구**(Gate)

- 최소한 2명 이상의 운송직원을 탑승구에 배치 ⇒ 탑승권 바코드 Check시 모니터 화면 상 편명 일치여부확인(1명), 인접 및 다른 통로를 이용한 불법 은밀 진입여부감시 및 진입시도시 적극 저지함 (1명)
- 근무지 이석/업무종료시 반드시 SIGN OUT/CRT OFF 조치(승객 및 비행정보 노출방지)
- 탑승권을 소지하지 않거나 유효기간 경과, 본인의 성명 및 도착지가 상이한 탑승권을 소지한 승객은 어떠한 경우에도 항공기 탑승금지.
- 탑승완료 및 항공기 Door Close 전 실제 탑승객, 탑승권, 위탁수하물 등 시스템 상 수속한 승객 수 일치하는지 확인.
- 탑승구의 운송직원은 항공기 승객 탑승 완료 시점에 항공기 출입문 닫히기 전, 탑승수속 후 탑승하지 않은 승객 또는 탑승수속을 하지 않고 탑승한 승객 발생 시 객실 승무원에 즉시 통보.
- 탑승수속 후 탑승하지 않은 승객의 수하물은 반드시 하기 조치함.

제2절 항공안전 보안과 사고사례

1. 항공안전과 보안

1) 항공안전의 정의

① 항공안전이란 항공기 운항과 관련하여 운항에 저해되는 각종 사고로 부터 인적, 물적 요소가 결합된 제반 조치로 목적이 이루어진다는 점에서 항공보안과 유사한 개념이다. 즉, 항공안전은 항공기 운항과 관련되어 발생할 수 있는 사고나 그 이외의 환경 요인으로 인한 안전에 영향을 미칠 수 있는 실수나 범죄행위에 의한 모든 사고를 대상으로 한다.

② 이에 비해 항공보안은 항공과 관련하여 발생되어지는 의도적 불법 방해행위(범죄행위)를 대상으로 하는 활동만을 의미한다.

2) 보호구역 출입통제 및 보호대책

(1) 인천 국제공항 보호구역 지정

보안검색완료지역, 출입국심사장, 세관심사장, 관제탑, 관제시설, 활주로 및 계류장, 항행안전시설 설치지역, 화물청사, 부대지역을 말한다.

① 출입허가 없이 무단 출입하거나, 보호구역 출입규정 및 관련 지침을 위반할 시에는 형사고발 조치되거나 일정기간(최장 영구) 출입금지 되는 제재조치를 함.

② 보호구역으로 출입하는 인원, 차량 및 장비에 대하여 출입통제, 신원 확인, 100% 보안검색실시하며, 보안검색을 거부하는 사람에 대해 보호구역 출입금지.

③ 보호구역 출입증 발급 및 운연은 "인천국제공항 보호구역출입증 규정"에 따라 이루어지며, 특이사항에 대해서는 보안관련기관 합동회의(국정원, 세관, 출입국관리사무소, 서항청, 공사)에서 의결 처리.

(2) 화물터미널 지역 출입통제

① 정규출입증이나 방문증 및 비표를 패용하지 않은 사람은 화물청사 지역에 출입할 수 없다.

② 화물청사의 보호구역은 화물터미널 운영자 책임하에 출입통제 및 보안검색을 실시.

③ 항공기 보안 : 항공기 보안에 대한 책임은 관련 항공사.

(3) 보호구역 출입 및 이동통제

① 보호구역을 출입하는 모든 출입자는 출입증을 패용 : 출입증에는 인가종류, 차량운전 허가여부 및 출입인가 구역이 표시됨
② 출입증에는 개인 식별 및 출입통제 기능이 있음 : 보호구역 출입 시에는 카드리더기에 인식필요

(4) 출입증소지자의 의무

① 공항시설 보호구역에 대한 보호책임이 있음
② 보호구역내 출입증을 패용하지 않은 자를 발견 시 즉시 신고
③ 출입증은 신체상반신 잘 보이는 곳에 패용 하며 보안요원 확인 요구 시에는 응하여야 한다.

(5) 출입증 소지자 소속업체 의무

① 직원의 퇴사 또는 출입권한변경, 출입증 분실 또는 도난등의 사유 발생시 즉시 신고 및 퇴직 시 출입증 반납 책임.

(6) 보호구역 출입검색

① 지정된 출입권한을 가진 자 만이 해당 보호구역을 출입(100% 보안 검색)
② 보안검색을 거부하는 자는 보호구역을 출입할 수 없으며 출입증을 회수할 수 있다.

(6) 탑승교 사용 준수

① 탑승교 출입은 공사로부터 출입허가
② 출입인가를 받은 자라 할지라도 긴급상황 등 불가피한 경우를 제외하고 탑승진행 중에 탑승교 사용금지.
③ 긴급을 요하는 경우에는 해당 항공사의 협조를 받아 출입.

(7) 화물터미널지역 출입통제

① 정규출입증이나 방문증 및 비표 미패용자는 터미널 진입 안됨.

3) 보호구역내 위반사례

(1) 보호구역 무단 진입 사건

① **개요**

- 2008.10.16 김포공항 국내선 출국장 무단 통과
- 정신이상 여자(40대) 탑승구에서 적발

② **경과**

- 항공권 없이 출발장 혼잡한 틈을 이용
- 출발장 입장시 신분증 및 탑승권 확인 소홀

③ **조치**

- 근무 태만자, 감독자 중징계
- 근무태세 특별교육 및 근무기강 확립

(2) 상주직원 연계 금괴 밀수

① **개요**

- 기내식 용역업체 직원 낀 금 밀반출 적발(2008.1)
- 기내식 카트에 대한 보안검색 소홀 악용

② **경과**

- 용역업체 직원이 비행기 특정 좌석 밑에 은닉
- 13년간 2,614kg(800억 상당) 밀반출

③ **조치**

- 일당 3명 검거
- 홍콩계 중국인 3명 포함 조직원 11명 적발

(3) 보호구역 출입증 부정사용

① 인천 : 2004.8 상주직원이 상주직원 통로로 위조사증 소지 중국인 밀입국을 기도하다가 적발.

② 영국 : 2000.11 영국기자가 전세운항회사에 가짜 취직, 출입증 발급받아 기내 탑승성공.

③ 일본 : 2006.1 바리타공항 항공사 직원이 상주직원 통로로 중국인 40여명 밀입국.

4) 최근 보안사고 사례

(1) 보안구역 비인가 진입사례

① 일시/장소 : 2011. 8. 13 / 램프지역

② 사례 : KAL으로 입국한 내국인이 입국장 나온 후 일행 중 부인이 없는 것을 확인하고 입국장 재진입 시도하였으나 제지당하자 여객 터미널을 나와 동쪽으로 가던 중 G7을 발견, G7을 통하여 램프내로 진입하여 배회 중 이동순찰팀에 발견되어 체포된 사례.

(2) 타인 출입증 절도, 보호구역내 배회 중 체포된 사례

① 일시/장소 : 2011. 6. 7 / 여객 터미널 지역

② 사례 : KAL(6.5 도착)을 타고 입국한 내국인이 입국하지 않고 상주 직원들을 텔게이팅하여 출국장으로 진입 후 상주 직원 출입증을 절도하여 보호 구역을 2일간 배회 중 체포된 사례.

(3) 비인가자 램프지역 무단출입 사례

① 일시/장소 : 2011. 4. 29 / 화물터미널 지역

② 사례 : 규장각 도서 반입관련 기자단의 출입증 없이 램프지역 출입사례

(4) 승객과 수화물이 불일치함에도 불구하고 항공기 출발시킨 사례

① 일시/장소 : 2011. 3. 5 / 여객터미널

② 사례 : 승객과 수화물이 불일치한 것을 사전에 알고도 출발시킨 사례

(5) 국내선 환승승객 동선이탈 사례

① 일시/장소 : 2011. 6. 2 / 램프지역(5번게이트 부근)

② 사례 : KAL(대구발)을 이용하여 도착 후 환승을 위해 하기 후 버스 기다리던 승객이 동선을 이탈하여 BSA지역에서 흡연하던 중 적발된 사례

(6) 입국승객을 출발게이트로 진입시켜 혼선을 빚은 사례

① 일시/장소 : 2011. 1.31/130 및 132번 게이트

② 사례 : 싱가폴항공으로 130번 게이트로 입국한 승객을 조업사 직원의 실수로 132번 출국장 게이트를 이용하여 출국장으로 진입시킨 사례.

2. 항공 안전사고 사례

1) 최근 비정상 운항사례[25]

(1) 제주항공의 운항중 객실여압 이상으로 비상선언('15.12.23)

① '15.12.23(목), 7C101편 여객기(B737, 김포發→제주着) 조종사는 기내 공기를 공급해주는 스위치(엔진 블리드 스위치)를 작동시키지 않고(OFF) 이륙(이륙 전·후 총 3회 확인절차 미준수)

② 1만피트 이상 상승하면서 객실 기압이 낮아지고 객실여압 경고음이 발생하여 스위치를 작동시키고(ON) 고도 하강(1.3만→1만피트)

③ 1만피트에서 여압시스템 기능은 회복되었으나 객실여압이 충분히 안정되지 않은 상태에서 재상승하여 상승 중 귀 통증 호소 승객이 발생하여 재하강.

④ 재하강 후 조종사가 객실여압계기를 오판하여 산소마스크 수동 작동 후 8천피트에서 비상선언 후 착륙.

☞ 조종사의 비행절차 미준수 및 항공기(B737) 여압시스템에 대한 이해 부족

■ 제주항공 7C101편 비행경로

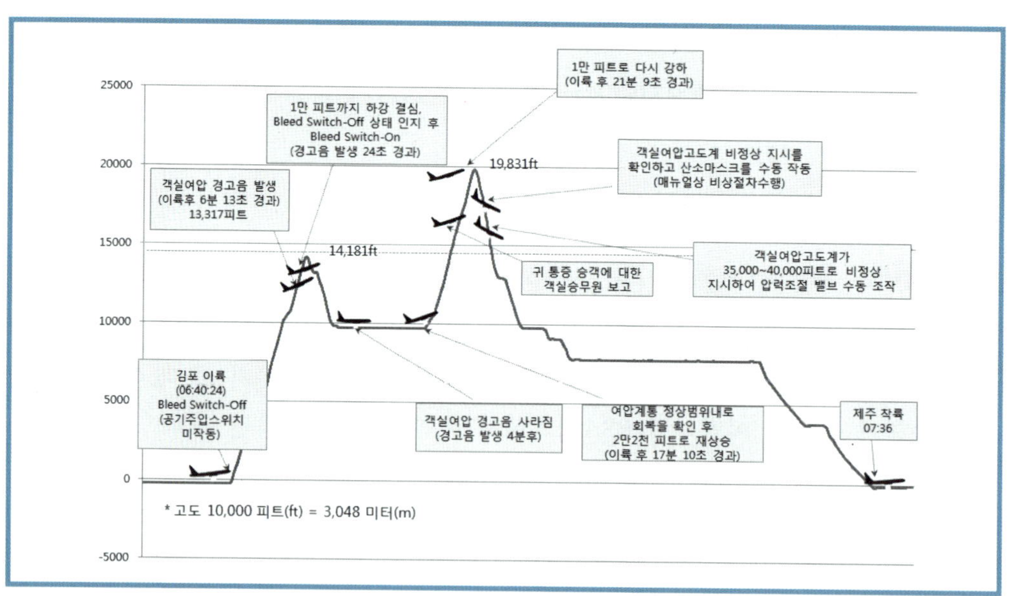

출처 : 국토부 운항안전과, 항공산업과

---

25) 국내 저비용항공사(LCC)의 안전을 강화하기 위한 「저비용항공사 안전강화 대책」을 마련하여 시행한다고 밝혔다(2016. 1. 28, 국토부 운항안전과, 항공산업과 보도자료 인용).

(2) 진에어의 출입문 완전히 닫히지 않은 채로 운항

- '15.12.30(수), LJ306편(B737, 제주發 → 김포着) 조종사는 김포공항 착륙 후 활주 중 '전방 좌측 출입문 경고등'이 점등되는 현상이 있었으나, 충분한 고장탐구 없이 단순 경고등 이상으로 판단하여 운항 재개(운항규정 미준수)
- 정비사의 고장탐구 결과, 출입문 경고등이 간헐적으로 부작동한다고 판단, 동 결함을 정비이월 처리(그 후 20회 지속운항 중 경고등 점등안됨)
  - 정비이월 조건 : 매 운항前 승객 탑승후 정비사가 문닫힘 상태를 외부에서 육안 확인
- '16.1.3(일), LJ308편(B737, 세부發 → 부산着) 정비이월 조건에 따라 정비사는 출발전 출입문의 정확한 닫힘상태를 육안으로 확인하여야 하나 미수행
  - 정비이월 조건에 따라 운항全 문닫힘 상태 확인 미수행(정비규정 위반)
- 또한, 조종사는 세부공항 이륙 후 해당 출입문에서 굉음이 발생하며 바람이 샌다는 객실승무원 보고를 받았으나 센서이상으로 인식하여 조종실에서 여압계통만 확인하고 이상 없다고 판단하여 계속 상승
- 1.5만피트 상공에서 객실여압 경고음이 발생하여, 조종사는 긴급조치매뉴얼에 따라 1만피트로 강하한 후 회항
- 고장탐구 결과, 근본 원인이 출입문 경첩부품 결함(정비이월 불가)으로 판명되어 부품 교환하여 수리(센서는 이상 없었음)

☞ 정비사의 **정비절차 미준수** 및 조종사의 **운항절차 미준수**

출처 : 국토부 운항안전과, 항공산업과

제3절 항공 보안법 일부 개정

1. 항공보안법 개정[26]

1) 불법행위 처벌강화를 위한 「항공보안법」 개정안 공포

① 항공기내 소란행위, 음주 위해행위, 기장의 업무방해에 대한 벌칙기준 상향 등
② 국토교통부는 항공기 내에서의 소란행위 등과 기장 등의 업무를 방해하는 행위에 대한 처벌을 크게 강화하여 기장의 업무수행을 보호하는 한편, 기내에서 죄를 범한 범인의 인도를 의무화하여 불법 행위자에 대한 사법처리 절차를 반드시 이행하도록 하는 내용을 담은 「항공보안법」 일부개정안이 지난해 연말 국회 본회의를 통과(12.28)하여, 1월 19일 공포·시행된다고 밝혔다.

2) 개정안의 주요 내용

(1) 불법행위자에 대한 경찰 인도 의무화(제25조제1항, 제51조1항 제12호)

① (현행) 인도의 절차만 기술 → (개정) 인도 의무화 및 위반시 1천만원 이하 과태료
② 현행 법률은 항공기 안전운항을 위해 기장 등 승무원에게 사법경찰관의 권한을 부여하고, 기내에서 죄를 범한 범인을 경찰관서로의 인도 절차만 규정하고 있는 바, 현행 절차규정을 의무규정으로 명시하여 기내 범죄자에 대한 법적 이행을 강화할 필요성이 있음. (사법경찰관리의 직무를 수행할 자와 그 직무범위에 관한 법률 제7조 제2항)
③ 항공기 내에서 항공보안법에 따른 죄를 범한 범인에 대하여 기장 등은 해당공항 관할 경찰에 반드시 인도하도록 의무화 하고, 이를 위반한 기장 등이 속한 항공운송사업자에게는 1천만원 이하의 과태료를 부과토록 하여 법률의 실효성을 확보함

(2) '기장의 업무 방해 행위'에 대한 벌칙기준 상향(제49조제2항 신설)

① (현행) 5백원의 이하 벌금 → (개정) 5년이하 징역 또는 5천만원 이하 벌금.
② 기장 등 승무원에 대한 업무방해행위의 처벌 수준(벌금 500만원 이하)이 형법의

26) 국토부 항공보안과(2016. 01.19) 보도자료

유사 조항(5년이하 징역 또는 1천5백만원 이하의 벌금)과 형량 불균형*이 존재함에 따라 벌칙수준을 상향할 필요.

③ 형법 제314조(업무방해)는 5년 이하 징역 또는 1천 5백 만원 이하의 벌금.

④ 기장 등의 업무방해 행위를 현행 '5백만원 이하 벌금'에서 '5년이하의 징역 또는 5천만원 이하 벌금'으로 상향조정하여 항공기 안전운항을 위해 기장 등 승무원에게 부여된 권한을 보호.

(3) '항공기내 소란행위 및 음주·약물 후 위해행위'에 대한 벌칙 기준을 상향(제50조제1항제3호 신설)

① (현행) 5백만원 이하의 벌금 → (개정) 1천만원 이하의 벌금

② 기내 불법행위 근절에 대한 사회적 요구가 큼에도 불구하고, 기내 불법행위가 지속적으로 증가추세에 있고, 특히, 최근 '전직 권투선수 기내소란행위' 등 승객의 기내 난동행위의 정도가 항공기 안전운항에 심각한 저해 요인으로 작용하고 있고, 음주행위와 병행하여 나타나고 있으며, 타 범죄 행위(폭력, 성희롱 등)로 확대되어 나타나는 경향이 있음을 감안하여 폭언, 고성방가 등 기내 소란행위와 음주·약물복용 후 위해행위는 보다 강력한 처벌이 필요하여 현행 '5백만원 이하 벌금'에서 '1천만원 이하 벌금'으로 처벌수준을 상향하여 기내 불법행위를 방지.

③ ('13) 203건 → ('14) 354건 → ('15.10월) 369건

☞ 이러한 증가추세는 부분적으로 최근 보다 엄격한 법집행에 다른 것임

(4) 승객의 협조의무 위반시* 처벌요건 중 '기장의 사전경고에도 불구하고'를 삭제(제50조제2항, 제3항)

① (항공보안법 제23조) 기내 소란행위, 흡연, 음주 후 위해행위, 성희롱, 전자기기 사용.

② 승객의 협조의무 위반은 항공기 안전운항을 저해하는 불법행위임에도 현행규정은 '사전경고'의 문구를 두어 처벌의 구성요건으로 오해할 소지가 있음.

③ 범죄 구성요건으로 적합하지 않은 '사전경고'를 삭제하여 법률 적용의 실효성을 확보하고자 하며, 이는 불법행위에 대한 일반인의 인식 제고를 반영한 것임.

한편, 기내 불법행위 금지사항을 명시한 '기내방송'과 '안내책자'를 통하여 '사전경고'에 갈음하는 안내를 실시*하고 있음

(5) '항공운송사업자의 항공기내보안요원 운영지침' 개정 · 시행('15.6.30)

① 국토교통부는 지난해 9월 2일 폭언, 소란행위 등 승객의 안전에 위협을 줄 수 있는 기내 불법행위 발생시 항공보안 당국인 국토교통부에 신속한 보고가 이루어지도록 항공사 등의 의무보고 대상*을 확대하는 「항공보안법 시행규칙」을 개정하여 시행한 바 있다.

② 항공기 납치 · 공항시설 파괴 등 6개 행위로 한정되었던 의무보고대상을 승객의 기내소란행위 등 항공보안법에 의해 처벌받는 행위로 보고대상을 확대.

③ 이는 이번에 개정되는 항공보안법과 더불어 승객의 안전에 위협을 줄 수 있는 행위 등 항공보안관련 사건·사고에 보다 신속하고 효율적인 대응이 가능할 것으로 예상된다.

④ 국토교통부 관계자는 "이번 항공보안법 개정은 대한항공 회항사건('14.12.5)을 계기로 불법행위자에 대한 벌칙수준을 합리적인 수준으로 상향하는 내용으로, 항공기내 안전확보 및 불법행위 방지에 대한 국민들의 높은 요구를 반영한 것이다."

⑤ "'이집트공항 러시아 여객기 폭발('15.10.31)', '프랑스 파리 동시다발 테러('15.11.13)' 등 최근의 사건들을 볼 때 특히 국제테러에 취약한 항공분야 테러 방지를 위해 크게 도움이 될 것"이라고 설명하였다.

(6) "이번 개정을 통해 기내 불법행위에 대해 처벌이 크게 강화되고, 범인의 인도를 의무화함으로서 사법처리 절차도 엄격하게 적용됨에 따라 그간의 불법행위가 대폭 감소될 것으로 기대된다"고 밝혔다.

2. 「항공보안법」 개정 내용[27)]

법률 제 호

항공보안법 일부개정법률안

항공보안법 일부를 다음과 같이 개정한다.

제25조제1항 중 "기장등이 항공기 내에서 죄를 범한 범인을 인도할 때에는"을 "기장등은 항공기 내에서 이 법에 따른 죄를 범한 범인을"로, "인도하여야 한다"를 "통보한 후 인도하여야 한다"로 한다.

27) 국토부 항공보안과(2016. 01.19) 보도자료

제49조 제목 외의 부분을 제2항으로 하고, 같은 조에 제1항을 다음과 같이 신설한다.

① 제23조제1항제7호를 위반하여 기장등의 업무를 위계 또는 위력으로써 방해한 사람은 5년 이하의 징역 또는 5천만원 이하의 벌금에 처한다.

제50조제1항제3호 및 제4호를 각각 제4호 및 제5호로 하고, 같은 항에 제3호를 다음과 같이 신설한다.

3. 운항 중인 항공기 내에서 제23조제1항제1호 및 제3호에 따른 폭언 등 소란행위, 술을 마시거나 약물을 복용하고 다른 사람에게 위해를 주는 행위를 한 사람

제50조제2항제3호 중 "기장등의 사전 경고에도 불구하고 운항 중인 항공기 내에서 제23조제1항제1호부터 제5호까지 및 제7호"를 "운항 중인 항공기 내에서 제23조제1항제2호, 제4호 및 제5호"로 하고, 같은 조 제3항 중 "기장등의 사전 경고에도 불구하고 계류 중인 항공기 내에서 제23조제1항1호부터 제5호까지 및 제7호"를 "계류 중인 항공기 내에서 제23조제1항제1호부터 제5호까지"로 한다.

제51조제1항에 제5호의2를 다음과 같이 신설한다.

5의2. 제25조제1항을 위반하여 항공기 내에서 죄를 범한 범인을 관할 국가경찰관서에 인도하지 아니한 기장등이 소속된 항공운송사업자

부　　칙

이 법은 공포한 날부터 시행한다.

제18장

국제항공화물 운송기구와 항공운송협약

제18장

국제항공화물 운송기구와 항공운송협약

제1절 국제항공화물운송기구

1. 국제민간항공기구(ICAO)[28]

1) 설립 배경

국제민간항공기구(International Civil Aviation Organization; ICAO)는 유엔 전문 기관으로 1944년 12월 국제 민간 항공조약(시카고 조약)에 근거로 설립된 기구이다. 이후 잠정적으로 운영되다가 1947년 4월 4일 26개국이 동 협약을 비준함에 따라 정식 발족하였다. 본부는 캐나다 몬트리올에 있다.

ICAO는 협약의 회원국(191개국) 및 산업 단체로 규정짓고 관습이 제안된다. 국제 민간 항공 기준에 관한 합의에 도달하기 위해(SARPs)과 정책 지원에서 SARPs과 정책 ICAO 회원국들에 의해 그들의 지역 민간 항공 의 질서유지 및 발전을 목적으로 정보의 교환, 기술의 협력의 촉진을 위한 기관이다. 즉, ICAO는 국제항공의 안전 및 발전을 목적으로 하여 각 국 정부의 국제협력기관으로 설립되었다.

2) 설립 목적

① 국제민간항공의 발달 및 안전의 확립도모.
② 능률적이고 경제적인 항공운송의 실현.
③ 항공기술의 증진.
④ 회원국의 권리 존중.
⑤ 국제항공사의 균등한 기회보장.

28) www.icao.int 내용의 일부를 재정리한 것임.

3) ICAO의 역할[29]

① 전세계 국제민간항공의 안전 및 건전한 발전을 보장한다.
② 평화적 목적을 위한 항공기의 설계 및 운송기술을 장려한다.
③ 국제민간항공을 위한 항공로, 공항 및 항공보안시설의 개선한다.
④ 안전하고 정확하며 능률적이고 경제적인 항공운송활동에 대한 회원국들의 요구에 수용한다.
⑤ 과다 경쟁으로 발생하는 경제적 낭비를 방지한다.
⑥ 회원국 권리의 반영 및 국제항공에 대한 공정한 기회 부여와 보장.
⑦ 회원국간의 차별대우 금지한다.
⑧ 국제항공상의 운항안전을 증진한다.
⑨ 국제민간항공의 모든 부문에서의 협력과 발전의 촉진한다.

4) 주요 업무

ICAO의 주요 업무는 국제민간항공협약 부속서에 반영할 국제표준과 권고사항을 채택하고, 정기 및 부정기 항공운송에 관한 국제협정, 국제항공운송의 간편화, 과세정책, 국제항공우편, 공항과 항로시설 관리, 통계, 경제분석, 계획수립을 위한 예측, 항공운송과 운임의 규제, 항공운송에 관한 간행물 발간 등이다. 또한, 시카고협약 해석과 개정, 국제항공법, 국제민간항공에 영향을 미치는 사법 관련 제반 문제를 검토하고 권고사항을 입안하며, 항공기 사고 조사 및 방지, 항공통신과 정비, 항공기상업무, 항공보안 등에 관련된 기술지원 및 국제민간항공에 대한 불법방해행위에 대한 방지책, 방안 등을 수행하고 있다.

5) 조직체계

ICAO는 총회, 상설집행기관인 이사회, 사무국이 있으며, 이사회의 산하기구인 항공항행위원회, 항공운송위원회, 법률위원회, 재정위원회, 지역항공회의, 민간항공불법방해위원회 등 각 종 전문위원회로 구성된다.

(1) 총회(General Assembly)

총회는 ICAO의 최고의결기관이다. 정기총회는 3년에 1회 이상 개최하며 회원국 유효투표의 과반수로 의결된다.

---

29) 시카고 조약(1944) 제44조(목적)

이사국의 선출, 기구예산, 의사 규칙의 결정, 회원국의 분담금 결정 및 협약의 개정안 심의 등의 역할을 수행하고 있다.

(2) 이사회(Council)

이사회는 3년 마다 총회가 선출한 33개국으로 구성된다. 정기총회를 통해 이사국을 선출하는 기준은 "항공운송에 대해 가장 중요한 국가, 국제민간항공을 위하여 시설설치에 최대한 공헌한 국가, 지역을 대표할 수 있는 국가" 등으로 구분하고 있다.(제50조 B항)

(3) 항공항행위원회(Air Navigation Commission),

항공기술 측면의 이론과 실제에 대한 정보의 수집 및 체약국에 통지할 내용을 이사회에 조언하는 기능을 하고 있다. 이사회가 15인의 위원을 임명한다.

(4) 항공운송위원회(Air Transport Commission),

주요 업무는 항공수송의 경제적인 부문과 통계를 담당한다.

(5) 법률위원회(Legal Commission)

국제항공 수송의 법률적 측면을 담당하여 협약 초안의 심의, 이사회에 대한 법률적 문제 조언, 항공에 대한 국제법 상의 문제에 대한 국제기관과의 협력을 다루는 업무를 수행한다.

2. 국제항공운송협회(IATA)[30)]

1) 설립배경

국제항공운송협회(International Air Transport Association)는 1919년 헤이그에서 설립된 국제항공수송협회를 계승하여 세계 32개국의 61개 항공사가 참여하여 1945년 4월 쿠바의 하바나에서 조직이 탄생했다. 초기에는 주로 유럽지역에서 활동했다. 기술이 급속도로 발전하고 대형 항공기가 개발되는 등 여러 조건의 개선에 힘입어 항공 운송 수요가 늘어남에 따라 성장을 거듭했다. 우리나라의 국적 항공사인 대한항공(1989.1.1.)과 아시아나항공(2002.5.1.)도 가입하여 활동하고 있다.

30) http://www.iata.org/ 내용의 일부를 재정리한 것임.

2) 설립 목적

① 안전하고 경제적인 국제항공운송의 발전을 촉진함과 관련된 문제 해결.
② 국제민간항공운송에 종사하고 있는 민간항공사의 협력을 위한 교류의 장과 수단을 제공하고 있다.
③ ICAO 등 국제기관과의 협력을 도모하고 있다.

3) IATA의 역할 및 업무

민간차원의 항공운임의 결정, 운송규칙의 제정(표준운송약관, 항공권, 화물운송장, 판매 대리점과의 계약 등)의 역할을 담당하는 국제협력기구이다.

4) 조직 체계

IATA의 조직은 연례총회, 실질적인 운영을 맡고 있는 이사회, 각 분야에서 활동하고 있는 4개의 상설위원회(기술, 재무, 법무, 운송), IATA의 가장 중요한 기능인 항공운송에 관한 여객운임과 화물요율 등을 협의하여 결정하는 운송회의(Traffic Conference), 항공사간의 거래에 따른 대차관계를 정산하는 정산소(Clearing House) 및 사무국으로 구성된다.

(1) 연례총회

각 항공사의 회장 및 사장이 매년 1회 이상 각 위원회의 활동결과를 보고 받으며 예산의 승인, 위원의 임명 등을 관장한다.

(2) 이사회

21개사의 대표가 연 3회 회의를 갖고 중요사항을 심의 결정한다.

협회의 운영, 자금 및 재산의 관리, 협회의 대표 및 신규 회원의 승인, 사무총장 및 상설위원회의 임명, 운송회의 규칙 및 항공사간의 결제방식의 결정, 예산안의 편성 등의 임무를 수행한다.

(3) 법률위원회(Legal Committee)

공법 및 사법조약, 다국간 조약, 국제항공에 영향을 주는 현행 및 입법과정에 있는 국내법, 배상문제 등 법률문제를 관장한다.

(4) 기술위원회(Technical Committee)

항공기, 운항, 의료, 기재의 통일화, 통신, 기상, 공항, 노선, 안전, 항행안전, 감항성 및 정비, 공해 등의 제반 기술 사항을 관장한다.

(5) 재무위원회(Financial Committee)

회원사의 회계규칙, 조세, 보험, 감사, 통계, 환율 등 항공운송에서 발생하는 잠재적인 재무 및 경제문제를 관장한다.

(6) 운송위원회(Traffic Committee)

항공운송업계의 상업활동에 관한 사항, 운송회의 권한에 관한 사항, 운송영업절차의 통일, 기타 영업 및 운송에 관한 사항을 담당한다.

3. FIATA

FIATA는 국제운송주선인협회연합회(International Federation of Freight Forwarder Association)의 약어로서 복합운송을 취급하는 운송중개인협회의 국제연맹으로 1926년 3월 21일 설립되었으며, 본부는 스위스 쥬리히에 있다. 즉, 전 세계적인 운송 주선인(Freight Forwarder)의 연합체이다. 한국은 1977년 9월에 가입하였다.

정회원과 준회원이 있는데, 전자는 국내협회의 이름으로 일괄적으로 가입된 회원이며, 후자는 개별적으로 가입한 회원이다. 우리나라의 경우에는 국내협회인 한국국제복합운송인협회에 정회원으로 일괄 가입한 바 있다. 이 연맹에서는 FIATACT B/L(FBL), FIATAFCR과 FIATAFCT의 양식을 제정한 바 있다.

FIATA는 유엔경제사회이사회(ECOSOC), 유엔무역개발회의(UNCTAD) 및 아시아태평양경제사회이사회(UN/ESCAP)의 자문 역할을 담당하고 있으며, 운송 분야에서 세계에 가장 큰 비정부기구로 영향을 주고 있다.

4. TIACA

국제항공화물협회(TIACA: The Air Cargo Association))는 항공화물과물류산업의 모든 부문 전세계 공항, 항공사, 물류기업, 포워더, 통관사, 송화주, 복합운송업자, 화물전용항공사, 지상조업사, 세관 및 교육기관 등을 포함하는 회원에 봉사하는 세계적 조직임을 천명함으로써 "항공물류(Air Logistics)" 산업을 대표하는 최초의 국제조직임이 분명해졌다. 현재 600여개 회원사가 가입한 국제단체이다.

TIACA 국제회의는 2년 주기로 미주, 유럽, 아시아 순으로 개최되며, 3일간의 일정에 전 세계 물류 관계자 4천여 명 이상이 참석하는 항공물류 분야의 세계 최대 국제행사이다.

제2절 항공운송협약

1. 바르샤바 협약(Warsaw Convention)

The Convention for the Unification of Certain Rules Relating to International Carriage by Air signed at Warsaw on 12 October 1929

① 1919년 파리협약이 체결된 10년 후인 1929년 체결.

② 전통적인 국제항공운송인의 책임에 관한 헌장.

③ 배상 대상: 여객의 사망, 부상, 수하물 및 화물의 파손, 멸실, 훼손, 여객, 화물, 수하물의 연착으로부터 발생되는 손실

④ 계약법의 입장

- 과실책임주의
- 과실추정주의: 운송인에게 무과실 입증 부담을 부과
- 유한책임주의: 운송증권의 불비 또는 불완전, 운송인의 고의(wilful misconduct) 혹은 고의에 상당한 행위(default)에 의한 손해 등에는 무한책임

⑤ 해석상의 문제

- 여객의 사상, 지연; 125,000프랑
- 위탁수하물 손실 및 지연; 1kg당 250프랑
- 휴대수하물 손실 및 지연; 여객 1인당 5,000프랑
- 화물의 손실 및 지연; 1kg당 250프랑

2. 헤이그 의정서(The Hague Protocol)

The Protocol to Amend the Convention for the Unification of Certain Rules Relating to International Carriage by Air signed at Warsaw on 12 October 1929, done at the Hague on September 1955

① 2차 대전 후 화폐가치 하락에 따라 ICAO에서 개정 주도.
② 우리나라는 헤이그 의정서에는 가입하였으나 바르샤바 협약에는 별도로 가입하지 않음(바르샤바 협약에만 가입하고 헤이그 의정서에는 가입하지 않는 국가와는 국내법 적용)
③ 여객에 대한 배상책임 한도를 2배로 높임(250,000푸엥카레 프랑)

3. 과달라하라 협약(Guadalajara Convention)

The Convention Supplementary to Warsaw Convention for the Unification of Rules Relating to International Carriage by Air Performed by a Person Other than the Contracting Carrier, signed at Guadalajara on 18 September 1961

① 계약운송인(Contracting carrier)과 실제운송인(Actual carrier)의 권리 의무를 동일하게 함.
② 책임 상한을 높이고자 하는 미국에 대한 counter offer(미국은 아직까지 받아들이지 않고 있음)
③ 바르샤바 체제의 근본적인 수정
- 여객의 사상에 관한 운송인의 절대책임(무과실책임주의)
- 배상한도액의 자동 조정
④ 여객사상시 책임한도; 1,500,000프랑(발효 후 5년마다 187,500프랑 씩 인상)

4. 몬트리올 협약(Montreal Convention)

The Convention for the Unification of Certain Rules for International Carriage by Air

① 1999년 ICAO회의에서 합의
② 30개국의 비준서 필요

③ 여객의 사상에 대한 책임

④ 항공사의 과실유무에 관계없이 100,000SDR까지 배상(제한적 절대책임)

⑤ 100,000SDR 초과부분은 과실추정주의 적용

- 여객운송지연에 대한 책임; 4,150SDR
- 수하물의 파손, 멸실, 훼손, 지연; 1인당 1,000SDR
- 화물은 1kg 당 17SDR
- 매 5년마다 재조정

1) 몬트리올협약의 제정 목적 및 주요 내용

(1) 몬트리올협약의 제정 목적: 바르샤바체제의 통일화 및 현대화

① 국제 항공 운송의 태동기에 항공산업을 보호하는 한편 항공운송인의 민사책임이 각 나라별로 다를 경우 승객 또는 화주의 권익을 보호하기가 어려운 점에 착안하여 항공운송인의 민사 책임을 통일적으로 규율 하기 위하여 1929년 바르샤바협약 (Warsaw Convention)이 제정된 바 있습니다.

② 바르샤바협약은 현재까지 150개국이 가입한 조약으로 국제 항공운송인의 민사책임을 통일하려는 소기의 목적을 달성하였다는 평가를 받았으나, 여객 신체 상해 또는 사망의 경우 항공사의 책임한도액이 USD 10,000에 불과하여 이를 상향조정 하는 한편 항공 운송 산업의 비약적인 발전과 함께 승객 및 화주의 권익을 두텁게 보호할 필요성이 대두됨에 따라 이후 국가간의 조약 또는 항공사간의 민간 협정의 형태로 이를 개정하려는 시도가 계속되어 왔습니다.

③ 바르샤바체제 (Warsaw System)란 바르샤바협약과 이를 개정하기 위하여 제정된 조약 및 협정을 총칭하는 용어로서, 이에는 1955년의 헤이그의정서(Hague Protocol, 우리나라가 가입한 조약), 1961년의 과달라하라협약(Guadalajara Convention), 1966년의 몬트리올협정(Montreal Agreement), 1971년의 과테말라의정서(Guatemala City Protocol), 1975년의 몬트리올 제1, 제2, 제3, 및 제4추가의정서, 1995년 IATA Intercarrier Agreement 등이 모두 포함됩니다.

④ 그러나 국가에 따라 각기 가입한 조약이 다른 결과, 동일 항공기에 탑승한 승객이라고 하더라도 적용 조약이 다르게 되어 국제항공운송에 있어서 항공운송인의 민사책임을 통일하려는 바르샤바체제의 목적을 달성할 수 없게 되자 종래의 조약 및 협정을 통합하는 한편, 현대의 전자상거래를 염두에 두고 항공운송증권을 전자문서(e-ticket, e-freight)로 발행할 수 있는 근거를 마련하기 위하여 ICAO는 130여 개국 대표가 모인 자리에서 “국제항공운송에 있어서의 일부 규칙 통일

에 관한 협약(Convention for the Unification of Certain Rules for International Carriage by Air, 통상 몬트리올협약'이라 칭함)을 제정하였습니다.

⑤ 동 협약은 30개국이 가입한 2003.11.4. 발효되었고, 우리나라는 행정부 및 국회의 검토를 거쳐 금년 9월 20일 국회가 협약 가입에 동의 함으로써 2007.10.30. ICAO에 가입서를 기탁한 결과, 그로부터 60일째 되는 2007. 12. 29.효력이 발생될 예정으로 있습니다.

(2) 몬트리올협약 주요 내용

아래에서는 몬트리올협약에 의하여 변경된 주요 내용을 열거하였으며, 다음 번 안내문을 통하여 그 상세한 내용을 설명하겠습니다.

① 항공운송증권(항공권, 화물운송장)의 필요적 기재사항 간소화
② 항공운송증권의 전자문서화 허용(e-ticket, e-freight의 법적 근거 명시)
③ 승객의 사망, 신체 상해 사고 관련 IATA Inter-carrier Agreement(1995) 규정(절대책임주의 및 2 Tier System) 채택
④ 신체 상해를 동반하지 않는 순수한 정신적 손해에 대한 배상 책임 부인
⑤ 여객 지연에 대한 책임한도액을 승객 1인당 SDR 4,150으로 제한
⑥ 화물에 대한 책임한도액 상향(Kg당 USD 20 → 17 SDR)
⑦ 수하물에 대한 책임을 승객 1인당 1,000 SDR로 제한
⑧ 화물의 손해 관련 몬트리올 제4추가의정서 규정(절대책임주의) 채택
⑨ 화물의 손해 발생에 운송인의 Wilful Misconduct가 개입되었더라도 책임한도액은 유지되도록 규정.
⑩ 승객의 사망, 신체 상해의 경우 제5관할권 인정
⑪ 매5년마다 운송인의 책임한도액을 조정할 수 있는 제도 마련
⑫ 승객의 사망, 신체 상해의 경우 국내법에 따라 선급금 지급 권고
⑬ 체약국이 항공사에게 손해배상책임을 담보하는 보험 가입을 요구할 수 있는 근거 조항 마련 등

〈표 18-1〉 헤이그의정서와 몬트리올협약비교

		헤이그의정서(1955)	몬트리올협약(1999)
책임원칙	여객	• 과실추정	• 여객 2 Tier System 1) SDR 10만 이하(절대책임 : 항공사의 무과실 항변 배제) 2) SDR 10만 초과(과실추정)
	지연	• 과실추정	• 과실추정
	휴대수하물	• 명시적 규정 없음	• 과실책임
	위탁수하물	• 과실추정	• 과실추정
	화물	• 과실추정	• 절대책임
책임경감, 면제사유	여객	• 기여 과실 • 무과실 항변 사유 : 손해를 방지하기 위한 모든 조치를 취하였거나 조치를 취할 수 없었음	• 기여 과실 • 무과실 항변 사유(SDR 10만 초과) : 운송인의 무과실, 제3자에 의한 손해발생
	화물	• 무과실 항변 사유 : 손해를 방지하기 위한 모든 조치를 취하였거나 조치를 취할 수 없었음	• 기여 과실 • 무과실 항변 사유 : 화물의 내재적 결함, 포장, 전쟁, 정부행위 관련 항변
Wilful Misconduct (항공운송인 무한책임)	정의	• 손해발생 가능성에 대한 인식, 무모하게 또는 손해를 일으키려는 의도하에 행해진 작위 또는 부작위	• 손해발생 가능성에 대한 인식, 무모하게 또는 손해를 일으키려는 의도하에 행해진 작위 또는 부작위
	인정	• 여객, 수하물, 화물	• 여객 지연, 수하물
책임한도액	여객	• 승객 1인당 FRF 250,000 (미화 20,000불)	• 무한책임
	여객지연	• 규정 없음	• 승객 1인당 SDR 4,150 (미화 약 6,600불)
	휴대수하물 (손해 & 지연)	• 승객 1인당 FRF 250,000 (미화 400불)	• 승객 1인당 SDR 1,000 (미화 약 1,600불)
	위탁수하물 (손해 & 지연)	• Kg당 FRF 250(미화 20불)	
	화물 (손해 & 지연)	• Kg당 FRF 250(미화 20불)	• Kg당 SDR 17(미화 약 27불)
	공가요금 (수하물, 화물)	• 신고가액	• 신고가액
관할권		• 4개의 관할지 (운송인의 주소지, 주된 영업소 소재지, 계약체결지, 목적지)	• 제5 관할권 인정 : 승객의 주소지 추가
선급금		• 규정 없음	• 사고 직후 국내법에 따라 지급
계약운송인과 실제운송인의 관계		• 규정 없음	• 실제운송인에게도 계약운송인과 동일하게 협약 적용
한도액 조정		• 규정 없음	• 매 5년마다 검토

* 1 SDR = 1.59863 USD(2007.11.22 기준)

부 록

부록 1　국내 취항 주요 항공사 항공기 현황

부록 2　국제화물 운송약관(대한항공)

부록 3　항공화물 용어

부록 1.

국내 취항 주요 항공사 항공기 현황

순번	항공사	국적	항공기 대수	평균기령	경년항공기 대수	
					20~30년 미만	30년 이상
1	대한항공	대한민국	150	9.6	4	
2	아시아나항공		84	9.8	8	
3	제주항공		19	11.9		
4	진에어		13	14.1		
5	에어부산		14	14.1		
6	이스타항공		10	13.8		
7	티웨이항공		9	9.5		
8	에어인천		2	23.4	2	
1	KLM 네덜란드항공	네덜란드	113	10.8	16	
2	에어 칼린	뉴칼레도니아	4	10.6		
3	만다린 항공	대만	8	7.0		
4	부흥항공	대만	21	9.4		
5	에바항공	대만	61	8.5	5	
6	중화항공	대만	82	10.1		
7	드래곤항공	대만	41	13.0	4	
8	루프트한자항공	독일	279	11.2	54	
9	라오항공	라오스	11	3.3		
10	아에로플로트항공	러시아	154	4.1		
11	에어아시아엑스	말레이시아	23	5.6	1	
12	말레이지아항공	말레이시아	98	4.8		
13	몽골항공	몽골	5	9.7		
14	아메리칸항공	미국	969	12.2	233 (Max 29.3)	
15	하와이안항공	미국	48	8.1	2	
16	다이나믹항공	미국	5	26.8	5	
17	유나이티드항공	미국	700	13.4	100	
18	델타항공	미국	780	16.9	230	4 (Max 30.4)
19	베트남항공	베트남	83	6.0		
20	스쿠트항공	싱가폴	7	14.3		
21	싱가폴항공	싱가폴	108	7.4		
22	에미레이트항공	아랍에미레이트	232	6.3		
23	에티하드	아랍에미레이트	111	5.7		
24	에티오피안 항공	에티오피아	74	6.5	3	
25	영국항공	영국	262	12.5	30	
26	우즈베키스탄항공	우즈베키스탄	30	10.3	2	

순번	항공사	국적	항공기 대수	평균기령	경년항공기 대수	
					20~30년 미만	30년 이상
27	인도항공	인도	105	9.4	18	4 (Max 34.7)
28	가루다 인도네시아항공	인도네시아	135	5.2	2	
29	스타플라이어	일본	9	2.3		
30	피치항공	일본	14	2.0		
31	일본항공	일본	159	8.6	8	
32	중국동방항공	중국	378	6.1	4	
33	산동항공	중국	83	4.0		
34	천진에어라인	중국	88	3.0		
35	사천항공	중국	98	5.5		
36	중국남방항공	중국	479	6.2	7	
37	상해항공	중국	74	6.8		
38	에어마카오항공	중국	16	11.3		
39	길상항공	중국	41	3.6		
40	하문항공	중국	114	5.6		
41	심천항공	중국	153	5.6	1	
42	중국국제항공	중국	328	6.1	5	
43	체코항공	체코	24	9.2		
44	에어아스타나항공	카자흐스탄	30	7.0		
45	카타르항공	카타르	134	5.6		
46	스카이윙스아시아	캄보디아	2	21.9	2	
47	캐나다항공	캐나다	169	15.3	45	
48	비지니스에어	태국	3	24.9	3	
49	타이항공	태국	103	10.6	12	
50	터키항공	터키	236	7.1	5	
51	프랑스항공	프랑스	240	11.2	13	
52	핀에어	핀란드	64	10.3		
53	세부퍼시픽항공	필리핀	54	4.5		
54	에어아시아 제스트항공	필리핀	16	11.6		
55	필리핀항공	필리핀	50	3.6		
56	캐세이퍼시픽항공	홍콩	146	8.1	6	

자료출처: http://www.planespotters.net

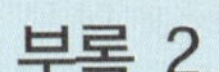

부록 2.

국제화물 운송약관(대한항공)

제 1조 정 의

본 약관에 사용되는 각 용어에 대한 정의는 다음과 같다.

1. 대한항공"이라 함은 주식회사 대한항공을 말한다.
2. "항공화물운송장 (이하 "운송장"이라 한다)"이라 함은 항공화물운송위탁서와 동의어로서 대한항공의 노선상의 화물운송을 위하여 송하인에 의하여 또는 송하인을 대신하여 대한항공이 작성한 송하인과 대한항공간의 운송계약을 증명하는 증표를 말한다.
3. "운송인"이라 함은 운송장을 발행하는 항공운송인과 당해 운송장에 따라 화물을 운송하거나 또는 운송할 것을 인수하는 항공운송인 또는 당해 항공운송과 관련하여 부수적인 서비스를 제공하는 항공운송인을 포함한다.
4. "사전조치"라 함은 화물운송에 앞서 송하인과 대한항공 사이에 특별히 취해야 할 선행조치를 말한다.
5. "운송"이라 함은 수송과 동의어로서 무상 또는 유상으로 행하는 화물의 항공운송 또는 육상운송 등 여타의 수단에 의한 운송을 말한다.

   "협약에 정의된 이외의 국제운송"이라 함은 바르샤바협약에 정의된 국제운송 및 개정바르샤바협약에 정의된 국제운송 또는 몬트리올협약에서 규정한 국제운송의 범주에 포함되지 아니한 운송으로서, 당사자간의 계약에 따라, 출발지와 착륙지가 2개 이상의 국가에 위치하는 운송을 말한다.
6. "협약"이라 함은 운송계약에 적용되는 다음 각호 중 하나를 말한다.
   가. 1929년 10월 12일 바르샤바에서 서명된 국제항공운송에 있어서의 일부 규칙의 통일에 관한 협약 (이하 "바르샤바협약"이라 한다).
   나. 1955년 9월 28일 헤이그에서 개정된 바르샤바협약 (이하 "개정바르샤바협약"이라 한다).
   다. 1999년 5월 28일 몬트리올에서 서명된 국제항공운송에 있어서의 일부 규칙의 통일에 관한 협약 (이하 '몬트리올협약'이라 한다.)

7. "국가"라 함은 한나라의 주권, 종주권, 위임통치, 신탁통치 또는 그 권력 하에 있는 모든 지역을 포함한다.

8. "화물"이라 함은 물품과 동의어로서 우편물과 수하물을 제외하고 항공기에 의하여 운송이 진행 중에 있거나 운송될 모든 물품을 말한다.

   단, 운송장이 작성되어 운송되는 비동반수하물은 화물에 속한다.

9. "귀중 화물"이라 함은 다음 각호 중 하나 또는 그 이상에 해당되는 화물을 말한다.

   가. 킬로그램당 운송신고가격이 미화 1,000.00불 (또는 그 상당액) 이상인 품목

   나. (1) 금괴 (잉곳트 형태의 정련 및 비정련된 금 포함), 금합금괴, 금화

   (2) 입자, 박판, 극 박판, 분말, 스폰지, 선, 봉, 관, 환, 모울딩, 주물의 형태로 된 금

   다. (1) 백금, 백금계 금속 (파라듐, 이리듐, 루테늄, 오스뮴 및 리듐)

   (2) 입자, 스폰지, 각봉, 괴, 박판, 환봉, 선, 망사, 관 또는 스트립 형태로 된 백금합금

   단, 상기금속 및 합금의 방사성 동위원소는 위험품임

   라. 지폐, 여행자수표, 유가증권, 주권, 채권, 우표 및 인지류, 사용 가능한 은행카드 및 신용카드

   마. (1) 다이아몬드 (공업용 다이아몬드 포함), 홍옥, 취옥, 청옥, 단백석, 진주 (양식진주 포함)

   (2) 위 (1)에 기재된 품목으로 구성된 보석류

   바. 백금, 금, 은으로 제작된 보석류 및 시계

   사. 백금 또는 금으로 제작된 품목 (백금 및 금도금제품 제외)

10. "선불화물"이라 함은 운임 및 요금이 운송장 작성시 송하인이 납부하는 운송장에 기재된 화물을 말한다.

11. "착지불화물"이라 함은 운임 및 요금이 화물 인도 시 수하인이 납부하도록 운송장에 기재된 화물을 말한다.

12. "비동반 수하물"이라 함은 운송장이 작성되어 운송되는 수하물을 말한다.

13. "송하인"이라 함은 송하주와 동의어로서 운송을 위하여 대한항공과 운송계약을 체결한 당사자로서 운송장에 성명이 명시되어 있는 자를 말한다.

14. "수하인"이라 함은 운송인으로부터 화물을 인도받을 자로서 운송장에 성명이 명시되어 있는 자를 말한다.

15. "통과수하인"이라 함은 통관취급대리인과 동의어로서 수하인을 대신하여 통관

업무를 수행토록 지정된 통관업자 또는 기타 수하인의 대리인을 말한다.

16. "집하서비스"라 함은 화물의 집하지점으로부터 출발지공항까지의 수출화물의 지상운송을 말한다.
17. "배달서비스"라 함은 목적지공항으로부터 수하인의 주소지까지나 혹은 수하인이 지정한 대리인의 주소지까지 또는 정부기관의 요구에 따라 당해 기관의 보관소까지의 수입화물의 지상운송을 말한다.
18. "시내화물취급서비스"라 함은 대한항공의 시내화물취급소와 출발지공항 또는 목적지공항간에 제공되는 화물의 지상운송을 말한다.
19. "요율"이라 함은 운임산출을 위하여 설정한 단위당 금액을 말한다. 이는 화물의 중량(또는 용적)을 기준으로 하여 설정된 것으로서 대한항공이 통상 사용하는 인쇄물을 통하여 공시된다.
20. "운송가격"이라 함은 화물의 분실, 손상, 지연(이하 총칭하여 "손해"라 한다)의 경우에 대한항공의 배상책임한도액을 산정하기 위하여 송하인이 신고하는 화물의 가격을 말한다.
21. "일"이라 함은 공휴일을 포함한 총 달력일수를 말한다. 단, 통지에 대한 일수계산에 있어서는 통지한 날은 산입하지 아니하고 통지기간의 말일이 공휴일인 경우에는 그 익일에 기간이 만료된다.
22. "태리프"라 함은 공시된 요율 및 요금과 이와 관련된 규정을 말하며 이는 본 약관의 일부를 구성한다.
23. "프랑스 금프랑"이라 함은, 순분 1,000분의 900의 금 65.5 밀리그램으로 구성된 프랑스프랑을 말하며 프랑스 금프랑은 각국 통화의 단수가 없는 액으로 환산될 수 있다.
24. "SDR"이라 함은, 국제통화기금이 정한 특별인출권이다.

    이를 각국 통화로 환산하는 경우 환율은 다음에 의한다.

    가. 운송약관 제14조 1항에 의하여 운송신고가격이 운송장에 기재되는 경우 각국 통화와 SDR의 환율은 운송장 발행 당일에 유효한 환율에 의한다.

    나. 운송약관 제 14조 1항에 의하여 운송신고가격이 운송장에 기재되지 않은 경우 각국통화와 SDR의 환율은 소송의 경우에는 판결일에 유효한 환율에 의하며, 소송 이외의 경우에는 지불하여야 할 손해배상금액이 합의된 날에 유효한 환율에 의한다.

제 2조 약관의 적용

1. 총 칙

본 약관과 기타 적용 태리프의 규정이 협약의 여하한 규정을 수정하거나 포기토록 하는 것은 아니다.

2. 적 용

본 약관은 대한항공의 국내화물운송약관이 적용되는 국내운송을 제외한 모든 운송에 적용된다.

3. 무상운송

무상운송에 대하여 대한항공은 본 약관의 전부 또는 일부의 적용을 배제할 권리를 갖는다.

4. 전세운송계약

대한항공과의 전세운송 계약에 의거 행하는 화물의 운송에 대하여는 당해 전세운송 계약이 우선하여 적용되며, 전세운송 계약에 명시되지 않는 사항에 대하여는 본 운송약관을 적용한다. 송하인은, 전세운송 계약에 의한 운송을 수락하여 운송이 이루어지는 경우, 대한항공과의 전세운송 계약 당사자의 여부에 관계없이 당해 전세운송 계약 및 본 운송약관에 동의하는 것으로 간주 된다.

5. 예고 없는 변경

적용법령, 정부규제, 명령 또는 지시에 따라 필요한 경우를 제외하고는 본 약관과 기타 적용 태리프의 규정은 사전에 예고 없이 변경될 수 있다. 단, 운송장 발행일 이후의 그러한 변경은 당해 운송계약에는 적용되지 이니한다.

6. 효력

모든 운송은 운송장 발행 당일에 유효한 약관과 기타 적용 태리프의 규정에 따른다. 약관과 규정이 일치하지 아니하는 경우에는 약관에 정한 바를 우선적으로 적용한다.

제 3조 운송장의 작성

1. 송하인에 의한 운송장의 작성

가. 송하인은 대한항공이 정하는 양식, 방법 또는 매수에 따라 운송장을 작성하여 화물의 위탁과 동시에 당해 운송장을 대한항공에 인도하여야 한다. 그러나, 운임 및 요금이 확정되어 있는 한 당해 운임 및 요금은 대한항공이 기입한다.

나. 화물의 포장이 2개 이상일 경우, 수탁화물의 전부를 하나의 항공기로 운송할 수 없을 경우 또는 수탁화물의 전부를 한 통의 운송장에 의하여 운송하는 것이 적용법령, 정부규제, 명령, 지시 또는 대한항공의 규정에 위반되는 경우에는 대한항공은 송하인에게 운송장을 2통 이상으로 분할하여 작성토록 송하인에게 요구할 수 있다.

2. 화물의 외양

화물의 외양이나 포장이 양호하지 못한 경우에는 송하인은 당해 화물의 외양과 취급 조건 등을 운송장에 기입하여야 하며 만일 기입하지 아니하였거나 기재된 내용이 부정확할 경우에는 대한항공은 운송장에 당해 화물의 외양과 취급 조건 등을 기재하거나 기재된 내용을 보완할 수 있다.

3. 대한항공에 의한 운송장의 준비, 보완 또는 수정

대한항공은 송하인의 명시적 또는 묵시적 동의에 의하여 운송장을 작성할 수 있다. 이러한 경우 반증이 없는 한 송하인이 운송장을 작성한 것으로 간주한다. 만일 수탁화물과 함께 인수한 운송자에 필요한 기재 사항이 누락되었거나 그 내용에 하자가 있을 경우에는 대한항공은 가능한 한 운송장을 보완 및 수정하되 반드시 그러한 의무를 부담하는 것은 아니다.

4. 기재내용에 대한 책임

송하인은 송하인이 운송장을 작성하였거나 대한항공이 송하인을 대신하여 운송장을 작성함에 관계없이 그 기재사항 또는 기재내용의 부적법, 부정확 또는 불비에 따른 대한항공 및 기타 관계자가 입은 일체의 손해에 대하여 책임을 지지 아니하면 아니 된다.

5. 운송장의 변조

대한항공은 운송장의 일부가 훼손되었거나 또는 운송인 이외의 자에 의하여 변조되었을 경우에는 이의 접수를 거절할 수 있다.

제 4조 운임 및 요금

1. 적용 요율 및 요금

가. 본 약관에 의거 적용되는 요율 및 요금은 대한항공이 적법하게 공시한 것이어야 하며 운송장 발행당일에 유효한 것이어야 한다.

나. 징수한 금액이 상기의 유효한 요율 및 요금에 의하여 산출된 것이 아닌 경우 대한항공은 경우에 따라 그 차액을 송하인 혹은 수하인에게 환불하거나 또는 송하인 혹은 수하인으로부터 추징한다.

2. 공시된 요율에 포함되지 아니하는 운송 서비스

적용 태리프에 별도로 명시된 경우를 제외하고는 공시된 요율에는 다음 각호의 서비스 요금은 포함되지 아니한다.

가. 집하, 배달 및 시내화물 취급서비스료

나. 창고료 또는 보관료

다. 보험료

라. 화물의 통관에 따른 비용

마. 제세공과금을 포함한 제 수수료 및 과태료

바. 화물포장의 개.보수에 따른 비용

사. 화물을 출발지로 반송함에 따른 비용

아. 기타 서비스요금

3. 적용구간

적용 태리프에 별도로 명시된 경우를 제외하고는, 공시된 요율은 출발지 공항에서 목적지공항까지의 운송에만 적용된다.

4. 적용우선순위

적용 태리프에 별도로 명시된 경우를 제외하고는, 공시된 직행요율은 동일한 지점간의 동일한 화물에 적용되는 구간 요율을 합산한 요율보다 우선하여 적용된다.

5. 운임 및 요금의 기초

가. 운임은 화물의 총중량을 기준으로 산출한 운임과 총용적을 기준으로 산출한 운임 중 고액을 적용한다.

나. 용적에 의한 중량의 계산은 6,000 입방센티미터를 1 킬로그램, 3,000 입방센티미터 이하의 용적을 0.5킬로그램, 3,000 입방센티미터를 초과하는 용적을 1킬로그램으로 하여 중량을 계산한다. 또한 366 입방인치를 1킬로그램, 183 입방인치 이하의 단수를 0.5킬로그램, 183 입방인치를 초과하는 단수를 1킬로그램으로 하여 중량을 계산하며, 166 입방인치 또는 그 미만의 단수를 1 파운드로 하여 중량을 계산한다.

6. 중량에 의한 할인

동일한 화물에 적용되는 운임은 화물의 총 중량에 당해 중량에 적용하는 요율을 곱하여 산출된 운임과 당해 화물에 적용하는 중량단계보다 더 무거운 다음 중량단계에 당해 중량에 대한 요율을 곱하여 산출된 운임 중 더 낮은 운임이 우선하여 적용된다.

7. 단수의 처리

가. 운임 및 요금을 각각 계산할 때 또는 합산한 운임 및 요금을 운송장에 명시된 통화 이외의 통화로 환산할 때 단수가 있는 액이 될 경우에는 대한항공의 규정에 따라 소정의 단위로 단수처리 한다. 합산한 운임 및 요금을 대한민국 "원"화로 환산할 경우에는 10원 미만의 단수는 절사한다.

나. 용적계산에 있어서 0.5센티미터 미만 또는 0.5 인치 미만의 단수는 절사하고 0.5센티미터 이상 또는 0.5인치 이상의 단수는 1센티미터 또는 1인치로 절상한다.

다. 중량계산에 있어서 0.5킬로그램 이하의 단수는 0.5 킬로그램으로 하고 0.5킬로그램을 초과하는 단수는 1킬로그램으로 절상한다. 또한 1파운드 미만의 단수는 1파운드로 절상한다.

라. 용적의 계산은 화물의 최대용적에 의거하여야 하며 화물이 수개의 포장으로 구성되어 있을 경우 포장되어 있는 전체화물의 최대용적을 기준으로 한다. 최대용적은 화물의 최대길이, 최대폭 및 최대높이를 곱하여 산출한다.

8. 운송가격의 신고

종가요금의 적용과 관계없이 송하인은 모든 화물에 대하여 운송장에 운송가격을 신고하여야 하며 그러한 운송가격의 신고는 금액으로 하거나 "신고가격 없음(NVD:

No Value Declared)"으로 하여야 한다.

9. 종가요금

가. 운송가격에 대하여 종가요금이 적용되는 경우, 킬로그램당 화물의 가격은 운송신고 가격을 운송장에 명시된 화물의 총 중량으로 나누어 결정한다.

나. 킬로그램당 화물의 가격이 19 SDR을 초과하는 경우에는 그 초과분에 대하여 0.75%에 상당하는 금액을 종가요금으로 한다.

10. 최저운임

적용 태리프에 별도로 명시된 경우를 제외하고는, 화물의 총 중량에 의거 산출한 운임의 총액이 적용 태리프에 정하는 최저운임보다 저액일 경우에는 적용 태리프에 정하는 최저운임을 적용한다.

11. 공시되지 않은 요율 및 요금의 구성

어느 두 지점간의 요율 및 요금이 공시되어 있지 아니한 경우, 당해 두 지점간의 요율 및 요금은 적용 태리프에 따라 산출한다.

12. 입체지불수수료

송하인의 요구가 있을 경우, 대한항공은 대한항공, 송하인 또는 그의 대리인이 선불한 보관료, 공과금, 통관수수료, 보험료 또는 대한항공 이외의 자가 행하는 적재 및 하역에 대한 수수료 등을 입체지불금으로서 수하인으로부터 징수하며 이를 징수하는데 따른 입체지불수수료는 입체지불금의 10%며 최저 입체지불수수료는 대한민국 출발 경우 25,800원, 기타지역의 경우는 미화 20.00불 (또는 그 상당액)이다.

입체지불금은 운송장에 기재된 운임과 종가요금을 합한 금액을 초과할 수 없으며 운임과 종가요금을 합한 금액이 미화 100.00불 또는 그 상당액 (단, 대한민국 출발의 경우는 129,000원) 미만인 경우에는 입체지불금은 대한민국 출발인 경우 129,000원, 기타지역의 경우는 미화 100.00불 (또는 그 상당액)까지 허용된다.

13. 위험물 취급수수료

대한항공의 규정에 명시된 위험품의 운송에 대하여 대한항공이 별도로 정하는 바에 따라 별도로 소정의 위험물 취급수수료를 징수한다. 다만 대한민국을 출발지로 하는 화물의 경우 위험물 취급수수료는 운송장을 기준으로 포장단위가 4개 이하인 경우에는 운송장당 51,800원 (또는 실제 지급일 기준의 그 상당액)으로 하며, 한 개의 운송장에 표시된 화물에 4개 포장단위를 초과하는 경우에는 포장단위 한 개당 11,400원 (또는 실제지급일 기준의 그 상당액)의 비율로 계산하되, 운송장당 위험물 취급수수료의 총액이 258,800원을 초과하는 경우에는 258,800원(또는 실제지급일 기준의 그 상당액)으로 하기로 한다.

14. 착지불수수료

착지불 조건으로 수송되는 화물에 대하여는 대한항공이 별도로 정하는 바에 따라 소정의 착지불수수료를 징수한다. 다만, 대한민국에 착지불 조건으로 도착되는 화물에 대하여는 운임과 종가요금을 합한 금액의 5%에 상당하는 금액을 착지불수수료로 하되, 착지불수수료가 12,900원(또는 청구일 기준의 그 상당액)에 미달하는 경우에는 12,900원 (또는 지급일 기준의 그 상당액)을 착지불수수료로 한다.

15. 터미널서비스 요금

대한항공은 운송장에 명시된 송하인 또는 수하인에게 터미널서비스 요금을 부과할 수 있으며 당해 요금은 그러한 서비스가 대한항공에 의하여 행하여질 때마다 각기 적용된다.

16. 운송장작성수수료

대한민국을 출발지로 하는 화물에 대해 항공사가 화주를 대신하여 운송장을 작성할 경우 항공사는 화주로부터 운송장작성수수료를 징수하며, 이 경우 운송장작성수수료는 운송장당 3,100원 (또는 실제 지급일 기준의 그 상당액)이다.

17. Priority 서비스 요금

대한항공은 운송장에 명시된 송하인의 요청에 의해 국제선 Priority 서비스를 제공할 수 있으며, 대한민국을 출발지로 하는 Priority 서비스를 이용하는 화물의 경우에는 공시된 요율과 운임의 140%까지 적용할 수 있다.

제 5조 운임 및 요금의 지불

1. 운임 및 요금은 선불화물의 경우에는 대한항공이 송하인으로부터 그 화물을 인수할 때, 착지불화물의 경우에는 대한항공이 수하인에게 그 화물을 인도할 때,

현금 또는 대한항공이 수락할 수 있는 기타 지불수단으로 지불되어야 한다. 운임 및 요금의 지불이 운송자에 명시된 통화 이외의 통화로 지불될 경우에는 다음에 설정한 환율규정이 적용된다. 적용환율표는 운임 및 요금이 지불되는 대한항공의 영업장에서 열람할 수 있으며 본 조항은 정부의 외환관리법 또는 정부규제의 여하한 규정의 적용을 배제하는 것은 아니다.

2. 환율의 적용은 다음 각호의 정하는 바에 의한다.
   가. 선불화물의 경우에는 운송장 발행당일에 유효한 환율이 적용된다.
   나. 착지불화물의 경우에는 당해 화물이 목적지 공항에 도착된 당일에 유효한 환율이 적용된다. 단, 대한민국 도착화물의 경우에는 당해 화물이 국내최초 도착지공항에 도착된 당일에 유효한 환율이 적용된다.
3. 대한민국 내에서 운임 및 요금을 원화로 지불하는 경우의 적용환율은 다음 각호의 정하는 바에 의한다.
   가. 은행의 대 고객 전신환매도율을 적용한다. 이 경우 매주 월요일에 유효한 대 고객 전신환매도율을 당해 주의 화요일부터 다음주 월요일까지 주간단위로 적용한다. 단, 월요일이 공휴일인 경우 은행의 전 주 마지막 영업일에 유효한 대 고객 전신환매도율을 적용한다.
   나. 위 가호에도 불구하고 전일까지 적용되어온 당해 주의 환율과 비교, 환율의 변동폭이 1%이상 발생하였을 경우에는 변동된 신 환율을 익일부터 당해 1주일간의 잔여기간 동안 사용한다.
4. 선불 또는 착지불에 관계없이 적용된 운임 및 요금의 전액, 또는 대한항공이 대불했거나 대한항공에 의하여 발생된 수수료, 공과금, 세금, 제비용, 선불금 기타 대한항공에 지불하여야 할 금액은 화물이 분실되었거나 손상되었거나 혹은 운송장에 기재되어 있는 목적지 공항에 도착하지 못하였건 간에 전적으로 대한항공의 수입으로 간주된다.
5. 화물의 손해배상청구는 모든 운임 및 요금이 지불될 때까지 행사할 수 없다. 단, 화물의 전부가 인도되지 않은 경우에는 운임 및 요금의 지불과 관계없이 그 화물에 대한 손해배상을 청구할 수 있다. 손해배상청구액은 당해 운임 및 요금으로부터 공제할 수 없다.
6. 화물을 대한항공에 위탁할 시 확정할 수 없는 여하한 요금, 비용 또는 입체지불금과 관련하여 대한항공은 송하인으로 하여금 당해 요금, 비용 또는 입체지불금으로 충당하기에 충분하다고 대한항공이 추정하는 금액을 사전 예치할 것을 송하인에게 요구할 수 있다. 당해 예치금에 대하여 대한항공으로부터 송하인에 대

한 잔금의 환불 또는 송하인으로부터의 추징에 관하여는 운송계약 완료 후 당해 요금, 비용 또는 입체지불금이 확정된 후에 이루어진다.

7. 송하인은 모든 운임 및 요금과 다음 각호의 사유로 인하여 대한항공이 지불하였거나 부담할 모든 경비, 과태료 등에 대하여 그 지불을 보증하여야 한다.
   가. 법령에 의하여 운송이 금지되어 있는 품목의 화물에 불법혼입
   나. 부적법, 부정확 또는 불충분한 포장, 주소의 기재 또는 화물표시
   다. 수입허가서 또는 필요한 증명서의 부재
   라. 세관에 대한 가격신고의 부정
   마. 중량 또는 용적에 대한 부정확한 기술
8. 송하인에 의하여 선불된 경우를 제외하고는, 수하인은 화물을 인도받거나 운송계약에 따라 발생하는 여하한 권리를 행사함으로써 모든 미지불 운임 및 요금, 비용, 벌금, 과태료, 입체지불금의 지불에 동의한다.

   그러나 이러한 동의가 당해 금액에 대한 송하인의 지불채무를 면제하는 것은 아니다. 대한항공은 위 각항을 위하여 화물에 대한 유치권을 가지며 당해 지불이 이루어지지 않을 경우 그 화물을 경매 또는 임의 매각처분(단, 매각 전에 대한항공은 운송장에 명시되어 있는 주소의 송하인 또는 수하인에게 그러한 취지를 통상적인 방법으로 통지하여야 한다)하고 당해 매각대금으로서 상기 미지불 금액의 전부 또는 일부에 충당하는 권리를 가진다. 그러한 대한항공의 경매 또는 임의매각 처분이 부족금액에 대한 지불채무를 면제하는 것은 아니며 송하인과 수하인은 연대하여 당해 지불 채무를 부담하여야 한다. 당해 부족금액이 실제로 지불되지 않는 한, 지불승인을 이유로 이러한 유치 및 매각원리와 전기 비용을 징수하는 대한항공의 권리는 영향을 받거나 소멸 또는 침해되지 않으며 화물을 인도하거나 화물의 점유포기가 있어도 이러한 전기 비용을 징수하는 대한항공의 권리는 영향을 받거나 소멸 또는 침해되지 않는다.
9. 화물의 총 중량, 용적, 수량 또는 운송신고 가격이 최초에 운임 및 요금의 계산시 산정한 총 중량, 용적, 수량 또는 운송신고가격을 초과할 경우에는 대한항공은 경우에 따라 송하인 또는 수하인에게 그 초과분에 대한 운임 및 요금의 지불을 요구할 수 있다.

제 6조 화물의 인수

1. 운송신고가격에 의한 제한

가. 대한항공은 하나의 화물의 운송신고가격이 미화 500,000.00불(또는 그 상당액)을 초과하는 경우에는 사전조치가 취하여지지 않는 한 운송을 수락하지 아니한다.

나. 1대의 항공기로 운송되는 하나 또는 그 이상의 화물의 운송신고가격의 총액의 한도는 미화 8,000,000.00불(또는 그 상당액)이다. 만약 운송신고 가격의 총액이 이러한 한도액을 초과하는 경우에는 사전 조치가 취하여지지 않는 한 1대의 항공기로 운송할 수 없으며 대한항공 단독의 판단으로 2대 이상의 항공기로 분할하여 운송할 수 있다.

2. 화물의 포장 및 표시

가. 화물은 일반적인 화물취급 절차에 따라 안전하게 운송이 될 수 있고 사람, 항공기, 타 화물 또는 재산에 손해를 주는 일이 없도록 포장되어야 하며 각 포장화물에는 송하인과 수하인의 성명 및 주소가 명확하고 소멸되지 아니하게 기재되어야 한다.

나. 귀중화물은 대한항공이 정하는 방법에 따라 포장 및 봉인이 되어야 운송을 수락한다.

3. 수탁금지화물

대한항공의 규정에 별도로 명시된 경우를 제외하고는, 화물은 그 취급에 적당한 장비의 사용이 가능하거나 또는 당해 항공기의 허용탑재량의 범위 내에서 대한항공은 운송을 수락하되 다음 각호의 화물에 대하여는 운송을 수락하지 아니한다.

가. 당해 화물의 운송 또는 수출입이 목적지국, 출발지국, 도중기착지국 또는 통과국의 법령이나 규제에 금지되어 있는 것

나. 당해 화물이 항공운송에 적합하지 아니한 상태로 포장된 것

다. 당해 화물의 운송에 필요한 서류가 모두 구비되어 있지 아니한 것

라. 당해 화물이 사람, 항공기, 타 화물 또는 재산에 위험을 주거나 또는 여객에게 불편을 끼치는 것

4. 조건부 수탁화물

가. 위험물, 생동물, 부패성화물, 시체 및 유골과 기타 항공운송에 적합하지 아니한

고유의 성질을 가지고 있는 화물에 대하여는 대한항공이 정하는 조건하에서만 수락한다.

나. 대한항공은 선불화물 또는 착지불 화물 어느 것이나 운송을 수락한다.

단, 대한항공은 다음의 화물에 대하여는 착지불 조건으로 운송을 수락하지 아니한다.

(1) 자유를 구속당하고 있는 자에게 보내는 화물

(2) 정부기관에 보내는 화물

단, 정부기관원이 정당한 증명서를 제시하여 운송하는 경우는 제외됨

(3) 화물의 판매가격이 운임 및 요금보다 저렴하다고 판단되는 화물

(4) 부패성 화물

(5) 외환법규 또는 대한항공의 규정에 따라 착지불화물의 인도를 금지하는 국가로 발송하는 화물

(6) 생동물

(7) 시체 및 유골

다. 이상한 중량, 형태 또는 크기의 화물은 사전조치가 취하여지지 않는 한 운송을 수락하지 아니한다. 대한항공은 화물의 안전취급을 위하여 특별설비가 필요한 경우 송하인 또는 수하인이 준비하여 조작하고 그 비용을 부담하는 경우에 한하여 운송을 수락한다.

라. 대한항공의 규정에 정하는 항공기 탑재실 바닥의 단위면적당 탑재제한 중량을 초과하는 중량을 가진 화물은 당해 화물을 탑재하는 항공기내에서 사용하는 적당한 버팀목 등을 이용하여 단위면적당 중량을 탑재제한중량 이하로 하지 아니하면 아니 된다.

5. 운송조건의 위반에 대한 책임

수탁금지 화물이나 조건부 수탁화물에 대한 운송조건의 위반에 대한 책임은 송하인이 부담하는 것이며 그러한 화물운송으로 인하여 발생하는 일체의 손해에 대하여 송하인은 대한항공을 면책 보호하여야 한다.

6. 화물의 검사

대한항공은 화물을 개봉하여 그 내용물을 검사할 수 있는 권리를 가지나 반드시 그러한 의무를 부담하는 것은 아니다.

제 7조 화물의 운송

1. 법령의 준수

가. 송하인은 화물의 포장, 운송, 인도 또는 기타 관련되는 업무에 관한 화물의 목적지국, 출발지국, 도중 기착지국 또는 통과국의 적용법령, 정부규제, 명령 또는 지시를 준수하여야 하며 또한 그러한 정보를 대한항공에게 제공하고 그러한 적용법령, 정부규제, 명령 또는 지시를 준수하기 위하여 필요한 제반 서류를 운송장에 첨부시켜야 한다. 대한항공은 당해 정보 또는 서류가 정확하고 충분한 것인지의 여부에 대하여 검사할 의무를 부담하는 것은 아니다. 대한항공은 송하인이 본 항에 정하는 바에 따르지 못했음을 이유로 발생된 손해에 대하여 송하인, 수하인 또는 기타인에게 책임을 지지 아니한다.

나. 대한항공이 적용법령, 정부규제, 명령 또는 지시에 의거 화물의 운송을 거절치 아니하면 아니 된다고 선의의 결정을 한 뒤 운송을 거절하는 경우에는 대한항공은 책임을 지지 아니한다.

2. 입체지불 및 통관수속

그러한 의무를 부담하는 것은 아니나 대한항공은 화물의 운송도중 발생한 공과금, 세금 또는 비용 등을 대납한다. 이 경우 송하인과 수하인은 연대하여 대한항공이 대납한 금액에 대하여 그 지불을 보증하여야 한다. 송하인에 의하여 그러한 모든 비용이 선불된 경우를 제외하고는 화물의 출발지 공항까지의 운송 또는 목적지공항 이원에의 운송에 따른 비용의 발생에 대하여 대한항공은 그 지불의무를 지지 아니한다. 만일 어느 지점에서 화물의 통관수속을 할 필요가 있을 경우 화물은 운송자에 통관수하인의 성명이 명시되어 있지 않을 시에는 대한항공이 지정하는 통관 수하인에게 인도하는 것으로 간주한다. 그러한 목적을 위하여 대한항공이 인증하는 운송장의 사본은 원본으로 간주한다.

3. 운송중의 화물에 대한 대한항공의 권리

운송 전, 운송 중 또는 운송 후에 화물을 어떤 지점에서 어떠한 목적으로 유치할 필요가 있다고 판단될 경우 운송장에 기재되어 있는 주소의 송하인 또는 수하인에게 통지한 다음 대한항공은 당해 화물을 창고 기타 가능한 장소에 보관하거나 세관당국에 인도 또는 수하인 앞으로 남은 운송을 위하여 타 운송기관에 인도한다. 이러한 조치에 따라 발생하는 일체의 비용 또는 위험에 대하여는 송하인과 수하인은 연대하여 책임을 지고 대한항공을 면책 보호하여야 한다.

4. 운항시간, 운송노선 및 취소

가. 운항시간표 또는 기타에 표시되어 있는 운항시간 또는 운항노선은 예정에 불가하며 보증하는 것도 아니고 운송계약의 일부도 아니다. 화물의 운송개시, 완료 또는 인도에 관하여 그 시각이 확정되는 것이 아니며 대한항공은 예고 없이 운송인 또는 항공기를 변경할 수 있다. 대한항공은 특정항공기 혹은 특정노선에 따라 화물을 운송하거나 또는 특정운항 예정시간표에 따라 여하한 지점에서의 접속에 관하여 의무를 부담하는 것이 아니며 운송장에 기재된 노선과 상이한 노선을 산정하거나 변경할 수 있다.

대한항공은 운항시간표 또는 기타의 오기 또는 누락에 대하여 책임을 지지 아니한다. 대한항공의 대리인, 종업원 또는 대표자의 항공편 발착 일시 또는 운항시간에 관한 여하한 진술 또는 표현이 대한항공을 구속하는 권리를 갖는 것은 아니다.

나. 대한항공은 통상 기대되는 바에 따라 신속히 운송을 행하여야 한다.

다. 대한항공은 다음과 같은 사유로 인하여 타당하다고 판단될 경우에는 예고 없이 항공편 혹은 미이행 운송권을 취소, 우회, 연기 또는 지연시키거나 화물의 전부 또는 일부를 탑재하지 아니하고 항공편을 출발시킬 수 있다.

(1) 실제 발생하고 있거나 혹은 발생이 보고된 대한항공이 통제할 수 없는 상황(기상조건, 불가항력, 파업, 폭동, 소동, 출입항 금지, 전쟁 또는 그에 준하는 행위, 적대행위, 동란 또는 국제관계의 불안정 등을 포함하되 여기에 한하는 것은 아님)이거나 직접 또는 간접으로 그러한 사실에 기인하는 지연, 요구, 조건, 사태 또는 요건.

(2) 예측, 예기 또는 예지치 못한 사실

(3) 적용법령, 정부규제, 명령 또는 지시

(4) 노동력, 연료 혹은 설비의 부족 또는 대한항공 또는 기타인의 노사분규

라. 대한항공이 청구한 금액의 전부 또는 일부의 지불을 송하인이 거절하는 경우에는 대한항공이 그 화물의 운송을 취소할 수 있다. 이러한 경우 대한항공은 당해 취소에 대한 일체의 책임을 지지 아니한다.

마. 위 다호의 사유에 따라 항공편이 목적지 이외의 지점에서 취소, 연기, 조발 또는 중단할 경우에는 대한항공은 당해 사태에 일체의 책임을 지지 아니한다.

위 다호의 사유에 따라 화물의 전부 또는 일부의 운송이 중단될 경우에는 대

한항공에 의하여 행하여지는 당해 화물의 환적, 인도 또는 보관은 운송장에 의하여 완전히 인도된 것으로 간주되며 대한항공은 운송장에 기재된 주소의 송하인이나 수하인에게 그러한 조치의 통보 이외의 여하한 책임도 지지 아니한다. 위 다호의 사유에 따라 화물의 전부 또는 일부의 운송이 중단될 경우에는 그러한 의무를 부담하는 것은 아니나 송하인 또는 수하인의 요청에 의하여 타 노선으로 운송하거나 송하인 또는 수하인의 대리인으로서 타 운송수단에 의하여 운송할 수 있다.

바. 적용법령, 정부규제, 명령 또는 지시에 따라 대한항공은 적정, 공평한 방법으로 각 수탁화물간 또는 수탁화물과 기타물품, 우편물 및 여객간의 운송우선순위를 결정하고 언제든지 어느 지점에서나 운송할 물품과 운송하지 아니할 물품 또는 운송에 적합하지 아니한 물품을 결정하고 화물의 전부 또는 일부를 탑재하지 아니하고 항공기를 출발시킬 수 있다. 이러한 운송우선순위를 결정함으로써 화물이 운송되지 아니하거나 운송이 연기, 지연되거나 또는 화물의 일부 품목이 제외된 경우에는, 대한항공은 그로 인하여 발생한 결과에 대하여 송하인, 수하인 또는 기타인에 대하여 책임을 지지 아니한다.

제 8조 송화인의 화물처분권

1. 화물처분권의 행사

화물처분권의 행사는 송하인 또는 그의 대리인에 의하여 행하여져야 하며 또한 운송장에 기재된 수탁화물 전체에 대하여 행하여져야 한다. 화물처분권은 송하인이 그에게 교부된 운송장을 제시한 경우에만 행사할 수 있다.

처분에 관한 지시는 대한항공이 정하는 방법에 따라 서면으로 하지 아니하면 아니된다. 화물처분권의 행사결과 수하인의 변경이 생기는 경우에는 당해 신수하인을 운송장에 당초부터 명시되어 있는 수하인으로 간주한다.

2. 송하인의 선택권

송하인은 운송계약에 정해진 모든 의무를 이행하는 것을 조건으로 또한 대한항공 또는 타 송하인의 권리를 해치지 아니하는 범위 내에서 다음에 정하는 화물처분권을 행사할 수 있다.

가. 출발지공항 또는 목적지공항에서 화물을 회수함.

나. 운송도중 여하한 지점에서 화물의 운송을 중지함

다. 목적지공항 또는 운송도중에 운송장에 명시된 수하인 이외의 자에게 화물의 인도를 요구함
라. 출발지공항으로 화물의 반송을 요구함

3. 비용의 지불

송하인은 화물처분권의 행사결과 대한항공이 받은 일체의 손해에 대하여 책임을 지고 대한항공을 면책하는 것으로 한다.

4. 대한항공의 이행불능

위 1항의 규정에도 불구하고 대한항공이 송하인의 지시에 따를 수 없다고 판단되는 경우에는 대한항공은 당해 처분권의 행사를 거절할 수 있다.

이 경우 대한항공은 조속히 송하인에게 그 취지를 통지하여야 하며 당해 통지에 소요된 비용은 그 화물의 운임 및 요금에 추가된다.

5. 송하인의 권리범위

송하인의 화물처분권은 화물이 목적지 공항에 도착한 후 수하인이 화물을 인도받거나 화물인도를 청구하거나 또는 화물수취의 의사표시를 한 시기에 소멸한다. 단, 수하인이 운송장이나 화물의 수취를 거절하거나 또는 수하인을 알 수 없거나 수하인과의 연락이 불가능한 경우에는 당해 처분권은 송하인에게 귀속하는 것으로 본다.

제 9조 화물의 인도

1. 도착통지

제 11조의 정하는 바에 따라 화물이 목적지공항 이외에 운송되는 경우를 제외하고는 송하인의 별도지시가 없는 한 화물의 도착통지는 통상적인 방법으로 수하인에게 행한다. 단, 운송장에 도착통지를 받을 자가 별도로 명시된 경우에는 화물의 도착통지는 당해 도착통지를 받을 자에게 행한다.

대한항공은 도착통지를 수신치 못한 사실과 당해 통지의 수신 지연에 대하여 책임을 지지 아니한다.

2. 수하인에 대한 인도

운송장에 도착통지를 받을 자가 별도로 명시된 경우를 제외하고는, 화물의 인도는

운송장에 명시된 수하인에게만 행한다. 단, 운송장에 도착통지를 받을 자가 별도로 명시된 경우에는 대한항공은 위 1항이 정하는 바에 따라 도착통지를 행하고 당해 도착 통지를 받을 자에게 화물을 인도함으로써 수하인에 대한 화물의 인도는 유효하게 이루어진 것으로 간주한다. 대한항공이 수하인이나 도착통지를 받을 자 또는 그들의 대리인에게 운송장을 인도하고 수하인이나 도착통지를 받을 자 또는 그들의 대리인이 지정한 보세창고업자나 보세운송업자에게 화물을 인도한 경우 또는 세관이나 정부기관의 지시 내지 권고에 따라 지정된 보세창고업자나 보세운송업자에게 화물을 인도한 경우에도 적법하게 화물을 수하인에게 인도한 것으로 간주한다.

3. 인도장소

송하인 또는 수하인과 대한항공 간에 사전합의가 없는 한 수하인은 목적지 공항에서 화물의 인도를 받고 수취하여야 한다.

4. 수하인에 의한 수취거절

가. 아래 5항의 정하는 바가 적용되는 경우를 제외하고는 화물이 인도장소에 도착 후 수하인이 화물의 수취를 거절하는 경우에는 대한항공은 운송장에 명시된 송하인의 지시에 따르도록 최선을 다한다. 송하인의 지시가 없는 경우 또는 대한항공이 송하인의 지시에 따르기가 어려울 경우에는 대한항공은 수하인이 수취하지 않는 이유를 송하인에게 통지하고 다음 사항 중 하나의 조치를 취할 수 있다.

(1) 대한항공 또는 타 운송 수단을 이용하여 출발지공항으로 화물을 반송하여 거기에서 송하인의 지시를 기다린다. 단, 반송을 위한 운송조건은 별도로 정하지 않는 한 당초의 운송조건과 동일한 것으로 간주한다.

(2) 최소한 30일 이상 화물을 유치한 후 당해 화물을 일괄하여 또는 수개로 분할하여 경매 또는 임의매각 처분한다.

나. 송하인은 화물을 인도하지 못한 사실로 기인하는 모든 비용에 대하여 책임을 진다. 당해 비용에는 화물을 반송함에 따라 발생된 운임 및 요금을 포함하지만 여기에 기술한 것에 국한되는 것은 아니다.

화물이 출발지공항에 반송되어 있으나 송하인이 지불을 거절하거나 또는 반송 후 15일 이내에 당해 지불을 행하지 않는 경우에는 대한항공은 운송장에 기재된 주소의 송하인에게 처분하는 취지를 10일전에 통보하고 경매 또는 임의매각에 의한 화물의 전부 또는 일부를 처분할 수 있다.

다. 목적지공항 또는 화물이 반송된 지점에서의 위 나호에 정하는 화물매각의 경우에는 대한항공은 당해 매각대금을 가지고 대한항공 및 타 운송 기관에 대한 선불금, 비용 및 매각경비의 지불에 충당할 수 있으며 잔액이 있을 경우 보관하고 송하인의 지시를 기다린다. 당해 화물의 매각은 대한항공에 대한 부족액의 지불채무에 있어서 송하인의 지불채무를 면제하는 것은 아니다.

5. 부패성화물의 처분

부패성화물이 대한항공의 관리하에 있을 때 지연되거나 또는 목적지 공항에서 인도되지 않거나 인도가 거절되거나 또는 기타 사유로 인하여 부패할 우려가 있을 경우에는 대한항공은 즉시 대한항공 및 기타 이해관계자를 위하여 필요한 조치를 취한다.

당해 조치에는 화물의 전부 또는 일부를 파기하거나, 송하인의 비용부담으로 송하인의 지시를 받아 연락을 취하거나, 송하인의 위험과 비용부담으로 화물의 전부 또는 일부를 보관하거나, 예고 없이 화물의 전부 또는 일부를 경매 또는 임의매각 처분하는 것을 포함하나 이러한 것에 한하는 것은 아니며 당해 화물의 처분이 대한항공에 대한 송하인의 지불채무를 면제하는 것은 아니다.

제 10조 화물수행인

화물의 성격상, 또는 사람, 항공기, 타 화물 또는 재산의 안전을 위하여 필요하다고 판단되는 경우에는 대한항공은 당해 화물을 수행하는 목적으로 화물 수행인의 탑승을 요청할 수 있다. 대한항공의 규정에 별도로 명시된 경우를 제외하고는 화물 수행인의 운송에는 대한항공의 국제여객 운송약관이 적용된다.

제 11조 집하, 배달 및 시내화물 취급서비스

1. 화물은 대한항공의 화물 터미널 또는 공항 사무실에서 수취하는 시간부터 목적지 공항까지의 운송을 위하여 인수되는 것이다.
2. 그러나 송하인 또는 수하인의 요청에 따라 대한항공이 집하, 배달 및 시내화물 취급서비스를 행하는 경우에는 다음 각호의 규정이 적용된다.
   가. 집하, 배달 및 시내화물 취급서비스는 대한항공의 규정에 명시된 장소와 별도의 요금과 운송조건에 따라 실시된다.
   나. 만약 당해 운송을 대한항공이 행하는 경우에는 본 약관 제14조에 정하는 책

임조항과 동일한 조건으로 행하여진다.

다. 대한항공은 화물의 용적, 내용, 가격 등이 집하, 배달서비스를 행하기에 적합하지 않다고 판단한 경우에는 당해 서비스의 제공을 거절할 수 있다.

3. 대한항공은 상기 이외의 경우에 책임을 지지 않는 것을 조건으로 경우에 따라 송하인 또는 수하인의 대리인으로서 또는 수하인의 비용부담으로 당해 운송을 타 운송 기관에 의뢰할 수 있다. 이 경우 당해 운송과 관련하여 발생한 손해가 대한항공의 고의 또는 과실에 의하여 발생되었다고 증명되지 아니하는 한 여하한 책임도 지지 아니한다. 대한항공이 타 운송 기관을 지명하는 경우에는, 송하인 또는 수하인은 당해 운송을 실시하기 위하여 필요한 모든 권한을 대한항공에 위임하는 것으로 간주되며 당해 권한위임에는 운송수단과 운송경로의 선택, 필요한 운송서류의 작성 및 수령(당해 운송서류에는 대한항공의 책임을 면제 또는 제한하는 조항을 둘 수 있다.)과 운송장에 운송신고가격이 금액으로 기재되어 있음에도 불구하고 "신고가격 없음(NVD: No Value Declared)"으로 화물 운송을 의뢰할 수 있는 권한을 포함하되 여기에 한정된 것만은 아니다.

제 12조 연결운송인

하나의 운송장에 의하여 둘 이상의 운송인이 연결하여 행하는 운송은 단일운송으로 간주된다.

제 13조 적용협약 및 법령

1. 적용협약

가. 바르샤바협약에 정의된 국제운송에 대하여는 바르샤바협약에 정하는 책임에 관한 규정 및 제한의 적용을 받고, 개정바르샤바협약에 정의된 국제운송에 대하여는 개정바르샤바협약에 정하는 책임에 관한 규정 및 제한의 적용을 받으며, 몬트리올협약에 정의된 국제운송에 대하여는 몬트리올협약이 정하는 책임에 관한 규정 및 제한의 적용을 받는다.

나. 협약에 정의된 이외의 국제운송에 대하여는 대한항공의 운송약관이 적용된다.

2. 적용법령 및 규정

위 1항의 정하는 바에 저촉되지 아니하는 범위 내에서 대한항공이 행하는 모든 운송 및 기타업무는 다음 각호의 정하는 바에 따른다.

가. 적용법령 (협약을 보충하는 국내법 또는 협약에 정의된 이외의 국제운송에 대하여 협약의 규정을 준용하는 국내법 포함), 정부규제 명령 또는 지시

나. 대한항공의 영업장 및 대한항공의 정기편이 운항되고 있는 공항에서 열람할 수 있는 본 약관, 적용 태리프 및 기타 제규정

제 14조 대한항공의 책임

1. 책임의 한도

가. 송하인은 대한항공에 운송을 의뢰할 때 화물의 가격이 KG당 19 SDR을 초과하는 경우, 운송장상에 운송신고가격을 기재하고 종가요금을 지급할 수 있다. 어떠한 경우에도 송하인이 제4조 제9항에 따라 종가요금을 지급하지 않은 경우 송하인은 화물의 가격을 신고할 기회가 없었다는 주장을 할 수 없다.

나. 송하인이 운송장에 운송신고가격을 기재하고 종가요금을 지급한 경우 대한항공은 운송신고가격을 한도로 하여 실제로 입은 손해를 배상하되, 어떠한 경우에도 그 손해배상금은 운송장에 기재된 운송신고가격을 초과할 수 없다.

다. 몬트리올 협약이 적용되는 국제운송의 경우, 운송장에 운송신고가격이"신고가격 없음(NVD: No Value Declared)"으로 기재된 화물의 파손, 분실, 지연 및 손상에 대한 대한항공의 배상책임은 실제로 입은 손해액을 그 한도로 하되, 어떠한 경우에도 KG당 19 SDR을 초과할 수 없다.

라. 상기 '다' 항에서 규정한 경우를 제외하고, 운송장에 운송신고가격이 "신고가격 없음(NVD: No Value Declared)"으로 기재된 화물의 파손, 분실, 지연 및 손상에 대한 대한항공의 배상책임은 실제로 입은 손해액을 그 한도로 하되, 어떠한 경우에도 당해 운송에 적용되는 협약의 책임 제한에 따라 KG당 19 SDR(250 프랑스 금프랑)을 초과할 수 없으며, 협약의 적용이 없는 경우에도 킬로그램당 19SDR을 초과 할 수 없다. 단, 이러한 책임 제한은 대한항공, 대한항공의 대리인 또는 종업원이 대한항공의 업무범위 내에서 대한항공의 업무를 수행하는 중에 손해를 발생시킬 의도를 가졌거나 또는 손해가 야기될 것을 인식하면서도 무모하게 행한 작위 또는 부작위로 발생하였다는 것을 손해배상청구자가 입증하는 경우에는 적용되지 아니한다.

마. 송하인 또는 수하인은 모든 손해배상 청구에 있어서 실손액을 증명하지 아니하면 아니 된다.

2. 책임의 제한

가. 대한항공은 화물의 파손, 분실 또는 지연으로 인한 손해에 대하여 그 손해의 원인이 제1조에서 정의된 운송 중에 발생한 경우에 한하여 송하인, 수하인 또는 기타인에 대하여 책임을 진다.

나. 당해 국제운송에 적용될 국제협약에서 달리 규정하고 있는 경우를 제외하고는 운송 또는 그에 부수하여 대한항공이 행하는 기타 업무로 인하여 발생한 모든 종류의 손해에 대하여는 대한항공은 그 손해가 대한항공의 고의 또는 과실로 인하여 발생한 것이라고 증명되지 않는 한, 송하인, 수하인, 또는 기타인에 대하여 책임을 지지 아니한다.

다. 대한항공이 적용법령, 정부규제, 명령 또는 지시를 준수함으로써 대한항공이 관리할 수 없는 사유로, 또는 송하인, 수하인 및 기타인이 이러한 적용법령, 정부규제, 명령 또는 지시에 따르지 않음으로써 직접 또는 간접으로 발생한 손해에 대하여 대한항공은 책임을 지지 아니한다.

라. 화물의 손해에 대하여 대한항공의 배상책임한도액을 산정하는데 사용되는 중량은 당해 손해가 발생된 중량으로 한다. 그러나 화물의 일부 손해가 동일한 운송장에 기재된 전체화물의 가치에 영향을 미치는 경우에는 당해 화물의 총중량이 대한항공의 배상책임한도액을 산정함에 있어서 고려된다. 상기 규정에도 불구하고, 미국을 출발지로 하거나 목적지로 하는 화물에 대하여 화물의 전부 또는 일부 손해가 발생한 경우, 대한항공의 배상책임한도액을 산정하는 데 사용되는 중량(일부 손해의 경우에는 그에 따른 비율)은 당해 화물의 운임을 계산하기 위하여 사용된 중량으로 한다.

마. 대한항공은 화물의 파손, 분실 또는 손상이 그 화물 자체의 결함이나 특성으로 인하여 발생하였다고 증명되는 경우에는 책임을 지지 아니한다. 송하인과 수하인은 자기화물로 인하여 대한항공이 입은 일체의 손실과 비용을 대한항공에 배상하여야 한다. 대한항공은 사람, 항공기, 다 화물 또는 재산에 위험을 줄 우려가 있다고 판단되는 화물은 예고 없이 언제나 공중 투하하거나 파기할 수 있으며 이 경우 대한항공이 취한 조치에 대하여 책임을 지지 아니한다.

바. 손해가 배상청구인 또는 청구권의 양도인의 태만이나 과실에 의하여 발생하였을 경우에 대한항공의 책임은 그 태만과 과실이 손해에 기여한 정도에 따라 경감된다.

사. 당해 운송에 사용되는 항공기의 감항성 또는 계약상의 화물 운송에 대하여 당해 항공기의 적합성에 대하여는 운송계약상 여하한 담보도 하지 아니한다.

아. 대한항공이 타 운송인의 노선에 운송을 위하여 운송장을 발행하는 경우에는 대

한항공은 당해 운송인의 대리인으로서만 행위를 한다. 대한항공은 대한항공의 노선 이외에서 발생한 화물의 손해에 대하여는 책임을 지지 아니한다. 단, 대한항공이 운송계약상 최초운송인 또는 최종운송인인 경우에는 당해 화물의 손해에 대하여 송하인 또는 수하인은 대한항공에 손해배상을 청구할 권리를 가진다.

자. 동물의 자연적 원인에 의한 사망, 동물자신 또는 상호간의 상해 즉 타격이나 압박등과 같은 행위로 인한 동물의 사망이나 상해, 또는 그 동물의 상태, 성질 또는 습성으로 인하여 발생한 동물의 사망이나 상해에 대하여 대한항공은 책임을 지지 아니한다.

차. 기상, 기온, 고도의 변화, 노출 또는 환적 시 운항시간으로 인하여 화물이 품질이 저하되거나 부패할 우려가 있는 것을 내용품으로 하는 화물은 당해 물질의 저하 또는 부패에 의한 손실 또는 손상에 대하여 대한항공이 책임을 지지 아니하는 것을 조건으로 화물을 인수한다.

카. 대한항공은 본 약관에 따라 행하는 운송으로부터 발생하는 간접손해 또는 특별손해에 대하여 대한항공이 그 손해의 발생을 사전에 알고 있었는지의 여부에 관계없이 책임을 지지 아니한다.

타. 본 약관에 설정된 대한항공의 책임의 면제 또는 제한은 직무를 수행중인 대한항공의 대리인, 종업원, 대표자에게도 적용되며 또한 대한항공이 사용하는 항공기 또는 여타 운송수단의 소유자 그의 대리인, 종업원 및 대표자에게도 적용된다. 대한항공, 그의 대리인, 임직원 및 대표자 또는 대한항공이 사용하는 항공기나 여타 운송수단의 소유자, 그의 대리인, 임직원 및 대표자로부터 배상 받을 수 있는 총액은 대한항공의 배상책임한도액을 초과하여서는 아니 된다.

파. 대한항공은 여하한 경우에도 동물의 상태, 행위, 습성, 또는 타 화물의 상태에 기인하는 화물수행인의 사망 또는 상해에 대하여는 책임을 지지 아니한다.

하. 손해배상청구 소송은 계약불이행으로 인한 것이든 불법행위로 인한 것이든 또는 기타 사유로 인한 것이든 간에, 그의 청구원인 여하를 불문하고 협약에 정한 제조건과 제한하여서만 제기될 수 있다.

그러나 협약은 손해배상청구권자가 누구이며 손해배상청구권자가 가지는 권리가 무엇인가를 결정하는 데는 영향을 미치지 아니한다.

제 15조 손해발생 통보기한

1. 화물을 인도받을 정당한 권리를 가진 자가 이의를 제기하지 아니하고 화물을 인수할 시는 그 화물은 반증이 없는 한 양호한 상태로 운송계약에 따라 인도된 것

으로 간주된다.

2. 화물의 분실, 손상 또는 지연의 경우에는 그 화물을 인도받을 정당한 권리를 가진 자가 운송인에게 배상청구 명세를 서면으로 제출하여야 한다.
   가. 손상 또는 일부 분실의 경우에는 발견즉시 또는 화물을 인수한 날로부터 14일 이내
   나. 지연의 경우에는 그 화물을 인도받을 정당한 권리를 가진 자가 그 화물을 처분할 수 있는 날로부터 21일 이내
   다. 전부분실을 포함하여 인도불능의 경우에는 운송장 발행일로부터 120일 이내
   라. 사람의 사망 또는 상해에 대한 손해발생의 통보를 제외하고는 본 항에서 정하는 이외의 모든 손해발생의 통보는 운송장 발행일로부터 270일 이내

제 16조 제소기한

대한항공의 책임에 대한 소는 목적지공항에 도착한 날로부터, 항공기가 도착되어 있어야 할 날로부터 운송이 중지된 날로부터 2년 이내에 이루어져야 한다.

제 17조 법령우선

본 약관, 운송장 또는 기타 적용 태리프에 정하는 규정이 적용법령, 정부규제, 명령 또는 지시에 위반되는 경우에는 그러한 규정은 적용법령, 정부규제, 명령 또는 지시에 저촉되지 않는 범위 내에서 유효하며 이 경우 어느 한 조항의 무효가 타 조항에 영향을 주는 것은 아니다.

제 18조 개정 및 권리포기

대한항공의 대리인, 종업원 또는 대표자는 본 약관, 운송계약 또는 기타 적용 태리프의 여하한 규정을 변경 또는 수정하지 못하며 여하한 권리를 포기하는 권리를 갖지 아니한다.

제 19조 약관의 정본

본 약관은 영문판으로 번역하여 발행할 수 있으며, 이 경우 해석상 의문이 제기되거나 분쟁이 야기될 시에는 국문판 약관의 해석에 따른다. <끝>

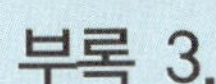

부록 3.
항공화물 용어

A

ABC Air Cargo Guide(ABC) : 국제 항공화물 스케줄 및 운임과 기타 화물관련 정보가 수록된 월간지.

ABC World Airways Guide(ABC) : ABC Air Cargo Guide와 자매편으로 런던의 ABC Travel Guide사에서 발행하는 월간지로 주요 내용은 각 항공사명 및 주소, 시각표, City Code, Mileage, 운임, 노선 등이 수록되어 있음.

Accessories : 어떤 물품에 있어서 없어서는 작동이 되지 않는 물건이나 반드시 있어야 하는 물건을 제외한 추가적으로 설치가 가능한 것을 가리킨다.

ACL(Allowable Cabin Load) : 탑재허용중량으로 Payload Limit라고 부르기도 함. 항공기의 안전성을 확보하기 위해서는 비행중의 항공기가 탑재허용량을 초과하여 탑재할 수 없음.

Act of God : 폭풍우, 홍수, 지진 등과 같은 천재지변

Actual Gross Weight : 컨테이너 및 팔레트의 무게와 화물 무게의 합을 말한다.

Actual Time of Arrival(ATA) : 비행기의 실제 도착 시간을 말한다.

Actual Time of Departure(ATD) : 비행기의 실제 출발 시간을 말한다.

Actual Weight : 컨테이너나 팔레트를 제외한 포장된 화물의 무게를 말한다.

Add-On Amount : 두 지점간의 공시요율(Published Rate)이 없는 경우에 중간 지점까지의 공시요율에 가산하여 Through-Rate 를 산출하기 위해 특별히 설정한 가산용 요율을 말한다. Proportional Rate 또는 Arbitrary라고도 함.

Agreed Freight : 화주와 운송업자 사이에 맺어진 화물 운송가격을 말하는 것으로 실제 AWB 상에 표기를 하지 않는 경우가 많다.

Air Cargo : 비행기로 운송되는 화물을 말한다. 비행기의 운임이 선박이나 다른 운송기구의 그것보다 비싸기 때문에 고가의 물품이나 시급을 요하는 화물이 주로 비행기로 수송된다.

Aircraft On Ground(AOG) : 비행기가 여러가지 이유로 이륙을 하지 못하고 지상에 남아 있는 경우를 의미한다. 정비상의 문제나 기상 등 여러가지 요인이 있다.

Aircraft Pallet : 항공기에 탑재 가능토록 제작된 알루미늄 합금판으로 그 위에 낱개의 화물을 적재하여 Net로 고정시킨 후 탑재장비를 이용하여 항공기 화물실에 탑재시킴.

Air Freight Forwarder : 여러 화주로부터 항공화물을 위탁받아서 항공사로 수송을 의뢰하며 여기서 발생하는 차익이 영업이익이 된다. 항공화물 주선업자라고 하기도 하며 국제 수송의 경우 IATA의 승인이 필요하다.

Air Land : 항공수송과 육상수송을 묶은 항공·육상결합의 연대수송 방식이다.

Air Mail Delivery Bill : 우편물의 항공수송에 필요한 운송장을 말한다. 흔히 AV-7이라고도 한다.

Air Traffic Conference of America(ATC) : 미국 국내항공사의 국내운송에 관한 협의기구. 단, 독점금지법에 따라 운임에 관한 협정은 금지되어 있다.

Air Waybill(AWB) : 송하인과 항공사간에 화물운송 계약체결을 증명하는 서류. Air Consignment Note라고도 하며 해상운송의 선하증권(B/L)에 해당하는 것이지만 선하증권처럼 유통성은 없다.

Air Waybill, Transmittable : Teletype 또는 전송으로 송달되는 AWB. 1967년 IATA 운송회의에서 채택 결정됐으며, 이 전송운송장에 의해 수하인은 화물 도착 이전에 미리 통관수속을 할 수 있음.

Air Waybill Fee : 항공운송장을 발행한 항공사 또는 대리점의 수입이 되는 것으로 "Charges for Preparation of Air Waybill"이라고도 하며 그 요금은 지역에 따라 다르다.

All Cargo Aircraft : 항공 화물만을 운송하는 순수 화물 항공기.

Allotment System : 예약방식의 하나로 지점 영업소에 일정한 Space를 할당해주고 그 범위내에서 자유롭게 Space를 판매하도록 하는 방식이다.

Also Notify Party : 본래의 수하인인 수입업자를 대신해서 은행, 대리점, 혼재업자가 화물의 수하인이 되는 경우 화물의 도착을 본래의 수하인인 수입업자에게도 통지할 필요가 있으므로 이런 업자를 일반적으로 Also Notify Party라 부른다.

Ancillary Equipment : Pallet에의 적재와 ULD의 수송 등에 이용하는 Jig, Dolly 등의 기재를 말한다.

Apron : 여객의 탑승·하기, 화물의 적재, 항공기의 정비점검, 연료보급 등을 위해 설치된 비행장의 일정지역으로 터미널 빌딩 및 정비지구에 인접하고 있으며 Ramp 라고도 한다.

Arrival Notice(Notification) : 수하인에게 화물의 도착통보를 하는 것.

Assortment : 화물의 수출입 신고 또는 화물 인도를 목적으로 화주, 목적지 등 기타 기준으로 분류하는 것.

ATK(ATM) : Available Ton-Kilometer(Mile)의 약어로 항공기의 수송력, 즉 적재능력은 유효 Ton-Km(Mile)로 나타내며, ACL(각 구간의 허용 탑재중량) × 대권 거리를 말한다.

B

Backlog Cargo : 항공편에 탑재되지 못하고 터미널에 적체되어 있는 화물.

Baggage : 여객이 여행에 동반해서 가지고 가는 일체의 물품을 가리키며, 내용품은 여행목적에 필요한 의류, 그 외 신변용품을 가리킨다. 이러한 수하물에는 위탁 수하물(Checked Bag.)과 휴대 수하든 수물(Unchecked Bag.)이 있다.

Bar Code : 상표 또는 상품의 포장지에 여러 개의 검은색 막대모양(bar)을 그려놓고 그 아래에 숫자 등의 코드(code)를 표시 해당상품에 대한 여러가지 정보를 기계가 즉석에서 알 수 있도록 해 놓은 표시를 말한다. 바코드를 가지고 물류의 흐름, 재고 상황 등을 판단 할 수 있다.

Belly Cargo : 대형 비행기의 동체 하부에 화물실에 적재되는 화물을 말한다.

Belly-Hold : 여객기, 화물기 하부의 화물실을 말하며 Baggage, Mail 또는 Cargo 수송에 사용됨.

Bermuda Agreement : 1946년 미·영 양국간에 체결된 최초의 항공협정. Chicago 조약에서는 취급되지 않았던 국제항공에 관계되는 운수권(제3~4의 자유)에 관해서 상호주의의 원칙에 의거하여 이루어진 최초의 협정이다. 이것을 Bermuda 방식이라 부르며 그 후 세계 각국간의 체결된 많은 항공협정은 대개의 경우 이 협정을 모델로 하고 있다.

Beyond Right : 2개국간 또는 2국 이상의 항공협정시 상대국에서 제3국간 여객 화물을 운송할 수 있는 이원권.

B/L : Bill of Lading의 약어. Air Waybill과 동일한 성격처럼 생각되기 쉽지만 양자의 법률적 성질은 상반된 점이 있다. 선하증권도 항공운송장과 같이 운송인과 송하인 사이에 운송계약이 성립되고 있음을 증명하는 서류이나 큰 상이점은 항공운송장이 양도성, 유통성을 갖고 있지 않은 것에 반해 선하증권은 유통증권인 유가증권이다.

Block-off Charter : 대량화물 및 특수화물의 운송을 위해 정기항공사의 정기편을 전세로 하는 운송이다.

Block Time : 항공기가 비행을 목적으로 출발공항에서 움직이기 시작(Ramp-out)해서부터 다음 목적지에 착륙하여 완전히 정지(Ramp-in)할 때까지의 소요시간을 말한다.

Bond : 외국에서 수입한 화물에 대해서는 관세를 부과하는 것이 원칙이나 그 관세 징수를 일시 유보하는, 비통관 상태를 말한다.

Bonded Area : 원래는 수입화물 때문에 설치된 것으로 보세라는 것은 외국에서 수입한 화물에 대해서 그 관세징수를 일시 보류한다는 뜻인 바, 바로 이 보세를 위해 설치된 일정 지역을 말함.

Bonded Transportation : 화물을 내린 항구(공항)에서 바로 통관하지 않고 보세지역에 수입화물을 수송하여 그곳에서 통관절차를 취할 경우와, 항구와 항구 상호간 또는 보세지역 상호간에서 수입허가에 앞서서 취해지는 수송을 말한다.

Bonded Warehouse : 관세를 부과하지 않은 상태의 화물을 일정기간 유치하는 창고. 각국의 관세법에 따라 화물의 해체, 재포장 등이 가능하다.

Break Bulk Agent : 혼재업자가 각 목적지에 지정한 Break Bulk 대리점으로 혼재화물을 수하인 단위로 해체 작업한다.

Break Down(B/D) : Pallet 또는 Container의 화물을 해체하는 작업.

Break Even Point : 일정 조건하에서 손실도 이익도 생기지 않는 시점을 말한다. 이 시점에 이르렀을 때 운항의 원가는 영업수익과 같게 되며 손실도 이익도 생기지 않는다. 총수입이 Break Even Point를 상회할 때는 이익이 생기고 하회할 때는 손실이 생긴다.

Break Even Weight : 보다 높은 중량단계의 낮은 효율을 적용함으로써 실제 중량에 의한 운임보다 낮은 운임이 산출되는 중량. "Weight Break Point"라고도 함.

Build Up : 화물을 ULD에 적재하는 작업

Brokerage : Broker 서비스에 대해 지불되는 수수료

Bulk Cargo : 컨테이너 또는 팔레트에 적재되지 않은 낱개 상태로 탑재되는 화물.

Bulk Unitization : 항공사가 대리점 또는 수출업자에게 컨테이너 및 팔레트를 임대하여 ULD에 화물을 적재하는 것.

C

Cabin Loading : Module을 사용해서 객실내에 수화물, 화물 등을 탑재하는 것.

Cabotage : "항공사의 타국내 구간운송" 외국 항공기에 대해서 자국내의 일정 지점간의 운송을 금지하는 것을 Cabotage의 금지라 말한다.

Cargo : 배행기로 운송될 수 있는 모든 종류의 물품을 가리킨다. 우편물이나 국제 우편협회에서 지정된 화물이나 승객의 비행기 티켓에 찍혀 있는 개인의 짐은 제외된다. 승객의 짐이라도 AWB가 발행이 된 상태로 운송이 된다면 Cargo라고 한다.

Cargo Assembly : 하나의 화물운송을 위한 낱개 화물의 접수 및 집합

Cargo Aircraft Only : 화물전용기에만 탑재가능한 화물을 말한다.

Cargo Attendants : 항공기를 이용하여 동물 등을 수송하는 경우, 이를 관리하기 위해 탑승하는 화주 또는 기타 탑승자

Cargo Billing System(CBS) : 화물대리점과 항공사간의 화물요금, 운임의 청구, 정산방식에서 항공사로부터 해당 판매점포에 대해서 청구서를 작성, 이것에 근거해서 일정 기간내에 입금, 정산을 행하는 방식

Cargo Charges Correction Advice(CCA) : 운임의 오적용, 계산착오, 지불수단의 변경 등 운송장상의 기재사항을 변경하는 경우에 항공사가 작성하는 서류

Cargo Charter Flight : 화물탑재를 위한 전세비행편을 의미, 정기편에서는 수용할 수 없는 대량화물 및 특수화물의 운송으로 정기편의 전세와 정기 운항노선외 구간의 전세운송이 있다.

Cargo Compartment(Cargo Hold) : 항공기의 화물실을 말한다. 화물실은 그 위치에 따라 상부화물실과 하부화물실로 나뉘어진다.

Cargo Density : 화물의 체적(용량)에 대한 중량의 관계를 말하며 보통 1 CUFT당 Lbs, 혹은 1 CUMT당 KG으로 표시한다.

Cargo Disassembly : 세관통관 등의 목적으로 화물을 분리해서 정리하는 작업

Cargo Handling : 출발지에서 도착지까지 화물 처리에 대한 모든 것을 말한다. 비행기에 탑재를 하거나 또는 창고에 보관 하는 등의 일체의 행위를 말한다.

Cargo IMP ATC/IATA : Cargo Interchange Message Procedures의 약어로 IATA(국제항공운송협회) 및 ATC(Air Traffic Conference of America) 가맹 항공사간에 사용되는 Message 취급의 표준절차.

CARGOPASS : KTNET(한국 무역 정보통신)이 제공하는 물류 정보 서비스 중의 하나이다. 수출입무역업체와 물류업체를 위한 통합 정보 네트워크로서 일종의 Cargo Community System으로 불린다. 세관 제출용 적하목록의 작성, 취합, 제출 중심으로 이루어졌던 MFCS의 서비스를 확대 개편한 것을 말한다.

Cargo Transfer : 일정지점에 도착한 화물이 접속을 위해 타항공사로 인계하는 것.

Cargo Transit : 일정 지점에 도착한 화물이 접속을 위해 동일 항공사의 다른 비행편으로 연결되는 것.

Cargo Manifest : 관계 당국에 제출하기 위해 탑재된 화물의 상세한 내역을 나타내는 적하목록으로서 주요 기재 사항으로서는

① 항공기 등록번호, Flight NBR, FLT 출발지, 목적지 등

② AWB NBR

③ 화물의 갯수, 중량, 품목 등이다.

Cargo Pouch : 화물 및 우편물 수송 관련 서류의 수송을 목적으로 사용하는 가방을 말하며, 해당편 기내에 탑재한다.

Carnet : ATA조약 가맹국에서 물품을 면세의 상태로 일시 수입하려고 할 때 통관수속에 필요한 서류를 정리해 놓은 특별한 통관수첩이며, 일시 수입물품에 관계하는 담보로서 인정되는 서류이기도 하다. 유효기간은 발급일로부터 1년간이며, Carnet 화물로서 대표적인 것은 사진, 생필름, 상품견본, 무대의상, 등이며 전량 통관검사를 원칙으로 하고 있다.

Carriage : Transportation과 같은 개념이며, 항공기로 화물을 운송하는 것을 의미.

1) 국제수송의 의미는 출발지 및 도착지가 다국가에 걸친 수송을 말한다. (Carriage International)
2) 국내수송이란 출발지 및 도착지가 한 국가내에 있는 것을 말한다. (Carriage Domestic)

Carrier : 항공회사 또는 항공운송인을 말하며 항공권 및 항공화물 운송장을 발행하고 승객 및 화물을 운송한다.

Carrier, Delivering : 도착공항에서 화물을 수하인 또는 대리점에게 인도하는 항공사를 말함.

Carrier, First : 화물운송에 있어서 최초 구간의 수송을 담당하는 항공사

Carrier, Issuing : 항공운송장이나 항공권을 발행하는 항공사

Carrier, Last : 화물운송에 있어서 최종 구간의 수송을 담당하는 항공사

Carrier, Participating : 항공운송장 한건의 운송에 관여하는 모든 항공사

Carrier, Receiving : 연대 운송시 타 항공사로부터 화물을 인수하여 계속되는 구간을 운송하는 항공사

Carrier, Transferring : 타항공사에 의한 운송이 계속될 때 화물을 인계하는 항공사를 말함.

Carry In(Out) : 화물을 보세지역에 넣어두는 것을 반입이라 말하며, 꺼내는 것을 반출이라 말한다.

Cartage : 화물의 Pick Up과 인도에 관련되어 발생하는 지상운송요금

CASS : Cargo Accounts Settlement System의 약어. IATA의 화물운임 정산 방식으로 지정은행을 통하여 항공사와 대리점간에 발생하는 운임 관련 제반문제를 해결하며, CASS의 각국 지사는 통상 가맹 대리점으로부터 공동담보를 확보하고 있다.

Cass Airline : CASS에 참여 하고 있는 항공사를 말한다.

C.B.A : Cargo Boarding Advisory의 약어로 항공사의 예약카운터가 예약된 화물의 Data를 Flight별로 집약하여 공항 화물점소에 일괄 발신하는 List이다.

Certificate of Origin : 원산지 증명서

Certificate of Weight : 중량증명서

Charge : 화물운송 및 운송과 관련되는 업무에 대하여 지불되는 금액

Chargeable Weight : 운임계산의 기준이 되는 중량을 말한다. 통상, 화물의 실제중량(실중량)과 용적중량(6,000㎤ =1kg) 중 무거운 쪽이 Chargeable Weight로 계산된다.

Charges, Collect : Freight, Collect 또는 Charges, Forward라고도 한다. Air Waybill에 기입된 운임을 수하인이 부담하는 착지불 운임제도

Charges, Combination of : 둘 이상의 운임을 조합하여 얻은 운임

Charges, Forwarding : AWB 상의 출발지 공항까지의 육상 또는 항공운임으로 대리점 수입의 한 구성요소가 된다.

Charge, Joint : 둘 이상의 항공사에 걸친 운송에 적용되는 운임

Charge, Minimum : 중량, 용적에 관계없이 부과되는 최저요금

Charges, Prepaid : 항공운송장의 발행시 화물운임을 송하인으로부터 징수하는 운임 지불조건을 말함.

Charge, Published : 항공사 화물 Tariff에 공시된 요금

Charges, Reforwarding : AWB상의 도착지 공항으로부터 발생되는 육상 및 항공 운임으로 대리점 수입의 한 구성요소가 된다.

Charge, Through : 출발지에서 목적지까지의 운임

Charge, Volume : 화물의 용적을 기초로 한 운임으로 6,000㎤을 1㎏의 용적 중량으로 환산하고 있다.

Charge, Weight : 중량운임. 화물의 실중량을 기준으로 산출한 운임을 말한다. 통상 중량단계마다 요율이 설정되어 있으며 중량단계가 높게 될 때마다 KG당 요율은 낮게 책정되어 있다.

Charter :

1) Charter 계약서에 의해 운항하는 항공기 또는 항공편
2) 항공사의 항공기를 전세로 이용하는 이용자와의 임대차 관계
   ※ Blocked off Charter : 정기편내의 1편 또는 수편을 전부 전세하는 것
   ※ Independent Charter : 정기편외의 임시편으로 항공기를 전세하는 것

Charter Contract : 전세계약서, Charter Party라고도 한다. 항공사가 항공기의 Space 전부 및 일부를 송하인에게 전세 임대하는 계약서

Charterer : 항공사와 Charter Contract에 서명하는 전세이용자

Charter Rate : Charterage 라고도 한다. 전세비행에 적용되는 요금으로 항공기 형태에 따라 요금이 다르지만 통상요금의 계산은 Mile 당 요율과 전세구간 왕복거리를 곱해서 산출.

Check Digit : 항공사에서 발행된 AWB가 맞는지 확인하기 위해서 AWB상에 넣은 번호를 말한다.

Chicago Convention : 1944년 11월 미국정부의 제창에 의해 Chicago 에서 연합국과 중립국 54개국의 대표가 참가하여, 국제민간항공을 위한 관리기구의 설립과 상업항공권의 확립을 목적으로 협의, 결의한 조약이다.

이 조약은 영공주권을 확인하고 이 원칙아래서 항공업무의 운영 및 항공시설의 통일화, 각국의 기회균등에 관한 규정을 설정하여 국제민간항공의 법적 기초를 마련했으나, 다수국간의 운수권의 결정에 대해서는 합의에 도달하지 못하고 결국 2국간 협정에 위임하는 것으로 결론을 내놓았다.

또 동조약은 국제민간항공의 기술 및 국제항공운송을 발달시키는 것을 목적으로 하여 국제민간항공기구(ICAO)를 설립하여 기구 및 운영방법을 정해 놓았다.

이 협정은 상업항공권에 관한 「5가지의 자유」 가운데 「제1의 자유」 「제2의 자유」와 그 자유를 협정체결국 상호간에 인정 할 것을 규정하고 있다. 시카고 조약과 국제항공 통과협정의 2가지 조약을 기반으로 해서 현재의 국제민간항공의 체제가 형성 되었으며 이것을 Chicago 체제라 부르고 있다.

CIF : Cost, Insurance and Freight의 약어. 수출업자가 선박(또는 항공기)에 화물을 적재하고 목적지까지의 운임, 보험료의 일체를 부담하는 무역조건이다. CIF 가격은 통상 수출입상품의 운임 및 보험료 포함가격 즉, 항구 도착후 인수시의 가격을 의미한다.

C & F : Cost and Freight의 약어, 송하인이 목적지까지의 운임을 부담하는 것.

CIP : 운송비 및 보험료 지급 조건인 Carriage and Insurance Paid to의 약자

Claim : 화물의 손상, 지연, 멸실 또는 분실의 사고에 대해 보상을 목적으로 한 금전지불을 청구하는 것이다.

Clearance(통관) : 수출입 화물이 정규 수속(세관에 대하여 일체의 수출입 수속)을 거친 다음 관할 세관을 통과시키는 것을 말한다. 이때 수입 동관된 화물은 관세법상으로는 내국화물의 취급을 받게 되며, 수출 통관된 화물은 외국화물의 취급을 받게 된다. 수출 화물의 경우에 화물이 보세지역에 반입되어 수출신고를 하고 세관으로부터 수출검사를 받고 수출허가를 받으면 화물을 본선에 적재하게 되는데 이때 수출화물이 보세지역에 반입된 이후 본선에 적재에 대한 법적 허가가 주어질 때까지를 수출통관이라고 하며, 수입의 경우 화물을 본선에서 보세지역에 반입하여 수입신고를 하고 수입검사나 관세 납부를 마친 뒤에 수입허가를 얻어서 물건을 수령할 때까지의 과정을 수입통관이라고 한다.

Clearing House : IATA 가맹 항공사간의 운임정산을 목적으로 운영하고 있는 기구.

Commercial Invoice : 상업송장. 상업거래를 목적으로 하는 상품에 대한 청구서

Commissionable Agent : 수수료를 수취할 수 있는 대리점

Common Rate : 동일 출발지에서 서로 다른 2개 이상의 목적지까지의 운임이 동일한 경우, 이 운임을 Common Rate라 한다.

Code of Federation Regulation : 위험화물을 수송할 경우의 안전을 유지하기 위해 미국에서 제정된 법규집을 말한다. 이 규칙에는 위험화물에 대한 정의, 명시, 포장, 용기, 표찰 및 보관, 수송에 방법 등이 기재되어 있다.

Condition of Carriage : 항공사에 의해 설정된 항공운송 약관, 운송 계약으로서 항공권 구입 또는 화물운송장 발행시점에 체결된다.

Conditions of Contract : AWB 이면에 표기된 운송에 관련된 약정과 조건

Consignee : 항공화물 운송장상에 기재되어 있는 화물의 수취인

Consignment : Shipment를 말한다. 한 사람의 송하인이 하나의 목적지에 한 건의 AWB로 한 사람의 수하인에게 운송하기 위해 항공사에 위탁한 화물

Consignment Mixed : 각각 다른 종류의 화물로 구성된 Consignment

Consignor : Shipper. AWB 상에 기재되어 있는 화물의 송하인

Consolidation : Air Freight Forwarding/Groupage라고도 하며 여러 건의 House Air Waybill상의 화물을 Master Air Waybill을 발행하여 항공사에 위탁하기 위해 집하하는 것.

Connecting Carrier : 화물의 환적시 연결수송을 하는 항공사

Consular Invoice : 화물에 대한 통과지 또는 목적지 국가에서 요구하는 법제화된 Invoice로 대개 수수료 취득을 목적으로 관계국 영사가 규정해 놓고 있다.

Container, Disposable : 1 회용 컨테이너

Container, Thermal : 컨테이너 내부와 외부 사이의 열전도율을 낮추기 위해 특수하게 제작된 ULD

Container Yard : Container의 취급, 보관장소를 말함

Conventional Aircraft : Narrow-Body Aircraft. Bulk-Cargo의 탑재만 가능한 항공기

Convention for the Unification of Certain Rules Relating to by air (국제항공운송조약)
항공운송인의 책임에 관한 국제조약으로 1924년 항공화물 증권 통일조약과 함께 오늘날 항공운송과 관련한 세계법을 형성하고 있다. 공식적으로 1928년 왈소에서 성립한 <국제항공운송에 관한 규칙의 통일에 관한 조약>을 말한다. 이 조약은 항공운송의 발전과 시대의 변천에 따라 1955년 헤이그 의정서에 의해 개정되었으며 1971년 과테말라 의정서에 의하여 再개정되었다. 이와 함께 용기계약에 관한 관계조약이 성립되어 있다.

CRT : Cathode Ray Tube의 약어로 브라운관식 정보처리 단말기

Currency Surcharge : 통화의 변동에 수반하여 발생하는 운임의 불합리를 수정하기 위해 차익, 차손을 조정할 필요가 생기며 여기에서 차손을 Cover하기 위한 통화조정 가징금을 말한다.

Customs Duty : 관세·세관에 신고된 물품에 대해 부과하는 세금

Customs Broker : Customs Clearence Agent/Customs Consignee. 송수하인을 위해 수출, 수입 통관업무를 행하도록 위탁받은 대리인

Customs Clearence : 출발지, 통과지, 목적지에서 행하는 통관업무

Customs Duties(관세) : 다른 말로 duty ,duties tariff라고도 하며 duty는 수출입에 대한 관세를, tariff는 수입에 대한 관세를 말하는 것이 보통이다. 또한 한 물품이 한 나라의 경제적인 경계를 넘어서 법적 관세영역으로 출입할 때 부과되는 모든 조세를 일컫는 말이다. 그러나 대부분의 나라에서 수출을 독려하기 위해서 수출에 대한 관세는 부과하고 있지 않으므로 보통 관세라고 하면 수입품에 대한 관세만을 말하는 경우가 대부분이다.

Customs Entry : 통관에 사용되는 세관신고서

Cubic Measurement : 화물(포장이 끝난 상태)의 길이, 폭, 높이 등을 계산해서 그 부피를 구하여서 이를 무게의 단위로 변화시킨 것을 말한다. 통상적으로 6,000cm를 1kg으로 계산하며 1cm의 경우 166kg으로 계산한다.

Combination Rate : 육상운임, 해상운임 등 door-to-door의 복합운송에 소요되는 모든 비용을 단순히 합산하여 화주에게 청구하는 운임요금을 말한다.

Combinated Transport : 국제 복합운송에 관한 조약 초안을 통하여 일반적으로 사용하게 된 용어로 특정한 운송품이 선박, 철도, 도로 등의 육상수송 수단 또는 공중운송의 결합에 의한 둘 이상의 상이한 운송수단에 의하여 순차적으로 운송되는 경우를 말한다.

Commercial Invoice : 수출상으로부터 수입상 앞으로 작성되는 상거래용 송장으로서, 출화 안내와 대금 청구 명세서의 성격을 가지는 주요 선적서류 중의 하나이다. 통관용, 과세용 등이 있다.

Commodity Tax : 수입품 중에 수입과 동시에 수입세와 별도로 부과되는 세금이다. 이 물품세는 수입세가 포함된 금액을 기준으로 계산하게 된다.

Common Tariff : 경제 동맹 또는 경제 공동체가 역외의 여러 나라에 대해서 공통적으로 설정하는 관세를 말한다. 동맹이나 공동체에 가입하고 있는 나라들은 자기 나라의 독자적인 기준관세 이외에 이 공통관세의 채택이 의무화 된다.

Consolidated Cargo(혼재화물) : 하나의 화물에 대해서 한 장의 화물 운송장을 발행할 때 이 화물을 단순화물(simple cargo)이라고 하며, 여러 개의 화물을 하나의 운송장으로 발행하는 경우 이 화물을 혼재 화물이라고 한다. 혼재화물의 경우 단순

화물보다 싼 값의 운임이 적용되며 이러한 작업을 consolidation이라고 하며 이러한 형태의 영업을 하는 사람을 혼재업자라고 한다. 항공의 경우 특히 국제 항공화물 혼재업자라고 하며 이들이 실제의 화주에게 발행하는 air bill을 House Air WayBill이라고 한다. 항공사에서 발행하는 air bill은 Master Air WayBill이라고 한다.

Container Part Load : 컨테이너를 완전히 채우지 않은 소량의 화물을 말한다.

Container Payload : 컨테니어에 실을 수 있는 최대 무게를 말한다.

Conventional Duties(협정관세) :무역 상대국과 맺은 통상조약 또는 관세조약에 의해 과세되는 관세를 말하며 조약관세라고도 한다.

Courier : 국제간 항공특급 송배달 서비스로 정착된 서비스를 일컫는다. 보통의 경우 전화 한통화만으로 courier 서비스 회사는 고객의 사무실(자택)까지 직접 방문하여 해외로 발송되는 각종 수출용 견본품이나 상업서류, 설계도면 등을 접수한 후 , 포장, 운송, 통관 및 이에 따른 제반부속 서류작성 등 일체의 업무를 대행하여 수취인의 책상까지 직접 배달하는 서비스를 말한다. 해외 발송은 선박보다는 빠른 항공편을 이용한다.

Computerized Reservation System : 컴퓨터를 이용한 예약 시스템을 말하며 의하며 항공예약 서비스를 중심으로 발전해 왔다.

CPT : 운송비 지급 조건 을 의미한다. Carriage Paid to 의 변형으로 사용된다.

Custom Agent : 화물의 당사자를 대신하여 화물 통관을 업으로 하는 사람을 지칭한다.

Customs Broker : 일반적으로 세관장의 면허를 받아 화물 수출입상을 위하여 통관 절차를 대행해 주는 세관의 화물 취급인을 마한다. 통관사가 하는 일반 통관업무 외에도 납세자의 위탁을 받아 관세법에 의한 청구, 소원 및 기타 사항을 대리하는 업무와 일정한 수수료를 받고 관세에 관한 상담을 행할 수 있는 업자를 말한다.

D

DAF : 국경선 인도 조건인 Delivered At Frontier의 약자로서 수입, 통관의 의무는 없다.

Damage : 수송중 화물의 외포장 및 내용품의 전부 또는 일부가 손상된 상태를 말하며 파손, 오손, 동물의 사상, 식물의 고사, 부패, 변질, 내용품의 등으로 인한 화물의 가치 및 효용성이 감소되는 것.

Dangerous Cargo(Goods) : 화학적 물리적 특성이 폭발성, 인화성, 독성, 부식성, 방사성이고 또 병균오염의 우려가 있어 인명, 선박, 화물 등에 손해를 줄 위험성이 있는 화물을 말한다. 성질에 따라서 9가지로 구분되고 있고 각 품목마다 성질, 포장, 취급방법, 내용물 등을 라벨을 붙여서 표기하도록 규정되어 있다. 또한 이러한 위험품은 송하인이 선적시 신고하지 않는 경우 만일 발생한 손해에 있어서 스스로 책임을 진다.

Dangerous Goods Fee : 항공사가 위험품 접수시 포장상태, 관련서류, 관계국 규정등의 검사에 대한 수수료 개념으로 부과하는 요금을 말한다.

DDP : 관세 납부 인도 조건인 Delivered duty Paid의 약자로서 EXW와는 반대 개념이다.

DDU : 관세 미납 인도 조건인 Delivered Duty Unpaid의 약자로서 Franco가격이라고도 하는 신설된 조항이다.

Declared Value For Carriage : 위탁화물이 분실되었거나 손상, 지연되었을 경우에 항공사의 책임한도액을 결정할 목적으로 송하인이 항공사에게 신고하는 화물의 가격.

Declared Value For Customers : 수출입 신고시 세관에 신고하는 가격 수출에 관해서는 본선 갑판 인도시 가격(FOB), 수입에 대해서는 수입항에의 도착가격(CIF)에 의한다.

Delayed Arrival : 비행기의 실제 도착이 예정되어 있는 시각보다 늦게 도착한 것을 말한다.

Delinquency/Default : 대리점이 발매한 화물 운임은 발매한 달의 16일 또는 말일로부터 30일 이내에 항공사에 송금해야만 한다. 이것을 초과한 후 10일 이내에 송금한 경우를 Delinquency 라 부르며 관계 항공사는 IATA에 통지해야 한다.

또, 10일간을 넘기고도 송금하지 않을 경우는 Default 로 선고되어 IATA로부터 해당대리점에 대해 제재조치가 가해진다.

Delivery on Deck : 화물이 보세창고로 들어가기 전에 비행기나 선박위에서 인도되는 것을 말한다. 주로 고가의 물품을 싣고 오는 경우 안전을 위해서 미리 준비한 후 행해지는 경우가 많다.

Delivery Order : 항공사가 AWB상의 수하인(또는 대리인)임을 확인하고 발행하는 화물 인도 지시서

Delivery Receipt : 화물인도의 증거로 수하인에 의해 서명된 Receipt

Delivery Service/Charge : 수입화물에 대해 목적지 공항으로부터 수하인 또는 대리점이 지정하는 장소까지의 운송서비스 및 운임

Demmurage : 항공사 소유의 ULD 대출시 일정시간을 초과하는 경우에 ULD 초과사용에 대해 부과하는 요금

Depot : 수송을 효율적으로 하기 위해서 갖추어진 집배중계 및 배송소(배달소)를 말한다. 일반적으로 컨테이너가 CY(Container Yard)에 반입되기 전에 야적된 상태에서 컨테이너를 적재시키는 장소를 말한다.

DEQ : 부두 인도 조건인 Delivered Ex-Quay의 약자로서 목적항의 부두에서 하역 인부노임 부담 가격을 의미한다.

Deregulation : Carter 대통령에 의해 제안, 실시된 미국의 국내, 국제항공의 규제완화를 목표로 하는 신항공정책(Open Sky Policy)으로 자유경쟁 원리에 의해 저운임화를 촉진시켰다.

DES : 착선 인도 조건인 Delivered Ex-Ship의 약자로서 목적항의 도착까지도 CIF와 흡사한 조건이다.

Destination : AWB상 화물의 최종 목적지

Dimensions(Measurements) : ㎝ 또는 Inch로 표시되는 화물의 길이, 폭, 높이를 말함.

Diplomatic Pouch : 정부기관 이나 각국 대산관 등의 문서를 담은 외교행낭을 말한다.

Disbursements(Advanced Charge) : 한 항공사가 다른 항공사 또는 다른 Agent에게 수하인에게서 받은 운임을 다시 환불하는 것을 말한다. 일반적으로 Agent 에 대한 Commission이나 같은 구간을 운송한 다른 항공사에 운임의 일부를 돌려주는 것을 의미한다.

Distribution Center(HUB) : 도착 화물의 분류해체 작업 및 개개의 화물을 최종 목적지로 Reforwarding하는 업무를 수행하는 고도의 설비를 갖춘 장소

Documentation Charges : 항공사나 또는 대리인이 AWB를 발행하는 경우 지불하는 비용을 말한다. 국가마다 조금씩 차이가 있으며 2000년 4월 기준으로 미국의 경우 AWB 한건당 $2.50을 받고 있으며 대한민국의 경우 ₩2,400을 받는다.

Domestic Cargo : 화물의 출발지와 도착지가 동일한 국가안에서 이루어지는 것을 말한다.

Door to Door : 송하인이 지정하는 장소로부터 수하인의 지정장소까지 화물을 배달하는 것

Dry Lease : 항공사가 타항공사로부터 기재를 차용할 때 승무원없이 항공기만을 임차하는 것.

E

EDI(Electronic Data Interchange) : 표준화된 기업간 거래서식 또는 기업과 행정기관간의 공공서식을 상호간에 합의된 통신표준에 따라 컴퓨터와 컴퓨터간에 교환하는 전자문서 교환시스템.

Embargoes on Air Cargo Shipment : 항공사가 특정 기간, 구간, 품목에 대하여 화물의 운송을 거절하는 것.

Endorsement : 타인에게 어떤 행사권을 이양하는 것.

ETA(Estimated Time of Arrival) : 항공기 도착 예정시간

ETV : Elevating Transfer Vehicle의 약어, 전동 및 유압조작으로 신속하고 자유롭게 ULD 단위의 화물을 상하좌우로 이동시키는 화물터미널 장비

Export Declaration(E/D) : 세관에 화물의 반입을 신고할 때에 출발지 세관의 발송승인을 받은 수출신고서

EDI(Electronic Data Interchange) : 표준화된 기업간 거래서식 또는 기업과 행정기관간의 공공서식을 상호간에 합의된 통신표준에 따라 컴퓨터와 컴퓨터간에 교환하는 전자문서 교환시스템.

Embargoes on Air Cargo Shipment : 항공사가 특정 기간, 구간, 품목에 대하여 화물의 운송을 거절하는 것.

Endorsement : 타인에게 어떤 행사권을 이양하는 것.

ETA(Estimated Time of Arrival) : 항공기 도착 예정시간

ETV : Elevating Transfer Vehicle의 약어, 전동 및 유압조작으로 신속하고 자유롭게 ULD 단위의 화물을 상하좌우로 이동시키는 화물터미널 장비

Export Declaration(E/D) : 세관에 화물의 반입을 신고할 때에 출발지 세관의 발송승인을 받은 수출신고서

EXW : 현장 인도조건인 EX-Work, EX-factory 의 약자로 EX라는 뜻은 sold from의 뜻을 지닌다.

F

FAA : Federal Aviation Administration의 약어. 미국 운수성 소속으로서 항공 보안행정들을 담당하고, 주요업무로서는

① 항공 안전성을 높이기 위한 단속과 규칙의 제정
② 민간항공의 발전 촉진
③ 미국 공역의 Control과 군용, 민간 항공기의 단속
④ 항공시설과 편익의 공여
⑤ 군용, 민간 항공기의 Control System 운용 등이다.

FAK 운임 : Freight All Kinds 운임의 약어로 ULD에 탑재된 화물의 내용과 품목, 중량에 관계없이 해당 Space에 정액을 지불하는 운임 제도

FCA : 운송인에게 인도하는 조건인 Free carrier를 말한다. 여기서 free라는 것은 책임이 면제된다는 뜻으로 상품을 넘겨주면 수출상의 의무는 끝난다는 의미이다.

Federation Aeronautique International : 국제 항공기구 중의 하나이다. 국제 민간 항공분야의 발전을 위해 각국이 민간 항공단체를 1개국 1개 단체에 한하여 가입시키기로 하고 연맹 설립을 위해 프랑스의 Aero-Club을 중심으로 한 항공인들의 노력으로 1905년 10월 12일에 설립되었다. FAI는 ICAO와 IATA등과 유기적이 관계를 갖고 민간 항공단체가 바라는 항공상의 문제점의 건의, 개선을 주로 하고 있다.

FIATA : Federation Internationale des Associations de Transitaires et Assimiles
= International Federation of Freight Forwarders Associations(국제복합운송협회 연맹)

Fill Up Right : 국내 공항을 경유하여 국제선을 운항하는 경우 그 국내 구간에 국내선 여객을 탑승시키는 것을 말함.

Five Freedom : 1944년 Chicago 회의에서 상업항공기에 관해 성립된 원칙으로, 5 가지의 자유로 분류된다.

① 제 1의 자유 : 상대국의 영역을 무착륙으로 횡단 비행하는 자유. 항공 통과(Fly-Over)의 자유로도 불리운다.

ⓐ ………… (b) …………>

Fly-Over

② 제 2의 자유 : 상대국의 영역에 급유, 정비 등 운수 이외의 목적을 위해 이, 착륙하는 자유. 기술적 목적을 위한 착륙이므로 기술착륙의 자유라고도 함.

ⓐ ………… (b) …………>

Technical Landing

③ 제 3의 자유 : 자국 영역내에서 적재한 유상여객과 화물을 상대국의 영역에서 내리는 자유.

ⓐ ············> (b)

Pick-up Set Down

④ 제 4의 자유 : 상대국의 영역내에서 유상여객과 화물을 적재시켜 자국의 영역내로 수송하여 내리는 자유

ⓐ <············ (b)

Set Down Pick up

⑤ 제 5의 자유 : 상대국의 영역내에서 제 3 국의 영역으로 향하는 유상여객과 화물을 탑재하여, 제 3 국의 영역에서 내리는 자유. 「제 3국간 수송의 자유」

ⓐ (b) ············> c

Pick up Set Down

⑥ 제 6의 자유 : 제 3국에서 화물을 탑재하여 자국을 경유하여 또 다른 제 3국으로 운송하여 내리는 자유

c <············ ⓐ <············ (b)

Set Down Transit Pick up

Flag Carrier : National Carrier라고도 하며, 자국을 대표하는 항공사를 가르킨다.

Flight Number : 항공사의 편명을 의미한다. 통상 항공사를 나타내는 영문자 2자리 (또는 숫자와 영문자를 같이 쓰는 경우도 있다) 뒤에 숫자를 3자리에서 4자리 정도 붙여서 나타낸다.

Floor Load Limitation : 화물실의 상면 강도를 단위면적당 최대 탑재 가능 중량으로 단위는 kg/㎠ 혹은 Lb/Ft²로 나타낸다.

F.O.B : Free On Board의 약어(본선 인도가격), 수입업자가 수배한 선박 또는 항공기에 수출업자가 화물을 탑재하고 본선상에서 화물인도시까지 생기는 일체의 비용과 위험을 부담하는 것.

Forwarder : 항공화물 Forwarder는 원래 철도의 지상 수송으로부터 나온 말로 항공분야에의 출현은 1945~6년경이다. Forwarder는 항공사와 운송계약을 체결, 자기이름으로 항공사에 화물을 위탁하고 항공사로부터화물을 수취한다. 또한 출발지에서 송하인으로부터 화물을 집하하고 도착지의 수하인에게 화물을 배달한다.

Fragile Goods(Item) : 충격, 진동, 압박 등의 외부 힘에 의하여 파손, 손상, 변형 등이 발생하기 쉬운 화물을 말한다. 따라서 포장에 주의를 해야 하고 할증운임을 지불하는 경우가 많다.

Freight Charge : 현행 Tariff에 의한 화물운송요금을 말함

Freight Cargo : 우편물, 수하물을 제외한 순수한 상업용 화물을 말함.

Freight Collect : Freight Prepaid 의 개념과 반대로 전 구간에 대한 모든 운임을 물건을 찾을 화주가 부담하는 방식으로 화물을 보내는 것을 의미한다.

Freight Prepaid : 화물을 보낼 때 전구간에 대하여 모든 운임을 출발지에서 운송을 의뢰하는 사람이 미리 지불하는 것을 의미한다.

Freighter : 화물전용기를 말함.

Free House(Free Domicile) : 송하인이 모든 요금을 지불하는 조건으로 수하인에게 무임으로 화물을 인도하기 위해 송하인과 항공사간에 맺어지는 약정

Free of Charge(FOC) : 운임이 부과되지 않는 것

Free Port : 무관세로 화물을 선적, 인도, 보관하는 일정지역

Free Trade Zone : 자유 무역 지구

Fuel surcharge : 국제 유가의 급격한 상승으로 단위 구간에 대한 운송비용의 증가에 따라서 항공사에서 각 화물에 대해서 추가로 받는 운송비를 말한다. 항공사 마다 약간의 적용 규정이 다르고 IATA Area별로 지정이 되어 있다.

Full AWB DATA(FWB) : 말 그대로 AWB에 관한 모든 정보를 나타낸 것을 의미한다. FWB에 들어가는 내용은 AWB에 입력하는 모든 내용을 나타내며, 항공사에서 필요한 가장 기초적인 자료이다.

G

Gross Weight : 포장을 포함한 화물의 총중량

G.B.L : U.S Government Bill of Lading의 약어로 미국정부기관이 화물운송을 위하여 발행하는 운임지불 보증서로

① 운송명령 또는 의뢰
② 화물취급 지시서
③ 화물인도증
④ 운임지불 보증서로 되어 있다.

General Cargo Rate : 모든 화물에 일반적으로 적용하는 운임을 말한다.

Geographic Information System : 지도를 컴퓨터가 처리할 수 있도록 디지털 정로보 전환하여 입력한 다음 그 위에 여러가지 부수적인 정보를 입력하여 그래픽으로 나타낸 시스템을 말한다.

Global Positioning system : 특정의 물건(차량, 비행기, 선박이나 상품 등)에 대해서 현재의 위치를 인공위성을 이용해서 알려 주는 시스템을 말한다.

Go Show : 화물이 예약이 되지 않은 상태에서 탑재되는 화물을 말한다.

Ground Handling Agent : 하주, 대리점으로부터 반입되는 화물의 창고내 하역, 서류 작업, 항공기에의 탑재, 도착지에서의 하역 등 제반 지상조업 업무를 대행하는 항공사 또는 위탁업자.

Greenwich Mean Time : 영국의 그리니치 천문대를 표준으로 삼는 시간을 말한다. 서울이나 도쿄의 경우 동경 135도 선을 사용하며 그리니치 표준시보다 9시간 빠른 시간을 채택하고 있다.

G.S.A : General Sales Agent의 약어, 특정 항공사가 특정구역에 대해 자체 영업소와 똑같이 여객, 화물의 판매를 행하고 동 지역에 대한 판매 자료의 배포와 선전, 홍보활동, 예약 취급, 지역내 대리점업무 총괄 등을 행하도록 지정하는 총 판매 대리점을 말함.

H

Hague Protocol : Warsaw 조약의 개정된 의정서로 국제항공운송의 비약적 발달에 따라 Warsaw 조약이 실정에 어울리지 않는 점이 많으므로 1929 년의 Warsaw 조약을 개정하기 위하여 1955년 9월 28일 네덜란드의 Hague에서 개최된 국제회의에서 채택되었다. 헤이그 의정서는 1963년 5월 3일에 30여개의 서명국에 의해 비준되어 1963년 8월 1일에 발효 되었으며, 이에 따라 '1955년 Hague의 개정된 Warsaw 조약'이 발효되었다.

Hazardous Cargo : Dangerous Cargo와 같은 의미를 가진다.

Heavy Cargo : 무거운 화물을 가리킨다.

High Density Cargo : 화물의 부피에 비해서 무거운 물건을 가리킨다.

High Lift Loader : Jumbo기 등의 대형기에 ULD 단위 화물의 탑재, 하기시에 사용하는 동력장비로 ULD의 상하, 전후 이동이 가능하다.

House Air Waybill : 주선업자(혼재업자)가 자기의 운송약관에 근거하여 하주와 운송계약을 체결할 때 발행하는 운송장으로서 하나의 HAWB는 혼재되어 있는 각각의 화물에 대한 번호를 부여하고 있다.

House Manifest : 항공기에 탑재된 혼재화물의 적하목록

I

IATA : International Air Transport Association을 보시기 바랍니다.

IATA Area : IATA에서 전 세계의 지역을 도시별/지역별로 나누어 놓은 것을 말한다. 1번 지역은 북미, 남미 그리고 그린랜드 , 2번 지역은 유럽, 아프리카, 3번 지역은 아시아 ,호주 등을 포함하는 지역을 대체적으로 의미한다. 이 Area내의 이동과 Area밖의 이동은 항공사 마다 대체적으로 다른 규정을 적용하고 있다.

IATA Cargo Agent : IATA에서 허가를 받았거나 등록한 대리점으로 화물의 국제 운송, 운임의 징수, AWB의 발행, 화물의 접수 등을 할 수 있다.

Igloo : Dome 모양으로 만들어진 ULD

Identification Code : ULD Type, Size, Category, Owner 등을 나타내기 위해 ULD에 표시해 놓은 부호

In Bond Transportation : 보세지역의 이용확대를 위하여 설치된 것으로 세관, 공항, 개항, 보세지역 구간을 외국화물의 상태에서 관세부과를 하지 않고 운송할 수 있는 제도

In Bound : 주된 업무는 항공기 도착 전 실려오는 화물에 대한 분석 후 각 화물에 처리방법을 결정한다. 항공기가 도착 후 화물이 수하인에게 인도될 때까지의 AWB의 분류, 각 화물의 분류 및 처리 , 운임계산, 서류인도 등의 일체의 업무를 말한다.

Indirect Operating Cost : 항공사의 운항비로 항공기 운항과 직접적 관계는 없으나 간접직 관계를 갖는 부분으로 사무관리비, 여객 SVC, 홍보선전 등에 관한 경비

Infrastrusture : 모든 산업에 가장 근본이 되는 기간 산업을 의미한다. 주요 시설로는 항구, 공항, 고속도로, 통신 등을 의미한다.

Inspection : 수입된 화물에 대해서(또는 개인 이사짐) 일부 또는 전부를 검사하는 것을 의미한다.

Intact ULD : 특정 공항에 도착한 ULD 가운데 화물을 Break-down하지 않은 상태로 일시 보관하여 다시 최종 목적지로 운송되는 ULD

Interline Sales : 타항공사로부터 인계되어 자사편으로 연결수송되는 화물에 대한 판매 활동

Intermodal Container : 철도, 트럭, 선박, 항공기 등 서로 다른 수송 수단에 의해서도 수송될 수 있는 컨테이너

Intermodal Transportation : 서로 다른 종류의 수송수단에 의해 행해지는 화물의 운송을 말하는 것으로, 예를 들면 항공기, 선박, 트럭, 철도의 각 수송수단을 결합하여 운송하는 방식으로 해상수송과 항공수송을 결합한 Sea &Air 도 일종의 복합 일관 수송이라고 말할 수 있다.

International Air Transport Association(국제 항공 수송 협회, IATA) : 승객 및 화물의 국제 수송에 종사하는 항공회사의 협력조직으로써 항공수송의 표준화, 안전확보, 정기 운항의 확립, 부당경쟁 배제, 운임의 합리화 등을 목적으로 1945년 4월에 설립되었다. 본부는 캐나다의 몬트리올에 있으며 결의 기관으로서는 연차총회, 집행기관으로서는 상임위원회가 있으며 기타 상설조사 연구기관으로는 운송, 기술, 재무, 법무, 의료 등의 5개의 전문 위원회가 있다.

International Civil Aviation Organization(ICAO) : 1994년 국제 민간항공 협정에 따라 1947년에 UN산하 전문기구로 설립된 민간 항공의 안전을 위한 국제 협력기구

International Airport : 국제간의 항공 운송에 종사하는 항공기가 출발/도착 하는 공항이다. 국제 민간 항공조약 체결국이 조약의 규정에 따르는 것을 조건으로 국제 항공업무를 위하여 지정한다. 국제공항에서는 세관/검역/출입국관리소(CIQ라고 한다. Customs, Quarantine, Immigration)가 있어야 한다.

Irregularity Report : 화물 또는 운송서류의 사고 발생시 출발지의 First Carrier에게 보내지는 서류

International Organization for Standardization(ISO , 국제표준화기구) : 물자 및 서비스의 국제교류를 원활하게 하고 지적, 과학적, 기술적, 경제적 활동분야에 있어 각국 상호간의 협력을 발전시키기 위해 세계의 표준화 발전을 추구하는 국제기구로서 1947년에 미국, 영국, 러시아 등 15개국에 의해 설립되었다. 스위스 제네바에 본부를 두고 있으며 각국의 표준화 단체가 회원으로 가입하고 있다. 국제표준화기구에서는 ISO 규격 및 ISO 추천규격을 제정하는데, 이 경우 전문위원회를 통해 올라온 규격 안에 대한 찬반투표를 실시하여 회원 단체의 75% 이상이 승인한 경우에만 ISO규격을 승인한다. 각국의 표준화 추진을 하는 것은 TC/104에서, 포장은 TC/122에서 담당하고 있다. 우리나라는 1953년에 가입했다.

ISO 9000 : 품질 보증에 관한 국제 표준으로 구입자가 상품을 구매할 때 제품 생산 과정이나 품질등에 대한 신뢰성 판단에 기준을 제공해 준다. 국제 표준화 기구 (ISO : International Standardization Organization) 가 마련한 ISO 9000 규격은 다시 5개의 규격으로 나누어 져 있으며 ISO 9001은 제품의 디자인 및 개발과 생산, 서비스 등을 내용으로 하는 가장 광범한 적용범위를 가진다. ISO 9002는 서비스 등에 적용이 되고 ,ISO 9003은 단순제품에 적용이 되고 ISO9004는 품질관리 시스템을 개발하고 실행하기 위한 일반지침이고 ISO 9000은 이들 4개 규격에 대한 안내서 이다.

Issuing Carrier : AWB를 발행한 항공사를 가리킨다.

Itineray : 항공화물이 출발지로 부터 도착지까지 수송경로, 편명, 날짜 등을 기록해 놓은 것을 말한다.

J

Joint Operation : 영업효율을 높이고 모든 경비의 합리화를 도모하기 위해, 2 社 이상의 항공사가 공동운항을 행하는 것

Jumbo Freight : 보잉 747 화물 전용 비행기를 말한다. 1972년 서독의 Lufthansa에서 대서양노선에 도입한 것이 최초이지만 1974년에는 미국의 Flying Tiger, 일본의 Japan Air Lines, 한국의 Koreanair 등이 태평양 항로에 취항시켰다

L

Label : 화물의 성질, 종류를 나타내기 위해 화물의 외포장에 부착되는 Slip

Last Carrier : AWB상의 최종 구간의 운송을 담당하는 항공사

Late Show-up : 공항에 지연 접수되어 지정편에 탑재되지 않은 화물을 말한다.

Liability : 화물의 멸실, 파손, 지연에 대한 책임

Live Cargo(AVI) : 살아 있는 동물을 가리킨다. 생동물인 경우 전 구간에 대한 예약이 되어 있어야 한다. 그리고 화물에 대한 특별한 조치가 필요한 만큼, 할증된 운임을 지급해야 하며, 경우에 따라서는 담당자가 같이 비행기에 타고 오는 경우도 있다.

Load : 운송을 위해 항공기에 탑재된 화물, 우편물, 수하물 및 승객의 총칭

Load Factor : 탑재가능량에 대해서 실제 탑제된 화물 또는 여객의 이용율

Loading : 항공기에 화물을 탑재하는 것

Loading Dock : 트럭의 상·하차를 용이하게 하기 위해 설치해 놓은 시설

Loading Limitation : 화물탑재의 제약으로 주요한 것은 용적, 중량, 화물실 상면강도, 습도, 기압, 위험품의 조건 등이 있다.

Load Plan : 화물탑재 계획

Load Sheet : 항공기 Weight &Balance 관련 자료와 탑재된 화물, 수하물 및 승객 등의 명세를 나타내는 서류

Logistics : 로지스틱스란, 불어의 'Logistique(병참)'에서 유래되었으며 군사 작전을 수행하는 데 필요한 군대의 수송, 야영 숙사의 배정, 무기, 탄약, 식료품, 피복의 배급, 보급 등에 관한 병참 시스템을 말한다. 1950년대 기업경영에 도입, 응용되면서 Business Logistics 또는 Marketing Logistics로 명명되었고 소비자가 필요로 하는 상품을 필요한 수량, 필요한 시기에 공급하는 활동과 관련된 모든 활동을 통합해서 지칭하는 말이다.

Lorry : 고중량 화물의 수송을 위해 사용되는 특수 Motor-Truck

Loss : 화물의 일부 또는 전부 멸실

Lower Deck Container : 항공기 하부 화물실용 Container, LD-3, LD-7, LD-9 등이 있음

N

Neutral AWB : 보통 항공사에서 발행하는 AWB의 경우 항공사를 나타내는 고유의 3자리 번호가 있으나(예를 들어서 대한항공을 나타내는 번호는 180이다) 이러한 번호가 없는 AWB를 가리킨다.

Net Weight : 겉포장을 제외한 화물의 순수중량

Non-Aircraft Container(Non-Aircraft ULD) : 항공기의 Restraint System에 맞지 않는 화주 소유 컨테이너 등

Non-Delivery : 인도 불량, 다음과 같은 Non-Delivery의 경우 항공사는 즉시 송하인의 지시에 의해 필요한 조치를 취해야 한다.

① 화물도착후 14일이 경과하여도 수하인에게 인도되지 않은 경우

② 수하인이 요금지불을 거부한 경우

③ 수하인이 화물의 인수를 거절한 경우

*수하인이 운송장에 기재된 수하인의 주소와 일치하지 않은 경우

⑤ 도착통지에 대해 수하인의 응답이 없는 경우
⑥ 수하인의 주소가 불분명한 경우

Non-IATA Member : IATA Member가 아닌 항공사지만, IATA 항공사와 Interline 계약 관계를 맺을 수는 있다.

Non-Negotiable : AWB은 B/L(선하증권)과 달리 양도성, 유통성 등을 갖고 있지 않으므로, AWB 상에 “Not Negotiable”이라 기재되어 있음.

No-Show : 항공기 Space를 예약해 놓고 예약취소 조치 없이 공항에 Show-Up되지 않은 화물(여객)

Notice of Loss or Damage : 화물이 정상적으로 화주에게 인도되기 전에 발생한 화물의 분실, 화물의 손상 등에 관한 사고통지이다.

Notification to Captain(NOTOC) : 화물의 출발지 공항에서 항공기 기장에게 탑재된 화물중 특수화물의 내용을 통보하는 서류. (생동물/위험품 등)

Notification of Arrival : 화물이 도착했음을 화주에게 유선이나 무선으로 알리는 것이다.

Notify Party : 도착한 실제의 화물에 대해서 AWB상의 Consignee보다 실화주를 말하는 경우가 많다. 주로 서류상에 있는 수하인과 실제 물건을 받을 화주가 다른 경우에 사용하는 경우가 많고 통상 “Also Notify”라고 표기 되어 있는 경우가 많다.

O

OAA : Orient Airlines Association. 극동, 동남아 및 대양주 항공사로 구성.

OAG Air Cargo Guide : OAG Airline Guide와 자매편으로 주요내용은 항공사명 및 주소, Destination Guide, 시간표(화물전용편 포함) 등 화물업무에 필요한 사항이 게재되어 있는 월간지.

Official Airline Guide : 세계 각 항공사의 시간표와 여객운임, 항공사명 및 소재지 등 여객업무상 필요사항이 게재된 월간지.

Off Line : 자사 항공기가 운항하지 않는 지점, 또는 그 노선 등을 말한다. On Line 에 대응되는 용어

Offload : 출발지에서 중간 기착지를 거쳐 도착지까지 화물이 수송되는 중에 고의나 실수로 탑재하지 못한 화물을 말한다. 항공화물 사고 중 지연의 한 원인으로 이에는 출발지 혹은 경유지에서 탑재허용 한계 또는 스페이스 부족으로 인하여 의도적으로 화물을 내리는 경우와 실수로 싣지 못하는 경우가 있다.

Operating Cost : 항공사에서 항공기를 운항하기 위해 필요한 경비총액으로 직접운항비와 간접운항비의 2가지로 구분된다.

Origin : 화물운송계약에 의해 운송이 시작되는 화물의 최초 출발지점

One Stop Service : 화물의 수송, 보관, 하역, 입출항 등에 따른 정보의 원활화로 이루어 질수 있는 물류의 일괄처리 서비스를 의미한다.

Out Bound : Out/B 업무는 화물 반입에서 항공기 출발까지 이루어지는 모든 업무를 말한다. 구체적으로는 반입, 접수, 화물 취급서류 체크, 출발편 작업, 메시지의 전송 등 여러가지 작업이 뒤 따른다.

Overcarried Cargo : 항공 화물 사고 중 지연의 한 원인으로 예정된 목적지 또는 경유지가 아닌 다른 곳으로 화물이 운송되거나 운송 준비 상태가 완료되지 않은 상태에서 잘못 운송된 화물이나 서류를 말한다.

Over Land Transport(OLT) : 육상에서 화물을 보세 운송하는 것.

Over Flow Cargo : 특정 항공편에 스페이스 부족으로 탑재되지 못하는 화물을 말한다.

Over Pack : 단일의 송하인에 의해 취급이나 탑재상의 편의를 위해 1개 이상의 화물을 혼합포장 하는데 이용되는 포장용구(ULD 제외)

Over Pivot Rate : Over Pivot Weight에 부과되는 단위 중량당 요율을 말함.

Over Pivot Weight : BUC 적용 기본요금으로 운송할 수 있는 중량은 일정 한계가 설정되어 있으며, 이것을 정액 한계중량(Pivot Weight)이라고 말하며 이것을 초과하는 중량을 말함.

Overriding Commission : 화물 총판매 대리점(GSA)에 대해서 지불하는 수수료를 말하며, 화물 매상의 2.5% 상당액이 지불된다.

P

Participating Carrier : 1건의 AWB 운송에 참여하는 항공사

Packing : 화물의 포장 작업

Palletize : 팔레트에 화물을 탑재하는 것.

Part Shipment : 두개 이상으로 분할되어 탑재, 수송 하는 것을 말하며 이러한 화물을 Partial Cargo라고 한다.

Pay Load : 항공기에 탑재된 여객, 수하물, 화물 및 우편의 총중량(항공기의 유상 탑재량)

PDM : Physical Distribution Management의 약어. 생산단계에서 소비까지 상품의 유통을 조직적, 과학적으로 관리하는 기법. 여기에는

① 수송(Transportation)

② 창고(Warehousing)

③ 재고관리(Inventory)

④ 수주처리(Order Processing)

⑤ 포장(Packing)

⑥ 하역(Material Handling) 등이 포함된다.

PDM은 이러한 모든 기능을 통합, 관리하여 최대의 이익을 추구하는 Management의 방법이다.

Perishable(Cargo) : 운송, 보관중에 부패, 변질 등의 우려가 있는 화물을 말한다. 통상적으로 적절한 온도나 습도 등이 유지 되어야 하는 화물을 총칭해서 Perishable이라고도 한다. 이에는 농산물, 해산물 등이나 의료용 시약, 화학 약품들이 포함되기도 한다.

Physical Distribution : 물류라고 하며 일반적으로 '물적유통'(Physical Distribution)의 약자로서 수송, 하역, 보관, 포장, 정보 등의 요소로 물자를 공급자로부터 수요자에게 이동시키는 것을 의미한다.

Pick-up Service : 수출화물을 집하지점에서 Pick-up하여 출발지 공항까지 수송하는 업무

Pilferage : 화물의 수송, 보관중에 일부나 전부가 도난을 당한 것을 말한다. 주로 소형이면서 고가의 제품 특히 카메라, 시계, 보석 등이 Pilferage가 대상이 되는 경우가 많으며 향수, 화장품등도 이에 해당된다. 따라서 보통의 경우 특별히 밀봉(Sealing)과 함께 Lock을 하는 경우가 많다.

Pivot Weight : BUC의 기본요금 적용 중량

Point of Lading/Unlading : Point of Loading/Unloading 과 동의어 화물이 탑재/하기된 지점을 말한다. 또는 Point of Destination이라고도 한다.

Prepaid Shipment : 모든 운임이 송하인에 의해 지불되는 화물

Q

Quarantine(검역) : 선박이나 비행기에 의해 국내에 병원균이나 전염병이 퍼지는 것을 막기 위해서 모든 선박, 비행기등에 대해서 실시되는 것을 말한다. 통상적으로 국외로 나가는 사람, 화물 등에 대해서는 실시하고 있지 않으나 자국내로 들어

오는 사람, 화물에 대해서는 실시하는 것을 원칙으로 하고 있다. 화물의 경우 농산물 ,수산물 음식과 관련된 것 , 사람의 유해 등에 대해서는 반드시 검역을 끝내도록 하고 있다.

R

Rate : 운송되는 화물의 중량, 용적, Value에 대하여 항공사에 의해 부과되는 요율

Rate, Class : 신문, 생동물과 같은 특수품목에 적용되는 요율

Rate, Combination : 2개 이상의 공시요율을 조합하여 얻은 요율

Rate, Construction : 공시요율과 Add-on amounts를 조합하여 얻은 요율

Rate, Normal : GCR의 45KG 이하의 요율

Rate, Published : 항공사 Tariff에 공시된 요율

Rate, Quantity : 45KG 이상의 화물에 적용되는 GCR

Rate, Through : 화물의 출발지에서 목적지까지의 요율

Rate, F.A.K : Freight All Kinds Rates, 양공항간에 일정 Size의 컨테이너에 적용되는 특수요율

Ready for Carriage : 관련서류가 완비되어 곧바로 항공운송이 될 수 있는 준비완료 상태를 말함

Recontouring Charges : ULD에 탑재된 화물을 항공기 탑재에 맞도록 재작업시 부과하는 요금

Refrigerated Container : 생선, 식료품의 저온수송에 따라 항공운송 서비스 향상을 위하여 개발된 Container. 항공수송시에는 Dryice 에 의한 냉각방식을 채택하고 있으므로 동력용의 전원없이 사용할 수 있다. (보냉시간은 약 10시간)

Refund : 이용되지 않는 운송에 대해 운임의 전부 또는 일부를 환불하는 것

Rerouting : AWB에 기재되어 있는 구간을 변경하는 것

Reship : 외국으로부터 도착한 외국화물을 수입절차 수속을 하지 않고 보세지역에서 다시 외국으로 내보내는 것.

Restraint System : 항공기 바닥에 ULD 를 고정시키기 위해 만들어 놓은 장치

Restricted Goods : Dangerous Goods 와 거의 같은 의미로 사용이 된다. 국제항공 운송협회(IATA)에서 지정한 폭발물, 인화성 물질, 가연성 물질, 방사성 물질, 독극물

등이 이에 해당되며, 포장방법, 레벨, 중량, 신고서 등에 엄격한 규칙을 적용하도록 하였다. 1982년 국제 민간 항공기구(ICAO)에서 이를 확대하여 Dangerous Goods 규칙으로 이어졌다.

Restricted Item : 비행기내로 반입이 제한되어 있는 물품을 말한다. 승객의 안전을 해치거나 또는 그러한 행위에 사용이 될 수 있는 물품을 말한다. 소형 칼, 대검, 야구 방망이, 하키 스틱, 각종 공구(드라이브스패너 등), 총기류, 모형 무기류(총, 칼 등) 등을 말한다.

Roller Bed Truck : ULD 이동을 용이하게 하기 위해 Roller Bed를 장착한 트럭

RTK(RTM) : Revenue Ton-Kilometer(Mile)의 약어. 항공사의 수송실적을 나타내는 단위로 각 비행구간의 유상여객, 화물, 수하물, 우편물, 중량(Ton)에 그 구간의 대권거리(KM 또는 Mile)를 곱하여 산출.

Reservation : 항공 화물의 운송 부탁을 받은 항공사에서 비행기의 출발 이전에 충분한 space가 있는지 확인하고 받아들이는 것을 말한다. 항공사는 송하인으로 부터 받은 화물의 성질, 크기, 부피 등을 토대로 탑재여부를 결정하고 또한 항공사에서는 송하인에게 날짜와 시간을 지정해서 화물을 받아들이도록 한다.

Return Cargo : 화물운송이 잘못되어서 이전에 공항으로 반송하는 화물을 말한다.

Runway : 항공기의 이륙과 착륙을 위해 만들어 놓은 도로시설(활주로)

S

Sampling Examination : 화물검사 방법의 하나로 화물이 다량의 단순한 것 또는 화물의 종류상 전부에 대해 검사를 할 필요가 없는 것에 대해서 Sample 지정하여 실시하는 검사를 말함.

Scheduled Carrier : 부정기 항공사(Supplementary Carrier)에 대응하여 정기운항에 의해 운송을 헹하는 힝공사를 말한다.

Sea & Air : 해상운송과 항공운송의 양자의 장점을 선택하여 만든 제3의 수송방식으로 즉, 해상수송의 저운임과 항공운송이 갖는 신속성 등 양자의 장점을 결합한 해, 공 연대운송 방식을 말함. (cf; Air & Sea)

Semifreighter : 객실의 일부를 칸막이하여 일반적으로 전방에는 여객, 후방에는 화물을 탑재시키는 항공기로 여객화물 혼용기 또는 Mix-Version, Combi라고 부른다.

Shipper : Consignor와 거의 같은 단어로 사용된다. AWB 상에 항공사에 화물 운송을 의뢰하고 계약한 사람을 가리킨다.

Shipper's Letter of Instruction : 화물운송에 있어 송하인이 발행하는 화물 취급 지시서를 말하며, 이 양식에 따라 화물서류의 준비 및 Forwarding을 하게 된다.

Shipping Documents : 화물의 운송에 필요한 제반 서류

Shortage : 목적지에서의 화물 인도시 화물의 일부 손실, 또는 AWB 상의 중량과 비교시의 중량감소 등을 말함.

Short Landed : Cargo Manifest에 게재되어 있으나 실제 화물이 도착되지 않은 경우

Special Cargo : 수송이나 보관에 특별한 주의가 요망되는 화물을 말한다. 여기에 포함이 되는 것은 모든 Perishable Cargo, Valuable Cargo, Human Remains(사체, 사람의 재), Live Animal, Dangerous Goods 등이 모두 포함된다.

Special Cargo Rate : Special Cargo 에 할증되는 별도의 수수료를 말한다.

Spot : Apron 내에 설치되어 있으며, 수하물 또는 화물의 하기 등을 위해 항공기가 주기하는 장소로 터미널에 근접해 있다.

Split Shipment : Part Shipment/Consignment와 동의어, 서로 다른 복수의 항공편에 분할되어 운송된 화물

Supplementary Carrier : 부정기 운항에 의한 전세운송을 행하는 항공사를 말한다.

Surcharge : 추가요금

Surface Transportation : 항공운송 이외의 운송형태

T

Tare Weight : 물건의 용기, 포장, 상자의 중량

Tag : 화물 및 수하물의 식별을 위하여 외포장에 부착하는 Cardboard 또는 플라스틱 또는 금속제 표시물

Tariff : 정부인가를 받은 요율. 요금 및 항공사의 운송약관 등을 말함.

T.D.C : Total Distribution Cost Concept의 약어. 항공화물운송의 수요개발 전략개념으로, 수송수단의 선택은 단순하게 해상과 항공운임의 비교뿐만이 아니라 수송이 수반되어 생기는 경비, 예를 들면 창고료, 재고관리비, 하역비, 보험료, 하역자본의 이자, 포장비 등의 모든 비용을 종합분석, 비교하여 판단하며, 항공수송의 경우 높은 운임을 지불하여도 결국은 경제적인 수송수단이라고 생각하는 것.

Technical Landing : 착륙의 목적이 승객이나 화물의 하기가 아닌, 승무원의 교체, 급유, 기내식의 보충을 하기위해서 일시적으로 착륙하는 것을 말한다.

Tender Documents : 계약을 위한 입찰서류

Three Letter Code : 항공사에서 각 도시의 이름이나 공항의 이름을 시스템상에서 편하게 관리하기 위해서 인위적으로 영문자 3자리로 만든 것을 의미한다. 한 도시 내에 공항이 하나 있으면 공항 코드가 도시 코드를 의미하는 경우가 많다. 예를 들어서 SEL이라고 하면 Seoul또는 Kimpo Airport를 둘 다 의미할 수도 있다. 단 하나의 도시에 여러 개의 공항이 있는 경우 공항의 코드를 사용하는 것이 보다 분명한 의미를 나타낸다. 이 외에 각 항공사를 영문자 3자리를 표기하는 경우도 있다. 예를 들어서 대한항공은 KAL로 나타내고, 싱가포르 항공은 SIA등으로 표기한다.

Through Air Waybill : 화물의 출발지에서 도착지까지 전구간 수송에 사용되는 AWB.

Tracing : 분실 또는 분실 되었다고 생각되는 화물을 추적하는 것

Traffic alert and Collision Avoidence System(TCAS) : 운항중인 항공기들이 안전거리 이내로 접근하는 근접 비행사고(Near Miss) 등 항공기의 공중충돌 위험을 조종사에게 사전 경고하여 위험을 피할 수 있게 해주는 첨단 안전 운항장비이다 TCAS-II는 상대 항공기의 방위, 고도, 충돌 지점에서부터의 시간을 계산해서 경계구역(충돌 35초 ~ 45초 전)과 경고구역(충돌 20초 ~30초 전)으로 구분, 조종석 계기판과 경고음을 통해서 조종사에게 알려 준다.

Traffic Right : 상업운송을 위하여 타국에 항공기를 취항시키고 여객, 화물 및 우편물을 운송하는 권리

Transborder Traffic : 카나다와 미국간의 운송

Trans-Shipment : 한 항공기에서 다른 항공기로 환적되는 화물

Transfer Manifest(TRM) : 항공 화물에서 최종 목적지가 아닌 중간 지점에 내렸을 때 한 항공사가 다른 항공사로 화물 운송에 대한 증명으로 주고받는 화물의 적하 목록을 의미한다. 또한 이런 화물을 Transit Cargo라고 한다.

Two Letter Code : 항공사에서 각 국가의 이름을 영문자 2자리로 만든 것을 말한다. 대한민국의 경우 KR로 표기 되고 일본은 JP로 표기된다. 또한 항공사를 영문자 2자리로 표기하는 경우가 있다. 예를 들어서 대한항공은 KE로 표기되며, 일본항공은 JL로 표기한다.

U

Unaccompanied Baggage : 여행객의 짐의 일부가 아닌 화물로 운반되는 개인 휴대품이다. 다른 말로는 Personal Effects라고 한다.

Unitization : 낱개의 화물을 ULD에 집하 작업하는 것

Unitization Charges : ULD 단위 화물 요금

Unit Load Device(ULD) : 항공 화물을 담기 위한 컨테이너나 팔레트 등을 의미한다. 종래의 벌크화물을, 황공기의 탑재에 적합하도록 설계한 일종의 화물 운송 수송용기로, 단위 탑재용기인 컨테이너나 팔레트를 말한다. 현재 IATA(국제 항공 운송협회)가 인정하는 것과 항공회사에서 소유하고 있는 두 가지 종류가 있으며 특히 IATA가 화물칸에 맞도록 만들어 낸 것을 Aircraft ULD라고 하며 컨테이너, 팔레트는 대부분 여기에 속한다. 또 화물의 종류에 맞추어 화물칸의 탑재상태와 상관없이 만든 비항공영 박스를 모두 Non-Aircraft ULD라고 부른다. 이러한 ULD의 사용은 항공수송 및 하역 등에서 효율성을 가지고자 만들어 졌다.

Unload : 화물을 목적지나 중간 기착지에서 비행기로 부터 내리는 것을 말한다.

V

Valuable Cargo : 금, 보석, 화폐 등의 귀중품 또는 가치가 KG 당 USD 1,000 이상 되는 화물

Valuation Charge : 화주의 항공사 신고가격(Declared Value)에 근거하여 부과하는 운임

Van : 지상 운송시 사용하는 유개 Truck

Vendor : Seller

Very Important Cargo(VIC) : 우선 순위를 요구하는 화물

Void : AWB 등의 취소시 사용되는 표기임. 따라서 Void가 찍힌 AWB는 모든 권리가 사라진다.

Volume Charge : 화물의 용적에 근거하여 산출하는 화물운임

Vulnerable Cargo : Valuable Cargo는 아니지만, 특별히 도난 방지가 필요한 화물을 의미한다.

W

War Risk : 전쟁과 같이 하주가 면책을 받을 수 있는 위험을 나타내는 보험 용어

Warehouse : 화물을 수송하기 전에 일시적으로 보관하는 창고를 말한다.

Weight Charge : 화물의 실중량에 근거하여 산출된 요금

Wet Cargo : 파손, 포장미비로 인해 액체인 내용물이 누출되어 젖은 화물

Weight Control : 항공기에 탑재되는 Load의 중량관리

Wide Body Aircraft : 하부화물실에 공인 ULD 탑재가 가능한 항공기

Y

Yield : 유상 Ton/Km 당 수입을 나타내는 용어로 특정 노선의 총 수입액을 그 노선의 유상 Ton/Km로 나누어 산출

Z

Zone Rate : 전체 운송지역을 몇 개의 구역(zone)으로 구분하여 일정한 구역 내에서 이루어지는 운송에 대해서는 각 구역마다 정해진 균일 운임을 적용하는데, 이 때 특정구역 내에서 적용되는 균일 운임을 구역운임(zone rate)이라 한다. 각 지역의 구분은 반드시 운송거리에 따르지 않고, 운송 밀도나 기타 사정을 감안하여 운송기업측에 유리하게 결정되는 경우가 많다. 해당구역을 벗어나 다른 지역을 거치는 운송에 대해서는 당해 지역의 운임이 가산된다.

참고문헌

강민수 · 손영일 · 이기서(2008). RFID 기반 육송물류거점정보 시스템 구축에 관한 연구. 「한국철도학회논문집」 제11권 제3호, pp.286-293.

강장묵(2006). 유비쿼터스컴퓨팅과 개인정보. 인터비젼.

강홍렬(2004). 유비쿼터스사회의 역기능에 관한 법 제도적 기초연구. 정보통신정책연구원. pp.16-99.

건설교통부(2000). 국가물류기본계획안.

기술표준원(2006). RFID 기술표준 및 실용화 전략 가이드.

김기현 · 이정태 · 류기열(2004). RFID에 기반한 유비쿼터스 환경에서의 어플리케이션 프레임웍 구조. 한국정보과학회, pp.571-573.

김경숙(2014). 항공서비스론. 백산출판사.

김동석(2004). RFID 주파수 이용 및 표준화 동향. 「무선관리단 전파 정보지」 통권 117호, pp.72-77.

김웅진 · 추장엽 · 옥선종(1997). 국제복합운송론. 도서출판 두남.

김인수(2006). 항공화물터미널의 프로세스 효율성 제고 방안에 관한 연구: K 항공사 터미널 프로세스 중심으로. 인하대학교 국제통상물류대학원 석사학위 논문.

김정환(1999). 최신화물운송론. 문영각.

김제철 · 예충열(2002). 항공화물수송부문의 경쟁력 강화방안. 교통개발연구원.

김종득(2004). 신 물류정보시스템으로서의 활용을 위한 RFID의 산업화 방안. 「통상정보연구」 제6권 제2호, pp.171-190.

김현옥(2002). 우리나라 항공화물운송시장에서의 제3자 물류 활성화 방안에 관한 연구. 한국항공대학교 항공산업정보대학원 석사학위 논문.

김현지(2004). 물류유통분야의 RFID 활용방안에 관한 연구. 「물류정보학회지」 제7권 제1호, pp.44-52.

노철우 · 김경민(2006). RFID를 이용한 항만 컨테이너 관리 시스템 설계 및 구현. 「한국콘텐츠학회논문지」 제6권 제2호, pp.1-8.

문성계 · 박진호 · 류성열 · 김종배(2008). RFID 기반 우편물류체계 개선에 관한 연구. 「한국통신학회논문지」 제33권 제10호, pp.365-371.

박명섭(2001). 글로벌 운송물류론[제2판]. 법문사.

박종홍(2006). 우편물류 RFID 기술 도입 로드맵. 「우정정보」 65, pp.19-20.
방희석 · 엄윤대 · 김승철(2012). 프레이트 포워딩 관리론. 박영사.
백남진(2010). 항공화물 IT 구현을 위한 RFID 적용 방안에 관한 연구. 한국항공대학교 항공 · 경영대학원 석사학위 논문.
산업자원부(2007). RFID 기반 국제물류 통합 Platform 구축 연구기획 보고서.
신동춘(2001). 항공운송정책론. 선학사.
송계희(1998). EDI 활용과 항공물류의 경쟁력 강화. 「무역학회지」 제23권 제2호.
아시아나항공(2002). 항공화물 영업기초.
___________(2007). 항공화물 직무UCC.
유광의 · 유문기(2004). 공항 운영 및 관리. 백산출판사.
유성호 · 김기현 · 황용호 · 이필중(2004). 상태기반 RFID 인증 프로토콜. 「정보보호학회지」 제14권 제6호, pp.59-68.
윤성한(2007). 공항 화물 처리 시스템 개선 방안: 항공화물터미널과 CTA를 중심으로. 한국항공대학교 산업경영대학원 석사학위 논문.
윤장석 · 김정필(2007). 우리나라 가전산업의 물류 RFID 적용에 관한 연구. 「유통학회지」 제17권 제1호, pp.61-85.
이규훈(1999). 물류정보시스템의 활용 과제와 대응방안. 「통상정보연구」제1권 제1호, pp.47-65.
이길남 · 윤영한(2007). RFID 기반 물류시스템의 최근 논의 동향과 전망. 「물류유통학회지」 제10권 제3호, pp.29-52.
이상진 · 김진규(2006). RFID 기술을 활용한 수출입물류시스템의 구축방안. 「무역학회지」 제31권 제5호, pp.285-304.
이석용 · 서창갑 · 박남규 · 송복득(2006). RFID 기반의 컨테이너터미널 게이트 자동화 시스템 개발에 관한 연구. 「정보시스템연구」 제15권 제3호, pp.187-211.
이용준 · 오세원(2004). 우정사업의 RFID 기술도입 방안. 「우정정보」 56, pp.1-17.
이은곤(2004). RFID 확산 추진현황 및 전망. 「정보통신정책」 제16권 6호, pp.1-24.
이재우 · 신하용(2004). RFID 기술 개요 및 현황. 한국과학기술원.
이정학(1997). 항공운송산업의 국제경쟁력 강화방안에 관한 연구. 한국항공대학교 항공산업대학원 석사학위 논문.
이충호 · 김민수 · 김경옥(2005). RFID/USN 기술동향과 공간정보 처리분야 활용연구. 「대한토목학회지」 제53권 제3호, pp.56-65.
이태원(1993). 현대항공수송론. 서울프레스.
이향정 · 엄경아 · 연지영 · 나윤서 · 백남규(2015). 항공운송업무론. 지식인.
이헌수(2001). 국제물류환경의 변화에 따른 항공화물운송산업의 경쟁력 제고 전략. 「국제경영리뷰」 제5권 제2호, pp.1-26.
이후재(2006). 인천국제공항의 항공화물운송 서비스 품질 측정에 관한 연구: 항공화물 터미널을 중심으로. 인천대학교 동아물류대학원 석사학위 논문.
임석민(1998). 국제운송론. 삼영사.
오영택(2012). 글로벌시대의 물류관리론. 범한.
윤문규(2012). 물류총론. 범한.
장경열 · 이충훈 · 김재곤 · 임승길 · 유우식(2007). 항만컨테이너터미널 게이트 입/출입 관리에서의 RFID적용에 관한 실증 연구. 「산업공학」 제20권 제1호, pp.69-78.
장명희 · 노미진(2005). 국내외 물류부문의 RFID 도입에 따른 SWOT 분석과 사례 연구. 「해운물류연구」 제4호, pp.151-179.
장변준 · 안선일 · 이윤덕(2005). RFID/USN 기술개발 동향. 「정보 과학회지」 제23권 제2호, pp.85-86.
장윤석 · 이헌수(2007). RFID를 이용한 항공수화물 프로세스 연구. 「IE Interface」 제20권 제3호, pp.298-308.
장윤희(2007). 성공적인 RFID 구현을 위한 산업별 SWOT 분석과 성과에 관한 연구. 「정보시스템연구」 제16권 제2호, pp.93-122.
전순환(1999). 국제운송론. 한울출판사.
전일수 · 홍석진(2004). 항공화물운송서비스 품질에 대한 서비스이용자와 제공자간의 중요도 인식차이에 관한 연구. 「대한교통학회지」 제22권 제5호, pp.35-45.
전재경(2012). 화물운송론. 도서출판 두남.
전준수 · 김대진(2006). RFID를 이용한 회수물류 네트워크 구축에 관한 연구. 「해운물류연구」 제51호, pp.117-139.
정경화(2005). RFID를 활용한 항공화물 운송의 효율화 방안. 성균관대학교 대학원 무역학과 석사논문.
정상천 · 왕희천(2004). 기내구조 및 기내안전. 기문사.
정연봉(2015). 포워딩 실무. 도서출판 두남.
정석찬 · 안태우 · 정현석(2009). RFID 적용 항공보세운송관리시스템 구현. 「한국정보기술학회논문지」 제7권 제3호, pp.210-219.
정석찬 · 안태우 · 강병영 · 박철제(2008). 국제물류 분야의 RFID 적용모델. 「e-비즈니스연구」 제9권 제1호, pp. 287-308.
정재락(2003). 항공물류 이론과 실제. 도서출판 두남.
조인환(2013). 항공서비스론. 백산출판사.
차중곤(2006). 개정판 화물운송론. 도서출판 두남.
추장엽 · 김웅진(1994). 물적유통론. 형설출판사.

추장엽 · 김종권(2004). 국제화물운송론. 도서출판 두남.

표철식 · 채종석(2007). 차세대 RFID/USN 기술 발전 전망.「한국통신학회지」제24권 제8호, pp.7-13.

한국무역정보통신(2006). RFID 기반 국제물류 통합 Platform 구축 연구기획 보고, pp.20-40.

한국유통물류진흥원(2006). 국내외 무선인식(RFID) 관련 특허 조사연구.

한국정보사회진흥원(2006). 2004-2005년도 RFID 시범사업 종합 결과보고서.

한국표준협회(2007). RFID 표준화 로드맵 2007.

허희영(2002). 항공경영학. 명경사.

허희영(2003). 항공운송산업론. 명경사.

황경철(2005). 항공화물 보안 및 개선방안 연구. 한국항공대학교 경영대학원 석사학위논문.

A. T. Wells (1999). Air Transportation, 4th ed., Wadsworth Publishing Co., pp.372-373. *ibid.*, p.376.

Garfinkel S. and Rosenberg B. (2006). RFID : Applications, Security, and Privacy. Addison-Wesley.

IATA Dangerous Goods Regulations.

ICAO (2002). 항공보안지침서, DOC8973.

ICAO ANNEX 17, CHAPTER 1.

ICAO 기술지시, DOC9284.

참고사이트

국제민간항공기구(ICAO) www.icao.int

국제항공운송협회(IATA) http://www.iata.org/

국토교통부 물류항만실 물류정책 http://www.moct.go.kr

관세청 www.customs.go.kr/

대한통운 홈페이지 http://www.doortodoor.co.kr

대한항공 화물 홈페이지 http://cargo.koreanair.co.kr

미 국방부 RFID 자료 http://www.dodait.com

보잉(BOEING) www.boeing.com

아시아나항공 화물 홈페이지 http://www.asianacargo.co.kr

에어버스(AIRBUS) www.airbus.com

인천국제공항 홈페이지 http://www.airport.or.kr
한국RFID학회 홈페이지 http://www.rfidkorea.or.kr
항공물류정보시스템 Aircis http://www.aircis.kr/
항공우주법학회 홈페이지 http://mercury.hau.ac.kr/airspacelaw
항공정보 포털시스템 www.airportal.co.kr/main.jsp
항공통계 http://www.airtransport.or.kr
FedEx 홈페이지 http://www.fedex.com/kr
KTNET 홈페이지 http://www.ktnet.co.kr
RFID 산업 활성화 지원센터 홈페이지 http://www.rfidepc.or.kr
DHL 홈페이지 http://www.dhl.co.kr/

잡지

월간항공
카고저널
항공 e-비지니스
CARGO PRESS 월간잡지 http://www.cargopress.co.kr/
RFID journal http://www.rfidjournal.com

참고자료

관세청 보도자료(2008.6.25). 관세청 아시아나항공과 RFID 기반 항공 수입화물 통관체제 구축 착수.

관세청 보도자료(2009.7.18). 관세청 대한항공과 손잡고 RFID기반 항공 수입화물통관체제 구축한다.

국토부 항공기술과 보도자료(2015.5.19) 20년 넘은 항공기_정부와 항공사 공동관리 협약 체결.

국토부 보도자료(2016.1.28) 국내 저비용항공사(LCC)의 안전을 강화하기 위한 「저비용항공사 안전강화 대책」을 마련하여 시행한다고 밝혔다. (2016.1.28, 국토부 운항안전과, 항공산업과)

국토부 항공보안과 보도자료(2016.1.19). 불법행위 처벌강화를 위한 항공보안법 개정안 공포.

국토부 항공기술과 보도자료(2016.1.27) 15년말 항공기 등록대수(724대) 증가율 사상 최고치 경신.

국토부 항공정책과 보도자료(2016.1.28) 15년 항공여객 8941만 명 기록_역대 최고실적.

찾아보기

ㅍ

ㅎ

A

B

C

D

E

L

M

N

O

P

Q

R

S

T

U

V

W

X

기타

저자약력

백 남 진

서울과학기술대학교 공학박사.
한국항공대학교 항공경영학과 석사.

아시아나항공, 외항사(Finnair, British Airways, Air India, Polar Air Cargo 등) 여객 3팀장, 공항화물운송총괄팀장.
에이케이로지스틱 이사.
에어로트래블 대표.

장안대학교 물류경영과 겸임교수.
대림대학교 겸임교수.
백석대학교 외래교수.
인천국제공항공사 자문위원.

항공물류운송업무론

초 판 1쇄 발행 —— 2016년 6월 25일
초 판 2쇄 발행 —— 2019년 2월 25일
초 판 3쇄 발행 —— 2021년 8월 10일
지은이 —— 백 남 진
펴낸이 —— 전 두 표
펴낸곳 —— 도서출판 **두남**
서울시 강동구 성내로6길 34 - 16 두남빌딩
신 고 : 제25100 - 1988 - 9호
TEL : 02) 478 - 2065~7, 2311
FAX : 02) 478 - 2068
E - mail : dunam1@unitel.co.kr
http://www.dunam.co.kr

정가 32,000원

ISBN 978 - 89 - 6414 - 684 - 2 93320